善战者说

孙子兵法与取胜法则十二讲

宫玉振 著

中信出版集团 | 北京

图书在版编目（CIP）数据

善战者说：孙子兵法与取胜法则十二讲 / 宫玉振著. -- 北京：中信出版社，2020.8（2024.6重印）
ISBN 978-7-5217-1918-5

Ⅰ.①善… Ⅱ.①宫… Ⅲ.①《孙子兵法》—应用—企业管理—研究—中国 Ⅳ.①F279.23

中国版本图书馆CIP数据核字（2020）第090033号

善战者说——孙子兵法与取胜法则十二讲

著　　者：宫玉振
出版发行：中信出版集团股份有限公司
　　　　　（北京市朝阳区东三环北路27号嘉铭中心　邮编　100020）
承 印 者：北京通州皇家印刷厂

开　　本：880mm×1230mm　1/32　印　张：16　字　数：434千字
版　　次：2020年8月第1版　　　　印　次：2024年6月第34次印刷
书　　号：ISBN 978-7-5217-1918-5
定　　价：78.00元

版权所有·侵权必究
如有印刷、装订问题，本公司负责调换。
服务热线：400-600-8099
投稿邮箱：author@citicpub.com

军事的竞争，是变动中的对抗性博弈。跟包括商业在内的其他所有博弈相比，这是最艰难的博弈，也是最厉害的博弈。企业要想在复杂的商业环境中活下来，战必胜，持续赢，很有必要研究和学习军事上的竞争和思维方法。

宫玉振教授的这本书，结合了作者对战争与商业竞争的独到理解，围绕战略、组织和领导力这几个主题，打通了战争的取胜之道与企业的竞争之道之间的界限，提炼出了动荡而不确定的竞争环境中的基本战略理念，是一部难得的从军事看管理、从战争看竞争的专著。我非常愿意向有志于创业和做企业管理的朋友隆重推荐这本书。

冯仑
御风集团董事长
万通集团创始人

学习战略，西方人必读《战争论》，东方人必读《孙子兵法》。

"新冠"之后，"一切坚固的都烟消云散了"。打拼了几十年的民营企业家，对西方商业模式和管理理论的叙事方式必将失去兴趣。北大国发院宫玉振教授的《善战者说：孙子兵法与取胜法则十二讲》如立夏的及时雨一样，给了我们一个惊喜：让我们再出发，这一次，回归中华民族的文化智慧，在再创奇迹的深度改革开放的时刻，创建属于中国企业的商业模式和管理理论。

黄怒波
中坤集团创始人
中国诗歌学会会长
北京大学创业训练管理事长

宫教授从兵法谈管理，从历史看当下，将2 500多年前的军事战略抽丝剥茧地呈现在我们面前。如何从容地面对商业变革，以及自我革新，与自己赛跑，都能在这本书里找到答案。

柳青
滴滴出行总裁

在2020年这个因为新冠肺炎疫情而充满无常、全球化进程也波谲云诡的特殊年头，读宫玉振教授这本关于《孙子兵法》的书，有助于我们汲取克服风险与不确定性的智慧营养，把握《孙子兵法》的核心战略理念，包括"不战而屈人之兵，善之善者也""合于利而动，不合于利而止"等。宫玉振教授为广大读者特别是商界人士提供了一把战略管理的金钥匙。

秦朔
中国商业文明研究中心联席主任

本书作者在历史学和军事学专业取得过硕士和博士学位，积累了深厚的底蕴。到北京大学从事战略管理教育以来，作者将历史、军事和商学实践经验相结合，形成其独特的治学风格，深受学生欢迎，获得"优秀教学奖"乃实至名归。这本关于《孙子兵法》的讲义凝聚着作者长期潜心治学的心得，是一本值得读者结合实际反复揣摩的案头工具书。当我们遇到现实问题时，书中大量精心挑选的实例虽不一定会直接给出问题的答案，但会启发我们应该怎样思考。

胡大源
北京大学国家发展研究院教授
BiMBA商学院现地战略体验课程创始人

目录

| 推荐序一 | 用兵法的智慧来观照企业的经营 | 吴如嵩　　VII

| 推荐序二 | 搭建自己的战略思维系统 | 陈春花　　XI

| 推荐序三 | 理清迷思，找到新的繁荣之道 | 宋志平　　XV

| 前言 |　《孙子兵法》讲什么　　XVII

　　　　《孙子兵法》怎么读　　XXI

　　　　这本书都写了什么　　XXVII

| 第一讲 | 五事 |　道者，令民与上同意也　　003
管理的五大要素

　　　　长期的成功一定是价值观的成功　　008

　　　　时来天地皆同力，运去英雄不自由　　014

　　　　战场的选择是指挥艺术的核心　　018

　　　　分析地形的四个维度　　022

　　　　将者，智、信、仁、勇、严也　　029

　　　　兵以治为胜　　035

　　　　五事：第一个战略管理模型　　040

| 第二讲 | 七计 |
比较的七个维度

主孰有道，将孰有能 > 047

天地孰得，法令孰行 > 055

兵众孰强 > 059

士卒孰练 > 063

赏罚孰明 > 069

| 第三讲 | 全胜 |
竞争的四个层面

围棋与象棋的区别 > 079

上兵伐谋 > 085

学会战略性思考 > 091

其次伐交 > 095

网景和索尼为什么失败 > 099

其次伐兵 > 104

攻城之法，为不得已 > 109

竞争战略的金字塔 > 113

| 第四讲 | 先胜 |
攻守时机的把握

先为不可胜：先保证自己不输 > 121

以待敌之可胜：再把握赢的机会 > 126

战略性的机会需要有足够的定力 > 132

不打无把握之仗 > 140

冒有胜算的风险 > 145

| 第五讲 | 任势 |
资源效能的放大

善战者，求之于势，不责于人 › 153

利用"势"的杠杆作用 › 159

造势的原则：其势险，其节短 › 165

兵无常势：警惕"势"背后的陷阱 › 171

| 第六讲 | 击虚 |
突破方向的选择

避免进攻对手的优势 › 177

从对手力量薄弱的地方入手 › 182

打关键而又脆弱的节点 › 189

找出强点中的弱点 › 192

利用对方的大意与疏忽 › 197

最致命的一击往往并不来自正面 › 203

攻心是最高层面的击虚 › 206

突破后持续投入 › 212

| 第七讲 | 诡道 |
竞争策略的运用

"击虚"需要"诡道" › 219

突然性是战略的本质 › 223

用策略降低取胜的成本 › 229

行动成功与否不单纯取决于你自己 › 233

微软、奥迪与双汇：它们为什么赢 › 240

| 第八讲 | 并力 |
战略资源的集中

并敌一向，千里杀将 › 249
切勿同时追逐多个目标 › 255
不在非战略机会点上消耗力量 › 260
接受局部和次要方向的损失 › 264
成功的集中需要策略掩护 › 271

| 第九讲 | 主动 |
对抗局面的掌控

永远要左右你的敌人 › 281
你打你的，我打我的 › 285
采取积极的攻势行动 › 290
化战略上的被动为战役战斗上的主动 › 296
先夺其所爱，则听矣 › 302

| 第十讲 | 机变 |
打法的机动灵活

兵无常势，水无常形 › 313
并非事先设计出来的四渡赤水 › 317
草鞋没样，边打边像 › 323
小敌之坚，大敌之擒也 › 328
兵形像水：打造水一样的组织 › 333
你需要找到那些不变的东西 › 336
因利制权：学会与不确定性共舞 › 340

| 第十一讲 | 先知 | "先胜"的背后是"先知" › 349
竞争态势的分析　　加里波利的失败与珍珠港的成功 › 353
　　　　　　　　　形人而我无形 › 358
　　　　　　　　　知彼知己，知天知地 › 362
　　　　　　　　　无所不用其间 › 367
　　　　　　　　　进入对手的头脑和内心 › 372
　　　　　　　　　我们为什么很难看清真相 › 381
　　　　　　　　　关于"知"的三条忠告 › 389

| 第十二讲 | 将道 | 进不求名，退不避罪 › 403
动态环境的领导　　上下同欲，与众相得 › 410
　　　　　　　　　静以幽，正以治 › 415

| 附录 | 《孙子兵法》题解 › 423
　　　　《孙子兵法》原文及译文 › 434

参考文献 › 465
后记 › 472

推荐序一

用兵法的智慧来观照企业的经营

吴如嵩

《孙子兵法》原本是用兵之法。虽然人们经常用商战来形容企业之间的竞争,但兵战与商战毕竟还是有根本的不同。战争的目的是消灭敌人,保存自己;商业的目的是创造价值,赢得客户。于是一个尖锐的问题提出来了:兵之法,可以商之用吗?

我认为是可以的。兵战同商战当然有异质性,但是也有同质性。这种同质性至少体现在以下几个方面:决策的预见性,谋划的宏观性,信息的盖然性,投入的风险性,实施的灵活性,管理的法规性,以功利为目的的竞争性,以小的代价换取最大胜利的价值观念,等等。这种同质性,是兵战之石可以攻商战之玉的前提。

《孙子兵法》可以用来为商业世界提供借鉴,还有一个原因,就是它不是一部普通的兵书,而是一部高度抽象的军事哲学著作。它从朴素辩证法的角度总结了战争与战争指导的基本规律,用中国人习惯的说法,它探讨的是"道",而不是"术",所以它带有明显的重宏观轻微观、重整体轻个体、重综合轻分析、重意象轻具象的特点。这也就使得《孙子兵法》的价值超出了军事这样单一的领域,可以从思维方式的高度,让世人获得灵感,举一反三,触类旁通,多维融通。北宋程颐说得好:"天下之理一也,途虽殊而其归则同,虑虽百而其致则一。"这是兵法扩展到商业领域、医学领域,乃至体育竞技等领域的重要原因。

实际上将《孙子兵法》用于商业,并非自今日始。白圭是战国时期的著名商人,据说当时"天下言治生祖白圭"。而白圭经商的特点,根据司马迁的记载,是"人弃我取,人取我与","能薄饮食,忍嗜欲,节衣服,与用事僮仆同苦乐,趋时若猛兽挚鸟之发"。熟悉《孙子兵法》的人一定会发现,白圭的经营之道,与《孙子兵法》是完全契合的:"人弃我取,人取我与",不就是《孙子兵法》中的"避实击虚"吗?"薄饮食,忍嗜欲,节衣服,与用事僮仆同苦乐",不就是《孙子兵法》中的"上下同欲"吗?"趋时若猛兽挚鸟之发",不就是《孙子兵法》中的"激水之疾,至于漂石者,势也;鸷鸟之疾,至于毁折者,节也"吗?

有意思的是,白圭还自觉地以兵法理论来指导他的经营。他曾经公开讲:"吾治生产,犹伊尹、吕尚之谋,孙吴用兵,商鞅行法是也。是故其智不足以权变,勇不足以决断,仁不能以取予,强不能有所守,虽欲学吾术,终不告之矣。"孙子论将,提出了"智""信""仁""勇""严"五德,白圭以"智""勇""仁""强"要求经营者,不难看出孙子对他的影响。商战如兵战,真正的商家巨子,确实必须具备良将一般的雄才大略。

比白圭还要早一百多年的范蠡,同样也是以兵法来指导自己的经营。司马迁说范蠡"治产积居"的指导原则是"与时逐而不责于人","择人而任时"。范蠡的这一原则,出处正是《孙子兵法》中的名言:"善战者,求之于势,不责于人,故能择人而任势。"兵学与商学之相通,这也是一个极好的例证。后来日本军人出身的企业家大桥武夫将《孙子兵法》与自身的商业实践相结合,并提出了"兵法经营学",说明当代企业经营管理同样可以从古老的《孙子兵法》中汲取智慧。

不过需要指出的是,兵法用于商战,不能无选择地直接应用,而是要从战略层面、从哲学层面去寻求借鉴。兵学是有战略、战术之分的。《孙子兵法》的价值,在于其辩证的哲学思维、高远的战略追求、深刻的取胜理念，包括以"道""天""地""将""法"为内涵的"五事"，以"伐谋""伐交""伐兵""攻城"为内涵的"全胜"等等。尤其是《孙子兵法》谈管理首重"道"，也就是作为组织灵魂的价值观；谈用兵首重"谋"，也就是深谋远虑的战略意识。这些内容才是《孙子兵法》的精华、核心与价值所在。可以说，《孙子兵法》是从战略的高度揭示了战争取胜的基本原理，是一部战略学的经典著作。今天的企业管理者，也应该从战略智慧的角度入手，体会《孙子兵法》总结出来的战略理念，就如本书作者所说的"学会战略性思考"。这是企业界可以从《孙子兵法》中得到的最宝贵的财富。

当然，要想从理论上揭示如何把《孙子兵法》的战略理念运用到现实的企业管理中，也并非易事。因为这要求研究者打通军事与管理的界限，具有跨界的背景。一方面，研究者必须要懂军事，要在军事学尤其是兵学上受过专业训练；另一方面，还要懂企业管理，熟悉管理的实践，了解管理者的痛点。这样才能从军事看管理，从战争看竞争，用兵法的原则来对接管理的理论，用兵法的智慧来观照企业的经营。

宫玉振博士正是这样一位具有军事学和管理学双重背景的学者。宫博士是军事学博士，并在军事科学院战略研究部从事了10年的军事学研究，对军事战略以及《孙子兵法》的精髓与体系有深入的思考。从军队转业之后，他又在中国顶级的商学院从事了16年的研究与教学，是北京大学国家发展研究院很受EMBA（高级管理人员工商管理硕士）和MBA（工商管理硕士）学员欢迎的管理学教授。我想他应该是世界上为数不多的在商学院任教的军事学博士了。这种特殊的经历，使得他既具备了深厚的军事学术底蕴，又对现实的企业管理有着鲜活的感知，因此他来写《孙子兵法》与经营管理方面的著作，是最合适的。这部《善战者说：孙子兵法与取胜法则十二讲》，反映了宫玉振博士从军事的角度对企业管理中战略、组织与领导力等根本问题的深入思考，是兵法商用的创新性成果，也是《孙子兵法》研究领域的代表性成果，无论是从学术层面还是从实践层面上，都有相当的价值。因此，我很愿意向读者隆重推荐这本书，是为序。

吴如嵩

军事科学院原战略研究部研究员、博士生导师

中国孙子兵法研究会原副会长、首席专家

2020 年 5 月 18 日

推荐序二

搭建自己的战略思维系统
陈春花

《孙子兵法》对于绝大多数国人而言，可以说是"最熟悉的陌生人"。书中不少格言警句我们都能脱口而出："知彼知己，百战不殆""兵者，诡道也""攻其无备，出其不意""不战而屈人之兵"……《孙子兵法》，俨然已经成了象征东方智慧的一个超级符号。然而，大部分人对《孙子兵法》的理解基本就止步于此了。短短六千字，少有人通读，更不要说读懂读透了。相隔2 500多年，管理者为什么还要读一本关于《孙子兵法》的书？宫玉振老师的《善战者说：孙子兵法与取胜法则十二讲》给出了充足的理由。

孙子作为古往今来对全人类影响力最大的思想家之一，一直以来都深深地影响着人类智慧的发展进步。战略管理学大师明茨伯格曾说："《孙子兵法》在今天来讲也是一部杰出的著作，几乎没有什么新的观点能超越它。"了解《孙子兵法》，是我们理解中国谋略智慧和竞争战略的捷径。从血与火、生与死中总结出来的战争法则是人类最高智慧的结晶，能够启发和指导我们在商业领域的竞争和实践。举个例子，孙子用道、天、地、将、法五个维度以及由此延伸出的七个问题——主孰有道、将孰有能、天地孰得、法令孰行、兵众孰强、士卒孰练、赏罚孰明——来构建取胜之道的模型，对于企业的成败兴衰，可说是极为全面而精准的概括。如何奉行长期主义？如何基业长青？孙子的"五事七计"指出了决定企业兴衰成败的基本要素。

《孙子兵法》是一部关于战略理论的书，是一个纲领，因极其凝练，读来难免晦涩难懂。而《善战者说》不但从中提炼了十二条原则，而且汇集了从战场到商场的大大小小的实战战例，通过案例进行讲解，从而帮助读者能够比较容易地去理解掌握这些原则。书中的案例包罗万象：从战略到组织，从计划到变化，从执行计划到应对突发事件，从前线到后勤，从内政到外交，从战前动员到战后总结，从己方视角到对方视角，等等。这些案例深入浅出，读者总能在其中找到引起共鸣的内容和思考的入口。如果《孙子兵法》原本是灰色的理论，那么《善战者说》凭借着旁征博引以及一个个活灵活现的案例，让这片理论的田野长出了常青的生命之树。

我们身处在一个剧变的时代，不确定的迷雾笼罩大地。我们如何看清未来？如何把握现在？如何认识自己？如何理解环境？这是深深困扰着每个人的问题，管理者体会尤深。今天人们所经历的那些考验——在野心和能力之间权衡，在理想和现实之间纠结，在荣耀与责任之间徘徊——也是成大事者所经历过的，无论是东征的亚历山大还是西征的成吉思汗，无论是滑铁卢的拿破仑还是垓下的项羽。从前人的故事中照见自己，从战略的历史中看懂未来。军事战争的胜负与商业竞争的输赢，大国的兴衰和公司的兴衰背后有着共通的逻辑。对《孙子兵法》的精妙诠释，引领着读者触类旁通、由此及彼，追本溯源，洞透层出不穷的表象，去探究战略的本质。

阅读此书，能开阔你的战略视野，训练你的战略思维，让你更加"善战"。我们对战略的摸索往往如盲人摸象，受限于我们所在的位置，看不清全貌。孙子高屋建瓴，既给予我们宏大的视野，看清全局，超越竞争，又给予我们放大镜，见微知著，帮助我们知彼知己、知天知地，从而不战而屈人之兵。本书更对大量案例进行剖析，从阿里巴巴、美团、滴滴到微软、谷歌、亚马逊、网飞，从官渡之战、赤壁之战、街亭之战到红军长征四渡赤水、解放战争的孟良崮战役等等，让我们在不同的时代、地域、人物之间纵横驰骋，自由收放视野、变换视角，帮助我们融会贯通，从而建立起全局观和长远观，提升战略思维。庄子说过一段话，"井蛙不可语于海者，拘于虚也；夏虫不可语于冰者，笃于时也"。在广袤的天地之间，我们就像井底之蛙；在历史长河面前，我们就如夏日之虫。每个人的经验都是有限的，但借助理论的视角和历史的经验，我们能拓宽认知的边界，让战略视野更加开阔，从而摸索出在不同情境之下"致人而不致于人"的取胜之道。

《孙子兵法》从战略的高度，揭示了战争取胜的基本要素和根本原理，也确定了中国人战略思维和战略偏好的基本特质，是世界公认的一部战略学经典著作。战争是一种最强的竞争形态，《孙子兵法》所揭示的就是竞争中基本的取胜法则，基本的竞争方法论。所以，你可以把《孙子兵法》看成是一部竞争理论的专著。用从这种残酷的"强竞争"的环境中所总结出来的竞争方法，来审视我们所面临的竞争，往往可以帮助我们更好地理解竞争的本质，以及竞争中的取胜之道。

更重要的是，《孙子兵法》战略理论的核心，强调的是最好的战略，不是通过战争的手段去取胜，而是"不战而屈人之兵"。这也是东方战略智慧的典型代表，更是引领人们摆脱战略困境的根本方针，其实这也是中国人的战略思维与西方人的战略思维最大的不同。宫老师总结说："中国人的战略思维，如果概括地说，就是四个字——以智克力。"

《孙子兵法》到底讲了什么？宫老师做了一个高度的概括，"其实很简单，两句话就够了：一句话是，最好是不用打就能赢。另一句话是，如果非要打的话怎么办？要用智慧去打。要敢打，更要会打。要巧妙地打，要动脑子去打。要用最小的成本，去取得最大的胜利"。孙子非常喜欢用一个词——善战者，也就是用兵高手的意思，这也是本书书名

《善战者说》的由来。所以，认真阅读这本书，一定能够理解透《孙子兵法》。

《善战者说》是凝聚宫老师毕生所学所思的一部倾心倾力之作，纵贯千年，驰骋万里，带领读者追寻剧变之下的不变，表象背后的本质。宫老师以自己对《孙子兵法》的独到见解，站在读者的视角，采用了非常易读的结构，打破了《孙子兵法》的篇章结构，从中提炼出孙子最核心的十二个理念，或者叫十二条原则，作为这本书的十二讲。同时又为了帮助读者更好地去理解《孙子兵法》与企业管理的关系，把十二讲的内容再构建成三个模块，分别是组织管理、竞争战略、领导力，这也是管理学中最基本的问题，因此，带给读者的感受，是更贴近自己的现实管理与生活，从而获得更多的共鸣与启发。

本书为我们开启了一扇门，让战略的思维、方法和原则可以衔接到我们今天所处的环境之下，并找到属于我们自己的解决方案。更重要的是，阅读此书，能够在理解孙子智慧的基础上，搭建起你自己的战略思维系统。

陈春花

北京大学王宽诚讲席教授

北京大学国家发展研究院 BiMBA 商学院院长

2020 年 5 月 19 日

推荐序三

理清迷思，找到新的繁荣之道
宋志平

目前，我国正处于新冠病毒的后疫情时代，而全球仍处于蔓延态势。这次疫情是当代最大的黑天鹅事件，它从根本上改变了全球政治和经济走势，改变了大国之间的关系，也正在重塑全球的市场规则和商业规则，对我国企业的发展投下了巨大的变数。不少企业家处于迷惘和彷徨中，大家都希望找出一条清晰的发展道路，也想重新找到企业的价值理念和战略导向。而就在这个时候，宫玉振教授的《善战者说：孙子兵法与取胜法则十二讲》要付梓出版了，这对大家是一件幸事，因为2 500多年前古代先贤的智慧或许能让我们理清迷思、超越纷争，找到我们新的繁荣之道。

《孙子兵法》顾名思义是讲军事的，但这本书的原理也被用于社会经济，更被用于企业战略。《孙子兵法》讲的全胜和不战而屈人之兵的战略，映射着中国古代的人文思想，书中讲的"上兵伐谋，其次伐交，其次伐兵，其下攻城"的思想，也展现了我们祖先的智慧。故此，这部只有5 000多字的中国古代兵法，成为世界军事战略的名篇，它的观点和原则为许多大家所引用。随着经济社会的发展，《孙子兵法》的原理也被广泛应用于企业的战略中，尤其是在我国和东亚各国的企业家中备受推崇。

中国企业经历了40多年的改革开放，近些年来更是飞速发展，已经产生 129 家世界 500 强企业，正在走向世界舞台的中央。中国企业能有今天，既受益于我们对西方企业管理经验的学习，也受益于我们对民族历史灿烂文化的继承。古为今用，洋为中用，可以说这是我国企业所特有的文化优势。而《孙子兵法》是古代先贤留给我们的传家宝，这些朴素的智慧将为我们在未来前进的道路上指引方向。

宫玉振教授这本书，抓住了企业管理中最核心的战略、组织、领导力三大要素，从"学会战略性思考"这一主题入手，突破传统的讲解经典的做法，抓住《孙子兵法》中的核心战略理念进行展开，在书中旁征博引，用大量鲜活的战争和企业案例来解读《孙子兵法》中所蕴含的战略智慧，以及对企业竞争与管理的启示。要做到这一点实属不易，这和作者既懂历史又通军事，还熟悉企业管理有关，而这些跨界的研究和思考恰恰是本书的特点和亮点。对于当代企业家和管理者来说，作者的这些思考对于我们反思自身的战略、组织与领导力，都具有很好的启发意义。

我和宫玉振教授的交集是一同在北大国发院 BiMBA 商学院任教，记得他为我和陈春花老师的"中国新商道"对话做过主持，他的博学和谦逊给我留下了极深的印象。他的这本书，同样是深入浅出，娓娓道来，用他特有的语言把历史上、现实中的丰富故事和古文的精练语言结合起来，让人轻轻松松地享受了一席思想盛宴。这并非很容易就能做到的，相信广大读者阅读完本书也会有同感。

宋志平
中国上市公司协会会长
中国企业改革与发展研究会会长
2020 年 5 月 1 日

前言

《孙子兵法》讲什么

进入正题之前,先讲一个我跟人初次见面时经常会遇到的尴尬事。得知我在大学教书,对方十有八九都会问我一个问题:"您教什么?"我说:"《孙子兵法》。""《孙子兵法》好啊,美人计!"对方往往会脱口而出。

《孙子兵法》没有"美人计",那是《三十六计》里的。

很多人会把《孙子兵法》和《三十六计》混为一谈。有时候到书店买书,封面书名"孙子兵法",打开一看,里面的内容是"三十六计"。

不仅一般读者,如果不是专门做兵法研究的,即使是学者,有时候也会搞混。一次我在中央电视台军事频道,亲耳听到一位军事专家言之凿凿地讲:"《孙子兵法》的最后一计,是'走为上计'!"

西方学者也会出错。我在美国康奈尔大学东亚研究中心做访问学者的时候,历史系有一位研究古希腊、古罗马军事史的教授,是耶鲁大学毕业的,为人谦和,学养深厚,学风严谨,经常受美国军方邀请到战争学院、海军学院之类的地方讲课。我很敬重他。因为是同行,我们的交流就相对多一些。我还参加过他给研究生开的军事历史讨论课。

有一天他给我写了一封邮件,说他看到有人在论文里引用了《孙子兵法》中的一句话,他想查证一下这句话的具体出处,问我能不能帮他看一看,究竟是出自《孙子兵法》的哪一篇哪一节。我一看就乐了。那句话翻译成中文,是"杀鸡给猴看"。我跟他说,这不是《孙子兵法》的话,是中国的一句俗语。

读《孙子兵法》,首先要知道,《孙子兵法》和《三十六计》不是一本书。

那么,《孙子兵法》究竟是本什么书?《孙子兵法》的作者是谁?这本书产生于什么时代呢?

《孙子兵法》是目前中国存世最早的兵书,也是影响力最大的兵书。它的作者是孙武,成书于春秋晚期。

孙武原是齐国人,出身于齐国的一个军事世家。后来因为齐国内乱去了吴国,被吴王阖闾任命为将军,并帮助阖闾成就了霸业。司马迁说,吴国"西破强楚",往西打败了强大的楚国;"北威齐晋",北边威震曾是霸主的齐国和晋国;"南服越人",往南降伏了越国;孙子"与有力焉",孙武做出了很大的贡献。

春秋战国,是中华文明的一个上升时期,是中国文化的一个突破时期,也是中国人在思想上最活跃、最具有原创力的时代。那是一个百家争鸣的时代,出了很多大师:老子、孔子、庄子、孟子、荀子、墨子、韩非子……当然也包括孙子。我们今天依然能够感受到那个时代的炽热。

中国人基本的文化精神、价值取向、思维逻辑,甚至是基本概念,大多是在那个时代确立的。今天要研究儒家思想,你要回去读《论语》;要研究道家思想,你要回去读《道德经》;要研究中国哲学,你要回去读《易经》;要研究中国人的战略思想,你就要回去读《孙子兵法》。

《孙子兵法》从战略的高度,揭示了战争取胜的基本要素和根本原理,也确定了中国人战略思维和战略偏好的基本特质,是世界公认的一部战略学的经典著作。

《三十六计》产生的时代,一般认为是明清时期,真正开始在社会流传,则是在民国以后了。明清以后,中国的封建文明走入衰败期,跟春秋战国那个充满活力、充满创造力的时代完全不一样。这个时代产生的兵书,与春秋战国那个时代产生的兵书,在境界和层次上也就有明显的差距。《孙子兵法》讲的是战略,是用兵的大"道";而《三十六计》讲的是谋略,是兵法中的小"术"。

那么,为什么《三十六计》在社会上的影响力,反而貌似超过了《孙子兵法》,甚至人们经常会把《孙子兵法》和《三十六计》混为一谈呢?

其实这并不奇怪。《孙子兵法》这本书,确实不好读。

第一,这本书产生于春秋晚期,距今已经 2 500 多年了。对很多人来说,那个时代的文言文,和我们今天的白话文相比,基本跟外语差不多。你可能认识书中的每一个字,但就是不清楚它在说什么。

第二,这毕竟是一部兵书,讲的都是用兵打仗的基本原则,要是你没有一点儿军事学的基础,可能很难读懂,更不用说领会它的精妙之处了。

第三,这本书太抽象了。《孙子兵法》的通行版本有 5 900 多字。2 500 多年来,因为传抄过程中出现的鲁鱼亥豕,有的版本字数会稍微多一些,但也就 6 000 字出头,这还不如我们今天写的一篇学术论文长。

古人评价它"字字珠玑",没有一个多余的字,没有一句废话。今天也有人评价它"简单而深奥,简略而深刻"。

所以,这本书的特点是,内容高度抽象、高度概括、高度凝练,背后的逻辑又极其严密、极其深奥,甚至已经上升到了哲学的高度。这就会带来一个问题：曲高往往就会和寡，一般人很难读下去。

《三十六计》呢？非常通俗，讲的几乎全是故事，或者是一个个碎片化的知识点：瞒天过海、围魏救赵、隔岸观火、欲擒故纵、美人计……走为上计。你可能没有读过《三十六计》，但如果你读过《三国演义》，看过《水浒传》，或者听过评书，这些故事早就在你的脑子里了。这些碎片化的知识点很容易理解，又很容易记住。

通俗的就是大众的。通俗的东西总是更容易普及和传播。这或许就是《三十六计》反而比《孙子兵法》更为知名，甚至很多人把《三十六计》当成是《孙子兵法》的原因吧。

但是就如前面所说，《孙子兵法》和《三十六计》并不在同一个层次上。打一个不太恰当的比方，如果说《孙子兵法》像武林绝学《九阴真经》，那《三十六计》大概就是民间流传的"分筋错骨法"了。

如今是一个信息爆炸的时代，变化极快，每天都有大量的信息扑面而来，有大量的图书和文章诞生。面对这些，我们每个人内心都会有一种无所适从的感觉，想读书也不知道该读什么。其实，越是在这样一个时代，越应该静下心来，读一读经典的东西。

苏东坡有一句诗："旧书不厌百回读，熟读深思子自知。"

2 500多年前产生的一部兵书，直到今天，依然被世人认可，世界都公认它是战略学的经典著作，就是因为很少有人对战争与取胜的思考和理解能像孙子这样透彻、深刻。孙子一生就留下了这部6 000字左右的书。这样的书，已经被历史证明了它的价值，值得我们熟读、深思。

当今世界，很少有人会像战争中的军人那样每天都在直面生死，但是在我们这个充满竞争的社会中，成功与失败却无所不在。

竞争与战争比起来，当然算得上温情脉脉，但对于失败者来说，结果却同样残酷无情。

战争是一种最强的竞争形态，《孙子兵法》所揭示的就是竞争中基本的取胜法则，基本的竞争方法论。所以，我们可以把《孙子兵法》看成一部竞争理论的专著。

用从这种残酷的"强竞争"环境中总结出来的竞争方法，来审视我们所面临的竞争，往往可以帮助我们更好地理解竞争的本质，并找到竞争中的取胜之道。

《孙子兵法》怎么读

《孙子兵法》是本很好的书，但是不好读。那怎么去读呢？

杰拉德·迈克尔森和斯蒂芬·迈克尔森是美国的两位营销专家，他们对《孙子兵法》都很有研究，合著过几部关于《孙子兵法》的专著。杰拉德·迈克尔森还曾到北京参加我们组织的孙子兵法国际研讨会。

在他们合著的一本书的前言中，两个人讲过一段很精彩的话，一共三句，每句都有一个关键词。我们把这三个关键词找出来，《孙子兵法》到底讲什么，也就基本了解了。

这段话是："孙子最基本的哲学信条是，如果你能够仔细规划好你的战略，那么你就能够获胜。而且，如果你能够拥有一个真正伟大的战略，你甚至可以不战而胜。这种东方的侧重于用战略智慧来击垮对手的战略思想与西方大不相同，后者强调通过行动（比如说发动大的战役）来取得胜利。"

我们先看第一句："孙子最基本的哲学信条是，如果你能够仔细规划好你的战略，那么你就能够获胜。"这句话的关键词是什么？

战略。

《孙子兵法》是一部讲什么的书？讲战略的书。它不是讲战术的书，不是讲操作的书。它不是给班长或者士兵写的，而是给国君、给将帅写的，也就是给战争中的决策者写的书。它从战略的高度揭示了战争取胜的基本原理，是一部关于战略的经典著作。我们今天读《孙子兵法》，就是要学会战略性思考。

什么是战略？战略首先是一种思考方法。它是为了达成一定的目标，在特定的环境下，对自己的资源和能力进行最佳配置和组合的一种方法。它的目的就是，通过系统的思考，来对你影响未来的选择进行取舍，并以此指导你的决策。

无论对于组织还是个人，战略性的错误向来都是最致命的错误。如果你的战略本身就是错误的，你的战术和执行能力再强，也是南辕北辙，无法挽回战略失误所带来的损失。

美国在越南战争中遭遇失败，很重要的一个原因就在于，他们只关注战术细节，却忽略了战略全局。虽然打赢了所有的战斗，但是输掉了整场战争。

在商业或者各种类型的竞争中，一把好牌给打烂了的事情也经常发生。战术只是解决怎么打的问题，战略才解决打不打、跟谁打、在哪儿打、何时打这些更为关键的问题。

有太多的人专注于那些他们无法取胜的战斗，或者无法取得决定性意义的战斗，却疏于取得和利用那些决定性的胜利。因为他们缺乏战略，他们无法学会战略性思考。

清晰的战略才会让你赢得决定性的胜利。如果你把精力和资源用错了地方，那就是纯粹的浪费。因为这些精力和资源本来是可以用在解决更关键的战略问题上，从而得到更有效的利用的。

我们平时都很忙，经常会陷入事务性的工作中，忙于应对各种各样的事务。从这些事务性工作中跳出来，培养战略思考的意识和能力，对于想主导自己命运和竞争结局的竞争者来说，至关重要。

所以，读《孙子兵法》，并不是让你背那些条文、那些格言、那些金句，然后去跟别人炫耀，而是帮助自己养成战略性思考的意识，形成战略性思考的能力，从而在竞争中获得决定性的优势。

这是帮我们读懂《孙子兵法》的第一个关键词。

我们再看第二句话："而且，如果你能够拥有一个真正伟大的战略，你甚至可以不战而胜。"这句话中最核心的词应该是哪个？

不战而胜。

这是《孙子兵法》所有理念中核心的核心，也是帮我们读懂《孙子兵法》的关键。

孙子是一位将军，《孙子兵法》是一部兵书，但是孙子强调的是什么？不战而胜，不用打就能赢。用孙子自己的话说，是"不战而屈人之兵"。这也是孙子超越了一般的将军、《孙子兵法》超越了一般的战争著作，从而为后人所追捧的原因。

将军的主要任务是什么？打仗。更准确地说，是打胜仗。

但是在孙子看来，真正优秀的将军，不是简单地追求赢，而是争取不用打就能赢。

孙子跳出了战争去看战争，超越了战争去看战争。同样，竞争者也要跳出竞争去看竞争，超越竞争去看竞争。以今天的思维来看，孙子已经有了成本和收益的意识：不仅仅追求胜利，还要追求完美的胜利。要学会用最小的成本，去取得最大的胜利。《孙子兵法》为什么在西方有这么大的影响力？原因之一就在这里。

西方主流军事文化之中，很少有"不战而胜"的理念。从古希腊、古罗马，一直到中世纪和近现代，西方的主流军事文化中，歌颂的是战争，崇尚的是胜利、对抗与征服。

在古罗马，要想做一名执政官，你首先必须在战场上证明自己的价值。古罗马将军最荣耀的时刻，就是打败了自己的对手，俘虏了他们的统帅，率领大军回到罗马城举行凯旋式。这是古罗马将军唯一可以带领军队进入罗马城的机会。

　　这种对战争和胜利的歌颂，在西方文化中一直不绝于耳，中世纪的骑士文化、近代国家之间的不断冲突等等，这种文化也直接影响了克劳塞维茨的战争理论研究。

　　但是这种歌颂武力，崇尚胜利，通过战争取胜来压倒对手、征服对手的战略思维模式，在第一次世界大战时达到了顶点之后，也走到了尽头。第一次世界大战几乎毁掉了欧洲文明，第二次世界大战宣告欧洲时代的结束和美国、苏联两个超级大国的崛起。空前的大战，以最极端的方式，将西方战略思维的缺陷暴露无遗。

　　在这期间，西方人开始反思西方传统的战略思维模式的局限，并发现了以《孙子兵法》为代表的古老东方战略智慧的价值。20世纪英国最伟大的战略家利德尔·哈特因此成了孙子的粉丝，并从孙子身上找到了西方战略思维转型的方向。他比较了孙子与克劳塞维茨的思想，并用孙子式的语言非常肯定地说："最完美的战略，就是那种不必经过激烈的战斗也能达到目的战略——所谓的不战而屈人之兵，善之善者也。"

　　利德尔·哈特在他的名著《战略论》一书的扉页，引用了19条军事学家的语录，其中前13条全是孙子的。他甚至声称，他所撰写的20多本书中所涉及的战略战术原则，在《孙子兵法》中已经包罗无遗了。

　　第二次世界大战结束前，核武器出现，人类进入了核时代。在这样的时代，大国之间再想通过战争的方式来压倒和征服对手，已经基本不可能。今天的核武器可以毁掉地球无数次。核战争注定会是没有赢家的战争。

　　在这种情况下，二战之后西方基于传统的战略思维所制定的核战略，无论是"大规模报复"战略，还是"确保相互摧毁"战略，都没有办法走出相互毁灭、两败俱伤的死局。用西方人自己的话说，西方的战略思维和以此为基础的战略体系，正面临着严重的"崩溃性危机"。

　　正是在这种情况下，美国人也发现了孙子思想的价值。在精通孙子理念的日本京都产业大学教授三好修的帮助下，美国学者提出了"孙子的核战略"理论。这一战略理论的核心就是，今天最好的战略，不是通过战争的手段去取胜，而是孙子的"不战而屈人之兵"。所以今天的世界，应该用以《孙子兵法》为代表的东方战略智慧，来解决西方所遇到的战略难题。

这给美国指明了一条摆脱战略困境的出路，所以这一思路提出以后，立刻引起了巨大的反响，"不战而胜"由此成为美国制定对苏战略的核心理念。所谓的"冷战"，就是通过非军事、非战争的手段，来赢得与苏联的对抗。美国也因此而成为冷战胜利最大的受益者。尼克松还专门写过一本书，名字就叫《1999，不战而胜》，直接用了孙子的理念。

在西方，"不战而胜"可以说已经家喻户晓。大部分西方人其实没有读过《孙子兵法》，但是很多人都知道"不战而胜"。

这是帮我们读《孙子兵法》的第二个关键词。

我们再看第三句话："这种东方的侧重于用战略智慧来击垮对手的战略思想与西方大不相同，后者强调通过行动（比如说发动大的战役）来取得胜利。"这句话中最关键的一个词是哪个呢？

智慧。

孙子强调，不是靠简单的实力对抗、资源消耗，不是靠硬拼，而是靠智慧取胜。其实，这也是中国人的战略思维与西方人的战略思维最大的不同。中国人的战略思维，如果概括地说，就是四个字：以智克力。通过智慧来战胜对手的蛮力，让对手的力量优势发挥不出来。

西方人强调以什么"克力"呢？"以力克力"，即强调实力之间的对抗。

我经常开玩笑说，在对抗的过程中，西方人的取胜思维基本上这样的：你强，我要比你更强。中国人的取胜思维呢？你强，我让你强不起来。

一个是强调实力的强者思维,一个是强调智慧的智者思维。中国人习惯讲的"以柔克刚""以弱胜强""以少胜多""以智克力",都是这个道理。

这种思维的关键是:你有资源、有实力、有优势,但是我要想办法让你发挥不出来。你的优势发挥不出来,我的优势充分发挥出来,我就可以打败你。

这种思维其实在我们每一个人身上都有体现,我们生活在这种文化之中,潜移默化中受这种意识的影响,只不过没有清楚地意识到这一点而已。比如,我问你:在你心目中,谁是中国古代最伟大的军事家?你马上会想到谁?不用想太多,第一感觉就好了。很多人会说是诸葛亮。

诸葛亮是一种什么样的象征?智慧的象征。诸葛亮手无缚鸡之力,但是他可以成为中国古代最伟大的军事家之一。

同样,在西方,或者我们再缩小一下范围,在美军中,最经典的军人形象,你马上会想到谁?很多人会想到巴顿将军。巴顿将军是一种什么样的象征?勇武的象征、征服的象征、力量的象征。

诸葛亮也需要实力,所以他也需要关羽、张飞。巴顿将军也绝非有勇无谋之徒,也有极好的战略素养。但是我们看得出,中美战略思维的重心不同,这是非常明显的。在中国这样一个竞争环境之中,你得知道中国人的竞争思维和取胜之道究竟是什么。

让我们总结一下,《孙子兵法》到底讲什么呢?

其实很简单,两点就够了:第一,最好是不用打就能赢。第二,如果非要打怎么办?要用智慧去打。要敢打,更要会打。要巧妙地打,要动脑子去打,要用战略去打。要用最小的成本,取得最大的胜利。

如果我们用一个等式来总结的话,那就更简单了,就是"取胜 = 实力 × 战略"。实力是客观因素,你和对手之间的实力对比在短期内很难有大的变化。战略是主观因素,你可以在战略思维方面远远超出你的对手。

战略是实力的放大器，它可以放大你取胜的概率。用一句通俗的话来说，如果剑不如人，剑法就要胜于人。

《孙子兵法》几乎所有的理念，上兵伐谋、借势造势、避实击虚、出奇制胜、集中兵力、兵者诡道、掌握主动、兵形像水等，都是这样来的。

所以孙子非常喜欢用一个词——善战者，也就是用兵高手的意思。

这也是本书书名《善战者说》的由来。

这本书都写了什么

《孙子兵法》一共 6 000 字左右，但是内涵极其丰富。如果逐字逐句来讲的话，估计 60 万字也写不完。所以我打破了《孙子兵法》的篇章结构，从中提炼出孙子最核心的十二个理念，或者叫十二条原则，作为这本书的十二讲。

这十二个理念分别是："五事""七计""全胜""先胜""任势""击虚""诡道""并力""主动""机变""先知""将道"。

第一讲"五事"，讲管理的五大要素。

什么因素决定了战争的最终胜负？孙子的回答是"五事"，即"道""天""地""将""法"。这也是战略管理的五大要素。在复杂的竞争环境中，不管你有没有意识到，这些最基本、最简单、最普通、最质朴的常识性要素，才是真正决定竞争胜负和组织命运的基本力量。回到这些基本的要素来反思自己的组织，并持之以恒地从这些基本的要素入手，去夯实管理基础，这在竞争中比什么都重要。

第二讲"七计"，讲比较的七个维度。

在战争或竞争的环境下，做好自己的事情当然重要，但相对于对手的优势，才是真正的优势。只有分析清楚自己相对于对手的优势和劣势、找出自己所处环境的威胁和机会，才能进行正确的战略评估，制定出正确的战略决策。孙子认为应该从七个维度对双方的优劣势进行比较，从而判断战争胜负的结果："主孰有道？将孰有能？天地孰得？法令孰行？兵众孰强？士卒孰练？赏罚孰明？"这就是"七计"。"七计"是"五事"的细化与延伸，也是孙子的 SWOT（优势、弱势、机会、威胁）分析框架。

第三讲"全胜"，讲竞争的四个层面。

战争的最高境界是超越战争，竞争的最高境界是超越竞争。《孙子兵法》的一个核心智慧，就是竞争者不但要懂得竞争，更要懂得超越竞争，从更高的层次来理解和把握竞争，争取在"伐谋""伐交"上战胜对手，并在"伐兵"的层面上运用更多的战略智慧。从而跳出简单的直接对抗式竞争，追求不战而屈人之兵的"全胜"境界。

第四讲"先胜"，讲攻守时机的把握。

战争取胜的一条法则是，不要先想着赢，要先保证自己不输，然后再寻找战胜对手的机会。在不确定的战争环境中，你能确定的是自己先立于不败之地，不打无把握之仗。要么不出手，出手就要有胜算，全力以赴，打开局面。你要耐心等待战略性的机会，一需要眼光，二需要定力，同时还要冒经过计算的风险。

第五讲"任势"，讲资源效能的放大。

"势"是力量的放大器。同样的资源，放在不同的"势"中，可以发挥出完全不同的效能。高明的将军依靠"任势"取胜，而不会让自己的下属陷入不断的苦战。战略的核心是创造出有利的态势。高明的战略家之所以高明，是因为他们善于度势、借势、造势。但是所有的大势都会过去，在任势的同时，还一定要警惕"势"背后的陷阱。

第六讲"击虚"，讲突破方向的选择。

所谓击虚，就是从战争全局出发，选择和利用对手关键而脆弱的环节作为打击目标，从而通过一点的突破，来带动整个战略全局的发展。从市场战略来说，要在市场的缝隙突破，在消费者最敏感的地点突破。从竞争战略来说，要在竞争对手最虚弱的时候突破，在对手最薄弱的环节突破。这样的战略性行动往往效用最大，可以一举打开局面，或者使对手的战略体系陷入崩溃。

第七讲"诡道"，讲竞争策略的运用。

战争与竞争的共同特点是：再完美的战略也可能会被对手破坏。在对抗中，计划能否成功往往并不仅仅取决于自己的行动，相反，在很大程度上取决于对手的反应。有效行动的前提是运用有效的策略，引导对手，塑造对手，操纵对手，剥夺对手的反应能力，使对手无法做出有效的反击。

第八讲"并力"，讲战略资源的集中。

在决定性的时间、决定性的地点形成决定性的优势，是战争取胜的根本法则。取胜之道的核心原则之一是运用最关键的资源去解决最关键的问题。在战争中，集中力量于较少或较有限的目标时，你可能会得到更大的收益。

第九讲"主动"，讲对抗局面的掌控。

竞争的实质就是对主动权的争夺。"永远要左右敌人"是军事上的至理名言。竞争者必须将对抗的主导权控制在自己手里，调动对手而不被对手调动，塑造对手而不被对手塑造，摆布对手而不被对手摆布。用毛泽东的话说，是"你打你的，我打我的"。

第十讲"机变"，讲打法的机动灵活。

环境是战略的最大变量之一。战略在实施的过程中必须根据具体情况，保持随机应变、灵活处置。在动态的环境中，只有保持战略和组织的柔性，才能适应条件和环境的变化。要学会接受不确定性，拥抱不确定性，要学会与不确定性共舞，并把你的战略变成利用不确定性来创造机会的过程。

第十一讲"先知",讲竞争态势的分析。

在孙子的战略思想中,"知"具有重要的地位。孙子认为,"先知"是所有取胜之道的奥秘所在。情报失误是战争胜利的最大杀手,信息优势在对抗中可以转化为巨大的力量优势。成功的决策必须建立在对竞争态势正确分析的基础上。

第十二讲"将道",讲动荡环境下的领导。

再好的取胜原则也需要优秀的领导去实施。战争是最好的领导力课堂,在复杂、残酷、危险、紧张的战争环境中,将军必须展现出卓越的领导力,才能率领他的士兵取得胜利。同样,在复杂、动荡而充满压力的商业环境中,优秀的领导者也需要强大的领导力,才能赢得下属的信任,打造出有凝聚力的团队,释放出组织的能量,全力以赴,赢得竞争。孙子提出将军应该具备"五德",避免"五危",此外还提出了"进不求名,退不避罪""上下同欲""与众相得""静以幽、正以治"等具体要求。

这十二讲中,"五事""七计"两讲,讨论的是组织管理的深层基础;"全胜"到"先知"九讲,梳理的是竞争战略的九条原则;"将道"一讲,揭示的是领导力的基本内涵。组织管理、竞争战略、领导力是管理学中最基本的问题。本书就是围绕这三个模块展开的。

需要注意的是,这十二个理念或者说十二条原则,并不是孤立的、割裂的,而是相互配合、互为基础的。

所有的理念和原则往往都需要态势的感知和策略的配合,因而都需要"先知"和"诡道";有效的"击虚"和"任势"需要"并力",所谓的"杀鸡要用宰牛刀";好的"主动"需要"机变",即主动灵活;"五事"则是你运用其他理念的根本;等等。

在实际的战争中,单独使用一个理念、一条原则就能取胜的情况很少。战争史上那些漂亮的仗，往往综合运用了多个理念、多条原则。就像孟良崮战役这样的经典战例，你可以从中看到"并力"中的集中绝对优势；你可以看到"击虚"中的打关键而又脆弱的环节，抓住对手强点中的相对弱点；你可以看到"先胜"中的要有足够的战略耐心；你可以看到"机变"中的根据情况随机应变；你可以看到"任势"中的势险节短；你可以看到"先知"中的准确洞察战场态势；当然，你还可以看到"五事"的几乎全部要素，尤其是"得道者胜"。

拳击比赛打的是组合拳。多个理念、多条原则的综合运用，可以大大提高你取胜的概率。

你如果能够前后各讲联系起来读，结合起来看，就会更容易读出《孙子兵法》背后的东西，对我们上面所说的"取胜＝实力×战略"的等式，也就会有更好的理解。

所以，讲，我是分开讲；用，你却要综合用。

还有一点我想提醒的是，《孙子兵法》讲的都是战争中的取胜之道，我们也可以叫它战争的理论。理论是在无数人的经验的基础之上，总结出那些具有普遍意义的规律，它让人可以更好地理解自己和世界及其背后的行为逻辑。《孙子兵法》讲的是取胜的基本规律，规律性的东西必然是有价值的。

但是，正如宋代武学博士何去非所说，"法有定论，兵无常形"，兵法永远有固定的原则，战争却永远没有固定的模式。照搬兵法打仗，就如同照搬棋谱下棋、照搬套路搏击、照搬从商学院课堂学到的流程和模型来做管理一样，向来都是自我取败之道。

没有人会只靠书本打仗，就像没有人会只靠理论管理一样。好的兵法，提供的从来不是现成的行动指南，更不是唬人的谈资和包装，而是在总结经验的基础上，提供思维的启迪，包括对现象的洞察力和对事务的判断力。

一句话，好兵法提供的是活的智慧，而不是死的条文。

兵法可以教给你的，大多是取胜的一般原则。但原则的具体运用，却需要靠你自己去创造性地领悟。这就需要你在读《孙子兵法》的过程中，一方面要尊重和学习孙子总结出来的理念与规律，更重要的是要牢记"法有定论，兵无常形"的古训，把这些理念和规律创造性地运用到自己的实践之中，并在实践中发展这些规律。

用何去非的话说，就是"不以法为守，而以法为用。常能缘法而生法，与夫离法而合法"。这才是读兵法应有的境界。

高手不会一味固守兵法，而是会灵活地运用兵法。他们经常根据一条兵法原则，创造出另一条兵法原则，甚至表面违背了兵法的教条，却在更高程度上符合了兵法的原理。

打破了所有兵法的原则，但是创造出了新的原则，这才是高手中的高手。

不过，这并不意味着你就可以无视兵法的原则，或者说《孙子兵法》总结出来的原则就没有意义了。里德·霍夫曼曾经讲："规则不是《圣经》，它们的存在是为了让世界变得更美好。因此如果你能改进规则，就应该这样做。另一方面，规则之所以存在，通常是有原因的。违反规则时你需要有谦逊之心，并认识到你可能无法了解所有后果。打破规则并不总是作弊，但它始终是高风险活动，因此需要谨慎和同情心。"

所以，《孙子兵法》总结出来的理念和原则，其实是帮你学会战略性思考的渡船，孙子其实是那个摆渡人。当你把孙子的理念和原则掰开了、揉碎了、消化了、吸收了，它的精髓已经进入了你的血液，你已经形成了战略思维和战略意识，你已经达到了儒家讲的随心所欲而不逾矩，佛家讲的离相无念、不住于相的境界，你也就可以像庄子说的那样得鱼忘筌、得意忘言了。

你也就真正悟到了赢的智慧和取胜的法则。

第一讲
五事：管理的五大要素

战争理论的第一个问题是：到底是什么因素决定了战争的最终胜负？孙子的回答是"五事"，即"道""天""地""将""法"。这也是战略管理的五大要素。

在复杂的竞争环境中，不管你有没有意识到，这些最基本、最简单、最普通、最质朴的常识性要素，才是真正决定竞争胜负和组织命运的基本力量。

回到这些基本的要素，来反思自己的组织，并持之以恒地从这些基本的要素入手，去夯实你的管理基础，这在竞争中比什么都重要。

五事

道者，令民与上同意也

什么东西决定了战争的胜负？应该抓住哪些要素呢？孙子的回答是"五事"，也就是五大战略要素："故经之以五事，校之以计，而索其情：一曰道，二曰天，三曰地，四曰将，五曰法。"

道、天、地、将、法，就是决定战争胜负的五大关键战略要素。正是这些基础性的因素，为战争的取胜提供了深层次的支撑，决定了军队和国家的命运和最终结局。道、天、地、将、法，这大概是孙子最广为人知的理念了。即使你以前没有读过《孙子兵法》，你可能也听别人讲过这些理念。

"五事"之中，第一个要素是"道"。什么是"道"？

中国人特别喜欢讲"道"，道家有道家的"道"，儒家有儒家的"道"，法家的代表人物韩非子甚至也专门讲过"道"。但各家对"道"的内涵的理解并不一样。孙子所说的"道"是什么呢？

孙子曰："道者，令民与上同意也。故可以与之死，可以与之生，而不畏危。"道，就是让民众和君主有共同的意愿和追求，因而可以同生死，共患难，而不畏惧任何危险。

所以，"道"就是我们今天所讲的共同的愿景、共同的价值观、共同的目标、共同的使命。

"道"这个东西看起来很虚，但是从历史的兴衰来看，"道"实实在在地在起作用。在中国历史上，凡是失去了天下的政权，往往是因为失去了民心。而得到天下的一方，往往是因为能够描绘一个打动人心的愿景。

国共之争就非常典型。国民党为什么失去了大陆？共产党为什么取得了天下？

蒋介石到了台湾以后，做了大量的反思。因为他必须解释，为什么仅仅三年的时间，430万国民党军队，就被120万的共产党军队给打败了。

1950年、1951年左右，蒋介石的很多讲话，都提到国民党失败的原因，还是非常深刻的。蒋介石一个核心的结论是：国民党的军队已经失去了灵魂，而没有灵魂的军队是打不了胜仗的。

国民党的军队叫什么名字？"国民革命军"。当年培养国民革命军军官的黄埔军校，门口曾经有一副对联："升官发财，请走别路；贪生怕死，莫入此门。"讲得很清楚，你到这里来是干什么的。

林彪是黄埔四期的学员，入学的时候蒋介石作为校长给他们训话：你们这些人为什么到这里来？两条：一是革命的精神，一是牺牲的精神。

当年黄埔军校的学员所受的军事指挥的训练非常有限。战争年代，用人之际，根本不像我们今天这样有四年的时间让你读军校。四个月、六个月，匆匆忙忙学些指挥的皮毛，就要带兵上战场了。所以黄埔军校这些学员的指挥底子，其实并不很扎实。黄埔军校为什么名将辈出？就是由于不怕死的精神。东征和北伐的过程中，黄埔军校毕业的军官伤亡率是非常高的。

北伐战争中，国民革命军10万，横扫北洋军阀70万。当时直系、皖系、奉系三大军阀，任何一派军阀的队伍单独拿出来，都在20万以上。10万人凭什么打败了70万？背后就是不怕死的精神。

但是国民党在北伐的过程中遇到了很大的挑战。很多中小军阀看到大势已去，纷纷投靠国民党，改编成国民革命军。这些军阀的队伍都是没有经过改造的。国民革命军的规模在迅速扩张，但核心的价值观被迅速稀释了。

这也是组织在发展中经常会遇到的挑战：当组织在迅速扩张的时候，核心价值往往就会被稀释。

国民党面临的另一个更大的考验在于，国民党后来名义上统一了中国，变成了执政党。执政党和革命党是不一样的。革命党要抛头颅、洒热血，没有坚定的信仰和理念，根本就不可能。执政党掌握了国家资源，能够获得好处，而且没风险。所以这时候很多人是为了求利而来的，国民党越来越变成了一个靠利益凝聚在一起的集团，当年的价值与追求越来越淡化。

蒋介石其实内心非常着急，他知道这样下去不行。他几度想对国民党进行改造，甚至想给国民党改名，叫"劳动国民党"，寓意不可脱离劳动人民，但是已经无力回天了。

在竞争的环境中，人和组织都很容易迷失自我。组织最大的迷失，是初心的迷失。无数组织都是因为这一条而走向平庸和失败。

共产党为什么得天下？

了解党史的人都知道，共产党当年的创党元老，很多人的家庭背景其实是很优越的，有的是地主，有的是富农，有的是资本家。这样他们才能受良好的教育，甚至出洋留学，接受马列主义，接受共产主义信仰。

1840年鸦片战争以来，几乎所有的西方列强都侵略过中国，每一个有良知的中国人都想给中国找一条出路。这些元老是真心相信：苏俄的道路，就是救中国的道路。所以他们当年的人生选择，我们今天依然会感到震撼。

叶剑英是当年粤军第四军的参谋长。叶剑英在粤军中指挥作战的时候，是坐在轿子里面，旁边还有人挑着白兰地，随时要喝白兰地的。但是叶剑英换下了皮鞋，穿上了草鞋。

朱德当年是滇军的旅长，是一位少将，过的是荣华富贵的生活，但是他认为这些东西没有任何意义，全部放弃，去了欧洲。

刘伯承当年是川军名将。他想在川军里面混个飞黄腾达，非常容易，但是他参与发动了泸州起义，从此颠沛流离，无怨无悔。

全是这样一批人。

共产党在创立之初经历了多少挫折，多少失败，多少打击，但是，她的核心团队从来没有解体过。她有一种死而复生、散而复聚的力量。

共产党经历的失败实在是太多了。南昌起义失败了，秋收起义失败了，广州起义失败了。三大起义全部失败了。毛泽东率领秋收起义的残部700多人上了井冈山。朱德率领南昌起义的残部1 000多人上了井冈山。两支队伍会师，成为红军的基础。后来不断地发展起来，又不断地遭遇失败。第五次反"围剿"失败之后，红军被迫长征。长征出发的时候，红一方面军是86 000人，走到陕北之后，剩下不到8 000人。100人中不到10个人可以活着走到最后。

但是共产党这个组织有个特点，只要有机会，马上就星火燎原，发展壮大。

由于日本入侵华北，抗日呼声高涨，民族矛盾代替国内矛盾成为主要矛盾。西安事变后，北方的红军主力改编成八路军，南方的红军游击队改编为新四军，加起来一共是4万人。

国民党军在正面战场不断地败退，沦陷区的国民党政权也不断地崩溃。日本侵华进展很快。但是日本人人少，只能控制一些大的城市和交通要道，也就是一些点和线。大量的面，日本人是没法控制的。这样，敌后出现了大量的空白地带。共产党抓住了这个机会，迅速向敌后发展，很快就成长起来。

抗战开始的时候，共产党的正规军是4万人，抗战结束的时候，已经到了120万。抗战开始的时候共产党的根据地人口是130万，到抗战结束的时候已经到了1个亿。这时候共产党已经变成了一支很难被打垮的力量。

国共合作抗日时，蒋介石特别想用高官厚禄把共产党的一些精英拉过去。周恩来是他在黄埔军校的同事，林彪是他的学生，但他们根本就不为所动，因为他们根本不是为了高官厚禄而来。

共产党的精英人物中，只有一个人投靠了国民党，就是张国焘。蒋介石很高兴。张国焘是什么人？四方面军的领袖。四方面军是共产党军队人数最多的一支，按照国民党军队或任何一支军阀部队的逻辑，这一下子可以拉多少人过来？但是没有想到，就连张国焘的警卫员都不跟他走。张国焘的警卫员在新中国成立后是湖北省军区的副司令，是一个少将。张国焘投靠国民党以后想了很多办法，想瓦解中国共产党组织，但是一事无成，最后被国民党抛弃。

我在课上经常会问EMBA学员一个问题。长征时的红军，是一支让今天的很多人都无法理解的军队：衣不蔽体，食不果腹，装备极差，颠沛流离，每天面对的是困苦和死亡。如果这是一支国民党的军队，或者任何一支军阀的军队，离开苏区之后不久，这支队伍早就散了。但红军的长征为什么取得了最后胜利？

因为这是一支有信仰的部队。

跟任何一派军阀相比，共产党的力量在初期都显得那么微不足道，更不用说跟更加强大的国民党比了。为什么最终是共产党取得了政权？

因为这是一个有信念的组织。

共产党的真正优势是政治的优势。在国共博弈的过程中，这种政治的优势一步步转化成了军事上的优势。这就是双方力量消长的关键因素。

长期的成功一定是价值观的成功

冯仑曾经说，一个公司必须经过三次转变，才称得上是成功的公司：第一，由做项目转变为做公司；第二，由做现在的公司转变为做未来的公司；第三，由做对股东而言有价值的公司转变为做能够改变人类生活和社会形态、创造新的商业文明的公司。

企业存在的终极意义是什么？是创造社会价值、推动人类进步。只有能够创造社会价值、推动人类进步的企业，才能赢得社会的认可与尊重，才能与社会形成良好的互动与强烈的共鸣。而一旦企业的社会价值为负，则必然在千夫所指之下人心大去，最终为社会所抛弃。

组织最致命的危机就是道德的危机。

德鲁克曾经提过三个经典的问题：我们的事业是什么？我们的事业将是什么？我们的事业究竟是什么？

这三个问题追问的，其实就是你的价值观究竟是什么。这三个问题是经营者应该反复追问自己的问题。想明白了这三个问题，你的组织才不会迷失方向。

无数的商业实践都告诉我们：长期的成功，一定是价值观的成功；伟大的企业，一定是由使命、愿景与价值观驱动的企业。你如果去读商业史，就会发现，所有好的企业和企业家，都带有一种理想主义的气质。

乔布斯讲，活着就要改变世界。马云讲，阿里巴巴存在的意义就是"让天下没有难做的生意"。霍华德·舒尔茨在介绍星巴克的成功之道时说："我们做出的许多决策，都不是从经济利益出发的，甚至经常反其道而行之，然而，这就是我们获得商业成就的主要原因。"

IBM（国际商业机器公司）的前CEO（首席执行官）小托马斯·沃森也说："我相信一家公司成败之间真正的差别，经常可以归因于公司激发了员工多大的热情和伟大的潜能，在帮这些人找到彼此共同的宗旨方面，公司做了什么？公司在代代相传期间发生许多变化时，如何维系这种共同的宗旨和方向感？我认为答案在于我们称为信念的力量，以及这些信念对员工的吸引力。"他认为，企业的基本哲学对其成就的影响力，远远超过技术或是经济资源、组织结构、创新和时机。

在《追求卓越》一书中，汤姆·彼得斯和罗伯特·沃特曼也说，他们在出色的西方公司背后，发现了一个共同的特点："我们研究的所有优秀公司都很清楚它们的主张是什么，并认真建立和形成了公司的价值准则。事实上，如果一个公司缺乏明确的价值准则或价值观念不正确，我们怀疑它是否能获得经营上的成功。"

冯仑也讲过他研究中国企业的一个发现："观察过去这一百多年来的企业家，特别是民营企业家，我发现，活得久的、干得有劲的、奔得远的，都有一个重要的特征：有价值观引导，坚守企业社会责任。"

在复杂的经营环境中，企业经常会遇到"做什么、不做什么"这样的困惑。坚持自己的目标，不为一时的诱惑所动是很不容易的。清晰的价值观，可以给组织提供清楚的准则、明确的方向以及持续的动力。同时，它可以最大限度地减少组织的内耗，调动组织成员的积极性，使组织上下形成强烈的归属感、认同感和使命感、自豪感。清晰的价值观还有助于企业赢得社会的认同与尊重。

企业当然是要追求利润的，但即使在以功利为特征的商业世界里，缺乏道德感的企业也无法走得长远。仅仅靠利益来凝聚的企业，就像纠集在一起的军阀、雇佣军，乃至土匪。没有愿景，没有是非。有利而来，利尽而散。从来没有哪一支军阀或土匪的队伍能够成事，即使在乱世之中。尘埃落定的时候，人们就会发现，最后胜出的，一定是有着清晰的价值观的那支力量。

内部的管理也是如此。为什么优秀的员工愿意留在你的企业？我们往往以为是满意的薪酬。薪酬当然很重要，但远远不够。金钱无法购买到真正的忠诚。今天这样的时代，人们越来越重视自身的价值能否得到真正的实现。所有的优秀人才都在思考一个问题：把自己最好的时光、最有价值的努力投到你这个企业里到底是否值得？

美国心理学会前主席马丁·塞利格曼在《真实的幸福》一书中说，幸福感由三项要素构成：快乐、投入和意义。三项要素之中，快乐带来的幸福感最为短暂。

塞利格曼说，有太多的人以追求快乐作为生活的目的，但是对于幸福感而言，投入和意义远比快乐更重要。

如果你是领导，你给下属提供的究竟是什么？是一项值得奋斗的事业，还是只是一份养家糊口的工作？最后的结果是完全不一样的。

所以，好的组织，一定会建立清晰的价值主张。卓越的愿景、使命、价值观才能真正对优秀的员工形成强大的激励，让员工感受到自己工作的意义，让员工愿意全力投入。

在战场上，真正让人超越生死利害的，一定是组织深层次的信念与追求；在商场上，"道"才是一个成功企业的真正核心竞争力，构成了区别于对手的独特资源和竞争优势，是最难被对手复制和超越的。

领导者的一个主要任务，是从一开始就为组织的每一个成员找到这样一个可以全身心投入的理由，找到组织成员强大的自驱力。有了这样的理由，有了这样的自驱力，组织的成员就会不惜一切地付出。

这是让组织变得强大的无形的精神内核，是组织能够历经挫折而长期生存、不断发展的根本原因，这也是伟大与平庸的不同所在。

这也就是孙子讲"五事"为什么一定要先讲"道"，阿里讲战略为什么一定要先讲"使命、愿景、价值观"。因为这是组织的灵魂。

毛泽东年轻的时候非常佩服曾国藩。他说这个世界上有两种人，一种是"办事之人"，能把事情做成，一种是"传教之人"，能传播一种教义，践行一种价值。他说曾国藩是典型的"办事兼传教之人"，而且是通过"传教"把事情给做成的。

其实毛泽东也是典型的"办事兼传教之人"。仅仅关注"办事"的领导者注定不可能有大的成就。历史上那些伟大的领导者，无一不是通过坚持、践行和传播清晰的价值观，从而成就伟大的事业。

当然，这里面有一个问题：共产党的精英人物，受过良好的教育，有着坚定的信仰，为了共产主义、为了新中国，他们可以抛头颅、洒热血，不惜一切，但那些普通的士兵怎么做到的？

普通的士兵大多是普通农民，大字不认识几个。你给他讲共产主义、讲新中国，他哪儿听得明白？怎么让这些人与之生、与之死，而不畏危？

这时候共产党真正厉害的地方表现出来了。共产党提了一个非常著名的口号："打土豪，分田地。"

几千年来，中国是个农业社会。农民最大的需求是什么？土地！谁能满足他们对土地的需求，他们就会坚定不移地跟谁走。"打土豪，分田地"，让所有的士兵都明白了一个道理：自己既为一个伟大的理想而战——建设新中国，也为自己的切身利益而战——打土豪，分田地。"建设新中国"这个伟大的愿景，和"打土豪、分田地"这个具体的纲领，完美地结合在了一起。

在国共之争中，老百姓为什么站在了共产党一边？

解放战争时期有一场著名的战役——孟良崮战役。当时陈毅、粟裕的华东野战军是27万人，国民党进攻的部队是45万人，兵力对比差不多是1∶2。

但是沂蒙山区支前的百姓是多少呢？91万人。一个共产党的士兵在前线作战，后面有三个以上老百姓在提供保障：抬担架、运弹药、送水送粮。对国民党来说，这样的仗，怎么能打得赢？

沂蒙山区的百姓甚至提了一个口号："毁家支前。"为什么？很简单：

共产党给我分地了,国民党回来土地要被夺回去。我的利益已经跟共产党绑在了一起,我一定要帮共产党打胜仗。

还有,那些被共产党俘虏过来的国民党士兵,为什么愿意留在共产党的军队里?

解放战争时期,兵员的消耗是非常大的。尤其到了后期,共产党的军队已经远离了根据地,从后方补充兵员已经不可能。兵员的补充主要是靠前线,就是靠俘虏。毛泽东十大军事原则之九就是"以俘获敌人的全部武器和大部人员,补充自己。我军人力物力的来源,主要在前线"。所以当时有一个专指名词,叫"解放战士"。顾名思义,就是解放过来的战士,也就是俘虏兵的意思。

淮海战役,共产党的部队60万,打败了国民党的80万。战争伤亡总是很大的,但是仗打完了,军队更强大了。为什么?俘虏兵补充进来了。

淮海战役期间的华东野战军,也就是第三野战军,解放战士占的比例是多少呢?我们今天看来都觉得不可思议。在很多连队,解放战士的比例已经达到了80%。

周恩来当时有一个统计数字,在整个解放军中,解放战士占的比例是64.7%。

有人可能会说,这是很可怕的数字啊。这么大比例的俘虏兵,很危险啊。

这些解放战士,为什么在国民党的军队里面不愿意打仗,到了共产党的部队就愿意打仗了呢?

原因很简单,他们也都是农民。抓了俘虏之后,共产党先对他们进行诉苦教育,阶级仇、民族恨,唤醒阶级意识。然后告诉他们,你们家里分地了。他们马上就明白了一个道理,原来他们跟共产党是利益一致的,跟国民党不一致。国民党的士兵大多是受过正规训练的,一旦认可了共产党的组织和组织背后的价值观,打起仗来,战斗力的发挥往往超出想象。

和战争一样，自古以来管理最核心的问题，就是为谁而战，为何而战。而无法影响人的行为的价值观，是没有价值的。

好的愿景和价值观，一定要让组织的每个成员都听得懂、看得见，并且发自内心地认为跟自己相关。

好的愿景和价值观，一定是从组织成员最深层次的需求出发，自下到上地提炼出来，而不是简单地从上到下灌输给组织成员。

从成员中来，到成员中去的。这样形成的愿景与价值观，才会真正具有打动人心的力量。

所以，伟大的组织，一定要有伟大的价值追求。但是这个价值追求一定要落到实处，一定要让所有的人都明白：他既是为组织的利益而战，也是为自己的切身利益而战。这样的愿景和价值观，才能实实在在地落地。

隔行如隔山，隔行不隔理。企业的管理也是同样的逻辑。

少数人是因为相信而看见，多数人是因为看见而相信。企业尤其这样。

对于大多数人来说，在组织愿景、使命、价值观的背后，一定要包含具体的物质内涵，一定要让企业的员工能够切实看到自己真实的未来。

这也就是为什么华为"艰苦奋斗"的价值观之中，一定包含着"让奋斗者的利益最大化"的内涵。这样的愿景、价值观、目标、追求，才是真正可信的，才能为组织的每一个成员所认同、所接受，从而成为组织成员共同的愿景、共同的价值观、共同的目标、共同的追求。

这样的愿景和使命，才不再只是宏大的理想，不再只是管理精英的自我期许，而是成为与每一个员工利益密切相关的东西，从而使组织的整体目标与员工的个体目标高度一致，使得企业的长远发展与员工的个人成长有机地融为一体。

这样才可能让每一个员工都明白，他们既是为了一个远大的理想而战，也是为了个人的切身利益而战。这样员工才能真正地从内心深处受到激励，从而全身心地投入到组织的事业中去。

时来天地皆同力，运去英雄不自由

"五事"的第二个要素，是"天"。

什么是"天"？孙子说："天者，阴阳、寒暑、时制也。"天，就是昼夜晴晦、寒冷酷热、四时节候的变化。"天"，就是"天时"，引申为时势、大势，也就是大的战略趋势，以及大的战略趋势所释放出来的大的战略机会。

"时来天地皆同力，运去英雄不自由。"时运来了，天地都给你助力。大势一去，再大的英雄也无可奈何。我们个人在大势面前，力量是很卑微的。你非要跟大势相抗，被砸了个头破血流，就算能活下来，在战略上也已经失败了。

企业也是如此。企业从来不是孤立的单元，它本身就是大势构成的竞争环境的一部分，而大势是不以企业的主观意志为转移的。社会的大势，行业的大势，市场的大势，都是不容忽视的左右和塑造企业命运和竞争格局的外在因素。

在一次演讲中，软银的孙正义曾经叙述过半个多世纪以来商业巨头的沧海桑田：

1960年时，全球最重要的公司，第一名是汽车公司，第二名是石油公司，第三名是汽车公司，第四名是电力能源公司，第五名是钢铝公司。换言之，这些基本是汽车公司和能源公司。在那个时代，投资了这两类公司，你就投资了未来。

1994年时，全球市值最大的十家公司，前五家分别是NTT（日本电报电话公司）、通用电气、埃克森石油、可口可乐、通用汽车。这些基本是实业公司。

而到了2019年，全球市值最高的五家公司分别是微软、苹果、亚马逊、谷歌、伯克希尔-哈撒韦。这些公司全部是互联网公司。中国进入全球前十的两家公司是阿里巴巴和腾讯，也都是互联网公司。

1995—2018年，全球网络的流量增加了100万倍，全球互联网公司的市场价值也正好增长了100万倍。互联网流量和互联网公司的市值，完全成正比等量暴增。

孙正义说，未来的时代，一定是人工智能的时代。投资者需要做的很简单，就是投资未来，投资趋势。投资趋势，比投资公司更重要。

时势是决定战略成败的最大变量。比关注对手更重要的，是关注时代的大势。

忽略了大势会发生什么？柯达在中国的案例，给我们提供的是最好的教训。它告诉我们，什么叫作战胜了所有的对手，却输给了时代。

柯达的故事一开始也是一个传奇。柯达进入中国市场的时候，富士已经占据了中国胶卷市场的70%，柯达处于绝对的劣势地位。

在这种情况下，柯达利用其强大的政商关系，与中国政府签订了"九八协议"，也就是全行业收购协议。在此之前，中国政府从来没有允许任何一家企业对国有企业进行这样的全行业并购。

柯达这一出其不意的举措，将竞争对手富士打得晕头转向，并迅速改变了整个竞争格局。柯达不断地攻城略地，收购或控股了中国胶卷业所有七家本土企业。四年的时间，柯达在中国的市场份额就反超为67%。中国市场也由柯达的第十七大市场，一举成为全球第二大市场。

柯达毫无疑问创造的是辉煌的历史。柯达的竞争策略堪称经典。然而，柯达在中国全力并购胶卷企业的时候，正是数码技术突飞猛进并且颠覆传统的影像行业的时候。

柯达所有的并购都是在传统的行业范围内，柯达所有的胜利都是立足于传统的技术基础上，而中国市场走向数码化的进程远远超出柯达的想象。

传统的地基正在塌陷,柯达天才而疯狂的全行业并购战略因而完全失去了意义。并购的成功反而使柯达背上了沉重的包袱,陷入巨大的转型困境。2012年,无法摆脱困境的柯达正式申请破产保护。

就因为数码时代的到来,柯达本来已经打赢了每一场战役,却输掉了整场战争。柯达这个胜利者,还没来得及享受胜利的荣耀,就被时代无情地抛弃了。

不过柯达可能并不是唯一一个被时代打败的企业。诺基亚就是柯达的难兄难弟。诺基亚的首席执行官约玛·奥利拉在宣布同意微软收购诺基亚时,说了这样一句话:"我们并没有做错什么,但不知为什么,我们输了。"

这句话听起来真让人心疼。约玛,打败诺基亚的是时代,好吧?这也应了那句著名的话,时代抛弃你的时候,连一声再见都不会说。

还有联想。联想当年几乎是所有中国人的骄傲。我至今还记得联想的那则广告:"人类失去联想,世界将会怎样?"那是中关村当年最好的广告词,没有之一。然而,今天联想的市值,还不如阿里和腾讯的零头。

没有永远成功的企业,只有不断适应时代大势的企业。

大势的变化,足以迅速让一个曾经辉煌一时的企业,在很短的时间内跌落神坛,也足以让所有企业曾经为之自豪的竞争优势,在很短的时间内变成明日黄花。

彼得·德鲁克曾经说:"动荡时代最大的危险不是动荡本身,而是仍然用过去的逻辑做事。"

所以,一定要把组织的前途与对时代的大势判断放在一起,在大的背景下思考那些推动组织发展的趋势。永远不要忘记大势。永远不要逆"天"。

天下大势,浩浩汤汤。顺之者昌,逆之者亡。

中国的优秀企业家有一个共同的特点，就是善于揣测大势，长于抓住大势以及大势的变化所带来的战略性机会。组织和人本质上都是时代的产物。组织的命运取决于时代的大势。中国的改革开放、体制转型以及由此带来的40年经济高速增长，为多少企业提供了迅速发展的机会。互联网时代的大潮，又给多少企业带来了异军突起的机会。

今天商业世界的人都很清楚，技术变革对商业竞争带来的冲击，几乎是颠覆性乃至毁灭性的。早期的新浪、网易、搜狐，后来的阿里、腾讯、百度、小米、京东，当今的美团、滴滴、B站、快手、今日头条……一浪接一浪，数字化的大潮方兴未艾。

我们这个时代的多少商业神话，也正是在这样一种大势之下产生的。哪一个千亿级的企业背后，没有大势的力量？回顾这20年你会发现，时代大势在不断地重塑我们这个世界的商业版图，不断在颠覆旧的巨头，又不断在成就新的巨头。在接下来的以5G（第五代移动通信技术）为基础的新一轮数字经济机会中，一定会有新的创业公司突围而出，并成长为新的巨头。

但是，正如孙子所说的那样，"天"有阴就有阳，有寒就有暑。天是会变化的，而且有时候变得出人意料。大势的变化，风口的转向，足以使一众商业神话一夜之间即宣告破灭。巅峰的下面，总是隐藏着危险的山谷。

在过去的10年中，钢铁、水泥、电解铝、平板玻璃、船舶、光伏电池、风电设备，以及近几年的共享单车……多少行业，多少企业，就是因为投资者对未来的市场过于乐观，盲目跟风，资本短暂的狂欢之后，留下的是无数泡沫，一片狼藉。

兴也大势，败也大势。今天的互联网时代，迭代的速度更是让人眼花缭乱，一波大潮尚未平息，下一波大潮便已汹涌而来。潮起潮落，大势的变化不以人的意志为转移。所有的大势都会成为过去。大势一去，你可能什么都不是。

如果企业仅仅依靠行业繁荣的大势而获得快速增长，那么一旦大势逆转，企业衰退的速度就往往比大势还快。如果管理者仅仅把企业的成功寄托在机会与风口之上的话，那么机会与风口的寿命，就是企业的寿命。

所以，大势与风口带来的成功总是不可靠的。管理者所能做的，就是永远对大势保持敬畏之心。

好的企业家就像好的冲浪者，在大浪冲来的时候，一定要保持清醒的意识，并时刻关注哪些只是一时的喧嚣，哪些才是长远的、根本的、代表未来走向的大势。

这样，你才能在一波又一波的大潮中，始终审时度势、顺势而为，牢牢把握好企业的长远命运。

战场的选择是指挥艺术的核心

"五事"的第三个要素是"地"。"地"就是战场。

孙子说："夫地形者，兵之助也。"地形对于军事家来说是至关重要的。所以孙子特别重视地形的影响，《孙子兵法》十三篇，有两篇是关于"地"的专篇，可见其重要程度。

战场的选择是指挥艺术的核心。战争中取胜的一条原则是，只在能够充分发挥自己优势的战场作战，同时逼对手在其优势无法发挥出来的战场作战。

同样的地形对于不同的军队影响是不一样的。平原地区更有利于正规军，可以使其正规作战的优势发挥得淋漓尽致，正规军因此往往希望堂堂正正地摆阵开战。而山地更适合游击队，可以充分发挥其机动灵活的优势，因而山地游击战从来都是游击队战胜正规军的不二法门。

战争的艺术很大程度上就是利用地形的艺术。胜利的将军往往是因为很好地利用了地形，失败的将军往往是错误地判断了地形。

马陵之战中，孙膑巧妙地利用"马陵道狭，而旁多阻隘，可伏兵"的特殊地形，设伏消灭了庞涓的十万魏军。

奥斯特里茨之战中，拿破仑巧妙地利用了普拉岑高地和扎钱湖所构成的特殊地形，取得了大败俄奥联军的辉煌胜利。

第一次世界大战中，德国军队巧妙地利用了地形，将十万俄国军队引入了沼泽地带而全歼之。

著名的孟良崮战役，华东野战军之所以能够全歼整编七十四师，一个重要的原因，是粟裕利用了沂蒙山区的特殊地形。

解放战争时期，共产党的将帅中最能打仗的有谁？很多人会说是林彪和粟裕。

林彪和粟裕有一个共同的爱好，就是喜欢阅读和研究军事地图。

林彪曾被阎锡山的部队误伤，神经受了伤害，留下了怕光的后遗症。即使是白天，他也要拉上作战室的窗帘，点着油灯看地图，往往一看就是一天、两天、三天。

刘亚楼当时是林彪的参谋长。他有个规定：林总看地图，任何人都不得进去打扰。

林彪表面是在那里看地图，其实是在精细地分析地形的利弊、分析双方的态势、构思作战的计划，从作战室走出来以后张口就是命令，仗打起来以后再也不看地图了。战场的地形和双方的兵力分布早就鲜活地印在了他的大脑之中，仗打起来再看地图，早就已经来不及了。

林彪是东北野战军的司令员。辽沈战役期间，东北野战军是105万人，国民党的军队是55万人。双方都是几十万大军来回厮杀。林彪对于一个战场能容纳多少兵力——军事上叫战役容量——的计算，上下的误差不会超过一个营的兵力。林彪能够对地形了解到如此程度。

所以东北当时有句话："跟着林总打胜仗。"林彪的"算"，是非常有名气的。

粟裕一生最大的爱好，也是研究军事地图，也是一看就看好长时间。

新中国成立以后，粟裕卧室的床边仍会放一个公文包，公文包里面是军用地图和放大镜，以备随时取用。在华东野战军中，陈毅也有个规定：粟裕看地图，任何人都不得打扰他。

看地图之外，粟裕还一定要亲自到现场去看地形。地图未必准确，更重要的是现场的感觉，那是只看地图无法替代的。

孟良崮战役为什么可以打赢？粟裕对于这一带的地形了解得非常透彻：是石头山还是土山？有没有路？有几条路？有没有树？有没有水？能不能修工事？这样的地形对双方的军队究竟意味着什么？对比之下，张灵甫对孟良崮地形的了解就比较马虎。这就是孟良崮战役能够出现这样一个戏剧性结局的重要原因。

对抗一定是强胜弱败，但是在战争中，对抗双方的优劣势是可以相互转化的。只有在具体环境、具体条件下可以实现的优势，才是真正的优势。

充分利用地形，弱势的一方往往就可以创造出战胜强者的相对优势来。

对于将军来说，地形就是战场；对于企业家来说，地形就是市场。

迈克尔·波特认为，市场竞争的一条原则，就是"选择合适的战场，使该公司最突出的能力成为最锐利的武器"。

选择一个让你的优势可以充分发挥的战场，就可以改变你所面对的对手，改变交战的条件和性质，从而使你获得竞争优势。

如果说在战争中错误地判断了地形往往会导致全军覆没，那么在商场上，错误地判断了市场，将产品投放错了市场，也同样将产生灭顶之灾。整编七十四师因为不熟悉地形而导致战役的失败，美国连锁中档百货商店杰西潘尼则是因为不熟悉市场而一度导致经营失败。

杰西潘尼在扩张过程中犯了两个错误：它低估了自己更加熟悉的中等价格服装市场的价值，转向了更加昂贵、设计新潮的高端服装市场；它离开了自己更加熟悉的美国农村小镇，而是跑到大城市里开起了店铺。

对市场的判断失误导致杰西潘尼遭遇了连续三年的利润下滑和不景气的销售，最终公司决策层只好决定回到原来的市场，于是相对便宜的服装回到了货架上，许多大城市的店铺被关闭。杰西潘尼时任董事长戴维·米勒说："我们所做的是回来。"

中国台湾的明基也曾经因为对市场经营环境判断失误，导致一场看来前景极好的并购以失败告终。

2005年，明基收购了西门子手机业务。按照明基原来的打算，并购以后把工厂移到中国大陆。但明基没有想到的是，德国的劳动法非常苛刻，动人家一个员工都不行，每裁一个员工需要赔偿50万美元，仅裁员一项就足以让一个企业破产。但继续留在德国，后期投入是一个无底洞。

明基陷入进退两难的困境。一年的时间里，明基砸进去了80亿美元，却没有得到任何收益，明基董事长李焜耀只能喊停。这场被寄予极大期望的收购由此宣告失败。

在商业世界中，管理者所面临的"地形"的差异可能是巨大的，尤其在全球化的背景下，"地形"的多样性与多变性会更加显著。因此，就像战场分析是高级指挥员必须亲自掌握的一样，市场分析也一定是高级管理者必须亲自掌握的，一点也马虎不得。

在战争中，战场的地形决定了兵力的部署；在竞争中，市场的"地形"决定了资源的配置。

企业面临哪些不同的战略区域？下一步准备向哪些地域拓展？会在什么地点与竞争对手较量？必须掌握哪些战略要点、战略枢纽或战略通道？避免进入哪些有风险的地形？

要想获得成功，管理者就必须充分了解并适应自己将要作战的战场地形，摸清微妙而复杂多样的细分市场。

史玉柱说："自从'三大战役'[①]失败后，我就养成一个习惯，谁消费我的产品，我就要把他研究透。一天不研究透，我就痛苦一天。"

好的指挥员必须有一种清晰的地形感觉，好的管理者也必须有敏锐的市场意识。这是企业采取有效的市场行动并取胜的前提。

分析地形的四个维度

那么，怎么去分析"地"呢？

孙子说："地者，远近、险易、广狭、死生也。"这就是分析"地"的四个维度。

"地"的第一个维度"远近"，就是作战区域的距离远近。

再强大的组织也有其能力的边界。野心太大，好大喜功，扩张过度，战线太长，超出能力的边界，对于组织来说，从来都是灾难的开始。

历史上，有太多因过度扩张而陷入困境的例子，如拿破仑时期的法国，希特勒时期的法西斯德国，二战时期的法西斯日本……

罗马帝国最惨痛的失败，是公元9年9月9日的条顿堡森林之战。在向日耳曼地区扩张的过程中，三个精锐的罗马军团全军覆没。从此之后罗马帝国再也无力向日耳曼人发起大规模的进攻，罗马帝国大规模的扩张也由此结束。

莫斯科战役是二战时期苏德战场上德军第一场大的失败。早在1940年的秋天，德军第六集团军在兵棋推演中就发现，德军无力对入侵苏联的进攻军队提供超越苏德边界500公里以东地区的后勤补给，但

[①] 史玉柱将企业发展比作打仗，1994年确立计算机、药品、保健品为其三大产业，又称"三大战役"。——编者注

希特勒并没有理会下属的警告。他为此付出了代价：德军虽然打到了莫斯科城下，但已成强弩之末，达到了进攻极限。这给苏联红军提供了最好的反攻机会，莫斯科战役也由此成为德军在东线走向败亡的开始。

保罗·肯尼迪在《大国的兴衰》中得出过一个著名的结论：在历史上，大国的由盛转衰，大多是由于过度扩张造成的。

企业也是这样。中国企业联合会曾经有一份关于中国企业失败原因分析的研究报告。报告说，在失败企业的案例中，绝大多数败于盲目扩张。巨人、德隆、东盛、红高粱、四通、健力宝、飞龙、太阳神、亚细亚、三九……当然，还有乐视。

这些企业有一个共同的轨迹：一路狂奔——摊子铺得太大——企业无法驾驭自己所布的局——最终崩盘。这背后则是企业家的好大喜功。

而好的企业，对于市场以及组织扩张的边界，一定会有非常清晰的认识，并在机会与扩张的诱惑面前，始终保持着强大的自控力。

巴菲特有个著名的"能力圈"投资理论。在巴菲特看来，能力圈的范围大小并不重要，重要的是你如何确定能力圈的边界所在，并只在能力圈边界之内投资。他说，这是投资的首要原则，"如果你知道了能力圈的边界所在，你将比那些能力圈虽然比你大5倍却不知道边界所在的人要富有得多"。

孙子的"远近"维度也告诉我们：军队的战斗力会随着作战距离的拉长而几何级衰减，风险则会随着作战距离的拉长而几何级放大。

无论是战争还是企业管理，清晰地识别出组织的能力边界，将战略目标限制在可控范围之内，把握好资源与战略野心之间的动态平衡，对人性中天然存在的乐观与贪婪保持警惕与节制，防止因为扩张过度而导致的战略失衡——这样的忠告对于任何时代、任何环境的组织和个人，都不会过时。

"地"的第二个维度是"险易"。险,就是险要;易,就是平坦。

在军事题材的影视剧中,为什么经常会出现围绕一个高地双方反复争夺的情节?

军队作战,一个重要的原则,就是要首先占领战场上那些关键的战略要点,如此就可以用少量的兵力,控制和辐射周边的一大片平坦地区,即所谓的"以点控面"。

唐朝统一中国最关键的一战是虎牢关之战。李世民抢先控制虎牢关,一举平定了洛阳王世充、河北窦建德两大割据势力,从而奠定了唐朝的基本版图。

土伦战役是拿破仑一举成名之战。在拿破仑的提议之下,法军放弃了原定的由陆地进攻土伦的计划,而是将重点进攻的目标改为可以俯瞰整个土伦港的克尔海角。一度陷入僵局的土伦之战由此豁然开朗,土伦不攻自破,拿破仑也因此由少校破格晋升为准将。

辽沈战役最关键的节点是锦州。锦州一战,东北立即形成关门打狗之势,长春和沈阳之敌全部瓦解,辽沈战役也因此真正成为具有战略决战性质的大歼灭战,解放战争的进程也因此大大缩短。

抗美援朝战争第二次战役中,志愿军一一三师以14小时70多公里的速度,抢占三所里和龙源里,截断了美军第九军的退路。"联合国军"整个战役布局彻底动摇,被迫由原来的北进改为南退。

湘军的二号人物胡林翼曾经说"肢体虽大,针灸不过数处;疆土虽广,力争不过数处",所以有"兵家必争之地"这样一个概念。

不同地形的价值是不一样的,不同市场和客户的价值也是不一样的。战场上有所谓的兵家必争之地,市场上也有双方必争的重点客户、关键区域、战略通道。

资源总是有限的。具有战略头脑的人,能从全局出发,一眼看到战场上的关节点,然后果断地把资源投到这样的关节点上,往往因此就可以一下子打开局面，掌握主动。

资源的价值，因此也就可以最大程度地发挥出来。

能一眼看透问题本质的人，往往会获得巨大的优势。

在战略上，我们把这种能力叫作"洞见"。

"地"的第三个维度"广狭"，就是作战区域的广阔与狭窄，以及由此决定的能够容纳下的军队数量，也就是我们前面提到的战役容量。

与之相对的，企业的"地"叫市场容量，也就是市场规模到底有多大，发展潜力究竟如何，为此该投入多少资源。

张预在解释"广狭"时说："知广狭，则能度众寡之用。"战役容量决定了兵力投入和展开的规模，决定了应该采取的作战方法，所以战役容量从来都是战场上的指挥员判断情况的重要内容，是下定决心的重要依据。

吴子曾经说过一句很精彩的话："以一击十，莫善于阨；以十击百，莫善于险；以千击万，莫善于阻。"以一击十，最好是利用狭窄的隘路；以十击百，最好是利用险要的地形；以千击万，最好是利用险阻地带。

辽沈战役的关键在锦州，而锦州之战的关键在塔山。塔山地处走廊，地形狭窄，最窄的地方只有 8 000 米。在这样狭窄的地方正面开战，国民党兵力再多，一次最多也只能展开一个师。

林彪据此做出了防御部署。尽管国民党 11 个师在 6 天 6 夜里发动轮番进攻，但始终无法突破塔山。塔山阻击战由此成为解放军战史上的经典战例。

公元前 480 年希腊与波斯的萨拉米斯海战，希腊战舰 380 艘，波斯战舰 800 艘。波斯战舰数量远远超出希腊，而且它的战舰体型巨大。希腊海军处于绝对的劣势。

希腊没有选择开阔的海面与波斯舰队决战，而是将波斯舰队诱入了科林斯地峡东部狭窄的萨拉米斯海峡。波斯庞大而笨重的战舰挤成一团，进退不得，而希腊发挥其战舰舰小灵活、运转自如的优势，不断向波斯舰队发起攻击，最终仅以损失40艘战舰的代价，便击败了不可一世的波斯舰队。

萨拉米斯海战由此成为第二次希波战争的转折点，并作为以少胜多、以弱胜强的经典战例，写入了世界海战史。

另一场经典战役是亚历山大二世大败波斯国王大流士三世的伊苏斯会战。亚历山大二世的军队不到4万人，而大流士三世的军队有13万人。

亚历山大二世选择了狭窄的沿海平原作为战场。这使得大流士三世无法发挥其军队在人数上的巨大优势。面对一面是山、一面是海的战场，大流士三世的士兵变得不知所措。站在方阵后排的许多士兵还没有来得及参战，他们的战阵就已经瓦解了。

作为商业世界的竞争者，你从这些战例中可以学到什么呢？

当你在面对规模比你大得多、资源比你多得多的对手的时候，不要在需要投入大量资源的市场与领域跟对方较量。

你可以选择相对狭窄的细分市场和业务，选择对手的规模和资源优势无法发挥出来的市场，作为你的战场，从而发挥你的优势，避开你的劣势。

"地"的第四个维度是"死生"。"死"就是死地，进去之后就会全军覆没；"生"就是生地，控制之后可以进退自如，攻守两便。

军事上的一条原则是"居生击死"，也就是自己要控制生地，而把对手引进死地。

战争史上，并不缺乏因为进入死地而导致惨败的战例。前面我们提到的马陵道中的庞涓，孟良崮上的张灵甫，还有条顿堡森林里的罗马军团……

听说过冰湖之战吗？也叫楚德湖之战，是1242年4月5日德意志条顿骑士团与俄罗斯的诺夫哥罗德共和国之间爆发的一场著名战役。

当时的俄罗斯正承受着蒙古人的入侵而无暇西顾。条顿骑士团的十字军决心利用这个机会向东扩张，征服俄罗斯人中信仰东正教的诺夫哥罗德共和国。

条顿骑士团训练有素，装备精良，作战经验丰富，又有狂热的信仰，在东征的过程中打败过无数的异教徒。

诺夫哥罗德共和国的军队则来源复杂，除俄罗斯人之外，还有芬兰人、拉多加人、卡累利阿人、鞑靼人，且装备粗劣，缺乏训练。

但诺夫哥罗德人的统帅亚历山大是一名非常优秀的将军。他决心利用条顿骑士团不熟悉地形的弱点，选择一个可以歼灭条顿骑士团的战场。双方的军队接触之后，亚历山大下令军队撤退，一步一步地将自信满满的条顿骑士团十字军引到了楚德湖。

当时已经是春天，但一股寒流正在波罗的海地区徘徊，所以楚德湖上还覆盖着没有融化的冰层，可以承受人马的重量。湖的东岸有一座温泉小岛，亚历山大趁条顿骑士团还在西岸休整之机，占领并控制了这个小岛，从而取得了一块宝贵的列阵之地。

到达楚德湖西岸的条顿骑士团发起了冲锋。身着厚甲、手持骑枪的条顿骑士们，踏上楚德湖光滑开阔的冰面，排山倒海一般向诺夫哥罗德军队冲了上来，连续冲破了诺夫哥罗德军队无甲骑兵和轻装步兵两道防线。

诺夫哥罗德人损失惨重。条顿人的胜利看起来就在眼前。

然而，正当条顿骑士团准备继续向纵深突击时，亚历山大早已安排好的诺夫哥罗德有甲骑兵和重装步兵，突然从两翼向条顿骑士团发起了攻击。孤军深入的条顿骑士顿时陷入诺夫哥罗德人的三面合围之中。

包围圈越来越紧，条顿骑士被挤压在一块狭小的冰面上动弹不得。太多的人马挤在一起，冰面不堪重负，突然出现了裂缝；接着，是更大面积的裂痕；再接着，是成片成片的冰开始破裂。悲惨的一幕发生了：

在绝望的哭喊声中，条顿骑士连人带马，纷纷掉入冰冷的湖水中，冻死、溺死的不计其数。

诺夫哥罗德人取得了冰湖之战的胜利，成功地捍卫了自己的东正教信仰。从此之后，十字军再也未对东方构成威胁。

对于企业来说，死地就是具有风险与充满陷阱的市场，一旦进去很可能血本无归的市场，或者是那些狭小、增长缓慢、天花板效应极其明显的市场；生地就是那些有极好利润空间、有增长潜力和成长空间、可以实现指数级扩张的市场。

企业的决策者一定要思考以下问题：企业必须识别并进入和控制哪些市场，一旦进入和控制就可以掌握主动？哪些市场是不能进的，一旦进去就会血本无归？

把成长性好的市场与高价值的客户掌控在自己手中，把低成长乃至负价值的市场与客户让给对手，让对手为此付出代价。这就是市场竞争中的"居生击死"。

美国的艺康（Ecolab）就是通过这样的手段，使竞争对手加拿大的泰华施（Diversey）在美国市场上陷入了巨大的亏损。

20世纪90年代，艺康和泰华施作为两家领先的清洁剂供应商，在美国市场上短兵相接。

泰华施的美国分公司一直承受着多伦多总部要求它改善财务状况的极大压力。在这种情况下，新上任的分公司总裁宣布了一个加强赢利的战略：追逐能够接受较高价格的客户，以获得更高的毛利率。

这个战略的问题在于，能够接受较高价格的客户往往是小的个体客户，而小客户的潜在服务成本要远远高于大的连锁客户。

艺康在得知对手的计划之后，使用了一个非常巧妙的价格策略：它对于小的个体客户的要价足够高，因而非常容易地使这些客户倒向泰华施；但又足够低，以便可以对泰华施的利润保持压力。

与此同时，艺康集中精力于大的连锁客户。这些客户虽然议价能力强，而且相对难以获得，但服务成本相对较低。它们产生的大购买量形成了规模经济，而它们通道的数量又意味着它们不太可能更换供应商。

艺康用积极的定价策略来赢得这些业务。如果泰华施采取相似的价格，毛利率将会使它的高利润战略遭到灾难性的打击。

一开始，泰华施的管理层认为它的竞争对手主动放弃了自己要争取的小客户市场，就像天上掉下来的馅饼，于是毫不犹豫地大举进军这一市场。

然而这一行动被证明是灾难性的。即使泰华施从独立客户和小连锁店那里赢得了更多的业务，它的毛利率稳定地增加，高额的潜在成本却使它的赢利能力不断遭受侵蚀。

艺康在享受着20%的销售回报，泰华施却在美国市场承受着15%的销售亏损。20世纪90年代末，亏损使得泰华施的母公司加拿大酿酒商莫尔森（Molson）将这一业务卖给了联合利华，后者也最终完全退出了清洁剂市场。

没有人愿意进入死地。但是，人们总会被自己的无知或被一时的诱惑蒙住眼睛，并因此而付出惨重的代价。

决策者能做的，就是要对于机会和利益背后的风险，始终保持清醒。

将者，智、信、仁、勇、严也

"天"是天时，"地"是地利，"道"是人和。"五事"中的道、天、地，已经包含了我们熟悉的天时、地利、人和这三大要素。"五事"的第四个要素和维度，是"将"。

千军易得，一将难求。"将"是战争对抗中最重要、最活跃的变量。优秀的将帅是一支军队最重要的资产。

领导力已经是一个老生常谈的话题了，你肯定读过领导力的著作，或者听过领导力的课程。现在让我们来看一下，在孙子看来，在战争的环境中，优秀的领导者究竟应该具备哪些特质。

孙子说："将者，智、信、仁、勇、严也。"这就是孙子所强调的"五德"。张预说："五德皆备，然后可以为大将。"

关于"五德"，梅尧臣有一个经典的解释："智能发谋，信能赏罚，仁能附众，勇能果断，严能立威。"接下来，我就以梅尧臣的解释为基础，分析一下"五德"的内涵和价值。

将之"五德"的第一项是"智"。我们前面讲过，《孙子兵法》强调靠智慧取胜，所以孙子对将军的第一条要求就是"智"。

我们常说，一念之差，决定战争胜负。这个"一念之差"，反映的就是决策者战略素质的高低。

许多重大危机和濒临绝境的险情，往往会由于优秀将帅的正确处置而得到化解，转危为安，转败为胜。也有许多高明的战略计划和即将到手的胜利，却因为某个昏庸将领的失误，或是一个愚蠢的决策，为敌人所乘，由安转危，由胜转败。一把好牌，却打烂了。

战争充满了不确定性、复杂性、多变性和对抗性，只有具备杰出智慧的决策者，才能在这样错综复杂的战争环境中，凭借敏锐的洞察力和良好的判断力，清醒地意识到眼前的优势、劣势，准确把握机会，做出最佳的战略决策，也就是所谓的"智能发谋"。

所以孙子把"智"作为将之五德的第一要素。

与孙子同处春秋末期的孔子也讲"智"。但是，在孔子那里，"智"排在第几位？仁、义、礼、智、信，智在第四位。为什么？

因为两个人讨论的主题不同。孔子讨论的是治国，所以他更强调伦理的作用；而孙子讨论的是战争，只有在这样充满对抗性和不确定性的情境中，智慧的价值才可以得到最淋漓尽致的体现。

商场如战场。这两个领域都充满了不确定性,也都是充满智慧对抗的领域。缺乏智慧的人立刻就会被无情地淘汰出局。所以,战争年代,最优秀的人才一定是在战场;和平时期,最优秀的人才往往是在商场。

中国人喜欢讲智勇双全,所以我们打破孙子的顺序,接下来看一下"勇"。什么是"勇"?"勇"就是勇敢、不怕死吗?不是的。对于一般的士兵和基层军官来说,当然要勇敢,要不怕死。但对于将军来说,不怕死是远远不够的。

"勇能果断。"勇,就是我们今天所讲的决断力。关键时刻敢出手、敢拍板、敢承担责任,甚至敢于冒风险。

吴子说:"用兵之害,犹豫最大,三军之灾,生于狐疑。"对军队来说,最忌讳的就是该下决心的时候,犹犹豫豫,婆婆妈妈,瞻前顾后,最后坐失良机,陷入被动。

软弱和犹豫,有时候是决策者所能犯的最坏的错误。

官渡之战是曹操与袁绍的一场战略性决战。袁绍为什么失败?曹操为什么获胜?

袁绍"多谋少决",而曹操"得策辄行"。

官渡之战前,曹操面临的形势是:袁绍大军压境,而依附曹操的刘备又突然起兵反曹,夺占了下邳,屯据沛县,并与袁绍联系,准备合力攻曹。曹操一下子被置于两难境地:如果不打刘备,一旦刘备趁袁曹大战之机袭击许昌,曹操就必败无疑;如果东击刘备,一旦袁绍袭击许昌,后果同样不堪设想。

曹操经过分析,认为袁绍为人多疑,优柔寡断,如果自己东击刘备,袁绍一定会按兵不动。于是他果断出手,亲率精兵进攻刘备。刘备全军溃败,只身逃往河北投奔袁绍。

当曹刘大战之时,袁绍的谋士田丰建议袁绍举军袭击曹操的后方,袁绍却以幼子有病为由拒绝采纳。袁绍的犹疑不决，给了曹操最好的机会。曹操得以从容打败刘备，回军官渡，袁绍就再也没有然后了。

有个词语叫"多谋善断"。在战争中，多谋，一定还要加上善断。

战争充满不确定性，所有的决策都必须在信息不完整的情况下做出。你不可能等情况全部清楚了才行动。战略的前瞻性也决定了任何战略计划都具有冒险的性质，从来就不存在绝对完美的方案。正如美军反复强调的一句格言：一个不完善的决策，也比一个过时的决策好得多。

所以克劳塞维茨说，在战争中好的将帅一定要具备两种特质："一是在这种茫茫的黑暗中仍能发出内心的微光以照亮真理的智力；二是敢于跟随这种微光前进的勇气。前者在法语中被形象地称为眼力，后者就是果断。"

处事有疑非智，临难不决非勇。中国当代那些军人出身的企业家，王健林也好，任正非也好，柳传志也好，最大的特质，大概就是杀伐决断。

准确地判断形势并果断地承担风险，是成功的战略家必备的素质。只有具有强大的决断力，才能把你的智慧和果断的行动结合起来，从而抓住机会，取得胜利。

将之"五德"的第三项是"仁"。仁者爱人，仁就是爱，就是关爱自己的下属。

梅尧臣说："仁能附众。"战争是要死人的，为什么下属死心塌地愿意跟你走？一定要关爱自己的下属，将心比心，才能以心换心。

所以过去带兵有句话，叫"爱兵如子"，要像对待自己的儿子一样关爱下属。

吴起是战国时期的名将，以善于带兵而闻名。史书上记载："起之为将，与士卒最下者同衣食。卧不设席，行不骑乘，亲裹赢粮，与士卒分劳苦。"

吴起做魏国将军——也就是魏军总司令——的时候，有一次一个士兵受了伤，伤口化了脓。当时医疗条件不好，必须有人用嘴把他的脓血吸出来，否则就会感染。吴起把士兵的脓血给吸了出来。

士兵的母亲听到这个消息以后号啕大哭。有人不解，问："你哭什么啊？吴将军是高贵的将军，你儿子是下等的徒兵。吴将军给你儿子把脓血吸出来，你为什么要哭呢？"

这位母亲说："你不知道啊，孩子的父亲也是吴将军的士兵，受伤，伤口化了脓，吴将军为孩子的父亲吸了脓血。孩子的父亲非常感动，为吴将军战死了。现在吴将军又吸了我儿子的脓血，我不知道这个儿子又要死在什么地方了。"

处理伤口，本来应该是医生的事情。但我们可以想象，当一个高贵的将军俯下身子，为士兵吸出肮脏的脓血的时候，士兵心中会是一种什么样的感动。

所以，优秀的将军，一定要善于用真心的关爱来打动自己的下属，这样才能换来下属至死不渝的追随。"仁"从来都是良将的关键品质。

但是光有"仁"还不行，还要有"严"。"智"和"勇"要一起看，"仁"和"严"要一起看。

"严能立威。""严"就是严格的纪律。军队是要打仗的，没有纪律，军队就是乌合之众，根本形不成战斗力。所以，除了"爱兵如子"之外，军队带兵还有一句话，叫"慈不掌兵"，心肠太软的人，是带不好队伍的。

我们讲了吴起的"仁"，再看吴起的"严"能到什么程度。

魏国的敌人是秦国。有一次吴起率领魏军与秦军作战。双方的军队刚列好阵式，吴起还没有下令，手下一名士兵就冲了出去，冲到秦军的阵营之中，砍下两颗人头，又跑了回来，把人头往地上一扔，很得意。

吴起就说了一个字:"杀!"

许多人替这名士兵求情,这是一块好材料啊,杀了多可惜。

吴起说:"好材料是好材料,但是没有命令就冲上去,这样的兵必须杀。"

人头落地。从此以后在魏军形成了一个传统,就是勇者不可以独进,怯者不可以独退。军队作战,靠的是整体的力量。

所以,优秀的领导,仁,可以感动得你痛哭流涕;严,可以震撼得你胆战心惊。

恩威并用,刚柔兼济。二者缺一不可。

我们最后看一下"信"。"信"最后讲,不是"信"不重要。"信"很重要,所以孙子把"信"放到了"五德"的第二位。

什么是"信"?"信能赏罚",就是令出必行所带来的高度信任。

我们说过,战争最大的特点就是高度的不确定性。没有人知道明天会发生什么,没有人知道明天自己会死在什么地方。

一切都是不确定的。但是对你的下属来说,有一条必须是确定的,这就是你是可以信任的。信任是领导力的基础。没有信任,就根本谈不上领导力。再伟大的战略,如果没有下属的信任与信心,也只能是镜中花、水中月。

你可能看过一部美国大片《拯救大兵瑞恩》。为什么要付出那么多的生命来找一个人?这就是军队的特点,它要通过这种方式告诉组织的每一个成员:无论在什么情况下,你都可以信任你的组织。

电视剧《亮剑》中也有一个情节:李云龙的独立团被日军包围了,李云龙率领手下已经杀出来了,却发现张大彪那个营没有出来。

李云龙说了一句话:"独立团从来没有抛弃过自己的兄弟。"率领部队立刻又杀了回去。

好的军队，一定是上级信任下级，下级信任上级，平级之间相互信任。曾国藩的湘军为什么能打仗？胜则举杯酒以让功，败则出死力以相救。

一支军队，如果它的精力不是用在对外作战上，而是用在对内钩心斗角上，这样的军队规模再大，早晚也要出问题。

孟良崮战役中，为什么那么多的国民党军队救不出一个整编七十四师？没有人真心来救。

国民党失败的根本原因，不在军事，而在政治。

关于"五德"，《十一家注孙子》中的何氏也有一段精彩的论述："非智不可以料敌应机，非信不可以训人率下，非仁不可以附众抚士，非勇不可以决谋合战，非严不可以服强齐众。全此五才，将之体也。"

一个优秀的领导者，一定要同时具备这五种品格。而卓越的领导力，本身就是保证组织取胜的重要优势来源。这也是孙子一定要把"将"列入"五事"的原因。

兵以治为胜

"五事"的最后一个要素，是"法"。

什么是"法"呢？孙子说："法者，曲制、官道、主用也。"

法，就是军队的编制，将领的管理，军需的供给等内容。简单地说，法就是我们所说的组织结构、人事制度、后勤财务，就是系统性的管理能力。

在远征埃及的金字塔战役中，拿破仑的法国骑兵大败埃及的马穆鲁克骑兵。战后，拿破仑在对两支军队进行比较时，留下了一段著名的点评："两个马穆鲁克骑兵绝对能打赢三个法国骑兵，一百个法国骑兵能抗衡一百个马穆鲁克骑兵，三百个法国骑兵大都能战胜三百个马穆鲁克骑兵，一千个法国骑兵总能打败一千五百个马穆鲁克骑兵。"

我经常说，没有什么能比拿破仑的这段话，可以更好地揭示出组织与管理对于军队战斗力的决定性影响。

无独有偶，当年魏武侯曾经问吴起："兵何以为胜？"军队靠什么打胜仗？

吴起回答："以治为胜。"靠的是组织管理。

武侯问："不在众寡？"不在于兵力多少吗？

吴起回答说："若法令不明，赏罚不信，金之不止，鼓之不进，虽有百万，何益于用？"如果法令不严明，奖惩不兑现，将军鸣金士兵却不停下脚步，将军击鼓士兵却不往前进攻，就算有百万之众，又有什么用呢？

这也是2 000多年前，人类历史上第一次有人提出"管理决定胜负"这样的命题。

吴起的兵书叫《吴子兵法》。《吴子兵法》与《孙子兵法》不太一样。《孙子兵法》的重心在战略，而《吴子兵法》的重心在管理。为什么？

因为时代不同。孙子处于春秋时期，那时一个国家的军队大概也就是三五万人，一场仗大概也就打个三五天。在这种情况下，将帅的战略决策和指挥能力就特别重要。

而吴起已经处于战国时期，那时一个国家的军队往往是十几万甚至几十万，一场仗往往要持续几个月，甚至一年以上。在这种情况下，对组织与管理能力的考验就充分显现了出来。强大的组织和良好的管理，才能支撑起一支军队长期大规模的作战。要想在战争中取胜，就必须通过系统的组织、管理与保障，把组织的资源有效地整合好，这样才能将组织的整体实力充分地发挥出来。

事实上，当回顾战争历史时，我们就会发现，很多战争胜负的结果，在很大程度上取决于双方的组织管理。

甲午战争之前，大清王朝用从欧洲购进的军舰，建立了一支北洋水师。北洋水师当时排名是亚洲第一、世界第八。其中从德国购进的两艘铁甲舰"定远"舰和"镇远"舰，排水量都是 7 400 吨。7 400 吨是一个什么概念？从甲午海战失败，一直到 1999 年，中国从俄罗斯引进"现代"级驱逐舰，中国才重新有了 7 000 吨以上的水面作战舰艇。

"定远"舰和"镇远"舰都是铁甲舰。铁甲舰就是装甲舰，属于当时最先进的战列舰，在海军中的地位大致相当于今天的航母。这也是中国海军史上仅有的两艘战列舰。

日本早已把入侵中国定为国策。要想入侵中国，就必须取得制海权。而要取得制海权，就必须打败北洋水师。但是当时日本很穷，财政收入相当于清王朝的 1/6，买不起这样的铁甲舰。后来在法国工程师的指导之下，日本建造了 3 艘军舰，来对付中国的铁甲舰。这 3 艘舰是用日本的 3 个风景区命名的，所以叫"三景舰"，排水量在 2 000~5 000 吨之间。

但日本人依然没有信心，因为铁甲舰在此之前从来没有被击沉过。

后来有一件事情让日本人意识到北洋水师可以打败。北洋水师到日本访问，军舰停靠在日本的军港。日本水兵按照惯例上舰参观，发现在北洋水师军舰的主炮上，晾晒着北洋士兵洗的衣服。

日本人由此得出结论：北洋水师内部的管理极其混乱。主炮对于海军来说是最神圣的东西，怎么能把洗的衣服晾晒在上面呢？

果然，甲午海战打响之后，北洋水师几乎在所有的细节上都出了问题，作战系统很快就陷入崩溃。甲午海战的第一炮是北洋水师的旗舰"定远"舰打响的。"定远"舰的主炮口径为 305 毫米，射程为 5 公里。一发这样的炮弹击中日舰，就可以将其击沉。然而"定远"舰的这一炮，不但没有击中日舰，反而把自己的舰桥震塌了。水师提督丁汝昌正在舰桥上观敌掠阵，舰桥一塌，人一下子摔到了甲板上，摔得不能动弹。北洋水师的指挥系统也陷入一片混乱。

甲午海战的结果我们都知道：北洋水师全军覆没，日本联合舰队一舰未沉。

从硬件上来说，北洋水师的舰船完全不在日舰之下，甚至还要超过日本。差的就是管理。

抗日战争结束的时候，国民党第三十二集团军的司令长官李默庵上将参加过中国战区日军的受降工作。

作为一名跟日本人打了14年仗、对侵华日军的血腥暴行记忆犹新的中国军人，李默庵对侵华日军是切齿地痛恨。但是在受降的过程中，他看到的东西，让他非常感慨。

被解除武装的日本侵华军人在回国的途中，始终以正规的队列行走，丝毫没有紊乱的现象，也没有什么事故发生。

日军在缴械的时候，将所有武器，包括重机枪、车辆及自佩武器都擦拭得干干净净，并将人员、马匹、武器、弹药、被服、车辆等物资全部登记造册，交给中国人。所有的数字都清清楚楚。

李默庵感慨地说，日本人好像不是在投降，而是在办移交手续。他后来在回忆录中写道："当时我就想，他们的纪律如此严整，行动如此一致，将来如果领导正确，必是一个可以发挥无限潜力的民族。"

饱受日本侵略之苦的中国人，对日本往往抱有一种复杂的情感，但是我们也不得不承认，日本在许多方面确实值得我们学习。

我们经常讲追求卓越。日本人对于卓越的追求，不是几个人、一时一地的追求，而是整个民族几十年、上百年的追求。做好每一件事，做好每一个环节，做到精细的地步，已经成为日本民族特性的一部分。这也就是为什么今天日本的产品可以打遍全球。

而中国人的特点是"差不多就行了"。

差不多，就差了很多。

管理上一个很有意思的现象是：新手重打仗，老手重组织。

一个企业刚刚成立的时候，管理者往往关注的是市场，是产品，是营销，是爆款，是业务，是迅速地扩张。

一句话，关注的是如何打仗，如何打更大的仗。

要的都是看得见的结果，要的是立竿见影，是攻城略地。没有多少人会去思考组织的问题，更不会真正去在这方面投入。等到突然发现企业打不了硬仗了，管理者才会意识到组织能力跟不上了。原来所有的问题都是组织的问题。忽视组织能力建设带来的问题，一下子都浮出了水面。

在企业的起步期，有志同道合的追随者往往就可以了。但到了企业的发展与扩张期，组织能力就成了决定企业生死的关键。

先天不足的组织，是无法承受高速增长所带来的巨大压力的。所以，那些速成型的组织总是走不长远。原因很简单，离开了核心组织能力的打造，企业业务与规模的扩张就没有了根基。

阿里巴巴为什么有今天的成就？原因之一就是其强大的组织能力。组织能力支撑起了阿里巴巴的战略，支撑起了其高速的业务发展和组织扩张。

华为成功的奥秘之一，也是把能力建立在组织上。这非常像共产党当年的"支部建在连上"。

伟大企业的战略，都是以提出宏大的愿景开始，以打造强大的组织能力落地。再宏大的愿景，再伟大的战略，也需要落实到组织和管理层面上。

真正的决胜往往是在组织的层面上来实现的。企业家在能力上最后的较量，其实是驾驭和变革组织能力的较量。

不幸的是，在现实中，我们虽然不乏聪明的创业者，但是有太多的中国民营企业家，用肖知兴教授的话说，都是商业上的天才、组织上的白痴。

组织架构随意，人事安排混乱，后勤财务一塌糊涂——我们这个时代那么多的败局，就是败在组织上。

乐视为什么出了问题？贾跃亭自己曾经反思：一是战略节奏太快，二是组织能力不强。

多么痛的领悟。可惜这个领悟来得太晚了。

五事：第一个战略管理模型

"道""天""地""将""法"，我把它叫作人类历史上的第一个战略管理模型。

在管理史上，孙子第一次揭示出了战略管理的核心要素，全面而深刻。

什么是"道"？企业的愿景。

什么是"天"？企业所处的大势。

什么是"地"？企业所处的行业与市场。

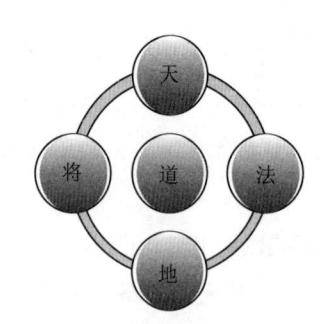

图 1-1　五事：第一个战略管理模型

什么是"将"？企业家和核心管理团队。

什么是"法"？企业的法规、制度、流程，也就是企业的组织与管理。

战略管理的核心要素不就是这些吗？

哪怕是一个简单的市场行动，也离不开这五大要素、五个维度。

什么叫"道"？市场行动的目标。目标越清晰、越简洁，就越具有强大的动员力量。

什么叫"天"？市场行动发起的时机。时机非常关键。投资者在对趋势进行判断的基础上，准确把握进入和退出的时机，几乎就是投资艺术的全部。

什么叫"地"？市场行动所针对的具体细分市场。必须针对细分市场进行精准打击。

什么叫"将"？负责市场行动的核心管理团队。

什么叫"法"？为了保证市场行动的进行而制定的法规、制度、流程。

我们再把"五事"与现代管理学中的"5W1H"做一下比较。

"道"解决一个什么问题？Why，为什么。

"天"解决一个什么问题？When，什么时间。

"地"解决一个什么问题？Where，在哪里。

"将"解决一个什么问题？Who，谁来做。

"法"解决一个什么问题？How，如何做。

你看，2 500多年前孙子提出的"五事"，与现代管理学中的"5W1H"高度吻合。这不是孙子多么聪明，而是战争逼出来的智慧。在战争的环境下，缺了任何一项要素，都要打败仗。

用孙子的话说，是"凡此五者，将莫不闻，知之者胜，不知者不胜"。这五大要素，将帅都不可不深入了解，透彻把握。深入了解的就能取胜，不深入了解的就无法取胜。

需要注意的是，道、天、地、将、法这五大要素，不是彼此孤立的，而是互为条件、相互支持的，要综合起来看，结合起来看。

比如"天"，所谓的大势和时机，对竞争者当然非常重要。但是同样的大势与时机，什么样的人能把握住？需要优秀的"将"，既有理解大势、洞察机会的智慧，又有把握大势、抓住机会的果断。

同样的大势与机会，什么样的组织能够把握住？优秀的组织，既有清晰的理念，又有卓越的管理，才能把握住。

如果组织层面没有"道"和"法"的支持，领导力层面没有"将"之"五德"的品质，就是大势和机会摆在你面前，你也把握不住，或者没有办法长远把握住。你最多只能是投机者而已，能胜于一时，却无法胜于长远。所谓的机会，甚至会变成巨大的陷阱。

事实上，我们也可以用这个模型，来分析一下中国企业的现状与所处的发展阶段。

大部分中国企业是怎么起家的呢？往往是一个优秀的企业家（"将"），依靠其敏锐的眼光和过人的魄力，发现和利用了改革开放和经济发展的大势所带来的各种战略性机会与风口（"天"），进入了一个行业与市场（"地"），然后有了今天的成就。

然而，如果仅仅把企业的成功寄托在机会与风口之上，那么机会与风口的寿命就是企业的寿命。

在竞争越来越激烈的今天，竞争越来越变成正规战、阵地战、攻坚战，越来越进入扎硬寨、打死仗的阶段，对组织能力的要求也越来越高，压力越来越大。"五事"中"法"的重要性因此也就越来越突出。

更重要的是，有多少中国企业有了清晰而坚定的"道"，有了伟大的价值追求，这种追求又切切实实地能够被员工、被伙伴、被客户、被社会真心认同和接受，真正能做到孙子所讲的"上下同欲"，做到"令民与上同意"，从而使组织真正有了灵魂呢？没有这样的价值追求，没有这样的灵魂，要想打造卓越的组织，就只能是一句空话。

所以当代中国的企业，一定要经历从以机会为核心到以组织为核心，再到以价值观为核心的管理理念的转变。好的企业，一定是时代的推动、卓越的领导、组织的进步、价值观的胜利等要素的复合体。

在复杂的竞争环境中，竞争者很容易迷失自己。但不管你有没有意识到，最终还是管理中这些最基本、最简单、最普通、最质朴的常识性要素，以及它们之间的动态匹配程度，在决定着你到底能走多远。

所以孙子说："善用兵者，修道而保法，故能为胜败之政。"

《孙子兵法》是一部兵书，但是孙子的"五事"告诉我们，无论是在战争中还是在竞争中，正是这些貌似老生常谈、千年不变的管理常识，才是真正决定胜负的力量。

企业竞争的过程中，有些东西是你能决定的，有些东西是你不能决定的。坚守管理的常识，定期像照镜子一样，回到这些基本的要素上来，反思自己的组织，并持之以恒地从这些基本的要素入手，去夯实你的管理基础，提升你的整体能力，在竞争中这比什么都重要。

这是组织的根基，是组织能够历经大风大浪而岿然屹立的保证。

因此，孙子的"五事"是一个值得反复体悟的战略管理模型。

第二讲
七计：比较的七个维度

　　无论是战争还是竞争，在对抗的环境下，做好自己的事情当然重要，但相对于对手的优势，才是真正的优势。

　　只有分析清楚自己相对于对手的优势和劣势，找出自己所处环境的威胁和机会，才能进行正确的战略评估，制定出正确的战略决策。

　　孙子认为应该从七个维度对双方的优劣势进行比较，从而判断战争胜负的结局："主孰有道？将孰有能？天地孰得？法令孰行？兵众孰强？士卒孰练？赏罚孰明？"

　　"七计"是"五事"的细化与延伸，也是孙子的SWOT分析框架。

七 计

主孰有道，将孰有能

就管理而言，在战略要素上做好自己的事情当然很重要，但就战略评估而言，己方是否在某一战略要素上具有优势，只有与对手进行对标、放到比较分析的框架中，才能真正清楚地显现出来。

相对于对手的优势，才是真正的优势。

企业竞争也是如此，读过管理学的都应该知道SWOT分析。只有分析清楚自己相对于对手的优势和劣势，找出自己所处环境的威胁和机会，才能进行正确的战略评估，制定出正确的战略决策。

所以孙子讲完"五事"，接下来讲"校之以计，而索其情"。张预解释这句话为"考校彼我之得失，探索胜负之情状"。也就是通过双方在"五事"方面的优劣得失的比较，来评估出战争胜负的可能。

这就是孙子的SWOT分析。

怎么进行具体分析呢？孙子认为，应该围绕"五事"，从七个维度对双方的优劣势进行比较，从而判断战争胜负的结果："主孰有道？将孰有能？天地孰得？法令孰行？兵众孰强？士卒孰练？赏罚孰明？"

哪一方君主有政治高度？哪一方将帅有军事才能？哪一方拥有更好的天时地利？哪一方法令能够贯彻执行？哪一方武器装备精良？哪一方

士兵训练有素？哪一方赏罚公正严明？

这七个维度，也被人称为"七计"。事实上，"七计"就是"五事"的细化与延伸。

双方比较的第一个维度是"主孰有道"。

"主"，就是君主，就是领导者。

孙子上来就强调组织领导者的作用，确实独具慧眼。领导者的眼光、境界与高度，往往是决定组织命运的关键因素。

你肯定知道成吉思汗铁木真，但你未必知道札木合。札木合是铁木真早期统一漠北时最大的对手。两人幼年时曾结拜为俺答，札木合的军事实力一度远远超出铁木真。然而在争夺蒙古汗位的过程中，最后的胜出者，却是铁木真。为什么？

决定性的因素，就是双方不同的眼光与境界。

在铁木真势力还相对弱小的时候，札木合就曾经联合同样与铁木真争夺蒙古汗位的塔里忽台，向铁木真发动过突然进攻。

相对弱小的铁木真为了保存实力，主动退入肯特山，也就是不儿罕山中的峡谷里。札木合掠夺了部分百姓和财物后放弃了追击，但在回军的途中，将俘获的曾离他而去归附铁木真的旧属全部杀死。

这是一个很大的失策。许多贵族由此认为札木合过于残暴，战后反而有更多的贵族带着自己的部众离开札木合，投奔了铁木真。铁木真虽然在军事上失败了，实力反而得到了进一步扩张。

与札木合相比，铁木真最大的优势，是他在政治上的成熟。

在草原上，谁能争得蒙古部落的最高领导权，从根本上来说取决于谁能争得更多的部众。当那些徘徊于铁木真、札木合和塔里忽台之间的部落，因为饥饿要求参加铁木真发起的围猎时，铁木真不但允许他们参加，而且分给他们的猎物远远超过他们应得的份额。

札木合则缺乏铁木真的政治头脑。有一次札木合与他的盟友约定共同袭击铁木真的营地。结果当札木合赶到战场的时候，他的盟友已经被铁木真击败。札木合一不做，二不休，干脆对他的盟友发动了攻击，抢劫了盟友之后扬长而去。

这是一种非常短视的行为。所以各部落辗转相告，将铁木真的慷慨正直、宽宏大量与札木合的反复无常、专横跋扈相比较："札木合抢去我们最好的马和最漂亮的毛皮。可是铁木真脱下自己的衣服让给我们穿，跳下自己的马让给我们骑，他真是一个懂得如何享有国家、供养战士的人。"

这已经成了草原上的公论。铁木真的过人之处，在于知道应该如何感动他的部众和盟友，赢得他们的忠诚。札木合并不明白，在弱肉强食的草原上，要想成就大业，不但要有强者的实力，还要有王者的胸怀；即使是在草原上，道德也有存在的价值。

铁木真所有的部属都可以为他出生入死，而札木合的军队却始终是乌合之众。铁木真最终成了一位世界的征服者，而札木合终其一生，只能是一位悲剧式的草莽英雄。

西汉初年，淮南王英布起兵反汉。曾经担任过楚国令尹的薛公为刘邦分析，英布造反，有上中下三种战略选择：

上策是向东攻取吴国，向西攻取楚国，并吞齐国，夺取鲁国，并传一纸檄文，让燕国和赵国坚守它们的本土。这样一来，崤函以东，就不再是汉朝所有了。

中策是向东取吴国，向西攻取楚国，并吞韩国，夺取魏国，并据敖仓之粟，塞成皋之险。这样谁胜谁负，就难见分晓了。

下策是向东取吴国，向西攻取下蔡，将贵重财物运到越国，自己跑到长沙。这样陛下就可安枕无忧、汉朝也就平安无事了。

薛公判断，英布必然采取下策。因为英布出身于骊山亡命刑徒，格局有限，目光短浅，虽然拼死做到了万乘之主，但只是为了自身的富贵，根本不会顾及当今百姓，也不会为子孙后代着想，因此也就不会选择上策和中策。

正如薛公所料，英布果然选择了下策。英布之乱也很快就被平定了。

英布这个例子，你有什么样的感慨呢？

我的体悟是：选择决定命运，眼光决定选择，层次决定眼光，追求决定层次。

追求富贵是人性的一部分，甚至孔夫子都说："富与贵，人之所欲也。"没有人不喜欢富贵。

但是，眼中只有自身富贵的领导者，注定不可能成就大的事业。

刘邦当年打下咸阳，进了秦宫，看到那些富丽堂皇的宫室、帐幕，各种名贵的狗马和贵重的宝物，以及数以千计的美女，一下子就动了心。大丈夫如此，夫复何求？住进去就不想动了。

樊哙一看，要坏事儿，赶紧劝刘邦搬出去，怎么说刘邦也不听。樊哙只好去找张良。

张良跟刘邦说了一段苦口婆心的话："正是由于秦朝的暴虐无道，您才能这么顺利地打进咸阳。为天下人铲除残民之贼，应该如同丧服在身，把抚慰天下苍生作为根本。现在刚刚进入秦朝的首都，就贪图享受，这正是人们所说的'助桀为虐'，怎么可能成就大业呢？况且忠言逆耳利于行，良药苦口利于病，希望您能听进樊哙的意见啊。"

刘邦顿时醒悟过来，搬出秦宫，回到霸上的军队驻地，然后召集咸阳一带的父老、豪杰，宣布了汉军为天下人除害的宗旨，并与他们约法三章：杀人者死，伤人及盗抵罪。

秦人大喜，争先恐后送来牛羊酒食慰劳士兵。刘邦推让不肯接受，说仓库里的粮食不少，并不缺乏，不想让大家破费。秦人更加高兴，唯恐刘邦不留在关中做秦王。

刘邦因此而开创了400多年的两汉基业。

刘邦也是人，跟英布一样，他也看重人生的富贵，所以他也差一点儿成了英布。

但是刘邦跟英布不一样的是，他很快就超越了这个层次。他没有把自身的富贵当作唯一的目标。他很快就明白，他还有更重大的使命，那就是天下，那才是他真正的自身价值所在。

从见自己，到见众生，到见天下，刘邦突破了自我，成为一位伟大的帝王。

管理学有一个研究结论，领导者的眼光、追求、高度、境界、格局、胸怀以及价值观，对于组织的未来往往具有决定性的意义。

决定组织发展的因素有很多，其中最重要的还是组织的领导者本身。组织成长过程中最大的挑战，来自对领导者个人的挑战。

研究企业的创业历程，你会发现，创业初期，有些企业是从生意切入的，有些企业是从产品切入的，有些企业是从客户需求切入的，但有些企业是从使命切入的。

那些从使命切入的创业者，才会吸引同样梦想的一批人，才会有这样一个有特别气质的团队，有这样一个团队的共同愿景，有这样的战略布局，有这样的业务，有这样的执行，最终才能干出这样的业绩和成就。企业管理中的所有环节，也因此而有了灵魂，企业也就因此有了不同的基因。

而这一切，都源于企业初创时的使命。

企业天生就是追求利润的，企业家天生就是追求财富的。大部分企业家都是从追求财富开始的，所以这个社会上从来不缺乏"英布"型的企业家。

但是，财富只能满足人基础性的需求，人还有获得社会尊重的需求、自我实现的需求。只追求个人财富的企业家只能是低层次的企业家。

优秀的企业家，不会把追求自身的财富当作自己的终极目标。相反，他会一步步地发展出社会责任感和社会成就感，并在此过程中，一步步地超越自己，从而发展出更高的自我追求。

也正因如此，"刘邦"型的领导者从来不乏其人。无非有些"刘邦"是先天的，从一开始就具有清晰的使命感；更多"刘邦"是后天的，是在经营的过程中，在不断的成长中，逐步意识到了使命的价值。

企业家的成长，就是从单纯关注个人财富，到同时注重自我价值的实现。这也是企业家不断自我超越的过程。

正如英布和刘邦的不同追求，决定了两人有不同的战略选择一样，在商业世界中，单纯关注自我财富的企业家，和同时注重自我价值实现的企业家，其企业的战略目标与管理方式，也会表现出完全不同的选择，并最终拥有不同的命运。

尤其在短期与长远之间、局部与全局之间、利润与使命之间，在这些纠结出现的关键时刻，你究竟如何去抉择，最能暴露你的深层次追求究竟是什么，也最能决定你和组织的最终命运，最能表明你到底是刘邦还是英布。

企业家的层次，决定了企业的层次；企业家的高度，决定了企业的高度；企业家的境界，决定了企业的境界；企业家的导向，决定了企业的导向；企业家的文化与价值观，决定了企业的文化与价值观；企业家的局限，也因此就决定了企业的局限。

双方比较的第二个维度是"将孰有能"，即哪方的将领有更强的军事才能。

如果说"主"的追求与境界，在文化与价值的层面决定了组织不同的导向与层次，那么"将"的指挥与管理，就在作战的层面上影响着战争的直接结果。

主将无能，累死三军。特拉法尔加海战很好地诠释了这句话的含义。

特拉法尔加海战是19世纪规模最大的海战，是英法之间的海上决战。

双方的兵力对比情况是：维尔纳夫指挥下的法国和西班牙联合舰队拥有战列舰33艘，火炮2 626门，官兵21 580人；纳尔逊指挥下的英国舰队拥有战列舰27艘，火炮2 148门，官兵16 820人。

优势在法西联合舰队一方，是吧？

那么，结局呢？

法国方面17艘战舰被俘、1艘战舰被击沉，法西联合舰队遭到了毁灭性的打击。法兰西海军从此一蹶不振，拿破仑被迫放弃进攻英国本土的计划，征服世界的梦想由此破灭。

而英国舰队的战舰却无一损失。英国百年的海上霸权也从此确立。

是什么因素左右了这场海战的结局？

是双方统帅在指挥能力上的巨大差距。

英国舰队司令纳尔逊表现出了非凡的胆略和高超的指挥艺术。得知纳尔逊战死的消息，拿破仑特意下令，在法国每一条战舰上都挂上纳尔逊的画像，以表达对这位对手的崇高敬意。

而法国统帅维尔纳夫却极为平庸无能。据说拿破仑得知维尔纳夫的战场表现后愤怒地咆哮道："维尔纳夫连当一名舰长都不配！"

刘邦曾经说："置将不善，一败涂地。"将领的带兵打仗能力，从来都对作战的胜负有着巨大的影响。

有经验的高手，往往通过比较双方将领的综合能力，就基本上可以推断出战争的胜负结果了。

楚汉战争期间，刘邦命韩信为左丞相，率领骑将灌婴、步将曹参进攻魏王豹。郦食其出使魏国回来，刘邦问郦食其："魏军主将是谁？"

郦食其回答说："柏直。"

刘邦评价说："柏直乳臭未干，没有经验，不是韩信的对手。"又问："骑兵将领是谁？"

郦食其回答说："冯敬。"

刘邦评价说："冯敬虽然贤能，但也比不上灌婴。"又问："步兵将领是谁？"

郦食其回答说："项它。"

刘邦高兴地说："无法与曹参相比。我没有什么可担心的了！"

果然，韩信木罂渡军，声东击西，出奇制胜，很快就平定了魏地。

解放战争的莱芜战役之后，蒋介石以顾祝同代替薛岳、刘峙，统一指挥徐州、郑州两个绥靖公署。

粟裕得知蒋介石临阵换将，曾经有一个评价：薛岳用兵尚称机敏果断，而顾祝同历来是我军手下败将。以顾祝同代替薛岳，是典型的"以庸才代替干才"，国民党军队一定会出问题。

果然，在顾祝同的指挥下，很快就有了孟良崮战役整编七十四师的全军覆没。

胡林翼有一句名言："营官不得人，一营皆成废物。哨官不得人，一哨皆成废物。什长不得人，十人皆成废物。"

企业管理也是这样，分公司的总经理选错了，这个分公司业绩就不可能好；部门负责人选错了，这个部门一定会出问题。

投资同样如此。顶级风投在识别投资机会和寻找潜在独角兽的时候，首先看的往往不是项目创意或商业模式可不可行，而是考察创业团队尤其是创始人靠不靠谱。

为什么团队比项目创意更重要？再好的创意，执行团队不行，也无法实现；而那些牛的团队，早晚都能够找到好的项目。

人对了，事才能成。

在整个团队之中，创始人的个人能力又最为重要。用孙子的话说，就是"将孰有能",创始人的能力高低,会直接决定团队可以走多远。

天地孰得,法令孰行

双方比较的第三个维度是"天地孰得",即哪方拥有更好的天时地利。再有能力的将军,没有了天时地利,也会吃败仗;弱者则可以借助天时与地利打败强者。

赤壁之战时,曹操以20万大军,号称80万之众,水陆并进,南下进攻孙刘联军。周瑜却一眼看出曹操必败,一个重要的理由,就是天时、地利都对曹军不利。

就天时而言,当时正是隆冬季节,没有办法保证战马的粮草供应,曹军骑兵的战斗力必然会受极大影响。就地利而言,南方的地形是水网地带。曹操的部队大多来自北方,以陆军为主,不熟悉水战,战斗力必然遭到削弱。曹操军队的战斗力发挥不出来,孙刘联军的战斗力能够充分发挥。

显然,选择这样的季节和战场,是曹操的一个致命失误。这也就在很大程度上决定了赤壁之战的最终结果。

天时地利,得之者成,失之者败。战争与市场竞争都是如此。

双方比较的第四个到第七个维度,分别是"法令孰行""兵众孰强""士卒孰练""赏罚孰明"。这四个维度,其实都是"五事"中的"法"这一要素的细化。

我们先看"法令孰行"。张预的注解是:"魏绛戮扬干,穰苴斩庄贾,吕蒙诛乡人,卧龙刑马谡,兹所谓'设而不犯,犯而必诛',谁为如此?"

这段注解中,张预用了好多精彩的历史典故,所以我们得稍微用点篇幅介绍一下。

魏绛戮扬干，其实戮的是扬干的仆人。"戮仆"这个梗儿，就是这样来的。后来柳宗元还专门就这个故事写过一篇文章，题目就是《戮仆》。

魏绛是春秋时期晋国人，在晋悼公年间担任司马，也就是军法官。

话说晋悼公为了显示晋国的实力，专门组织了一次诸侯会盟。扬干是晋悼公的弟弟。给扬干驾车的仆人，估计平时就蛮横惯了，在扬干的默许甚至鼓励之下，会盟时竟然不分场合驾车乱串，搅乱了现场仪仗的行列。负责执法的魏绛当场下令，处死了这个驾车的仆人。

晋悼公非常恼火：我召集诸侯会盟，是多有面子的事情。魏绛你竟然当着各国诸侯的面，处死了我弟弟的仆人，"何辱如之"！所以一定要杀了魏绛。

魏绛早就知道会有这个结果，所以一结束执法，请罪的报告就送上来了。报告说：今天出了扬干这样的事情，说明晋国军纪松弛，自己身为司马，应负全部责任。尤其在诸侯会盟这样的场合，如不严格执行军法，会盟的诸侯认为晋国军队"不武"、官员"不敬"，反而会因此看轻了晋国，这与国君会盟的出发点背道而驰。自己平时没有立好规矩，今天为了晋国的国威，迫不得已而冒犯了扬干，只能以死谢罪。

晋悼公读后非常感动，连鞋都没有穿，就跑出去向魏绛道歉说："寡人有弟弟，却没有教育好，这是寡人的过错。先生千万不要让寡人再错上加错了！"

从此以后，晋悼公更加重用魏绛。

穰苴斩庄贾的故事，发生在春秋时期的齐国。齐、晋都做过霸主。大国能成为大国，是有它的道理的。

司马穰苴是著名的军事家，著名兵书《司马法》的作者。他本人其实姓田，与孙子一个家族，后来因为担任司马，所以被称为司马穰苴。

齐国与晋国、燕国发生了战争。齐景公任命司马穰苴为上将军，作为齐军统帅，还派了自己的宠臣庄贾做监军。

司马穰苴与庄贾相约："明天中午举行出征仪式，我们届时在军营正门见面。"

第二天一早，司马穰苴先赶到了军门，"立表下漏"，立起计时的木表和漏壶，等待庄贾。

庄贾一贯骄横，认为自己是监军，什么时间到，自然是自己说了算，也就并不特别着急。亲戚朋友们听说他做了监军，纷纷过来祝贺，饮酒相送。庄贾来者不拒，结果喝多了。一直到了日暮时分，庄贾才醉醺醺地来到军营。这个时候，司马穰苴早已经巡视完了营地，整顿好了军队，并宣布了各项军规。

穰苴问庄贾："为什么迟到？"庄贾说道："亲戚朋友们送行，所以耽搁了。"

穰苴说："将受命之日则忘其家，临军约束则忘其亲，援枹鼓之急则忘其身。"身为将领，从接受命令的那一天起，就应当忘掉自己的家庭；来到军营宣布军事法规之后，就应忘掉自己的亲朋；擂鼓进军的紧急时刻，就应当忘掉自己的安危。

"今敌国深侵，邦内骚动，士卒暴露于境，君寝不安席，食不甘味，百姓之命皆悬于君，何谓相送乎！"如今敌人已经打进来了，国都之中都骚动不安，士兵们已在前线拼死作战，国君睡不好吃不香，百姓的生命都维系在你一个人身上，你却忙着搞什么送行，这是几个意思？

于是把军法官叫来，问："军法期而后至者云何？"军法上对约定了时间却迟到的人，是怎么规定的？回答说："当斩。"

庄贾赶紧派人向齐景公求救，但求救的人还没有来得及回来，司马穰苴已经下令斩了庄贾，宣示三军，随即下令出发。

晋国、燕国的军队听说穰苴治军如此有方，吓得匆匆忙忙全撤了回去。齐军趁势追击，收复失地凯旋。

吕蒙诛乡人，发生在三国时期。吕蒙，就是那个"士别三日，即更刮目相待"的吴下阿蒙。

孙权和刘备争夺荆州的时候，吕蒙是吴军主将，他趁关羽骄横、后方空虚之际，突然出手，占领了关羽的后方基地江陵，关羽和军队将士的家眷全部成了俘虏。

入城之后，吕蒙一方面安抚和慰问被俘的蜀军家眷，另一方面严格约束自己的军队，不得骚扰百姓，更不能勒索财物。

吕蒙手下的一个军吏是汝南人，与吕蒙是同乡。南方多雨，这位同乡怕下雨淋坏了官家的铠甲，就擅取了当地百姓的一个斗笠给铠甲挡雨。

官铠是公物，吕蒙也知道，这位同乡是为了保护官铠而取的百姓斗笠，但这样的擅取民物，还是违反了刚刚订立的军令。

一边是新颁的军令，一边是自己的同乡。吕蒙的纠结可想而知。但他最后还是以"不可以乡里故而废法"，"遂垂涕斩之"。

陈寿在《三国志》中说："于是军中震栗，道不拾遗。"全军大震，道路上有什么丢弃的东西，都没人敢捡取。吕蒙的军令由此大行于军中。

卧龙刑马谡，大家应该很熟悉了，就是诸葛亮挥泪斩马谡的故事。马谡立了军令状，结果失了街亭。诸葛亮非常偏爱马谡，但最后还是挥泪斩了马谡，便有了后来京剧中著名的"失、空、斩"三出戏。

张预列举的这四个故事中，被执法的对象，要么是亲，要么是贵。

中国是个人情社会，也是个权力社会。权力和人情从来都是组织"令出必行"的最大挑战与障碍。

故事的主角们为什么似乎都不近人情？如果定好的规则，一旦遇到权贵和人情马上就拐弯儿，这样的规则，有谁会真正心服呢？又怎么可能做到令出必行呢？

可怕的是，在企业中，尤其是在民营企业中，我们经常会看到一个现象，就是老板会成为自己企业制度最大的破坏者。因为老板往往会认为制度是约束别人的，不是约束自己的。连老板自己都不敬畏自己定的制度，又有谁会真正把制度当回事儿呢？

所以张预讲完四个典故后，问了这样一个尖锐的问题："谁为如此？"哪一方的法令能够得到最好的执行？

令出必行的一方，才会有真正的战斗力和取胜的机会。

有法不行的组织，根本就谈不上什么管理。

兵众孰强

"法"的第二个维度是"兵众孰强"。张预注曰："车坚、马良，士勇、兵利，闻鼓而喜，闻金而怒，谁者为然？"

兵，在这里指的是兵器；众，在这里指的是装备。"兵众孰强"，就是谁的武器装备更加精良。

战争当然主要靠人，但武器装备对于胜负来说也同样重要。

宋朝的兵书《武经总要》在谈到兵器的作用时开宗明义："兵不精利，与空手同；甲不坚密，与袒裼同；弩不及远，与短兵同。"兵器不精良锐利，就跟空着两手一样；铠甲不坚实严密，就跟光着身子一样；弩的性能太差，射程太近，就跟短兵器一样。

战国时期魏国能够建立60年的霸业，依靠的军队叫"武卒"。武卒天下无敌，除了士兵选拔严格、训练有素之外，还有就是兵器精良。

战国时期中国冶金业的中心就在魏国，魏军的兵器是各国军队之中最好的，所以魏军的战斗力也是最令人生畏的。

从战国一直到宋朝，很长一段时间，中国军队最有杀伤力的兵器就是弩。用孙膑的话说，弩的特点是"发于肩膺之间，杀人百步之外，不识其所道至"。

弩的发明，使得步兵有了有效克制骑兵的武器。晁错曾经列举了汉匈战争中匈奴之长技三、中国之长技五。五项中国之长技中，就包括"劲弩长戟，射疏及远，则匈奴之弓弗能格也；坚甲利刃，长短相杂，游弩往来，什伍俱前，则匈奴之兵弗能当也；材官驺发，矢道同的，则匈奴之革笥木荐弗能支也"。

晁错讲的一点儿也不过分。

当年李陵率军深入漠北与匈奴作战，以5 000步兵，被匈奴骑兵主力3万多人包围，却毫不畏惧，一个重要的原因，就是汉军精良的武器装备。

面对优势的匈奴骑兵，李陵以大车为营，"前行持戟盾，后行持弓弩"。匈奴骑兵冲过来，汉军千弩俱发，匈奴人应弦而倒，一个个鬼哭狼嚎，纷纷往山上逃。汉军发起追击，竟然杀死了几千人。

甚至在单于又召集了左贤王和右贤王的8万骑兵一起围攻李陵军队、汉军一天要打几十场仗的情况下，李陵的步兵依然可以依靠强弩，从容退却来兵，不落下风。汉朝步兵竟然可以吊打匈奴骑兵，靠的就是汉军大显神威的劲弩。

而李陵最终失败，是因为后勤跟不上。匈奴人太多，李陵的步兵陷入太长时间的苦战，最终打光了全部的50万支箭。李陵非常遗憾地说："复得数十矢，足以脱矣！"再给我几十支箭，我肯定就可以突围出去了。

成吉思汗的蒙古军队在与农耕地区的军队作战时，遇到一个非常大的问题，就是游牧民族的骑兵长于野战，而短于攻城，缺乏进攻城市的能力。

当时中原地区在城市攻防作战中，早已经普遍采用了大量的攻城器械，像抛石机、攻城槌、云梯、弩炮、火箭等。火药也被用到了战场，出现了震天雷等燃烧和爆炸性火器。

其中，抛石机既可以发射石弹，也可以发射装有火药的炮弹或装油的油罐。抛石机的威力巨大,可以发射几十斤重的石弹。任何坚固的城墙都抵挡不住这样的石弹。

据记载,磨盘大的石弹砸到地上,可以深入七尺,一枚这样的石弹就可以摧毁一座城楼。

为了弥补自己攻城能力的不足,成吉思汗下令:凡攻占一地方,对俘虏中的工匠都给予特殊的优待,将他们集中起来专门制造兵器、战具。

所以蒙古军队很快就掌握了中原地区的攻城技术。为了充分发挥这些攻城器械的作用,成吉思汗还任命了炮手万户,设立了专门的炮兵部队,由他的长子术赤统率。日本学者写的历史著作评价说,这是世界上第一支专业化的炮兵队伍。

这支队伍在蒙古人三次西征,以及后来攻宋、攻大理、攻高丽的战争中,都发挥了巨大作用。在花剌子模你沙不儿的攻城战争中,蒙古人一次就动用了300架抛石机,还有大量的攻城车、破城槌等,因而很快就摧毁了对方的防御体系。

金朝的哀宗皇帝曾经说:"蒙古所以常胜者,恃北方之马力,资中原之技巧耳。"把中原的技术优势与草原的骑兵优势结合起来,使蒙古军队既具备了强大的机动作战能力,又具备了强大的攻坚能力,这使得其战斗力已经达到了没有对手的地步。

这也是蒙古军队能够横扫亚欧大陆的重要原因。

在中世纪的欧洲大显神威的,则是传奇性的英国长弓。

英国长弓长达两米,箭长达一米,射程则可以达到300米。这种武器的准确性和威力远远超出了此前所有的弓弩。一箭出去,就能穿透4英寸[①]厚的木门。好的长弓手射出去的箭,完全可以穿透重装骑士的贴

---

① 1英寸=2.54厘米。——编者注

身铠甲，甚至可以穿过骑士的大腿之后，戳入其坐骑的腹部。

更可怕的是，技术高超的射手使用长弓的射速，是使用普通弩的射手的3~4倍。而且，长弓的宽度，可以使射手同时发射两支箭。

恩格斯曾经写道："这种长弓是一种非常可怕的武器，它使英国人在克雷西、普瓦提埃和阿津库尔等会战中取得了对法国人的优势。"

恩格斯所说的克雷西之战发生于1346年。这一战是英法百年战争中的经典战役。当时英军是2万人，法军6万人。双方的兵力是1∶3。所以法军充满信心地向英军发起了攻击。为了削弱英军的防线，法军派出打头阵的，是他们的热那亚弓弩手。

热那亚弩手开始向英军射箭。但不幸的是，超远的距离使他们的箭对英军的防线根本构不成威胁。英军的长弓就不一样了。长弓手们高高举起他们的弓箭，铺天盖地的箭雨，无情地倾洒到十字弩手的头上。

热那亚弩手们打算将距离拉近一些，以便能够射得着英国人。但是英军根本没有给他们机会，几次齐射就打得热那亚人溃不成军。

法军骑士边骂热那亚人是怕死的胆小鬼，边发起了勇猛的冲锋。迎接他们的同样是密集的箭雨。英国长弓手箭无虚发。威力巨大的箭支，穿透法国骑士们的头盔和铠甲，直接射入他们的头部和胸膛。法军骑士不顾一切地冲锋，但没有人和马能够活着冲到英军的阵前。残酷的战斗一直进行到深夜，法军的16次冲锋全部被击退，留在战场上的只有累累的尸体。

克雷西之战，法军11名勋爵、1 513名骑士、5 000多名重骑兵，还有10 000多名步兵战死沙场。而英军仅伤亡200人。

长弓只是影响战争结局的一种武器。在战争史上，并不乏因为新装备、新技术的出现，引起战争样式和战争进程出现颠覆性变化的例子。

火药的出现，使得奥斯曼土耳其人仅用了40天的时间，便攻破了以前从来没有被攻破的君士坦丁堡，拜占庭帝国千年的统治由此结束。

普法战争中，普鲁士军队创造性地运用铁路进行机动，从而取得了对法军的绝对优势。这是技术运用改变作战样式和战争结局的经典例子。

二战时期的德军能以闪电战的方式，仅用了36天就迫使法国投降，靠的是坦克的大规模使用。而当波兰的骑兵挥舞着战刀，向德国的坦克发起勇猛而悲壮的冲锋的时候，从一开始就注定了失败的结局。

当然，这样的故事远远没有结束。海湾战争和伊拉克战争中，先进的信息技术使得美军具有强大的信息战能力，甚至可以实现战场信息的单向透明。强大的远程精确打击能力，也使得以地面力量为主的伊拉克军队在美军所谓的降维打击之下几乎毫无还手之力。美军在武器装备上的压倒性优势，使得战事很快就呈现出一边倒的态势。

今天，战争双方的装备技术水平，在影响战争的诸要素之中，比起孙子那个时代，有了更大的权重。和平时期军事力量之间的对抗，在很大程度上就是装备技术发展之间的较量。

士卒孰练

"法"的第三个维度是"士卒孰练"。张预的注解："离合聚散之法，坐作进退之令，谁素闲习？"

用我们今天的话就是：分散与集合的阵法，起坐和进退的号令，哪一方的军队更加训练有素？

在战争中，武器当然很重要，更重要的是使用武器的人。再好的武器也需要人去使用，军队只有训练有素，才能真正发挥出武器的效能。

我们前面讲过，英国长弓是那个时代英军的大杀器。然而这种长弓的缺点也显而易见：一般人根本无法使用。要想准确地使用这样的长弓进行射击，必须拥有高超的技术以及协调配合的能力。所有的长弓手，除了拥有强健的体魄，还必须经过长时间枯燥的专业训练，才能精通这种兵器，从而发挥出其强大的杀伤力。

为了保证长弓手的训练，英国真是用尽了心思。除了官方的鼓励和资助，当时的英国政府甚至规定，在礼拜天除射箭外，禁止其他所有运动项目。所以踢足球这项运动，在14世纪的英国是不合法的。

目的只有一个：培养出素质良好的长弓兵。

克雷西战役的胜利，是在英国长弓手的训练场上奠定的。其他国家就算装备了长弓，没有长年累月的训练，也不可能取得战场上的胜利。

武器的使用很重要，但使用武器的技术，只是军事训练基础性的内容。好的训练，还包括体能、意志、纪律、荣誉以及战术的运用、战斗的作风、团队的认同、组织价值观的打造等内容。

没有训练，就不会有战斗力。

杜佑在解释"士卒孰练"时，曾引用王凌一句话："士不素习，当阵惶惑；将不素习，临阵暗变。"士兵如果平时缺乏训练，打起仗来一定会惊慌失措，不知如何行动；将领如果平时缺乏训练，打起仗来一定会糊里糊涂，不知如何应变。

孔子也曾经说过一句著名的话："以不教民战，是谓弃之。"如果不教给百姓作战的技能，就让他们上战场，就是白白地让他们送命。

兵书《百战奇法》中有专门的"教战"篇："凡欲兴师，必先教战。三军之士，素习离、合、聚、散之法，备谙坐、作、进、退之令，使之遇敌，视旌麾以应变，听金鼓而进退。如此，则战无不胜。"

用今天的话说，就是：要准备用兵，一定要先训练部队。要使三军的士兵练好疏开、收拢、集结、分散的战法，熟悉停止、行动、前进、后退的号令。这样的部队在与对方作战的时候，就可以根据旗帜的挥动而应变，根据金鼓的声音而进退。这样，就能战无不胜了。

没有天生优秀的士兵，也没有天生优秀的军队。士兵优秀是因为他们被训练得优秀，军队优秀是因为它们被训练得优秀。

军队的管理水平，很大程度上表现在训练上。训练使个体完成了从平民向军人的转换，使军队完成了从乌合之众向精锐之师的转换。

优秀的军队一定会有一个清晰的训练流程。一个人，走进这个流程时还是毛手毛脚的新兵，走出这个流程时已经成为令人生畏的战士。整支军队也在这一过程中脱胎换骨。

我前面讲过吴起的故事。司马迁曾经说，吴起一生与诸侯大战76次，其中64次是全胜，其余的12次也打成了平手。

吴起一生就没有打过败仗。为什么？

除了吴起指挥才能高超，还有一个原因——吴起极为重视并非常善于练兵。

吴起总结过战场上的一个规律，就是"夫人常死其所不能，败其所不便"。士兵战死，常常是因为没掌握打仗的本领；军队失败，常常是败于不熟悉的战法。

他由此得出结论："用兵之法，教戒为先。"用兵的高手，一定是训练先行。

吴起在做魏国将军的时候，为魏国练出了一支非常精锐的军队——武卒。武卒的待遇非常优厚，但挑选非常苛刻，训练也极为严格。

在训练这支武卒的时候，吴起采取了一个非常有效的训练方法，就是"一人学战，教成十人；十人学战，教成百人；百人学战，教成千人；千人学战，教成万人；万人学战，教成三军"。

一传十，十传百，百传千……用我们今天的话说，这是一种"裂变式"的训练方式。通过这种方法，在很短的时间内，吴起训练出了那个时代最精锐的一支部队。

吴起训练出的这支精兵，很快就在阴晋之战中派上了用场。

阴晋之战发生于公元前389年。在这场魏国与秦国争夺河西之地的关键战役中，吴起率领魏军以5万人，迎战秦国50万大军。1∶10的差距。

魏军人数虽少，却全是训练有素的精兵；秦军虽然人多，却多是临时征发的农民。在魏军的凌厉攻势面前，庞大的秦军完全无力还手，只能任人宰割。魏军取得了大破秦军的辉煌胜利。

此战之后的很长一段时间里，"秦兵不敢东向"。"士卒孰练"的重要性，在这一仗中体现得淋漓尽致。

练兵千日，用兵一时。人们很容易被用兵过程中那些高超的谋略艺术吸引，却忘记了枯燥乏味的练兵才是持续胜利的真正基石。

美国空军有一个著名的"红旗"演习。这是一个为期两周的训练，目的是培训那些没有作战经验的飞行员。

这一训练项目的起因，是因为美国空军发现了一个规律，就是从未参加过作战任务的飞行员，在执行头10次任务时，其生存率是60%。然而经过10次任务之后，再执行新任务时，他们的生存率就能达到90%。

"红旗"演习的目的，就是通过"像作战那样去训练"，让飞行员置身于贴近实战的各种战斗场景之中，从而用训练来取代那至关重要的头10次飞行任务。

"红旗"演习取得了极好的训练效果。"红旗"演习磨炼出来的战术，在1986年美军突袭利比亚时得到了超常的展示。在海湾战争中，这一训练也使得美国空军在战争中大显身手，在这场战争中，美国空军的损失微不足道。

再讲一个例子。

你可能读过盐野七生的《罗马人的故事》。在古代地中海世界，罗马军团以令人生畏的战斗力而著称。罗马军团的战斗力从哪里来？

罗马人智力上不如希腊人，体力上不如高卢人，技术上不如埃特鲁利亚人，经济上不如迦太基人，数量上不如日耳曼人。

但为什么罗马人能够征服世界？

公元4世纪罗马著名的军事作家韦格蒂乌斯曾说："面对着这些具有各种不同优点的敌人，罗马人的唯一对策即为非常慎重地选择人员，并给予极高强度的训练。他们非常了解用不断的练习来磨炼其部队的重要性。他们也不惜用严刑峻法以惩顽劣。"

他的结论是："罗马之所以能征服世界，其主因非他，而是连续的训练、严格的纪律，以及对其他各种战争艺术的不断培养。"

罗马军队的训练有三个重点：体能和耐力、武器的使用、纪律与荣誉。

首先是体能和耐力。士兵们需要在全副武装的情况下，每天在5小时之内，完成负重行军30公里到50公里。即使在今天，这么大的训练强度也堪称疯狂，足以与西点军校的"兽营"相比。残酷的训练，不断突破罗马士兵的肉体和精神极限，也不断提升士兵的体能和耐力。这让罗马军团在实际的战斗中占尽了优势。

其次是武器的使用。每一个罗马士兵都必须娴熟掌握标枪投掷、短剑格斗、重盾配合这些基本的作战技能。最有意思的是，罗马士兵训练的时候使用的武器，重量是作战实际使用武器的两倍。这也意味着，罗马士兵是以两倍于实战的标准来进行训练的。

最后是纪律与荣誉。军团作战运用的是方阵战术，而方阵战术靠的是整体的力量。所以罗马军团对于纪律与荣誉极为重视。著名的"十一抽杀律"就是罗马人发明的。无条件地服从命令是士兵的基本准则，而抗命的行为必然招致严重的处罚。

严格的军纪还有一个作用，就是给士兵灌输了强烈的集体意识。每个军团特有的徽章使得罗马士兵有着强烈的归属感和荣誉感，使得他们愿意为军团而死。

为什么罗马人即使在人数处于劣势的情况下，也往往能够击败数量远远超出自己的蛮族军队？是训练。校场上魔鬼式的训练，才能带来战场上碾轧式的胜利。

公元1世纪罗马历史学家约瑟夫斯曾在一篇文章中说："一个人只要看一眼罗马军队，就会明白帝国之所以掌握在他们手中，是因其刚勇而非幸运的恩赐。因为他们从不是等到战争爆发才去练习使用武器，也不会在和平的日子闲散地坐着，只到必要之时才让自己行动起来。相反，他们看起来好像生下时手中就握着武器，他们从不会停止训练或坐等紧急情况突然来临。"

他因此说了那句著名的话："若有人说罗马人的演习就像无血的战争，那么他们的战争就像流血的演习。这绝对不错。"

一名罗马士兵的战斗力总是有限的，然而4 800名训练有素的士兵组成的罗马军团，就变成了一台强大的杀人机器。

蛮族的军队虽然人数众多，也不乏勇武的战士，但是缺乏罗马军团那样严格的训练，因而总是无法摆脱匹夫之勇的局限。

这也就是为什么训练有素的罗马军团，总是可以在潮水般冲上来的蛮族士兵面前岿然不动。

如果说严格的训练是罗马军团战斗力的根基，那么训练的衰败，也就是罗马军团战斗力下降的开始。

随着罗马帝国的建立，对外扩张的停止，和平，这个军队最大的杀手，也降临到了罗马军团身上。

承平日久，黯淡了刀光剑影，远去了鼓角铮鸣，危机意识日淡，罗马人的训练和纪律也开始一步步走向懈怠。约瑟夫斯时代的罗马士兵从来不会停止训练，而到了罗马雄辩家弗龙蒂努斯的时代，他发现了一个完全不同的罗马军团："军团的士兵们每天把时间打发在给演员们的喝彩当中。他们更经常地泡在附近客栈而不是待在部队。战马由于无人照料而杂毛丛生，而它们的主人却把自己身上的每根毛都拔得干干净净，很少看见哪一个士兵有毛茸茸的腿和胳膊。"

曾经被视为神一样的存在的罗马军团，其战斗力的根基却开始动摇。2 000年后，若米尼引用韦格蒂乌斯的话讽刺地说："在西庇阿时代，罗马军团的士兵在非洲酷暑烈日之下作战时，一点都不感到疲倦，所以令人望而生畏。可是后来到日耳曼和高卢凉爽宜人的天气之下作战，反而觉得甲胄太重了，罗马帝国的末日也就来临了。"

所以，"士卒孰练"的追问，既是对对手而言的，更是对自己而言的。

昔日再强大的军队，一旦忽略和放松了训练，会迅速变得徒有其表，并注定会遭到无情的惩罚，付出惨重的代价。

赏罚孰明

"法"的第四个维度，也是最后一个维度，是"赏罚孰明"。张预注解："当赏者，虽仇怨必录；当罚者，虽父子不舍。"

如果说"法令执行"的关键在"行"，那么"赏罚孰明"的关键就在于"明"。

孙子之所以强调"明"，是因为在实际管理中，赏罚从来都是组织最主要的管理手段之一。诸葛亮在《便宜十六策》中曾说："赏以兴功，罚以禁奸。赏不可不平，罚不可不均。赏赐知其所施，则勇士知其所死。刑罚知其所加，则邪恶知其所畏。故赏不可虚施，罚不可妄加。赏虚施则劳臣怨，罚妄加则直士恨。"

用我们今天的话来说，奖赏是用来鼓励立功的，惩罚是用来杜绝奸邪的。奖赏不能不公平，惩罚也不可不公正。通过奖赏，使下属知道获奖赏的原因，那么勇士们就知道该为什么而奋不顾身了。通过惩罚，使下属明白被惩罚的缘由，那么做坏事的人也就知道有所畏惧了。所以奖赏不能无根据地实施，惩罚也不能随便乱用。奖赏没有根据，付出的人就会心生怨意。惩罚随随便便，正直的人就会愤恨不平。

这段话讲得非常精彩。赏罚不明，必然导致是非不分，引发下属心灰意冷或心生抱怨，乃至极大地打击组织的士气。赏罚不明，从来都是导致管理和领导失败的关键因素。

前面我们讲过孟良崮战役。整编七十四师为什么全军覆没？

在今天的台湾"国史馆"中，藏有一份编号为00202040001407的文件。这是1947年5月6日整编七十四师师长张灵甫写给他的校长蒋介石的一封信。信中对国民党军队内战以来屡战屡败的原因进行了直言不讳的剖析：

"惟进剿以来，职每感作战成效，难满人意。目睹岁月蹉跎，坐视奸匪长大，不能积极予以彻底性打击。以国军表现于战场者，勇者任其自进，怯者听其裹足。牺牲者牺牲而已，机巧者自为得志。赏难尽明，罚每欠当。彼此多存观望，难得合作，各自为谋，同床异梦。匪能进退飘忽，来去自如，我则一进一退，俱多牵制。匪诚无可畏，可畏者我将领意志不能统一耳。窃以若不急谋改善，将不足以言剿匪也。"

就在张灵甫写完这封信的10天以后，也就是1947年5月16日，整编七十四师在孟良崮战役中被华东野战军全歼。整编七十四师覆没的原因之一，正是蒋介石"赏难尽明，罚每欠当"，从而导致国民党军队"败不相救"。

当华东野战军将整编七十四师包围起来的时候，国民党的几十万大军离孟良崮近则数公里，远也不过一两天驰援便能赶到，只要援军赶到，就能马上与整编七十四师形成对华东野战军的里应外合、中心开花之势。

整编七十四师陷入包围时，蒋介石曾下达了各路大军必须从速进援合击的手令，并威胁"如有萎靡犹豫，逡巡不前，或赴援不力，中途停顿"，"定以畏匪避战，纵匪害国，贻误战局，严究论罪不贷"。汤恩伯也要求所部"不顾一切,星夜进击,破匪军之包围,救袍泽于危困"。

然而无论是蒋介石的严令还是汤恩伯的苦求,都未能见效。直到整编七十四师被全歼,各路援军始终未能跨入华东野战军包围圈一步。

孟良崮战役之后,蒋介石专门组织了一次军事检讨会。会上蒋介石大骂下属"智信仁勇严必备的武德完全丧失"。然而蒋介石并不明白,国民党军队"败不相救"的恶习,其根源恰恰在于他的"赏难尽明,罚每欠当"。

国民党军队最大的特点就是派系林立,亲疏分明。蒋介石的基本策略,就是以黄埔系来控制中央军,以中央军来控制杂牌军。

中央军是蒋介石的嫡系,蒋介石以黄埔军校校长的身份,与黄埔军校毕业的军官形成了私人之间的服从关系。黄埔军校毕业的军官以学生的身份效忠于校长,蒋介石则在职务、装备、后勤、作战等方面给予黄埔军官种种特权,从而达到通过黄埔军官来控制军队的目的。

对于中央军之外的杂牌军,蒋介石采取的则是分化、控制和吞并的策略。一方面通过战场作战来借刀杀人,消耗杂牌军的力量;另一方面,对于打了败仗的杂牌军,则会乘机取消其番号,夺取其地盘。这样也就达到了排挤削弱杂牌军、扩大发展中央军的目的。

蒋介石的这一招的确是有效的。但也正是在这一过程中,国民党军队中钩心斗角、败不相救的恶劣文化一步步形成。

对于中央军来说,黄埔军官个个都是具有通天本领的"天子门生",蒋介石一手提拔的这些学生,都唯蒋校长马首是瞻,唯蒋校长一人之命是从,都要争相得到蒋校长的宠爱,得到校长的宠爱便是最好的终南捷径,这就必然导致彼此之间争风吃醋,相互拆台,上下倾轧,内斗不已。

而对于杂牌军来说,稍有不慎,便会面临着被蒋介石削去番号的危险,因而作战时考虑的首先是保存实力,绝对不会为了别人牺牲自己,绝对不会有勇敢任事、顾全大局的精神。

这种重"亲疏"而不重"公平"的管理模式，必然会导致张灵甫所说的"赏难尽明，罚每欠当"。对中央军当罚而不罚，虽罚亦不足以服众；对杂牌军当赏而不赏，虽赏亦不足以激励。

由此带来的问题，是"赏不知感，罚不知畏"。被赏的人虽然得到了奖赏，但并不因此而感奋；被罚的人虽然受到了处罚，但并不因此而生畏。赏罚作为激励的基本手段由此全部失效。

其结果，就是张灵甫所说的，"勇者任其自进，怯者听其裹足。牺牲者牺牲而已，机巧者自为得志"，最终使整个组织为之付出惨重的代价。

晚清历史上，有一场战役你或许不一定熟悉，但围绕这场战役所发生的故事却非常耐人寻味。这就是清军与东捻军的尹隆河战役。

尹隆河战役发生于1867年。清军方面的两位统领，分别是淮军的刘铭传和湘军的鲍超。这两人都以敢战著称，却分属不同的军系。

战前的头一天，刘铭传传书给鲍超，约定第二天上午7点，两人同时对东捻军发起进攻。鲍超应许了下来。

不料刘铭传想抢头功，到了第二天一早，竟然命自己的淮军比约定时间提前两个小时出发，抢先向东捻军发起进攻，结果却偷鸡不成蚀把米，因为兵少力单，陷入了东捻军的重重包围。淮军损失惨重，多名骨干战死，刘铭传本人也差点儿被俘。

幸亏鲍超率部及时赶到，拼死救出了刘铭传和他的残部，而且鲍超还趁东捻军阵形混乱之机发起进攻，大获全胜，东捻军由此一蹶不振。

这一仗算是先败后胜。先败的原因，是刘铭传违背约定，提前出兵，导致淮军损失惨重。按照军法，当然应该追究刘铭传的责任，以杜绝类似事情发生。

可是奇葩的一幕出现了：刘铭传反过来给李鸿章打了个报告，将责任全推到了鲍超身上，说是因为鲍超没有按时出击，导致淮军大败。李鸿章是淮军领袖，自然袒护自己的嫡系，所以在给朝廷的报告中，就按刘铭传的剧本，给鲍超加了个"失机冒功"的罪名。朝廷竟然也不辨真伪，根据李鸿章的报告，下旨对鲍超严加斥责。

鲍超立了这么大的功劳，没想到换来的却是朝廷的处分，差点儿气晕过去，当即辞职走人。湘军因此也就失去了鲍超这员大将。

这样的结果，湘军肯定不干了，所以上上下下都强烈不满，群情激昂。李鸿章十分被动，为了摆平湘军，又不得不出面给鲍超请功。但鲍超早已心灰意冷，再也不愿为官。

刘铭传以怨报德，就连他的同僚旧友也觉得他做得过分，这位淮军第一名将，十几年的时间里只好赋闲在家。

司马光曾说："夫有功不赏，有罪不诛，虽尧舜不能为治，况他人乎？"下属有功，你却不赏，下属有罪，你却不杀，就是尧舜这样的圣明之君当老大，管理起来也会一塌糊涂，况且其他人呢？

赏罚不明，甚至奖优罚劣变成了奖劣罚优，伤害的往往是组织中最优秀的那些成员的感情，打击的也往往是组织中最优秀的那些成员的积极性。所谓的"废一善则众善衰，赏一恶则众恶归"，这必然会导致组织的整个风气出现问题。

没有人不犯错误，领导也如此。身为下属，可以原谅领导其他的失误，但绝对难以接受领导的赏罚不明，是非不分。

赏罚不明，轻则让下属心理不平衡，乃至产生怨恨；重则对领导失去信心，认为领导无能，看不到未来，看不到希望。这样的结果，对组织的伤害是极大的。

不公正的赏罚，可能会满足某些小团体的利益，但同时却会引发组织中大部分成员的消极情绪，从而给组织带来更大的麻烦。好领导者一定要保证赏罚分明。

张居正曾经讲过一段非常精彩的话:"赏一人当其功,则千万人以劝;刑一人当其罪,则千万人以惩。"一个人立了功,你的奖赏非常恰当,千万人就会加倍努力;一个人犯了错,你的惩罚非常得当,千万人就会引以为戒。

那么问题是,领导者为什么有时候会赏罚不明呢?

从管理历史上来看,赏罚不明的原因,无非就是蔡锷所说的四条:"或姑息以图见好,或故为苛罚以示威,以爱憎为喜怒,凭喜怒以决赏罚。"

或者是姑息迁就,以企图收买人心;或者是故意苛刻,以显示自己的威风;以个人的爱憎而喜怒,凭个人的喜怒而赏罚。

简言之,就是私心太重。

古人讲"公""明","公"才能生"明"。要想做到赏罚分明,关键就是把握公平公正这条最基本的原则。

管理最忌讳的,就是以私情害公义。

据说当年马云"挥泪斩卫哲"时,内心曾经极其纠结。但马云最后还是做出了众所周知的选择。

他后来解释说:"我要做的是捍卫这个公司的价值体系。如果你叫我一声'大哥',我就可以不杀你,那以后,有多少兄弟叫我'大哥'?我不是'大哥'。"

拿下卫哲的震撼力,可想而知。马云此举,成了多年以后人们还在津津乐道的一个经典管理案例。

还需要指出的是,"赏罚孰明"的"明",除了当赏则赏、当罚则罚、赏罚公平,还有一层含义,就是赏罚要适度。

《左传》曰:"赏不僭而刑不滥。"奖赏不要过分,刑罚不要滥用。

杜佑也引用王凌的话说:"赏无度,则费而无恩;罚无度,则戮而无威。"如果奖赏无度,就算花了大把的银子,下属也不会感恩;如果滥用惩罚，就是天天大开杀戒，也没法树立起威信。

赏罚过重不行，赏罚过轻也不可以。汉代的徐干在《中论》中讲得很清楚："赏罚不可以重，亦不可以轻。赏轻则民不劝，罚轻则民亡惧。赏重则民徼幸，罚重则民无聊。"奖赏过轻，下属就不会受到激励；处罚过轻，下属就没有了畏惧。奖赏过重，下属就会生侥幸之心；处罚过重，就会民不聊生。

无论赏还是罚，都一定要从实际出发，奖赏与功劳相匹配，惩罚与过失相对应。

准确把握好宽严的度，进行精准地赏罚，这样才能形成真正有效的激励。

第三讲
全胜：竞争的四个层面

战争的最高境界是超越战争，竞争的最高境界是超越竞争。

《孙子兵法》的一个核心智慧，就是竞争者不但要懂得竞争，更要懂得超越竞争，从更高的层次来理解和把握竞争，在"伐谋""伐交"上战胜对手，并在"伐兵"的层面上运用更多的战略智慧，从而跳出简单的直接对抗式竞争，追求不战而屈人之兵的"全胜"境界。

全胜

围棋与象棋的区别

上面两讲,我们讲的是组织的管理。从这一讲开始,我们讲战略的9个理念。我们首先讨论《孙子兵法》中最核心的理念——全胜。

全胜,顾名思义,就是十全十美的胜利,最完美的胜利。

什么是最完美的胜利?显然就是不用打就能赢,不战而屈人之兵。

关于取胜,孙子有这样一段经典的论述:"凡用兵之法,全国为上,破国次之;全军为上,破军次之;全旅为上,破旅次之;全卒为上,破卒次之;全伍为上,破伍次之。"

打仗就是这样:你让对方的国家完整地降服,为你所用,这是最高的境界;你攻破了对方的国家才取得胜利,这是次一等的境界。你让对方的军队完整地降服,为你所用,这是最高的境界;你打败了对方的军队才取得胜利,这是次一等的境界。依次类推,一直到卒、伍,都是如此。

在这段话中,孙子提出了一对非常重要的概念,这就是"全"和"破"。

孙子提出了很多原创性的概念,像奇正、虚实、专分、形势、攻守、迂直等等,也包括全破,这些都是《孙子兵法》中很核心的理念。

什么叫"全""破"呢?全就是圆满,破就是残破。全和破是两种不同的胜利。

战争最大的特点是什么？杀敌一千，自损八百。战争是一种暴力的对抗，而暴力的对抗往往会让对抗的双方都付出惨重的代价。

汉代的李广利伐大宛厉不厉害？厉害，犯我强汉者，虽远必诛。但第一次伐大宛，汉军士卒剩下的不过十分之一。第二次伐大宛，6万人将近5万人没有回来。

近代的英国人打仗厉不厉害？厉害，几乎打遍全球无敌手。但一场布尔战争，让英国人耗费了2.2亿英镑。英国人虽然赢了，国库也几乎打空了。

所以西方有著名的"皮洛士式的胜利"的说法，专门指战争中那些花费巨大代价才获得的胜利。皮洛士是古希腊伊庇鲁斯国王，曾经率军入侵意大利，与罗马人作战。在赫那克里亚会战和阿斯库伦会战中，皮洛士两次打败了罗马军队，自己也遭受了重大伤亡，尤其是损失了大量的军官与骨干。所以在会战结束后，当有人向他祝贺胜利时，据说皮洛士叹息着说："要是再来一次这样的胜利，就没有人可以和我一起回国了。"

如果你打败了对手，但是自己已经损失惨重；如果你取得了天下，但是天下已经残破不全，那么这样的胜利、这样的天下，有什么意义呢？

企业竞争也是这个道理。如果你打败了所有的竞争对手，但是整个行业已经被打烂了，这样的胜利有什么意义呢？

我们看到太多这样的例子：行业中不断升级的恶性竞争，一步步演化成竞争者的彼此伤害，最终整个行业没有一个真正的赢家，从而陷入孙子所说的灾难性的"破"的结果。

企业竞争的目的是什么？不是为了单纯地打败对手。理性的竞争，是为了给自己的企业创造一种更有利于长远发展的良好环境。

在孙子看来，"全"和"破"是两种不同的理念，两种不同的思维，两种不同的境界，也是两种不同的结局。

军事学的概念总是比较抽象的，不太好理解，打个比喻，就好懂多了。

美国有个研究《孙子兵法》的专家叫麦克内利，他曾经用下棋来帮我们理解什么叫"全"和"破"。

他说西方人喜欢下棋。下什么棋呢？国际象棋。国际象棋怎么下？吃子。目的是通过不断消灭对方的棋子来取胜。游戏开始的时候，棋盘上布满了棋子。但下完棋、胜负已分的时候，整个棋盘上没有几个子了，只剩下了残破不全的棋局。

他说这就叫作"破"。

中国的老百姓也下象棋。但中国真正的高手下什么？围棋。围棋怎么下？如果你着眼于吃对方的子，你永远成不了高手。围棋要学会布局、造势。棋手着眼的是不断演变的大局，而不是一时的你死我活。所以围棋往往是你下你的，我下我的，半天都不发生冲突。

在围棋中，你不能通过无休止地吃子来打败对手。只知使用相互伤害的手段，永远也赢不了棋。事实上，高手对弈，通常没有几个子会被吃掉，你只需要占领最大面积的地盘就可以了，吃子反而是次要的目标。

与象棋相反，围棋在游戏开始的时候，棋盘完全是空的；但游戏结束的时候，整个棋盘却是满的。

麦克内利讲，这就是"全"。

竞争也是这个道理。我们应该学会围棋的思维，而不是象棋的思维。不要一提竞争，就想到简单的对抗、冲突。高手从事的竞争，从来不是这样的竞争。

孙子讲："百战百胜，非善之善者也。不战而屈人之兵，善之善者也。"

百战百胜，不是高手中的最高手。不用打就能赢，才是高手中的高手。

乍一看，孙子的理念，好像跟我们平常人的观念不太一样。百战百胜，多好的将军啊！哪一个管理者不希望自己手下有百战百胜的将军啊！为什么孙子说"百战百胜，非善之善者也"？

"百战百胜"的重心在哪里？在"战"。"战"就是对抗，就是冲突。不断地通过对抗、冲突的方式来取胜，一定会给你带来巨大的消耗。

战争中经常有这样的例子：赢了眼前，却输掉了长远；赢了局部，却输掉了全局。

管理中也有同样的情况。我们身边经常会看到这样的朋友：口才极好，辩才无碍，好胜之心很强，跟人家辩论的时候，一定要争出个胜负高低。结果呢？

你跟客户辩论，赢了辩论，但失掉了生意；你跟领导辩论，赢了辩论，但失去了生存的环境；你跟团队辩论，赢了辩论，但是失去了别人的支持；你跟家人辩论，赢了辩论，但伤害了感情。

过于陷入局部的争夺，反而会失去对全局的把握能力。用对抗的思维去处理事情，即使赢了，往往也是残局。

竞争者当然要关注竞争与对手，但是过于关注对手，你的眼光就会为对手所限制。

太强的竞争与敌对意识会限制你的视野和格局，影响你的判断与思考，以及你的策略选择，让你陷入跟对手较劲的死结中不能自拔。

真正的高手，不会只盯着一时的你死我活，而是着眼于不断变化的大局。

如果你回顾一下自己或者身边朋友的职业生涯，你就会发现一个很有意思的现象。刚刚入职的时候，或者刚刚开始创业的时候，你经常会看重每一场的胜利，并且为了每一场胜利都是不惜代价，全力以赴。

但是时间长了你会发现，并不是每一场胜利都那么重要，也并不是所有的胜利都只有通过对抗的方式来取得。

有时候非对抗的方式，甚至合作的方式，会让你代价更小，成本更低，赢得更多，结果更加完美。

关于胜利，孙子讲过一句非常耐人寻味的话："故善战者之胜也，无智名，无勇功。"真正高手取得的胜利，没有智慧的名声，也没有勇武的战功。

我的老师吴如嵩先生讲，他有一次跟俄罗斯汉学家克平女士交流，克平女士说她非常喜欢《孙子兵法》的一个理念：佩戴勋章最多的将军，不是最好的将军。吴老当时一愣，《孙子兵法》原文中并没有这句话，但仔细一想，这不就是对"无智名、无勇功"最好的解释吗？

所有的勋章都是打出来的。不需要打就能赢，才是将军的最高境界。

看重一城一地的得失，是战术家。着眼整场战争去布局，是战略家。超越战争去思考战争，才是政治家。

我们前面提到的皮洛士，毫无疑问是一名优秀的战术家，然而却缺乏政治头脑和战略眼光，因而取得了无数轰轰烈烈的战绩，却无法赢得持久的胜利。

可惜的是，历史上并不缺乏皮洛士式的悲剧。

无论是一战还是二战，德国军队的战术向来都是大胆而精明，几乎没有任何军队可以在战术方面与德军相比。但是，当1918年和1945年两度尘埃落定时，德国军队证明自己政治无能且战略无方。其战术与作战的优异表现，无法补救政治与战略的错误。德军卓越的战术能力，最终只是让所有交战方都蒙受了更惨重的损失。

在战争史上经常有这样的现象：战术层面的一时胜利，恰恰导致战略层面的全盘皆输。

就像二战中日本轰炸珍珠港一样。从战术上来说，偷袭珍珠港毫无疑问是历史上最成功的突袭之一；然而从战略上来说，却是日本军国主义走向灭亡的开始。

基辅会战也是如此。此次会战是二战时期最大的包围战，苏军5个集团军被消灭，65万人被俘。德军缴获3 500门火炮，还有900辆坦克。希特勒得意地称这场会战为"世界战争史上最伟大的会战"。

然而这场会战,却使德军失去了占领莫斯科的最好机会:德军因为基辅会战而丧失了两个月的宝贵时间,等到德军发起莫斯科战役时,已经是10月份了。先是秋雨导致德军寸步难行,接下来的严寒导致德军几乎失去了战斗力。而苏军方面,则因为这两个月,得到了宝贵的动员西伯利亚预备队的机会。

德军莫斯科战役的失败由此开启,德国在三到五个月内征服苏联的计划由此破产,而德军的"闪击战"时代,也由此宣告结束。德国陷入两线作战,从此成为无法改变的事实。

曾任德国陆军总参谋长的哈尔德上将认为,基辅会战是"东线战役中的一个最大的战略性错误"。鲁道夫·霍夫曼将军后来也总说,基辅战役"偏离了大方向"。

企业也是这样。有太多企业,就是因为太看重短期的业绩,反而损害了公司的长远发展。

所以,不要为了战术的胜利而偏离了你战略上的目标,也不要用简单的战术组合去取代真正的战略。一系列看来合理的战术调动,给你带来的恰恰可能是更大的战略灾难。雷军说,不要用战术上的勤奋,来掩盖你战略上的懒惰。

而比战略懒惰更可怕的是,战略上出现了问题,却茫然不知,或不愿承认,甚至把问题甩锅给下属,甩锅给团队。因此就不是去解决更根本的战略问题,而是企图通过战术或执行层面的努力来挽回局面。

二战后期,面临战略上的困境,希特勒将所有的希望都寄托在新技术与装备的研发以及发起成功的战术性行动上,比如说那场孤注一掷的第二次阿登战役。然而希特勒的命运告诉我们,不解决战略层面的根本问题,把大量的时间花在战术与执行上,最终只会让你更有效地去做错的事情。

上兵伐谋

德国曾经有过伟大的战略家和政治家，就是俾斯麦。

1866年普奥战争中，普鲁士军队赢得了决定性的萨多瓦会战，通往维也纳的道路已经打开，老毛奇和将军们都迫不及待地要夺取这座大城。

然而俾斯麦却说服了国王，下令普军停止进攻，并且在很短的时间内，俾斯麦就与奥地利达成了停战协议。奥地利得到了不失寸土的和平，要割让的土地全来自奥地利的盟友，也就是另外几个日耳曼国家。

此举让普鲁士将领们极为愤怒。这样一来，他们就无法在维也纳举行梦寐以求的胜利游行，更无法凭战胜之威，彻底摧毁奥地利这个普鲁士最大的对手。

然而俾斯麦非常清楚他在做什么：摧毁奥地利，必然打破欧洲列强的力量平衡，引发其他列强军事干预，而这意味着接下来的局面是普鲁士根本无法控制的。

一切正如俾斯麦所料。法国的拿破仑三世早就虎视眈眈，一心要介入日耳曼各国之间的矛盾，以遏制普鲁士，因此正在唯恐天下不乱。但普奥之间达成了协议，拿破仑三世只能空手而返。在接下来的四年里，虽然法国竭力制造难题，却始终找不到多少运作空间。

奥地利当然对于自身的战败和丧失了几个世纪以来在日耳曼地区的霸主地位很不开心，但是，一方面普军的战斗力使奥地利确实鼓不起立刻复仇的勇气，另一方面，俾斯麦的宽宏大量又让奥地利相当愿意接受这样一个安排，因为除此之外也没有其他选择。

在接下来普法战争中，俾斯麦再次表现出了他过人的战略头脑。他用尽了一切外交手段，目的只有一个，就是在错综复杂的欧洲战略环境中，全力孤立法国，创造出一种最好的战略格局，从而使得老毛奇和普鲁士军队可以没有任何后顾之忧地去与法军作战。

所以，在普法战争中，俾斯麦绝对不允许普鲁士军队接近比利时或者英吉利海峡，因为普军一旦接近这两个地方，就必然会引发英国的紧张和干预。他还在军队没完全准备好之前，就强迫老毛奇发起了对巴黎的军事行动，就是担心如果战争不尽快结束，其他强国就可能会介入冲突。

俾斯麦的伟大，在于他永远是跳出战争看战争、跳出胜利看胜利。

可惜的是，随着德国统一的完成，以及德国国力的上升，德国人变得越来越自信，俾斯麦基于大战略的耐心和自制越来越被认为是过时的东西。人们越来越相信普鲁士在普奥战争和普法战争中的胜利，完全是来自老毛奇的军事天才以及普鲁士军队的作战能力。

最终，俾斯麦的功业化为了泡影。

法国"老虎总理"克列孟梭曾经说过一句著名的格言：战争太重要了，以至不能把它交给将军们去处理。

的确如此。我们也可以模仿克列孟梭的这句话：业绩太重要了，以至不能把它交给负责业绩的高管去处理。

所以，孙子说："不战而屈人之兵，善之善者也。"不用打就能赢，这才是最高的境界。

"全胜"的核心，就是要跳出那种简单的对抗式的竞争思维，跳出战争看战争，跳出竞争看竞争。要用高明的手段，把直接的对抗变成间接的对抗，甚至把对抗转化成非对抗乃至合作。

当然你可能会说，我也不想打啊，我也想全胜，可是有时候不得不打，是对手逼着我打。

市场竞争也一样。市场就那么大，客户就那么多，我不去争，就会落到对手的手里。我不争能行吗？

那怎么办呢？

孙子的答案是：争是可以的，但是争是分层面的。"故上兵伐谋，其次伐交，其次伐兵，其下攻城。攻城之法，为不得已。"

上策是挫败对手的战略，其次是挫败对手的外交，再次是打败对手的军队，最下策是进攻对手设防坚固的城池。攻城是迫不得已的选择。

真正的高手，要在高层面上竞争，避免进入低层面的竞争。

伐谋、伐交、伐兵、攻城，就是竞争的四个层面。

竞争的第一个层面是"上兵伐谋"。所谓的"谋"，就是深谋远虑，就是战略性思考，是对未来的把握，包括战略布局的能力。

所谓的"伐谋"，就是通过深谋远虑的战略意识，从一开始就在战略层面通过深远的战略运作，参与战略格局的形成，塑造即将开始的竞争格局，引导竞争格局的走向，从而使对手不能跟你对抗，或者不愿跟你对抗。

战争表面上看来是双方士兵的厮杀，其实背后较量的是双方的战略决策能力。决策者的战略眼光，是影响组织命运的关键要素。"上兵伐谋"的含义就是：真正的高手，从来都是在战略思考和战略布局的层面去战胜对手的。

你肯定知道美国内战，但你知道美国内战为什么打了四年吗？决策者缺乏战略眼光导致的。

提到美国内战的将军，你大概马上会想起格兰特将军、罗伯特·李将军、谢尔曼将军、"石墙"杰克逊。如果你对这段历史还有进一步的了解，你大概还会知道张伯伦上校。但是你不一定知道一个人——温菲尔德·斯科特。你更不一定知道，从军事战略上说，斯科特才是北方打败南方的真正英雄。

1861年内战开始的时候，斯科特是北军的总司令，那年他已经75岁了。斯科特是一位富有战争经验和战略眼光的老将。他给北方政府制定了一个名为"蟒蛇计划"的战略。

在斯科特看来,与北方相比,南方的优势在于它在军事上有充分的准备。而且得益于前不久结束的美国和墨西哥的战争,南方军队士兵素质普遍较高,军官也有丰富的作战指挥经验,可谓良将如云,所以军事上绝对不可小觑。

但是南方也有致命的弱点。从经济上来说,当时南方是奴隶制种植园为主的农业经济,工业基础非常薄弱,一直以来都依赖从北方和欧洲进口工业品。因此,如果北方能够封锁南方的港口,就可以从经济上困死南方。

从军事上来说,由于南方陆路交通不便,河流便成了当时最主要的交通线。著名的密西西比河正好纵贯南北,把南方分成了两部分。如果北方军队能够控制密西西比河,就可以从战略上割裂南方东西两部分的联系。

所以,斯科特的战略设想是经济压力和军事进攻相结合。

经济上,封锁南方的所有港口,尤其是9个与内地铁路相连的港口,断绝南方与欧洲国家的贸易,使南方无法获得维持经济和战争所必需的工业品和武器装备。

军事上,组成两个强大的军团。东线以一个军团进攻南方的首都里士满,咬住在弗吉尼亚的南方主力部队,把南军主力控制在弗吉尼亚州之内。西线以另一个军团沿着密西西比河向南推进,占领整个密西西比河,切断南方东西部的联系;然后向东进攻,压缩南方的空间,消耗南方的资源,摧毁南方的经济和政治中心,使其无力维持在战场上作战的部队。最后配合东线的军团南北夹击,在弗吉尼亚全歼南军的主力。

这是一个很有远见的战略计划。这个计划的核心,是充分发挥北方的资源优势,同时让南方的军事优势无法发挥出来。

一旦南方的经济被摧毁,其军队自然也就不战自败。

可惜的是,林肯总统那个时候还缺乏斯科特那样的战略素养,不能真正明了和欣赏斯科特的计划。一个战略的价值在不能被理解的时候，再好也是没有用的。

加上南方军队在李将军的率领之下，采取以攻为守的策略，直接威胁到北方的首都华盛顿，这更吓坏了林肯，保卫华盛顿的重要性被夸大了。林肯的眼光被完全局限到了首都的安全上，斯科特的计划没有被采纳。

北军与南军的主力，就在北方的首都华盛顿和南方的首都里士满之间这一百多公里的地域上拉锯作战，你打过来，我打过去，先后进行了五次会战。因为缺乏清晰的战略，这些会战没有一次是决定性的。

战略就像下棋一样，一颗棋子只有在全局中你才会明白它的价值，或者说，把它的价值最大化。没有经过战略思考的棋子，注定只能是一堆散乱无序的废子。

当林肯逐渐意识到斯科特计划的价值并准备采纳的时候，他发现他的手下缺乏能够理解这一计划的将领。斯科特因为年事已高，内战开始第二年就退休了。后面的几位北军总司令，麦克莱伦生性谨慎，行动消极；哈勒克心胸狭窄，目光短浅。这些人的战略观念都很浅薄。

1863年，北方军队曾经发动了三次大规模的攻势：约瑟夫·胡克将军攻击南方首都里士满，尤里西斯·格兰特攻击密西西比河上的维克斯堡，威廉·罗斯克兰斯将军攻击田纳西州的东南部。

但是，这三项进军的背后，没有一个统一的战略指导。维克斯堡和里士满的攻势是4月底5月初发起的，田纳西的攻势则在6月下旬才开始。由于行动之间缺乏协调，最终只有格兰特占领了维克斯堡。

即使这个唯一的胜利，也差点被总司令哈勒克毁掉。维克斯堡战役胜利后，哈勒克不懂得如何利用这个胜利，反而下令解散了格兰特军团，并将被解散的部队分散用在了一系列徒劳无功的战术目标上。

不过，林肯总统这时候终于认清了格兰特这位将军的价值。格兰特是著名的酒鬼将军，但是他所取得的一系列战略意义的胜利，使林肯意识到，在北方军队中，只有格兰特具有运筹帷幄、决胜千里的战略能力。

1864年3月，格兰特出任北军总司令。对格兰特的任命，成了美国内战的一个转折点，北方军队没有统一的战略指导的时代终于过去了。

格兰特拟订了一个结束战争的计划。这个计划的核心是开辟两条战线：在东线，由他本人用不断的攻击把李将军的部队羁留在弗吉尼亚境内；在西线，由谢尔曼将军攻占南方的门户亚特兰大，打进南方的腹地，向东再向北对李将军的后方作釜底抽薪式的打击。海军负责对南方实施"窒息式封锁"，以完全切断南方的对外联系。

这就是三年前斯科特计划的核心。

接下来的事情就简单多了。在东线，格兰特率领北军，将李将军率领的南军主力死死牵制在里士满附近不能动弹。在西线，谢尔曼率领部队攻入南方的经济中心，并发起著名的"向海洋进军"的作战方案，一路破坏南方的战争资源和抵抗意志。南方的经济几乎被全部摧毁。

到1865年4月，南方已经山穷水尽，濒临崩溃。补给已经完全断绝的李将军，被迫率领他的残部向格兰特投降。格兰特就任总司令一年之后，美国内战就以北方的胜利而结束。

据说李将军投降后，格兰特下令向李的部队提供了28 000份口粮以供解散军队。李将军连连说道："太多了，太多了！"因为此时他的手下，只剩下了9 000名饥寒交迫的士兵。

斯科特很幸运，他看到了他的计划被林肯和格兰特采纳，而且活着看到了内战结束。但是他也很不幸，有近三年的时间，他只能看着战争演变成漫无目标的杀戮，却无能为力。

战争结束后人们才发现，没有早点儿采纳他的计划，结果浪费了多少资源，错过了多少机会。

人们往往会被战场上那些辉煌的胜利所吸引，胜利越多的将军就会佩戴越多的勋章，可是人们往往会忘记问这样一个问题：

如果你有伟大的战略,你的胜利真的需要那么多的战役吗?

学会战略性思考

这几年,我近距离观察阿里巴巴比较多。阿里巴巴这个企业很有意思。《孙子兵法》在管理要素上首先强调的是"道",阿里首先强调的是使命、愿景、价值观。《孙子兵法》在战略上首先强调的是"上兵伐谋",阿里在竞争中最大的优势,可能就是战略上的远见。

马云经常说的一句话是:阿里今天所做的所有决策,都是为了七八年以后的战略布局。

当年马云他们做淘宝的时候,没有一家企业知道他们在做什么。但是淘宝一旦布局成功,就没有一家企业是他们的对手。

云计算也是这样。你可能会知道,在今天的云计算领域,阿里云的排名,是世界第三,亚太第一。

阿里云为什么会有这样的地位?按理来讲,百度在云计算方面应该具有更强的先天优势。

原因就是远见。

2010 年,在深圳互联网大会上,主持人吴鹰问台上的李彦宏和马化腾,怎么看待云计算。李彦宏回答这是新瓶装旧酒,是忽悠。马化腾回答现在还不是时候。台下的马云接过话筒来说:这就是我们要做的事情,一定要做。

云计算的投入是相当大的,连续几年的时间里,一年都是十几个亿,这给阿里造成了巨大的资金压力,但是又看不到任何希望。

负责云计算的王坚博士一度被认为是骗子。阿里每年的战略大会,都会讨论要不要取消云计算业务。云计算团队那个时候每天面临的,都是随时可能会被解散的现实。

在最艰难的时候，马云来到云计算团队，跟他们说：云计算我一定要做，而且要再投100个亿。整个团队的士气，一下子就起来了。

2012年，感觉云计算前途无望的百度，一度解散了自己的云计算团队。这个团队被阿里完整地接收。云计算领域的竞争格局，其实从那一刻，就已经确定了下来。

组织最大的迷失就是战略的迷失，而战略从本质上来说就是关于未来的决策。

加里·哈默尔和普拉哈拉德把竞争分成三个阶段：知识的竞争、路径的竞争和市场的竞争。第一个阶段是形成知识上的领先地位，即形成产业发展预见能力、精心构建战略发展框架；第二阶段是抢先塑造并缩短从今天的市场和产业结构到明天的市场和产业结构之间的路径；第三个阶段是一旦新商机"启动"、新的产业结构开始形成，就要努力争取获得市场实力和市场地位。

第一阶段的竞争是构想另一种产业结构和新商机，目标是在"思维和想象力"上战胜竞争对手。第二阶段的竞争是积极朝于我有利的方向塑造未来的产业结构，目的是迂回并超过竞争对手。

哈默尔和普拉哈拉德指出，大多数管理者还有商学院的战略学教授念念不忘的，是竞争的第三阶段，即以市场为基础的竞争。然而在这一阶段，胜利的桂冠属于谁，其实早就一目了然了。竞争的结局决定于第一、第二阶段。第三个阶段的竞争，也就是市场的竞争，不过是第一阶段和第二阶段的展开而已。

所以，上兵伐谋的核心，就是要学会战略性思考。要有前瞻性的眼光，要学会从眼前事务性的工作中摆脱出来。要超越战场，要摆脱日常竞争中束缚自己的反应式思维模式，要有一种取势和提前布局的意识和能力。

你肯定知道微软，但你未必知道西雅图电脑产品公司。其实微软当年起家，靠的就是西雅图电脑产品公司的产品。

20世纪80年代初，IBM（国际商业机器公司）推出第一款个人电脑，要选取一个操作系统。

当时的微软，还只是一个没有多少人知道的小公司。公司刚刚花了几万美元，从西雅图电脑产品公司买了一个操作系统，改名为MS-DOS系统。

但是比尔·盖茨和保罗·艾伦非常敏锐地意识到，谁的操作系统被IBM选中，谁就可能成为未来的行业标准。

当其他两个竞争对手出价450美元和175美元的时候，微软为IBM开出了一个非常具有诱惑力的条件：仅售60美元，低价且一次性付清，便可以在IBM的任何个人电脑上随意使用。

微软的条件极具诱惑力，于是IBM放弃了其他两个系统，一心一意地使用微软的操作系统。

其他的电脑生产商为了跟IBM的电脑兼容，也纷纷在自己的产品上预装微软的操作系统。我们都知道有个概念叫"网络效应"。使用微软操作系统的厂商越多，就会有更多的厂商选择微软的操作系统。由此电脑行业的发展，带动的就是微软的发展。

与此同时，微软又宣布自己的操作系统是开放的。其他的软件开发企业可以免费利用这个操作系统开发自己的应用软件。于是软件企业纷纷利用微软的操作系统开发自己的软件。

这些软件企业，也就是微软公司潜在的竞争对手，并没有意识到一个现实：它们把自己的软件系统建立在微软的操作系统之上，同时也就把自己的命运交到了微软手中。

微软的这些竞争者，在研发软件产品时，必须至少符合微软公司制订的一系列行业认证，因此极少有选择权，只能利用每一个可能的机会。

有一个概念叫"路径依赖"。组织后面的选择一般要以前面的选择为基础，在前面已经选择的路径上继续发展。要想做出改变，就需要付出极高的转换成本和承担极大的转换风险。

而微软从来不会一步到位完善自己的操作系统，相反，它可以根据自己的需要，随时对操作系统进行完善和升级。

微软的操作系统一升级，其他的软件开发者就必须跟着升级。微软由此就可以随时通过升级，来控制行业发展的节奏，来打乱潜在竞争者的部署。

潜在的竞争者就只能疲于应付，根本不可能积累起挑战微软的实力，当然也就不可能对微软构成根本的威胁。微软因此成为行业的垄断者。

而这一切，都来自微软当年的那个深谋远虑。

同样一个产品，在西雅图电脑产品公司手里就是一个单纯的产品，而到了微软手里，却变成了一种战略性的资源。

微软的高明在于，它利用自己的战略远见，将这一资源打造成了一个战略平台，完成了战略布局。

这个布局一旦完成，所有的竞争对手便没有能力与微软竞争，甚至只能与微软合作。微软也就真正做到了"不战而屈人之兵"。

竞争的特点是：如果你没有自己的战略，你就会成为对方战略的一部分；如果你没有自己的计划，你就会成为对方计划的一部分。

高明的竞争者，总是把取胜的重心放在战略布局上，着眼于布长远之局，布未来之局，通过高明的布局而取胜，而不是一时或一地的得失。

就像我们前面所说的，竞争就像下棋一样。一个棋子，如果没有整体的战略，很可能就是一个废子。

棋力到了一定程度之后，为什么有些人就是没法成为一流的高手？

就是因为大局观薄弱，特别容易陷入局部的争夺，却无法掌控整个棋盘。

你可能会取得局部的胜利，但是你并不知道如何利用这些胜利。

其实人生也是如此。人与人之间最大的差别还不是背景、天赋、机遇，而在于有没有清晰的目标，以及围绕这个目标而展开的战略性思考。

人很容易在复杂的环境中迷失方向，组织也是如此。

长远的战略，才会让你的一个个行动具有深远的意义，使你的努力有一致性和连续性。

长远的战略，才会让你懂得自己每一步都在做什么，懂得每一个具体目标的实现是如何促进了总体目标的达成，才能帮你把战术性的机会发展成为战略性的胜利。

长远的战略，才能让你跳出一时一地的胜负得失，使你一步步发展出自己的独特能力与优势，从而从更高的维度来把握好你和组织的方向与命运。

其次伐交

"交"就是外交，"伐交"就是战略联盟，就是我们今天讲的整合资源。

你有很好的战略远见，甚至可能已经有了清晰的战略，但你的资源总是有限的，要想实现你的战略，仅靠一己之力往往远远不够。要学会整合资源，通过资源的组合，弥补自身资源的不足，改变力量的平衡，形成有利于自己的力量格局和竞争环境，进而限制对手的选择余地。

这就是高手竞争的第二个层面：伐交。

提起"伐交"，我就会想起一个词：纵横捭阖。战国时代是一个纵横捭阖的时代。纵和横，其实是两种不同的战略格局，所谓的"纵成则楚王，横成则秦帝"。

"纵"，就是合纵。楚国在南方，如果楚国能够联合关东六国，形成以自己为核心的南北向的反秦联盟，就可以有效地遏制住秦军东进的步伐，就可以称王，使自己成为整个战略格局的主导者。

"横"，就是连横。秦国在西方，如果秦国能够拆散六国的合纵，建立起以自己为核心的东西向的战略联盟，就可以实现对六国各个击破，从而一统天下。

最终，秦的"连横"战胜了六国的"合纵"。在这个例子中，我们可以清楚地看到，"伐交"是如何影响一个国家的战略命运的。

秦的统一并不是单纯依靠战场上的胜利。相反，"伐交"的成功，为秦军在战争中取得胜利提供了最有力的保障。

在今天的商业世界中，"伐交"的能力，同样是企业的一个关键性战略能力。在《竞争的衰亡》一书中，詹姆斯·摩尔提出，我们所认识的常规意义上的竞争，比如以产品或市场为基础的一对一的竞争，已经没有太大的分析价值。但是，竞争比往常更加激烈，而竞争的焦点已经转移到企业在整个商业生态环境中领导地位的竞争。

好的企业从来不单打独斗。好的企业总是积极地通过利益分享、战略联盟、资源整合的方式，去主动引导和塑造有利于自己的行业生态与竞争格局，并限制竞争对手的空间与选择。强者与强者的联合尤其会改变行业的竞争态势，主导行业的竞争格局，引导行业的发展方向。

英特尔和微软有长达30年的合作，这一合作奠定了任何行业对手都无法超越的Wintel标准，在相当长的时间里，IT（信息技术）产业中几乎所有的竞争者都不得不在这一标准面前俯首称臣，否则就只能出局。

日本富士通公司在欧洲与西门子和STC（英国最大的电脑制造商）结成联盟，在美国与阿姆达结成联盟，这给它带来了生产规模的扩大，以及进入西方市场的通道。

三菱与托恩（英国）、特利福肯（德国）和汤姆逊（法国）组建合资企业，从而使它迅速地成倍增加了实力，在与飞利浦公司争夺欧洲

VCR（盒式磁带录像机）业务领导地位的竞争中取得了优势地位。

从竞争的角度来说，"伐交"还有一个作用，就是可以帮助企业借力打力。在竞争中，企业并不一定非要与自己的对手开战，而是可以通过与其他企业结盟，来打击和限制共同的对手。

腾讯与阿里都是互联网巨头，但腾讯的主场是社交，阿里的主场是电商，本来应该是井水不犯河水。然而，非常有意思的现象是，双方都在通过战略性的布局，来发动所谓的"代理人战争"。腾讯在电商领域投资京东、布局拼多多，阿里在社交领域投资陌陌、控股微博。

两家企业都很清楚，中国互联网接下来的20年如何演进，很可能就取决于两家企业的博弈与竞争。两家企业的目的，都是通过战略性的布局，来牵制主要对手、减轻自身的压力，推动竞争格局的发展向有利于自己的方向演进。

这些行业巨头的投资，关注的从来都是长远的战略布局，而不仅仅是眼前的财务价值。

阿里巴巴曾经参与美团B轮和C轮投资。美团和大众点评合并后，阿里在新美大的股份达到10%。然而到了D轮的时候，腾讯开始强力介入，并主导了美团和大众点评的合并。阿里由早期的战略投资，变成了纯财务投资。

阿里和美团的关系彻底决裂后，阿里开始以8折来出售新美大的股份以打击美团，同时通过全资控股美团的对手饿了么，进军美团所在的本地生活市场，进而遏制美团进军支付市场，防止对自己的蚂蚁金服构成威胁。

不过，阿里此举最多只能算亡羊补牢。当我们看到今天腾讯支持下的京东、美团、拼多多在电商领域对阿里形成的围攻之势时，对于阿里在"伐交"层面失去美团所造成的战略性影响，也就会有了更深的体会。

利用对手的对手来牵制对手，是有战略眼光的"伐交"者所惯用的套路。

在工程机械和矿山设备领域，美国的卡特彼勒和日本的小松制作所是一对冤家。当小松制作所在全球市场提出"围攻卡特彼勒"的口号时，卡特彼勒采取的对策是与三菱重工合作，进军日本市场，对付它们共同的对手小松。

对于竞争惨烈的行业来说，高明的伐交，是突出相互残杀的重围的重要手段。

你可能还对几年前的网约车大战有些印象。那是一场烧钱大战。在价格大战最激烈的时期，滴滴、快的、优步这三家公司，基本都是在以每月几亿元的力度补贴用户。行业的竞争已经到了杀红眼的地步。

曾经有人算过这样一笔账，如果以这样的补贴力度，滴滴与快的每一单的亏损就要达到 19 元。如果再算上大量的市场推广费用，一单的亏损就高达 30 元，一天的亏损可能就要达到上千万元。

滴滴的柳青采取了另一种思路。她通过与投资方高层良好的社会关系，最终化干戈为玉帛，促成了滴滴与快的合并。

程维后来说，他们完成了一件互联网历史上从未有人做到的最成功的合并，因为互联网历史上还没有竞争到这种程度的对手完成了合并的先例。

滴滴与快的的合并，结束了网约车战场的"三国演义"。合并之后，滴滴在市场中强有力的对手只剩优步。

随后，柳青又凭借着自己多年的国际化经验以及高超的公关能力，先是找到苹果公司为滴滴投资了 10 亿美元，接下来又以此为筹码，与优步谈判，促成了优步在中国区的业务与滴滴的合并。

自此，经过了这场难度极高的并购，滴滴公司在市场上再也没有势均力敌的对手，一举成了业界的独角兽。

对于许多企业来说，"伐交"还有一个目的，就是可以将潜在的竞争对手纳入自己的麾下，从而减轻未来对抗的威胁，并有助于防止合作伙伴的资源为竞争对手所用。

飞利浦公司与松下公司签署协议，要求对方支持其开发数字卡带，这样一来可借助松下公司的全球销售专长，二来可以阻止其与索尼公司开发数字卡带替代品的可能。

在家用电器之战中，日本公司自告奋勇为西方竞争者研制像 VCRs、摄像机和小型 CD 机等下一代产品。西方公司因此而大幅削减研发经费，放弃自己的研发努力，结果是它们很少能在后来的新产品竞争中重新成为日本公司的对手。

"伐交"并不是强者的专利，实际上，越是弱者，越应该充分利用"伐交"的手段，来跳出恶性竞争的困境。

一个成功的例子是框架传媒。框架传媒是一家以电梯平面媒体广告为主营业务的小公司。电梯平面媒体广告业务门槛很低，因而市场很快就兴起了很多这样的小公司，行业竞争只有靠降低价格来争夺客户和生存空间。恶性的竞争使得整个行业的规模和利润率都无法得到有效提高，包括框架传媒在内的所有企业都深受其害。

在这种情况下，框架传媒制订了一个战略计划，就是收购、兼并主要竞争对手，使公司市场占有率达到 80%，从而具有市场定价的话语权，以消除恶性竞争，把行业做大、做强，使行业走上健康发展之路。

经过短短 8 个月的谈判，框架传媒完成了对 11 家竞争对手的并购整合，迅速成为行业中的垄断者，整个行业的价值也得到了极大的提升。

2005 年 10 月，框架传媒将自己卖给了 3 个月前在纳斯达克上市的分众传媒。到 2007 年初，框架传媒所占市值已高达 6.5 亿美元，创造了一个从小公司发展成为行业领袖的商业奇迹。

网景和索尼为什么失败

如果忽视了"伐交"，即使企业在技术、产品和服务上具有超常的实力，往往也会陷入不利的困境。

一个典型的例子，就是网景（Netscape）败给微软。

1994年，新成立的网景公司开发出了自己的浏览器Navigator。这款浏览器比市面上现有的浏览器速度要快10倍，所以发布之后立即受到疯狂追捧。公司也因此在成立16个月后便在纽约成功上市。

网景的上市又创造了一个奇迹。上市之前投资银行估计网景每股能卖14美元，然而开盘之后，网景的股价却一路飙升，最高时达到75美元。

整个市场目瞪口呆。《华尔街日报》做出了这样的评价："美国通用动力花了43年才使市值达到27亿美元，而网景只花了1分钟。"

网景在浏览器领域的崛起，给微软构成了极大的威胁。网景成为华尔街追捧的新宠，被一些专家誉为"互联网领域的第二个微软"。

而这个时候，那个真正的微软却在互联网领域进展缓慢。这引起了华尔街极大的不满，很多投资者开始转投网景。微软的股价应声而落。

微软意识到了威胁，开始将网景列为头号对手。比尔·盖茨下令全力开发微软自己的浏览器，并于1995年底发布了Internet Explorer浏览器，也就是后来几乎人人皆知的IE。

打败网景的关键，是说服互联网服务提供商使用自己的浏览器。然而微软的IE浏览器，在性能上与网景的Navigator还没有办法相提并论。

为此，微软制定了两个策略，一是把IE浏览器与自己的操作系统捆绑在一起，二是与网景浏览器收费下载不同，IE浏览器免费发放。微软的目的是以吸引更多的互联网服务提供商将网景的浏览器换成自己的IE，从而将网景赶出浏览器市场。

当时美国的互联网服务提供商中，影响最大的是美国在线。然而让微软很尴尬的是，美国在线与微软的MSN部门正在进行着激烈的竞争，微软与美国在线是死对头。敌人的敌人是我的朋友。美国在线当然认为自己的天然盟友应该是网景。在微软内部，MSN部门也强烈反对微软与美国在线接触。

与美国在线结盟，看来是不可能的任务。

比尔·盖茨再次展现了他超出常人的战略眼光。他做出了决定：集中所有的力量干掉网景，其他对手一律暂时放到一边。为此，他亲自打电话，邀请美国在线的 CEO 史蒂夫·凯斯见面，讨论美国在线使用 IE 浏览器的事宜。

凯斯却不为所动：你有没有搞错啊老兄，我们是竞争对手，我跟你合作不是与虎谋皮吗？大敌当前，网景才是我的合作对象。况且，网景也没有理由不与我合作。美国在线有数百万的用户，一旦网景与美国在线结盟，这数百万用户一下子就转换成了网景的用户。这样的好事儿谁不愿意做？

凯斯没有接比尔·盖茨抛出的绣球，反而亲自跑到网景 CEO 吉姆·巴克斯德尔的家中。两人共进晚餐，商讨深度战略合作、共同对付微软的事宜。

网景的强项是浏览器，美国在线的强项是内容和广告开发。所以凯斯主动提出：美国在线的主浏览器可以换成网景的产品。同时，网景的网页每天有几千万的浏览量，却只放了网景公司自己的新闻，这样的资源闲置太可惜了。网景可以将内容编排和广告开发的业务交给美国在线，这样网景也可以专心做自己擅长的浏览器技术开发。

双方强强联合，优势互补，同仇敌忾，一致对外，便可以有效地遏制住共同对手微软的扩张，并为双方的发展塑造极好的竞争格局。

对于网景来说，这应该说是送上门的合作机会。

然而，悲催的一幕出现了。两周之后，网景 CEO 巴克斯德尔回复凯斯：网景欢迎美国在线使用网景浏览器，但要收取数百万美元的使用费，而且费用按照用户量来收取。至于其他的条件，对不起，免谈。

网景为什么如此自信？他们有自己的判断：美国在线与微软的

MSN 是死对头，美国在线怎么可能选择微软的 IE 浏览器呢？网景的浏览器占据了 75% 的市场份额，美国在线不用网景可能吗？

网景的这个回复，后来被证明愚不可及。比尔·盖茨趁机又向美国在线抛出了一个大红包：美国在线可以免费使用微软的浏览器，而且微软还可以根据美国在线的需求，来修改自己的浏览器。

美国在线开始动心了。接下来盖茨又提出了一个更加诱人的建议：在微软的主流操作系统版本中，加一个文件夹，这个文件夹中有一个注册美国在线服务的图标。

这是美国在线无论如何也难以拒绝的。微软的 IE，由此成为美国在线的主浏览器。网景目瞪口呆。

接下来的故事就简单了。胜利的天平开始向微软倾斜。网络效应再次显出了威力。越来越多的用户开始选用微软的 IE 浏览器。加上 IE 浏览器的性能不断提高，网景的合作伙伴也纷纷离去。原来计划将网景与自己的 Lotus Notes 捆绑在一起的 IBM 也改变了主意，倒向了微软。

网景兵败如山倒，甚至连 CEO 巴克斯德尔都开始抛售自己持有的公司股票。而这又引起了股价的进一步下跌。绝望的网景向美国司法部提起了诉讼，说微软捆绑销售 IE 浏览器涉嫌垄断。然而这已经于事无补，网景并没有撑到审判结果出来的那一天。

1998 年 11 月，网景被美国在线收购，曾经被认为是第二个微软的网景，彻底走进了历史。

微软绞杀网景，靠的就是高明的伐交。而网景之所以失败，也是败在伐交层面令人惊讶的愚蠢上。

无独有偶，在日本 VCR 市场上，也有一个企业落入同样的命运，这就是索尼败给了 JVC。

VCR 就是家用录像机。当时索尼推出的是 β 格式，JVC 推出的是

VHS格式。从技术上来说，β格式要远远超出VHS格式。

索尼是一家以技术见长的企业，也是一家孤芳自赏的企业，工程师的思维特别明显。索尼看不起其他企业的技术，更不愿意与其他企业分享自己的技术。JVC利用索尼的这个特点，说服了三洋、三菱、东芝等同行，纷纷采取了VHS格式。

我们前面提到过"网络效应"的概念。采用一种格式的企业越多，就会有更多的企业采取这种格式。

索尼突然发现，虽然它有世界上最好的技术，但是它的产品只是在一些要求极高的专业领域才能一显身手。大部分的市场，都被JVC主导的VHS格式占领。索尼的产品越来越无人问津。

索尼兵败VCR。

索尼的失败，不是技术，不是产品，而是伐交。

竞争样式是有层次之分的，有高层次的竞争，有低层次的竞争；有战术层次的竞争，有战略层次的竞争；有无形层次的竞争，有有形层次的竞争。

"伐谋""伐交"就是将低层次的、物质层面上的血淋淋的直接对抗、厮杀，提升到高层次的、无形的层面，将战术上的你死我活，提升到战略家之间智慧的较量上。

今天商业世界流行的一些概念，包括所谓的平台，所谓的生态，所谓的共生，大多数都可以归入"伐交"这一范畴。

我们似乎正处于一个平台化的时代。大的企业在搭建平台，小的企业在加入平台。

平台的搭建者和生态的塑造者，往往都是行业基础设施的提供者，也是平台与生态的最大受益者，如阿里、腾讯。

华为也是如此。很多人了解华为，是从土狼文化开始的。华为这个企业早年的确狼性十足，但是仅仅靠狼性是成就不了一家伟大的企业的。

随着华为从追随者变成产业的领导者，华为越来越重视商业生态的建设。在华为看来，将来的竞争已经从企业之间的竞争，变成了产业链之间的竞争。从上游到下游的产业链的整体强健，才是华为的生存之本。

所以华为提出，要强化与产业优质资源的战略合作，要重视商业生态的建设。只有这样才能提高自身的竞争力，才能在未来的竞争中获胜。而这就需要战略性的思维。

用华为的话来说："商业生态环境建设，本质上是供应商、合作者和客户之间如何分配利益的问题。不舍得拿出地盘来的人不是战略家。以土地换和平，牺牲的是眼前的利益，换来的是长远的发展。"

所以，上兵伐谋，其次伐交。高手取胜，是通过战略来取胜，而不仅仅是通过作战行动来取胜；是通过智慧的较量来取胜，而不单纯是通过力量的对抗来取胜。

也就是"不战而屈人之兵"。

其次伐兵

有了好的理念，有了好的布局，但是产品毕竟还是要进入市场，还是要跟对手进行市场的争夺。这就进入了对抗的第三个层面，用孙子的话说："其次伐兵。"

什么是"伐兵"？"伐兵"不是简单的硬碰硬，不是简单的实力对抗和资源消耗。它强调的是要打就要巧妙地去打，要用智慧去打，要动脑子去打，要发挥自身优势去打，要用最小的成本，去取得最大的收益。

战争既是力量的对抗，更是智慧的较量。历史上许多著名的战役之所以取胜，不是依靠强大的实力，而是依靠战场的选择、战机的把握、战术的灵活以及行动的突然性等等。

亚历山大二世在高加米拉之战中以不到对手一半的兵力，大胜波斯国王大流士三世，是因为根据对手的意图，成功地采取了全新的战术。

迦太基统帅汉尼拔在坎尼之战中以4万人全歼8万罗马军团，是因为大胆地采取了诱敌深入、迂回包围的策略。

腓特烈大帝在鲁特会战中结合了运动、集中、奇袭和打击，一举击破了奥地利军队，奠定了自己一代名将的地位。

毛泽东是一个非常会打仗的人。有人问毛泽东，仗究竟该怎么打。毛泽东说，打仗其实非常简单，就是8个字：你打你的，我打我的。

你在你具有优势的战场跟我打，在对你有利的时间跟我打，按你具有优势的打法跟我打，我偏偏不让你这样做。我一定要把你拉到我有优势的战场、在对我有利的时间、采取对我有利的打法跟你打。

毛泽东还说，如果这两句话还不够，就再加两句话：打得赢就打，打不赢就走。

打得赢的话要坚决地打，打不赢的话要坚决地走；只打那些能打赢的仗，拒绝打那些打不赢的仗；只在对自己有利的领域跟对方打，拒绝在不利于自己的领域跟对方打；只在对自己有利的时间打，拒绝在对自己不利的时间打；只采取那些对自己有利的打法打，拒绝采取不利于自己的打法打。

你打你的，我打我的。打得赢就打，打不赢就走。这几句话，把自古以来用兵之法的核心，讲得淋漓尽致。几乎所有漂亮的仗，都是这样打出来的。

孟良崮战役中，张灵甫的整编七十四师，是国民党的五大主力之一，机械化部队，全部的美式装备，军官都是黄埔军校毕业并受过美国军事顾问团的训练。整编七十四师又久经沙场，具有很强的战斗力。

这样的部队，在平原地区纵横无敌。孟良崮战役之前，华东野战军跟整编七十四师几次交手，但是占的上风不多。很重要的原因是战场在苏北和鲁南这样的平原地区。

粟裕把战场选在了孟良崮。孟良崮地处沂蒙山区,机械化部队寸步难行,整编七十四师重装备的优势完全发挥不出来,而华东野战军以步兵为主,山地战、运动战的优势完全发挥了出来。激战三天三夜后,整编七十四师被打掉了。

跟孟良崮战役同时期的还有一场战役,就是西北的三战三捷。

三战三捷是彭德怀指挥的。当时胡宗南25万大军进攻陕北,彭德怀只有25 000人。不仅兵员数量悬殊,而且武器装备差距巨大,共产党军队的武器装备跟国民党军队没法比。

共产党处于绝对的劣势。这样的仗怎么打?

彭德怀怎么打呢?他凭借陕北黄土高原地形的沟沟坎坎,依靠老百姓对共产党的支持,利用胡宗南急于寻找共产党军队主力决战的心理,以小部分部队伪装主力,在山沟里吸引国民党的部队兜圈子,打起了当时所谓的"蘑菇战"、武装大游行。

国民党的部队被拖了一个多月,精疲力竭,用他们自己的话说就是"肥的拖瘦,瘦的拖死"。国民党的军队优势完全发挥不出来,处处被动挨打。

共产党却集中优势兵力,抓住机会,一次就打国民党的一个师,甚至一个旅。打完了以后就迅速转移,再找机会打下一仗。最后三战三捷,稳定了西北战局。

孙子说:"敌虽众,可使无斗。"高明的伐兵,可以使对手的优势完全没有办法发挥出来。

战争的艺术,在很大程度上就是根据自己的优势与劣势,巧妙选择战场和打法的艺术。

吴子曾经说:"用众者务易,用少者务隘。"

兵力众多的军队,往往要选择在平坦的地形,逼对手进行正面决战,这样自己的规模优势才能充分发挥出来，同时使对手的弱点暴露无遗。

兵力较少的军队，往往会选择复杂的地形，同对手打游击战，这样才可以发挥自己机动灵活的优势，同时使对手规模作战的优势发挥不出来。

中央红军第五次反"围剿"的失败，原因之一就在于李德放弃了红军擅长的运动战的打法，跟国民党打阵地战，以堡垒对堡垒，结果正中国民党下怀，使国民党的优势得到了充分发挥。

《孙子兵法》的主体部分，阐述的就是如何有效地"伐兵"。《孙子兵法》提出的所有作战原则，包括示形动敌、出奇制胜、避实击虚、任势造势、我专敌分、杂于利害、致人而不致于人等等，都是"伐兵"之法。

用孙子的话说，"伐兵"的核心在于"胜于易胜""胜已败者"。

如果说"伐谋""伐交"强调的是最好不用打就能赢，那么"伐兵"强调要打就要巧妙地打，用智慧去打。

如果你能够在一定的物质基础上，创造性地发挥主观能动性，选择对自己最有利而对对手最不利的空间、时间、方式与对手决战，你就可以最大限度地发挥自己的优势，最大限度地让对手的优势得不到发挥。

你就可以用最小的代价取得最大的胜利。

同样，在商业竞争领域，竞争者必须选取能够充分发挥自己优势而对手的优势发挥不出来的细分市场与商业模式，来与对手竞争。

用迈克尔·波特的话来说，竞争战略选择的基点，在于所选取的战略能最佳地利用公司的优势并且最不利于竞争对手发挥其优势。

克雷平·涅维奇也说，战略最难的部分，是辨识、开发和利用自身相对于对手所具有的优势。

辨识和利用战略上的不对称优势，找出自身的优势和对手的弱点，然后加以利用。将自身这种不对称的优势尽可能地发挥在对手脆弱的领域，以使对手为这场竞争付出代价。

明智的竞争者，会吃透对方的特点，找到并利用对方的弱点，从而有针对性地制定有效的取胜策略。

一个典型的例子，就是阿里在中国市场打败 eBay。

了解西方经典竞争战略理论的朋友都知道，西方的竞争战略，基本是以力量和资源为核心来展开的。波特的五力模型也好，资源学派的理论体系也好，都是如此。

本质上，这是一种强者哲学。用一句话来概括，就是强者为王，你强，我一定要比你更强。

这就使得西方的战略思维经常会强调力量与资源的优势，相信用强大的资源与实力就可以攻城略地，横扫一切对手。

eBay 带着雄厚的资本进入中国，并且财大气粗地跟中国所有的主流门户网站都签了排他性广告协议，目的很简单，就是封杀包括淘宝在内的所有本土竞争者。在西方的商业世界里，这显然是一种经典而又屡试不爽的打法，所以 eBay 来到中国一定是带着必胜的信念。

不幸的是，这次 eBay 进入的是中国。更不幸的是，eBay 这次遇到的偏偏是喜欢武侠小说和太极拳的马云。从《孙子兵法》到太极拳，中国人所奉行的主流战略思维，从来不是强者哲学，而是以柔克刚、以弱胜强、以少胜多。

与西方的战略思维相比，这其实是一种颠覆式的智慧。用马云的话来说，就是倒立着看世界。换一个角度看世界，你会看到一个完全不同的世界。如果西方对于竞争的理解就是实力的对决，那么中国人理解的竞争，则是智慧的对抗。

这就有了马云那个经典的打法：免费。

eBay 采用的向来是收费的模式，在 eBay 看来服务收费是天经地义的。美国如此，中国当然也该如此。

马云却打破了常规，出人意料地采取了免费的模式。

在规模与实力层面，弱小的淘宝根本不是强大的 eBay 的对手。但是免费的策略，却足以颠覆行业的逻辑，使得淘宝与 eBay 之争，从 eBay 希望的规模与实力之争，变成了淘宝发起的商业模式之争。

这就是经典的"伐兵"：你打你的，我打我的。

身为弱者，我不会在你具有优势的战场与你正面对抗，进行实力与资源的消耗。如果那样的话我就死定了。

我要把你引到对你不利的战场上、采取对你不利的模式，让你的优势根本就发挥不出来，让我的优势充分发挥出来，这样就可以为我打败你创造条件。

最后的结果我们都知道：在阿里生猛的免费模式攻击之下，强大的 eBay 溃不成军，最终黯然退出中国市场。而阿里，今天已经成为电子商务领域的绝对王者。

我们简单总结一下：所谓的"其次伐兵"，就是在对抗不可避免的情况下，通过谋略的运用、战场的选择、时机的把握等，寻找对自己最有利的态势，使对手没有能力组织起有效的反应。

这样就可以规避硬碰硬的直接冲突，可以把双方之间血淋淋的力量对抗，转化为决策者之间智慧层面的较量，并通过运用智慧取胜。

无论是战场还是商场，都是如此。

攻城之法，为不得已

第四个层面，是攻城，就是硬攻对方设防坚固的城堡。

孙子说："其下攻城。攻城之法，为不得已。"

孙子那个时代攻城，只有两个办法。

一个是硬攻。借助攻城车、攻城槌、云梯等,人不断地往上爬。城上不断地射箭、扔石头。孙子说"杀士三分之一而城不拔者,此攻之灾也"。士兵伤亡达到了三分之一,城还是打不下来,这就是攻城带来的灾难。

还有一个就是长围久困。我把你围起来,把你耗死。粮食吃完了,水喝完了,箭放完了,你不得不投降。

但我们都知道,战争一旦打起来,没有哪一方会轻易服输。所以春秋时期有个典故,叫"易子而食",被围的城,粮食都吃完了,不忍心吃自己的孩子,互相换孩子吃,就这样也不投降。

孙子说:"攻城之法,为不得已。"攻城是没有智慧的打法,是一种成本最高的打法,靠的就是实力的比拼和资源的消耗,只有在迫不得已的情况下才会采取的打法。明智的将军一定要尽量避免陷入攻城的境地。

即使是火器时代,正面攻城同样会让进攻者付出惨重的代价。

不知道你有没有听说过著名的"皮克特冲锋"的故事。

1863年7月3日,美国南北战争史上著名的葛底斯堡战役已经进行到了第三天。

在第一天的作战中,罗伯特·李将军所率领的南军由于军长尤厄尔将军的犹豫,没能趁势攻下关键的城南高地,从而使北军利用夜晚从容加强了防御工事。在第二天的作战中,南军对北军防线左右两翼发起的进攻也都未能得手。

在这种情况下,李将军决心以刚刚赶到战场的生力军乔治·皮克特师外加两个师,共15 000人左右,由南军副司令詹姆斯·朗斯特里特将军统一指挥,集中兵力向北军阵地中央的公墓岭山脊发起正面进攻,以求在此强行突破北军的防线,夺取战役的胜利。

朗斯特里特将军从一开始就反对这个计划。

北军已经占据有利地形构建了工事,地形对南军极其不利。进攻发起后,在长达 0.75 英里①的路上,南军将不得不在几乎完全暴露的情况下承受北军的炮击;此后南军将进入一片开阔地,士兵将成为隐蔽在工事之后的北军步枪齐射的活靶子;再往前走,等待南军的将是更密集、更致命的霰弹杀伤。在这种情况下,进攻部队面临的毫无疑问将是一场血腥的屠杀。

朗斯特里特对李将军说:"长官,我从军那么多年,是从基层一级级干上来的,也指挥过各种规模的部队,从一个排到一个军,我至少知道什么是士兵们力所能及的。我认为 15 000 名士兵根本不可能攻破那道防线。"

然而李将军拒绝接受朗斯特里特的意见。

7月3日下午2点,3个师的南军跨出了工事,向北军阵地发起进攻。正如朗斯特里特所料,这场被后人称为"皮克特冲锋"的进攻,很快就变成了一场灾难。

不到一个小时,担任攻击任务的南军士兵伤亡人数就达到了 6 500 多人,另有近 4 000 人被俘。担任主攻的皮克特师的伤亡率达到 67%,3 名旅长两死一伤,11 名来自弗吉尼亚的团长6人阵亡、5人受伤,40 名校级军官中 26 人伤亡。

只有 100 多名南军士兵攻到了北军防守的石墙之后,但随即就全部被歼。

令人震惊的伤亡率甚至连李将军都深受震撼。部队败退时,李将军策马在官兵间穿梭,口中不停地说:"这都是我的错。弟兄们,这都是我的错。"

7月4日,伤亡惨重的南军黯然撤出了战场。南军从此失去了战场主动权,再也没有能力向北方进军。葛底斯堡战役由此也就成为美国南

---

① 1 英里≈1.61 千米。——编者注

北战争史上的转折点。

几乎所有的军事理论都将"不要轻易进攻设防的要塞"作为重要的原则。军事家们反对攻城，因为它是一种消耗性的进攻样式，甚至会使你的胜利完全失去意义。

攻城看起来是最勇敢的打法，但往往也是最简单乃至最愚蠢的打法，尤其是在防守的一方已经占尽了防御优势的情况下。

然而不幸的是，在商战的历史上，却总是充满了代价昂贵的"攻城"案例。

什么是商战中的攻城？就是在对方已经具备了强大的优势，建立了强大的壁垒，具有了牢固的市场地位，不管是成本、规模、技术、专利，还是品牌、渠道、声望、客户忠诚度。挑战者以为简单地依靠资源的消耗，或者更强烈的投资欲望，采取不惜代价、狂轰滥炸的方式，就可以强行打开市场，击败对手，这就是商战中的"攻城"。

一个经典的攻城案例，是施乐向 IBM 发起的进攻。

施乐曾经是高端复印机行业的绝对垄断者，"施乐"甚至成了复印的代名词，就像你去"百度"一下一样。直到今天，施乐依然有复印的含义。

高端复印机业务具有丰厚的利润，但是施乐认为，IBM 所处的大型计算机领域具有更丰厚的利润。凭借多年积累起来的雄厚财力，施乐公司对 IBM 的地盘发动了猛烈的攻击。IBM 怎么可能轻易让步呢？它只有不断地发起猛烈的反击。

几个回合下来，施乐白白地耗费了几十亿美元，无功而返。

就在施乐全力猛攻 IBM 的时候，佳能公司凭借中小型复印机从施乐的后方，乘虚而入，占领了施乐的市场，并最终取代施乐，成为复印机领域的老大。

这还没完。就在施乐发动对IBM的进攻的时候，施乐内部的一个研究团队，已经研究出了成熟的个人计算机图形技术。

然而由于施乐将主要资源集中于进攻大型计算机市场，个人计算机图形技术得不到公司资源的支持。这个研究团队集体出走，加入了苹果。

这就是攻城带来的灾难：要攻的市场没有攻下来，白白耗费了大量的资源，反而丧失了原有的市场。

更重要的是，还失去了绝好的未来发展机会。

麦克阿瑟说过这样一句话："我不会通过牺牲人来获得我可以通过战略获得的东西。"

明智的将军总是设法用智慧取胜，而不会一味地通过资源的消耗取胜。

资源永远是有限的。立足于通过消耗资源来压倒对手的胜利，本质上是没有战略可言的竞争，是一种破坏性而不是创造性的打法，只能是竞争的最低形态。

竞争战略的金字塔

伐谋、伐交、伐兵、攻城，构成了竞争战略的四个层面。下面图3-1，我把它叫作"竞争战略的金字塔"。

真正的高手，在高的层面去争，避免陷入低的层面去争。

回顾一下一个人的创业或职业发展历史，你会发现一个很有意思的现象。

当一个人刚刚开始创业的时候，或者刚刚进入职场的时候，为了生存，为了立足，有时候不得不去"攻城"：一个客户一个客户地去开发，一个单子一个单子地去拿，一项业务一项业务地去做，非常艰难。

慢慢地你有了自己的团队，对市场有了自己的理解，就开始考虑一个问题了：哪些市场我应该进，哪些市场我应该放弃？哪些客户是我的客户，哪些客户我根本不应该去下功夫？我有什么样的优势和劣势？竞争对手对我有哪些威胁，又有哪些弱点可以为我所用？我应该采取什么样的打法，不应该采取什么样的打法？

这个时候你已经开始有了初步的战略思考意识了，已经开始进入"伐兵"的层面了。

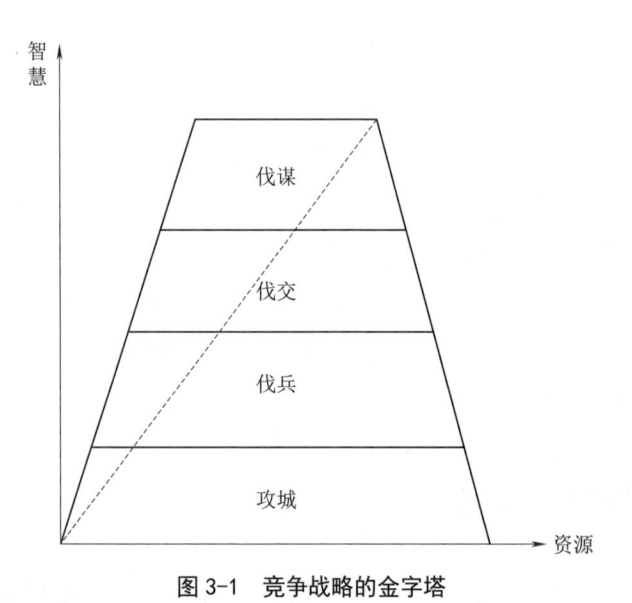

图 3-1　竞争战略的金字塔

但是，光靠你自己和你的团队，资源总是有限的。要想取得更大的成就，你就必须进入第三个层面，就是"伐交"，就是要学会整合资源，要整合各种各样的资源为你所用。

最高层次的能力是什么？伐谋。也就是战略的远见，战略的眼光，战略的布局。到这个时候，你的领导力才真正达到了战略的层面，才是真正成熟的战略领导力。

所以，图 3-1 从下往上看，也就是从攻城，到伐兵，到伐交，到伐谋，其实就是一个人和一个组织在领导力和战略思维上不断提升的过程。

这个图我们也可以从上往下看。最上的一层是伐谋。伐谋就是清晰的战略远见与战略理念。

有了清晰的战略理念，你就可以往下进入伐交这个层面了。这个时候你的资源整合，就是在战略理念指导下的整合。

没有清晰的战略理念，你怎么会知道要布什么局？你怎么知道去整合什么样的资源？

有了清晰的战略理念，你就知道要布一个什么样的局，如何去布这个局。你就知道要整合什么样的资源，怎么去整合资源。你的"伐交"，也就已经是在"伐谋"指导下的"伐交"了。

等到你整合好资源、布好局之后，你再进入"伐兵"这个层面，你会发现你已经塑造了一种有利于你的战略格局。这就为你在战场上取胜创造了最有利的条件。

再往下走，进入"攻城"这个层面，你会发现，这个时候攻城，不再是一味地消耗，而是在战略指导下的攻城了。有了清晰的战略以后，你就会清楚地知道，有些城不需要攻，有些城必须攻。这时候你就不再见城就攻，而是有选择地、战略性地攻城。

必须攻的城，是因为它关系到战略的全局，服务于战略的需要，是兵家必争之地，本身就具有战略的意义。就像红军在长征中，必须打下娄山关，必须攻克腊子口，必须飞夺泸定桥。因为这关系到你的组织的生死存亡，是为了战略上的需要而进行的攻坚作战。

这样的攻城，本身就具有全局的战略影响。攻下这样的城，就打开了战略局面。因此，这样的城，也就必须全力打开，即使要为此付出很大的代价，也在所不惜。

在企业竞争中，为了全局和长远的需要，局部的攻城有时候同样也是需要的，而且有时候是必须的。

2000年，华为的技术天才、集团副总裁李一男出走，创办港湾网络公司。在风险资本的支持下，港湾发展极为迅猛，在2003年销售额已经突破10亿大关，对华为构成极大威胁。

华为果断决定，对港湾发起价格战和法律战，进行残酷的阻击。华为自身为此付出了很大的代价，甚至出现了巨大的亏损。

但是华为的攻势，遏制了港湾销售上升的势头。港湾在2005年销售额达到15亿元之后即无力上攀，随即掉头下滑。最终在投资人的压力下，港湾核心业务被整体出售给华为。对港湾的战争以华为的胜利而告终。

对港湾的战争结束之后，华为的相关业务多个季度出现50%以上的爆发性增长。而这一大好局面的出现，与任正非的果断"攻城"是有很大关系的。

在关键的节点、关键的领域、关键的阶段，你总是会遇到不得不打的时候。这个时候就是要果断地打，坚决地打，不惜成本地打，因为这样的仗，关系到战略的全局和最终的命运，所以必须要打，而且一定要打赢。

用任正非的话说，"除了胜利，我们已无路可走"。

在真实的竞争中，对抗往往是全方位的。组织经常面临的是在四个层面上同时与竞争对手展开较量。

因而，优秀的组织，不能忽视任何一个层面的能力，既要有深谋远虑的运筹能力、纵横捭阖的资源整合能力、风举雷动的机动能力，也要有在关键时刻的攻坚能力。

再好的战略也需要战术上的落地。战术上强大的攻坚能力，是实现你的战略意图必不可缺的手段。

但是，所有攻城一定要在战略指导下，而不是蛮干，不是无谓的消耗，不是逞勇斗狠，更不是"将不胜其忿"下的一触即跳和意气之争。

这样的攻城只能是灾难性的。

孙子警告说,"攻城之法,为不得已"。攻城只能局限在一定的范围之内,是在战略的指导下并为整体的战略服务的,攻城本身不能成为战略。

如果你持续陷入被迫攻城的困境,就必须认真地反思,是不是自己的战略本身出现了问题。

图 3-1 的斜线以上,强调的是靠什么取胜?

靠智慧,靠战略。

斜线以下,靠什么取胜?

靠实力,靠资源。

所以,孙子翻来覆去讲的,就是要提升自己竞争的层面与维度,要用智慧去打,要巧妙地去打:"故善用兵者,屈人之兵而非战也,拔人之城而非攻也,毁人之国而非久也。必以全争于天下,故兵不顿而利可全。"

真正的用兵高手,屈敌之兵不是靠直接交战,夺人之城不是靠一味硬攻,毁人之国不是靠旷日持久,一定要用"全胜"的智慧去争于天下。这样自己的实力不致受到损耗,胜利却可以圆满地获得。

孙子是一个将军,《孙子兵法》是一部兵书,但是孙子追求的是"非战""非攻""非久",也就是非直接的对抗。一定要把直接的对抗转化为非直接的对抗,甚至要把对抗转化成合作,这样才能取得"全胜"的理想结局。

孙子研究的是战争,但是他跳出了战争的局限。他关注的是如何去超越战争,超越那种简单的、直接的、暴力式的对抗。

竞争也是如此。竞争的高手,不但要懂得竞争,更要懂得跳出竞争、超越竞争,懂得如何去超越简单的、恶性的竞争,从更高的层次上去理解和把握竞争,从而不断地提升自己竞争的维度。

上兵伐谋。只有将自己的思考层次不断地升维,才能更加有效地实现对对手的降维打击。

第四讲
先胜：攻守时机的把握

  战争取胜的一条法则是，不要先想着赢，要先保证自己不输，然后再寻找战胜对手的机会。

  在不确定的战争环境中，你能确定的是自己先立于不败之地，不打无把握之仗。

  要么不出手，出手就要有胜算，全力以赴，打开局面。

  要耐心等待战略性的机会，一需要眼光，二需要定力，同时还要冒经过计算的风险。

先胜

先为不可胜：先保证自己不输

我们讲过，《孙子兵法》的核心是：最好不用打就能赢；如果非要打，那就要巧妙地打，用智慧去打，打的前提是一定要有把握。

有把握地打，就是孙子提出的"先胜"理念。"先胜"是孙子"全胜"理念在作战领域的一个延伸。

关于"先胜"，孙子有一段非常精彩的话："昔之善战者，先为不可胜，以待敌之可胜。不可胜在己，可胜在敌。故善战者，能为不可胜，不能使敌必可胜。故曰：胜可知而不可为。不可胜者，守也；可胜者，攻也。守则不足，攻则有余。善守者，藏于九地之下；善攻者，动于九天之上。故能自保而全胜也。"

这段话很长，但很精彩。让我先用白话文来梳理一下这段话的大意。

过去那些战争的高手，总是先保证自己不被对手打败，然后再等待战胜对手的机会。不被对手打败的主动权在你自己，能否打败对手则要取决于对手是否有隙可乘。因此，真正的高手，能够做到的是不被对手打败，而不能保证一定能打败对手。由此可知：胜利可以预见，但不能强求。没有取胜的可能时，就应该实行防守。有可能战胜对手时，就要果断进攻。防守是因为优势不足，进攻是因为兵力有余。善于防守的人，隐蔽自己的实力如同藏于九地之下；善于进攻的人，展开自己的攻击如同动于九天之上。这样，既能保全自己，又能取得完美的胜利。

这段话，把"先胜"的核心理念讲得淋漓尽致。

你为什么要参与竞争？一定是出于赢的目的。《孙子兵法》就是教你如何在竞争中取胜。

但有意思的是，孙子一上来就告诉你：真正的高手，不是先想着如何去赢，而是先保证自己不输，然后再伺机而动，等待对手犯错的机会。

下围棋的人都知道"金角银边草肚皮"。如果你不是绝世的高手，那你绝对不会贸然进入中腹去争夺。你要先占据边和角那些具有战略价值的地方，先立于不败之地，然后以此为根据地，依托这些边和角，寻找机会向中腹发展。得一寸是一寸，得一尺是一尺。

秦王朝是如何统一中国的？秦不是贸然进入关东与六国争夺，而是先向西发展，"灭国十二，益地千里"，灭掉了西边的12个小国家，扩张了1 000里[①]的战略纵深。尤其是灭掉了巴国和蜀国（大致为今四川和重庆），在战略上打下了稳固的基础，先立于不败之地，然后东向以争天下。

秦在与六国作战的过程中，也会打败仗，但打了败仗就退回函谷关以西，根基不动摇，随时可以卷土重来。六国在与秦的作战中，也打过胜仗，但所有的胜仗，根基都是不稳固的，最后在与秦的争夺过程中，让秦一步步地占了上风。

毛泽东在创立政权之初，就非常重视根据地的建设。

在土地革命战争时期，他反复强调说，根据地是武装割据的基本阵地，是红军战争的可靠依托，是胜利发展的立足点和出发点。不创建根据地，武装斗争就会因没有后方依托而陷入失败，成果也无法保持。

---

① 1里 = 0.5千米。——编者注

抗日战争时期,他又把根据地思想做了进一步发展,说根据地是军队赖以执行自己的战略任务,达到保存和发展自己、消灭和驱逐敌人之目的的战略基地。"没有这种战略基地,一切战略任务的执行和战争目的的实现就失掉了依托。"[1]

在长期、复杂而艰苦的斗争环境中,首先要创建、巩固和发展根据地,这是共产党军队始终坚持的核心原则。以根据地为基础稳扎稳打,步步为营,最终使共产党在与国民党的博弈中一步步占尽上风,取得了胜利。

战争最忌讳的是什么?胜则一日千里,负则一败涂地。

历史上黄巢也好,李自成也好,张献忠也好,之所以其兴也勃焉,其亡也忽焉,成不了事儿,就是因为只知攻城略地,过府冲州,没有稳固的根据地,陷入了所谓的"流寇主义"。

这听起来像不像那些不断买买买却没有自己核心竞争力的企业?像不像那些今天有机会就做这个、明天有机会就投那个,却没有自己的优势领域的企业?

流寇所有的胜利,都是无根的胜利,注定只能是历史的匆匆过客。

所以,孙子说:"善用兵者,修道而保法,故能为胜败之政。"

内部管理混乱,组织千疮百孔,你机会越大,发展越快,反而会死得越惨。陷入败局的很多组织,其实都是败于自身,都是自己打败了自己。

真正的高手,一定是先把从理念到组织这样的基本面做扎实,从而奠定组织取胜的基础。

"先为不可胜",除了要先打造稳固的根基,还有一层含义,就是在决策上要先保证自己不犯大的错误。

---

[1] 毛泽东:《毛泽东军事文集》第二卷,北京:军事科学出版社、中央文献出版社,1993年版,第244页。

喜欢读武侠小说的人都知道，高手对决，到最后考验的是双方的内力和定力。

在对抗中谁都会出错，人不可能完全没有失误。就像下棋一样，走错一步棋是不可避免的，但人不能连续错，尤其是不要犯无可挽回的战略性错误。

对手不会放过任何攻击你的机会。你自己先要没有大的漏洞，没有大的隐患，不出大的差错，不给对手以大的可乘之机。

战争充满了不确定性。越是在不确定的环境中，越要把握住那些可以确定的因素，用自身的确定来应对环境的不确定。

先把自身的事情做好，先保证自己的决策可靠稳妥，保证少犯战略性的错误，从而先保证自己不输，先立于不败之地，这是在动荡复杂的环境中你唯一可以先把握住的东西。这就叫"先胜"。

足球比赛有个著名的战术，叫作"防守反击"。先保证自己不失球，然后再寻找反击和进球的机会。

条件不成熟要耐心等待，一定不要强为。不盲动，不冒进，持重待机，做好准备，耐心等待机会的来临。

击剑的高手没有机会就防守自保，先求不败。对手一露出破绽，机会一来，就果断出手，雷击电闪之间，一击致命。

投资也是这样。一般的投资者，每天想的大概都是如何赚钱，而事实上，中国90%的股民从长线来看是赔钱的。你只要不赔，就赢了90%以上的股民。

投资大师巴菲特总结出两个最重要的投资原则：第一，永远不要赔钱；第二，永远不要忘记第一条。

保住本金是巴菲特投资策略的基石，他甚至喊出过"避免赔钱比赚钱还重要"的至理名言。

不亏损的主动权在自己手中。你只要不交易、保留现金或购买流动性好的保值产品就可以做到。

能否赢利,则要看市场给不给你机会。市场不好,本事再大的人往往也无能为力。

市场一定会有犯错的时候,此时就是你出手的时机。因此,善于投资的人,能够做到的是不亏钱,但不能保证一定会赚钱,更不用说赚大钱。

没有赢利机会的时候,他们会耐心等待,一动不动;一旦机会来临,他们便立即出手,一击必中。一动不动是因为他们没有机会,果断出手是因为他们胜券在握。

当暂时没有机会的时候,你所能做的就是少犯错,乃至不犯错,尤其是不犯战略性的错误。

不犯错的主动权在你自己。你无法强迫对手犯错,但你至少可以保证自己不犯错,然后耐心等待机会的出现。

用孙子的话说,这叫"善战者,立于不败之地,而不失敌之败也"。

曾国藩打仗有个战术,叫作"扎硬寨,打死仗"。

什么叫扎硬寨呢?要扎营就要扎硬寨。

曾国藩有个规定,湘军行军,到了一个地方,不管多么晚,不管多么累,也不管天气如何,第一不能休息,第二不能主动找太平军挑战,要先挖壕沟。一共四道沟,内外各两道,沟的深度和宽度都有要求。然后"垒墙子"。用挖沟挖出来的土,在内外各两道沟之间垒一圈墙。墙的高度和厚度也都有要求。墙子垒完之后,再在最外面那道沟的外面,将五尺长的花篱木,埋进土中二尺,做成障碍。工事这才算修完了。然后再派出三成的人"站墙子",也就是战略值班,其余的人可以休息了。过一个时辰,再由三成的人起来换防。

曾国藩要求,哪怕是临时住一晚上,也必须做"坚不可拔之计"。太平军想来偷袭,没门儿。这叫"扎硬寨"。

他说:"但使能守我营垒安如泰山,纵不能进攻,亦无损于大局。"

"扎硬寨"与我们做企业一样。我的市场和客户,对手根本就撬不动,撬不走。不给对手任何机会,然后寻找对对手下手的机会。

就是先立于不败之地,而不失敌之败。

孙子说:"能为不可胜,不能使敌必可胜。"意思是输不输靠自己,赢不赢看对手。这给所有的竞争者都提出了一个警告:打了胜仗,很可能是因为对手犯了错误,未必是因为你对;很可能是因为对手太弱,未必是因为你强。

所以,不要以为打败了对手你就是战无不胜的,不要因为取得胜利就信心爆棚,甚至把自己变成不败的神话。

你不能一味把胜利的希望寄托在对手犯错或对手太弱上,真正可靠的只有一条,就是"修道而保法"。把自己的基本面做好,你才能有牢固的根基,才能先立于不败之地。

否则,一旦遇到真正的对手,你就会死得很惨。

以待敌之可胜:再把握赢的机会

要想在竞争中取胜,两个要素很关键:一是自身的实力,二是出手的机会。二者缺一不可。

实力取决于自己,机会却要取决于对手。对手不给你机会,你就没有赢的可能。

博弈论有一个基本原理:在博弈中,一方的行动能否成功,是以对手的行动为条件的,并不存在独立的最佳战略选择。你的行动方案是否最佳,取决于对手是否选择了对你有利的方案。

用孙子的话说,就是"不可胜在己,可胜在敌"。

所以除了"先为不可胜",你还要"以待敌之可胜",等待对手给你机会。

利德尔·哈特曾经说:"在战争过程中,正是敌人的严重错误才最能产生决定性的影响。"

换言之,战争中那些决定性胜利的背后,往往是因为对手犯了致命的错误。

魏国的邓艾率领他的大军行走在七百里阴平小道上的时候,蜀军的精锐却在剑门关方向与钟会对峙。

当盟军发起诺曼底登陆的时候,希特勒却在关键时刻下达了停止向诺曼底增援的命令。

当多国部队准备以"左勾拳"从沙特方向发起真正的攻势的时候,萨达姆的共和国卫队却主要部署在科威特境内。

企业竞争也是这样。商业史和战争史有一个相似的现象,就是竞争者之所以取得了漂亮的胜利,往往是因为对手给予了很好的"配合"。

互联网战场上一个经典的例子,是2008—2010年之间,阿里巴巴反击百度推出"有啊"的战役。

百度当之无愧是中国领先的搜索公司,在中国"百度"甚至成了搜索的代名词,百度的最大优势就是它的搜索能力。

一直以来,阿里最担心的就是百度会做购物搜索。同样是搜索公司,谷歌之所以有如此高的市值,很大程度上是因为谷歌在美国通过购物搜索,垄断了商品搜索的流量,从而在美国形成了"谷歌+第三方电商"这样一种生态。美国的电商很难独立发展,一个重要的原因,就是由于它们的流量很大程度上是由谷歌分发的。

当时中国电商业务正在快速增长,如果百度借鉴谷歌的模式,凭借其强大的搜索技术介入购物搜索领域,淘宝这样的平台,未来的发展空间就会受到极大的限制。淘宝的最终命运,或许就会像美国同行一样了。

阿里自己也承认,百度一旦通过购物搜索强行打入电商领域,阿里是挡不住的。

然而最关键的时刻，百度却犯了一个致命的错误：百度没有做购物搜索，而是仿照淘宝，推出了自己的电子商务平台——有啊。为了尽快做成有啊，百度还开始大量地从淘宝挖人。

阿里顿时大喜过望：百度不利用自己在搜索领域的强大优势做购物搜索，却东施效颦，去做自己不懂的电商平台，这是在向阿里的优势发起直接的进攻。

关键时刻，百度却走出了一记昏着。

阿里果断地利用百度犯错的宝贵机会，反手一击：一方面切断了百度的爬虫，使得百度再也无法抓取淘宝上的商品信息，从而封死了百度做购物搜索的可能，消费者在淘宝购物从此就只能到淘宝上进行购物搜索；另一方面，利用雅虎并购的"3721"团队的搜索技术，发展出了自己的购物搜索。

于是，阿里在搜索这关键的一仗大胜百度，并由此奠定了在电商领域中的主导地位。

百度的有啊，命运则完全相反，成了一个失败的象征。你听说过有啊吗？你用过有啊吗？

竞争就像下棋一样，一着不慎，全盘皆输。尤其是致命的战略性错误，往往就会使竞争格局发生不可挽回的逆转。在商业史上，这样的错误其实一点儿也不少见。

当小松制作所将挑战的目标对准行业的领袖卡特彼勒时，卡特彼勒却认为它的对手主要是它所熟悉的美国国内公司，包括国际收割机公司和约翰迪尔公司。

当佳能在复印机市场攻城略地的时候，施乐却将目光集中于它的美国对手IBM和柯达。而IBM公司因为低估了个人计算机的市场潜力，苹果公司得以迅速起飞。

苹果也犯过错误。当年苹果开发的操作系统非常漂亮实用，然而乔布斯拒绝授权其他硬件公司一起使用。如果苹果这样做了，或许当时名不见经传的微软就没有机会了，毕竟苹果的系统看起来比微软要好得多。

对于微软来说好运不断，IBM 的错误又给了它一个机会：IBM 在最终委托微软开发操作系统时，选择的是授权的方式，而不是直接买断。

比尔·盖茨后来分析说，IBM 之所以这样做，是因为没有预料到后来操作系统的需求量会那么大，以为授权会比买断划算。

"那绝对是他们犯下的一个错误。"比尔·盖茨后来不无得意地说。

微软的操作系统因此可以卖给所有的电脑生产商，成为行业的标准，并借助个人电脑行业的爆发式发展，短短几年的时间里就建立了近乎垄断的行业地位。

到 20 世纪 90 年代初，麻雀变凤凰的微软和 IBM 终于翻脸。两家企业一分手，微软即推出了著名的 Windows 系统，从此成为 IBM 名副其实的头号挑战者。

导致竞争者和企业不断犯错误的一个重要因素，是人性的弱点。人往往会高估自己的能力，企业往往会高估自己对市场的控制，尤其是那些自以为成功的企业。

竞争者也往往因此看不清楚真正的竞争格局，给对手或潜在的对手留下太多的市场机会。

这样的错误我们可以列出一大串。

20 世纪五六十年代，可口可乐判断，美国本土市场已经成熟并饱和，因此将注意力放在海外市场的开拓上，减少了对美国本土市场的投入。

这就给了百事可乐极好的机会。等到可口可乐清醒过来的时候，百事可乐已经成为与它并驾齐驱的对手。

当日本汽车打入美国市场的时候，美国三大汽车品牌不屑一顾，然而等到它们清醒过来的时候，日本汽车已经长驱直入，打入了其内地市场。

当年的微波炉大战中,格兰仕靠着残酷的价格战造就了其霸主地位。但是梁昭贤接任董事长后,十分渴望格兰仕能够摆脱"价格屠夫"的形象,宣布格兰仕要实现从"世界工厂"向"世界品牌"的战略转移,要从价格战转为打价值战。

格兰仕改走高端的决定,给了竞争对手以喘息的机会。事实上,在格兰仕连续多年价格战的打击下,海尔、三星等家电品牌于2005年纷纷退出微波炉市场,就连最强硬的对手LG也决定退出低端市场。

美的的何享健曾经感叹:"如果微波炉再这么亏下去,美的就不要做了。"这无疑是准备给格兰仕让出巨大的市场空间。

然而,就在这一年,格兰仕决定部分放弃价格战,美的所面临的生存压力顿时大为减轻。本来要退出微波炉市场的美的,由此一举摆脱了亏损的局面,成为格兰仕的巨大威胁,其在国内市场的份额直追格兰仕。

阿里巴巴也犯过类似的错误。淘宝分离出淘宝商城,进而升级为天猫之后,阿里越来越将重心放到天猫,老淘宝越来越变成鸡肋一般的存在。

这就给了拼多多一个横空出世的机会。尽管清醒过来的阿里开始全方位地对拼多多进行阻击,但拼多多还是在飞快地抢夺电商的市场。

商场上有一个基本的规律:大的公司只要不犯战略性的错误,就不会轻易失去市场的主导地位。对于挑战者来说,在对手无懈可击的情况下盲目进攻,往往只能是以卵击石,最后以失败而告终。

然而没有不犯错误的企业。再优秀的企业也会出现昏着,总是会给挑战者留下翻盘的机会。

在智能手机市场上,与苹果、三星相比,华为毫无疑问是后来者。苹果和三星在中国市场一度处于无敌的状态,而华为手机曾经被认为是一个笑话。

然而,华为智能手机在中国的市场份额,到2019年是40%;三星在中国的市场份额,则从2013年的20%,变成今天的不到1%,三星在中国已经沦为手机市场的小众参与者。

在全球市场，华为手机在2020年4月取代三星，成为行业第一。

华为为什么这么短的时间内逆袭成功？三星为什么在中国市场溃不成军？

华为的成功，一方面来自华为在技术和品牌方面的持续投入，另一方面则是三星在中国市场上所犯的致命错误给华为提供了极好的机会。

三星给华为送的一个机会，当然是你肯定非常熟悉的三星旗舰机的爆炸事件。2016—2017年的几个月的时间里，发生了近百起三星Galaxy Note7手机因电池自燃而引发的爆炸事件。2018年，三星新款手机Galaxy Note9再次发生电池爆炸。爆炸事件极大地影响了三星在中国的品牌形象。

不幸的是，三星接下来又送了华为一个机会。这就是爆炸门以后，三星在全世界范围内召回问题手机，但唯独在中国，三星以电池供应商不同为理由拒绝召回。

这一公关上的失误，对于三星中国真是雪上加霜，对于华为这样的对手来说则是雪中送炭。

从根本上来说，三星的溃败，还是源于其在华市场的错误策略。

三星进入中国的时候，市场定位聚焦于中高端市场，处于利润最丰厚的金字塔高端。这就带来一个问题，三星自动让出了中低端市场，而这是中国市场最大的一块。

华为正是利用三星的这一失误迅速崛起的。华为等中国品牌轻松从中低端市场切入，迅速在这一市场站稳了脚跟，随后凭借性能和价格的优势，开始向三星所在的高端市场发起猛烈的进攻。

三星也试图在中低端市场扳回局面，推出主打性价比的A系列手机，然而大势已去。中国消费者的消费层次早已大大提高，在这一市场上华为等中国品牌的优势也已经不可撼动，三星徒然给中国消费者留下"低配高价"的印象,早已没有任何的竞争优势可言。

或许正是鉴于三星的教训,任正非反复强调,华为不能放弃低端市场,他说:"我们争夺高端市场的同时,千万不要把低端市场丢了。我们现在是'顶尖'战略,聚焦全力往前攻。我很担心一点,'脑袋'钻进去了,'屁股'还露在外面。如果低端产品让别人占据了市场,有可能就培育了潜在的竞争对手,将来高端市场也受影响。华为就是从低端聚集了能量,才进入高端的,别人怎么不能重复走我们的道路呢?"

在竞争环境中,你的竞争对手可能比你自己还要了解你。所有的对手都在等待你犯错。

只要你犯了错误,你的对手就绝对不会放过你。因为你犯错的时候,正是对手打败你的最好机会。

用孙子的话说,这是"胜于易胜""胜已败者"。

所以竞争的一个重要法则是:首先自己不要犯重大的战略性错误,同时要等待对手犯错误的机会,并巧妙地制造对手犯错误的机会。一旦这样的机会出现,就要迅速抓住机会,以绝对优势发动凌厉的攻势,全力以赴,打开局面。

静如处子,动如脱兔。

战略性的机会需要有足够的定力

没有机会就耐心防守,一有机会就果断出手。这是高手的取胜法则。但是正如我们上面所说的那样,对手给不给你机会,不是你能决定的。

孙子说:"先为不可胜,以待敌之可胜。"这句话的重心,在一个"待"字。

不过,这个"待"字说起来容易,做起来却并不简单,它需要你有足够的耐心,甚至是定力。

曾国藩非常强调战略定力,他有句用兵的格言:"一年不得一城,只要大局无碍,并不为过;一月而得数城,敌来转不能战,则不可为功。"

战争就是双方攻防的过程,不要太在乎一城一地的得失。一年也打不下一个城池,只要对大局没有影响,这不算是什么过错。一个月打下了几个城池,敌人一进攻,全丢光了,这不算什么功劳。

毛泽东打仗,也从来都是强调持重待机,强调不打则已,每战必胜。他说:"必须敌情、地形、人民等条件,都利于我,不利于敌,确有把握而后动手。否则,宁可退让,持重待机。机会总是有的,不可率尔应战。"[1]

著名的孟良崮战役能够打成,靠的就是毛泽东"持重待机"这四个字。

1947年3月,蒋介石向山东和陕北两个解放区发起重点进攻。其中用于山东方向上的兵力达到24个师、60个旅、45万余人,占其重点进攻兵力的66%。

这45万余人中,包括了国民党军队"五大主力"中的三大主力,即整编七十四师、整编十一师以及第五军。蒋介石还以这三大主力为骨干,分别编成了三个机动兵团。

在作战方针上,蒋介石也做出了新的安排。鉴于解放战争开始后国民党军经常遭到解放军各个歼灭,这次蒋介石提出来了16字方针:"密集靠拢、加强维系、稳扎稳打、逐步推进。"

这16个字的目的,是加强兵力密度,以纵深梯次部署,作弧形一线推进,就像滚碾子一样向山东碾过来,不给解放军对其进行分割和各个击破的机会,并以强大的兵力优势,压迫华东野战军退往黄河以北或胶东地区。

---

[1] 毛泽东:《毛泽东军事文集》第一卷,北京:军事科学出版社、中央文献出版社,1993年版,第741页。

国民党大军压境，华东野战军的作战方针仍然是解放军的拿手好戏，就是集中优势兵力，各个歼灭敌人。但这次国民党军兵力密集，准备充分，行动谨慎，有利的战机比过去少得多。

一个多月的时间里，华东野战军采取"耍龙灯"的方式，忽南忽北，忽东忽西，调动国民党军往返行军达到1 000多公里，就是希望能够调动敌人，创造运动中歼敌的战机。

但是国民党军保持着高度的警觉，采取密集平推、稳步前进、轻易不分兵的新战法，就是不上当。华东野战军的多数战役因此都没有达到目的。

华东野战军有些急了。看来"耍龙灯"的力度不够，要想扯开国民党军队的密集队形，还得来点儿大动作。

5月初，陈毅、粟裕决定，派出三个纵队插到敌后去，其中两个纵队插到鲁南，一个纵队插到苏北，目的是用三个纵队的兵力威胁国民党军队的后方，迫使国民党回师或分兵，给我军在运动中歼敌创造条件。

这么大的行动当然要请示中央。陈毅和粟裕在5月3号把这个计划报给了中央军委。

第二天，毛泽东就给陈毅、粟裕回了电报，事实上是不同意两人的计划。

毛泽东在电报中说得很委婉，他首先表扬了陈毅和粟裕前期的指挥。他说："敌军密集不好打，忍耐待机，处置甚妥。只要有耐心，总有歼敌机会。"

同时他又明确跟陈毅和粟裕讲："你们后方移至胶东、渤海，胶济线以南广大地区均可诱敌深入，让敌占领莱芜、沂水、莒县，陷于极端困境，然后歼击，并不为迟。唯（一）要有极大忍耐心；（二）要掌握最大兵力；（三）不要过早惊动敌人后方。"[①]

---

① 毛泽东：《毛泽东军事文集》第四卷，北京：军事科学出版社、中央文献出版社，1993年版，第52页。

5月6日，有些不太放心的毛泽东，又给陈毅和粟裕发来了电报说："目前形势，敌方要急，我方并不要急。""第一不要性急，第二不要分兵，只要主力在手，总有歼敌机会。""失去一次时机并不要紧。当不好打之时，避开敌方挑衅，忍耐待机，这是很对的。"[①]

毛泽东的提醒，让陈、粟冷静了下来。他们立即决定放弃原定的计划，按照毛泽东的意见，主力往东往北撤，与敌人脱离正面的接触，集结于莱芜、新泰、蒙阴以东地区，待机歼敌。

这个时候，跟华东野战军周旋了一个多月的国民党军队，早已疲惫不堪，失去了耐心。华东野战军这一撤，国民党军队顿时喜出望外：显然，解放军经过一个多月的作战，已经无力再战，要开始北逃了。

于是，国民党统帅部将原来16字作战方针的"稳扎稳打"，改成了"稳扎猛打"。

一字之差，担任主要突击力量的张灵甫整编七十四师，便冒了出来，孤军突出，变成了好打之敌。粟裕他们等了近两个月的机会，终于到手。

华东野战军果断出手，"百万军中取上将首级"，将整编七十四师像剜眼珠一样，从国民党的进攻部队中剜出来，并集中五倍于敌人的优势，将其歼灭。

蒋介石在接到整编七十四师被全歼的报告后，说了这样一句话："这是我军剿匪以来最可痛心、最可惋惜的一件事。"

持重待机、持重待机，只有持重，才能待机。

再讲一个例子。你看过《摔跤吧，爸爸》吗？一部非常好看的印度电影。

[①] 毛泽东：《毛泽东军事文集》第四卷，北京：军事科学出版社、中央文献出版社，1993年版，第58页。

爸爸马哈维亚是一位经验丰富的摔跤手。他对同样是摔跤手的女儿吉塔说："每个回合都只有短短的2分钟，但是吉塔，你别忘了，2分钟可就是120秒。""一定要耐心等待，等待对手犯错的那一刻。"

电影的高潮是吉塔跟尼日利亚名将内奥米的半决赛。内奥米是非常有实力的选手，尤其擅长强势进攻。在以往的比赛中，内奥米从来没有给对手以机会。

对吉塔来说，这场比赛注定是一场苦战。

爸爸给吉塔分析说："虽然对方很不好对付，但是你也不是赢不了。这次你得保持守势，不要急着得分，要等待时机。不要给对手任何机会，因为她也不会给你机会。要试图钳制住她。如果一直无法得分，她就会心浮气躁，露出破绽。那时，你的机会就来了。"

比赛开始了。内奥米果然采取的是进攻的策略。她一直在进攻，但吉塔顽强防守。内奥米多次尝试进攻，吉塔的防守滴水不漏。

双方陷入僵持。焦躁的教练在场外催促吉塔："赶快进攻啊！"

爸爸在看台上做出用力压下的手势，并大声提醒吉塔："稳住！"妹妹巴比塔也大喊："坚持住！"

比赛重新开始，内奥米的动作开始变得粗鲁。她似乎恼羞成怒了，甚至掰了吉塔的手腕。这是一个明显的违规动作。裁判给了她一次警告。

内奥米继续强势进攻。吉塔防守得非常不错，但是内奥米还是用强攻突破了吉塔的防守。

一个抱摔，吉塔被重重摔在地上，内奥米得了3分。讲解员说吉塔需要尽快得分，她剩下的时间不多了。

内奥米还在疯狂地进攻，吉塔显得有些被动。她还在寻找机会。吉塔抓住机会，将内奥米摔倒在地，拿下1分，并试图将内奥米推出红圈之外。但是就在即将成功的时候，哨子响了，时间到。吉塔输掉了第一回合。

气急败坏的教练质问吉塔："你在干什么，吉塔？为什么不进攻？"

吉塔看了一眼看台上的爸爸。爸爸摇了摇头，示意她继续稳住。吉塔点了点头。

第二回合开始了，内奥米依然采取攻势，她试图把吉塔撂倒。可是吉塔非常巧妙地摆脱了她的攻势。内奥米在全力进攻，但是一直找不到机会。吉塔反击了，内奥米防守得不错，同时发起了反击。比赛越来越激烈。内奥米再次进攻，吉塔严防死守。内奥米持续发力，吉塔继续坚守。内奥米继续强攻，吉塔没给她机会。讲解员惊呼：真是漂亮的防守啊！

内奥米再次出击，吉塔抱住了她的后背。但此时此刻，内奥米仍然攻势不减。看台上的爸爸用坚定的手势示意女儿：别着急，稳住，稳住。内奥米想把吉塔推出圈外，但吉塔用尽全力钳制对手。裁判的哨子再次响起。比分还是0比0。

内奥米尝试了各种打法，想突破吉塔的防守，但都未成功。她变得有些焦躁。她狠狠地推了吉塔一把。

吉塔想起了父亲的提醒："如果一直无法得分，她就会心浮气躁，露出破绽。那时，你的机会就来了。"

内奥米果然冒进，吉塔摆脱了对手并顺势发起了一记漂亮的反击。3分到手！

3比0，吉塔取得了第二个回合的胜利。

内奥米的教练看出了吉塔的策略，他提醒内奥米："那个女孩很聪明，你要比她更聪明才行。"

最后一局开始了，连内奥米这个猛将也开始小心翼翼了。内奥米抓住机会发起进攻，吉塔死死抱住对手的后背不让对手得手。双方再次僵持不下。

内奥米再次发力，吉塔严防死守，不给对方任何机会。妹妹在下面喊"坚持住吉塔"。内奥米持续发力，吉塔死死压制住对方。裁判吹哨了，比分还是 0 比 0。

吉塔露出了破绽，但抱住了对方的后背。内奥米持续发力，吉塔不占上风，但是锁住了对方的脖子。内奥米试图完成进攻，无奈吉塔始终顽强抵抗。内奥米拼尽了全力，但吉塔依然没有给她机会，死死地抱住了她。

哨声再次响起。比赛只剩下 12 秒了。

比分依然是 0 比 0。先得分的人将锁定胜局。吉塔加强进攻。内奥米转身摆脱，试图反击。吉塔再次压制住对手，内奥米奋力摆脱。时间到，双方 0 比 0。

第三局打成平手。

接下来是掷币决定攻防，然后双方选手要进行缠抱较量。取得进攻权的一方，可以抱住对手的任意一条腿并展开进攻。必须要在 30 秒以内得分。

取得进攻权的一方，将有 99% 的胜算赢得比赛。

内奥米取得了进攻权。看来吉塔是命中注定要输掉这场比赛了：在内奥米的强势进攻下没有人能坚持 30 秒。观众发出一片惋惜声。爸爸的神色也变得凝重起来。

内奥米选择抱住吉塔的右腿。吉塔摆好了防御姿势。

爸爸在看台上轻声说："沉住气，不慌。"

讲解员评论说，吉塔现在只有两种选择，要么死守 30 秒，要么进攻得分，赢得比赛。但眼下看来，这两种选择几乎都是不可能实现的。

吉塔静静地吸了一口长气。比赛开始了。内奥米开始发力，吉塔在竭力防守。内奥米将吉塔举了起来，吉塔处境非常不妙。内奥米试图狠狠将吉塔摔在地上。吉塔顺势摆脱了内奥米。内奥米用力过猛，失去平衡，吉塔趁机发起反攻，将内奥米死死地压在身下。得分！

所有的人都跳了起来，吉塔握紧双拳尽情大喊，全场在欢呼。吉塔的获胜出乎所有人的意料。在这场激动人心的缠抱比赛中,吉塔一举击败了金牌的头号竞争者,闯入了决赛。

在《决策学的诡计》一书中,克里斯·布雷克以扑克牌游戏为例来说明一个取胜的道理。

在扑克游戏中,优秀的玩家可以从容地应对一手烂牌。在牌运不好的情况下,他们依然有能力做出正确的决策。遇到不利的情况时,他们不会大喊大叫,埋怨自己的牌运或发牌人,而是镇静地打烂牌并等待下一局,因为他们知道长期来看自己会赢。

所以,要想把握战略性的机会,就必须有过人的战略定力。善攻者,必先善守。

孙子说:"善守者,藏于九地之下;善攻者,动于九天之上。"

高手防守的时候一动不动,隐藏自己的实力和意图就如同深藏地下,使对手无法察觉。一旦巨大的机会出现,就像捕食者一样,以闪电般的速度出手,如同自天而降,让对手措手不及。

作战的过程,就是等待战机、创造战机、捕捉战机进而利用战机的过程。最致命的战机,就蕴藏在耐心冷静的等待过程中。

古人用兵,非常重视"见几而作"。所谓的"几",就是细微的变动征兆,介于动与未动之间。用《易经》的话说:"几者动之微,吉之先见者也。"用张预的话来说,用兵的高手,要"见微察隐,而破于未形"。

但是,在复杂的战场上,要想真正做到"见几",前提是用兵者必须有极好的心理素质。用曾国藩的话说,必须"静心察之,冷眼窥之,无乘以躁气,无淆以众论,自能觑出可破之隙"。

所以孙子强调,好的将军要具备四个字:静、幽、正、治。湘军名将王鑫也说:"几须沉,乃能观变;神必凝,方可应事。"内心沉静,才能够捕捉到变化中那些细微的征兆;精神凝注,才可以应对好发生的各种事件。

高手的竞争，其实在很大程度上是心理素质的较量。

对于将军来说，兵法人人会读，条令人人会背，战术人人会用，道理人人会讲。但在高手对决的时候，这些都只是技能层面的东西而已。

决定一个人究竟是不是高手，还不是这些东西。技能层面的东西到一定程度以后，都差不多。能分出高下的，是谁的心理更为冷静。

《大学》讲："定而后能静，静而后能安，安而后能虑，虑而后能得。"

战争也是这样。所以王阳明说："用兵何术，但学问纯笃，养得此心不动，乃术尔。"

心平才能气和，心浮必然气躁。心浮气躁往往就会轻举妄动，鲁莽草率。如果再加上情绪失衡，甚至会让人失去理智，走出昏着，犯下错误，反而给对手送上机会。

所以，心浮气躁，从来都是兵家大忌。

不打无把握之仗

等待很重要，但等待本身不是目的，等待是为了出手，是为了等到一击必中的机会，是为了不打无把握之仗。

所以孙子说："是故胜兵先胜而后求战，败兵先战而后求胜。"

打胜仗的军队，总是先获得胜利的地位，有取胜的条件，才会出手。打败仗的军队，总是冲上去就打，企图在战斗的过程中找机会来侥幸取胜。

这段话非常精彩，它揭示了竞争的一个奥秘：赢家与输家在思维习惯上有根本的不同。

没有偶然的成功。所有的成功都建立在精心的准备和计算的基础上。真正的高手并不是喜欢冒险的人，他们总是很清楚他们在做什么。他们的成功，总是大概率事件。

用傅盛的话说，优秀的战略家在开战之前，就有了七分胜算。

要么不出手，出手就要有必胜的把握。

战争的规律是：战争之前所犯下的错误，很难在战争开始之后被改正。所以，一定要不打无把握之仗，不轻率莽撞地出手。

曾国藩用兵，最反对的就是"浪战"。所谓的"浪战"，就是没有取胜把握的轻率出战。他说："未经战阵之勇，每好言战。带兵者亦然。若稍有阅历，但觉我军处处瑕隙，无一可恃，不轻言战矣。"没有打过仗的士兵，往往最喜欢喊"打打打"。带兵的人也是这样。如果稍微有些阅历，就会明白我们自己到处都是毛病，没有一个地方靠得住，反而不会轻率地去喊打了。

他警告说："为将者设谋定策，攻则必取，不然毋宁弗攻；守则必固，不然毋宁弗守。攻之而为人所逐，守之而为人所破，虽全军不遗一镞，其所伤实多。"

身为领军之人，设谋定策，要进攻的就一定要攻取，不然不如不攻；要坚守的就一定要守住，不然不如不守。进攻却为人所驱逐，防守却为人所攻破，即使全军没有一弓一矢的损失，所造成的伤害也非常大。

所造成的伤害在哪里呢？是宝贵的战争资源，是难得的取胜机会，是组织成员的士气，是下属对领导的信任，当然，还有领导者自身的权威。

所以曾国藩用兵，强调八个字：稳慎徐图，谋定后战。他曾经给曾国荃送过一副对联：

打仗不慌不忙，先求稳当，次求变化；
办事无声无臭，既要精到，又要简捷。

这副对联的基本含义，就是用兵一定要充分准备，不打无把握之仗。所以他还说过这样一句话："宁可数月不开一仗，不可开仗而毫无安排计算。"

1853年冬天，湘军组建之初，咸丰皇帝几次下诏，令曾国藩迅速率部东下增援安徽。曾国藩却认为湘军的准备远不充分，因而拒不出军。他在给朋友的信中说，这次由湖南招兵东下，必须选拔训练有素的士卒，准备精良坚利的器械。水军要船多炮足，陆军要将士同仇敌忾，抱定三年不归的决心，去迎接艰苦卓绝的战斗。哪里可以像儿戏一样组建成军，匆匆开拔呢？现在的部队，人都是乌合之众，器都是苦窳之械，船只不满200，炮位不满500，就好像是大海簸豆、黑子著面一样，纵使能够到达安徽，究竟于大局有多大的补救？所以他认为必须有战舰200号，再以民船七八百只补充，载着大小炮1 000余尊，水军4 000人，陆军6 000人，夹江而下，明年开拔。这样才会稍微成些气候。否则名义上是大兴义师，实际上就如同矮人观场一般，不值得方家一笑。

对于他的抗旨不遵，咸丰皇帝十分恼怒，斥责他"偏执己见"，"漫自矜诩，以为无出己右者"。曾国藩却依然不为所动，申辩说："与其将来毫无功绩，受大言欺君之罪，不如此时据实陈明，受畏葸不前之罪。"

直到第二年初湘军水师真正练成，曾国藩才率水陆军17 000余人出师迎战，首战湘潭，大败南路太平军。接着又进行了岳州之战，太平军虽然英勇善战，多次给湘军以重创，但胜少败多，终于被湘军赶出了湖南。

湘军也由此成为太平天国起义以来从来没有遇到过的强硬对手。

1860年，太平军再破江南大营，攻占了苏州、常州等地。咸丰皇帝两次下诏，让曾国藩率军迅速前进，收复苏州、常州，曾国藩却再次以兵力单薄为由加以拒绝。他在给皇帝的折子中说，如果苏州常州没有丢，确实应该率兵赴援，以保住这块完整的地区；苏州、常州既然已经丢了，那就必须统筹全局，选择下手的关键，讲求立足的根本。

接下来他为皇帝分析说，自古以来想平定江南的叛乱者，南面的军队一定要从浙江进攻，北面的军队必须先攻克安徽的池州和芜湖。有了这样的根本，才能取得以上制下的有利态势，否则永远没有平定乱军的那一天。

后来镇压了太平天国，靠的正是曾国藩的这个战略。

先胜后战，谋定而动，是曾国藩始终坚持的原则。不管遇到多大的压力，甚至遭到皇帝的斥责，他都绝对不贸然进军，打那些没有把握的仗。

胡林翼也说："战事之要，不战则已，战则须挟全力；不动则已，动则须操胜算。"

要么不打，要打的话就要放手一搏。要么不动，要动的话就要先操胜算。

这也正是湘军最后能够打败太平军的基本战略方针。

无论是战场还是商场，如果不是"先胜而后求战"，而是"先战而后求胜"，往往都会让你付出惨重的代价。

2003年，TCL发起了进军欧洲的战略举动。同一年TCL收购了法国汤姆逊公司的彩电和DVD业务，一举成为全球最大的彩电供应商。2004年，TCL再下一城，并购了法国阿尔卡特公司的手机业务，这是当时中国手机行业最大的跨国并购案。

踌躇满志的TCL董事长李东生还立下誓言，要在18个月内让并购业务扭亏为盈。

然而没有想到的是，接下来的两年里，TCL连续巨亏了50亿元。最后，TCL不得不在2007年剥离欧洲公司业务，退回中国市场。

TCL兵败欧洲。

TCL大张旗鼓的国际并购为什么大败而归？

李东生的反思主要是四条：一是在做决策的时候，在已经看到风险的时候，却没有抵得住诱惑，包括成为全球第一的诱惑，国家领导人在后面看着你签字的诱惑；二是在操盘的过程中，对实际的困难估计不足；

三是对市场、产业转型对并购所带来的冲击和困难不够谨慎;四是对相关国家法律的了解不够透彻。

一句话,就是在没有胜算的情况下,却贸然出兵,最后只能落个"败兵"的下场。

所以真正的智者,都是明白并坚持"先胜而后求战"。

子路曾经问孔子:"子行三军,则谁与?"您若是统领三军,您会选择与什么样的人一起作战呢?

孔子的回答是:"暴虎冯河,死而无悔者,吾不与也。必也临事而惧,好谋而成者也。"

赤手空拳却非要和猛虎搏斗,没有船只却非要徒步渡河,这种死了都不后悔的人,我是不会和他一起作战的。与我一起作战的人,一定是遇事谨慎、谋定后动之人。

毛泽东一定会喜欢孔子的这个回答,因为先胜而后求战,不打无准备之仗、无把握之仗,慎重初战,避免不利决战、执行有利决战,这些也都是毛泽东的基本作战原则。

毛泽东早在红军时期反复提出要力戒浪战,不可轻敌,不打则已,打则必胜。他告诫指挥员说,"应当从稳当的基点出发,不做办不到的事","我们应当在稳当可靠的基础上争取一切可能的胜利","不可举行勉强的无把握的作战","不到决战的时机,没有决战的力量,不能冒冒失失地去进行决战"。①

林彪打仗,也反复强调反对打"莽撞仗"。

企业决策也是如此。一般的投资者,往往会抱着这样的想法:赚钱就要冒险,赚大钱就要冒大的风险。

其实,真正的投资高手,反而是风险的厌恶者。他们从来不是靠一

---

① 毛泽东:《毛泽东选集》第一卷,北京:人民出版社、1991年版,第153页。

时的运气或冒险，他们出手一定是有了足够的胜算。他们不打无把握之仗。他们总是在具有胜算的时候大胆下注，在不具胜算的时候谨慎行事，甚至一动不动。

这就是高手和一般人的根本不同，这也是赢家和输家的根本不同。

冒有胜算的风险

不过，先胜而后求战，不打无把握之仗，并不是说在任何情况下都不要冒险。

战争的特点是充满了不确定性。用克劳塞维茨的话来说，战争的所有行动中，有四分之三的因素是潜藏在或大或小的不确定性迷雾之中。你所有的决策都必须在信息不完全、环境不确定的情况下做出来。你不可能具备百分之百的胜算。

战争中的胜算，永远是在四成到七成之间。七成以上把握的仗你甭奢望，四成以下的仗你不能打。

从来就没有完美的机会，等待完美机会的人注定无法成事。

胡林翼说："求万全者，无一全。处处谨慎，处处不能谨慎。""兵事怕不得许多，算到五六分，便须放胆放手，本无万全之策也。"

巴顿将军也说："下周才能制订出来的计划再完美，也不如一个现在就可以强有力执行的好计划。"

所谓的把握，不可能是百分之百的把握；所谓的胜算，不可能是百分之百的胜算。无论是战争还是商业，过于谨慎，都会失去最好的机会。

用脸书创始人扎克伯格的话说："最大的风险就是不冒任何风险，在这样一个快速变化的世界里，唯一肯定会导致失败的战略就是不冒任何风险。"

事实上，在不确定的环境中，准确判断并果断承担风险，是一个高手必备的素质。你必须在具有风险的情况下,抓住那些转瞬即逝的宝贵机会。

所以真正的高手,不是不冒险,但他们冒的是有胜算的风险。

冒险和鲁莽并不是一回事儿。毛奇有一句著名的格言:"先计算,后冒险。"

粟裕也说:"出奇制胜,常常被视为险招儿,也确实具有风险性。必须使自己的行动建立在对敌我双方情况科学分析的基础上。"

不确定性是你改变不了的,但是风险却是你可以把握的。

你肯定知道仁川登陆的故事吧,那是麦克阿瑟指挥的一场经典作战行动。

1950年6月25日,朝鲜战争爆发。朝鲜人民军迅速越过三八线,势如破竹,不断向南推进。

到8月中旬,人民军已经控制了朝鲜半岛90%的土地和92%的人口。当时的韩国军队和美军被压缩在朝鲜半岛东南端的以釜山港为核心、不到1万平方公里的地区。

"联合国军"总司令麦克阿瑟提出了一个大胆的方案:一方面,以第八集团军在釜山加强正面防御;另一方面,在整个朝鲜半岛的蜂腰部仁川实施登陆作战,一举切断朝鲜军的补给线和退路,与第八集团军一起,对朝鲜军队形成腹背夹击之势。

这一行动方案代号为"烙铁计划"。

然而,这一方案却遭到了美国参谋长联席会议主席布拉德利上将、陆军参谋长柯林斯上将和海军作战部长谢尔曼上将等军方最高首脑的一致反对。

因为在美军高级将领们看来,仁川这个地方,根本就不适合进行登陆作战。仁川港的潮汐落差是亚洲第一、世界第二,最大落差可达10米。涨潮时所有船只都可以进港,但退潮时所有船只都会搁浅。所有的车辆、人员、物资都会完全陷在千百年来淤积的烂泥形成的滩涂之中,动弹不得。在这样的滩涂上登陆，无疑会成为敌人的活靶子。

此外，仁川港中还有一个小岛，就是月尾岛。月尾岛上有朝鲜守军，控制了进出港口的唯一一条航道。而且这条航道非常狭窄，只要有一艘船在航道内被击沉，就将彻底堵塞整个航道。

鉴于此，美军参谋长联席会议得出了结论：仁川具备不适合登陆作战的几乎所有条件。甚至有人直言，如果仁川登陆能够成功，有关登陆作战的教科书都必须重写。

布拉德利派出柯林斯上将、谢尔曼上将和爱德华空军中将专程前往东京，企图说服麦克阿瑟放弃这个疯狂的方案。

然而，麦克阿瑟却不为所动，他对将军们说："你们提出了关于无法登陆的种种因素，恰恰会是我登陆成功的根本依据。因为既然你们都不相信这个地方会登陆成功，敌人就不可能预料我会在这里行动。"

他还举了当年英国人在加拿大的魁北克突袭成功的例子。就是因为英国士兵爬上了别人认为根本不可能爬上去的高岸，才使法国的守卫猝不及防。仁川正是可以这样出奇制胜的地方。

他还说，他相信海军胜过海军相信自己，因为美国海军在二战的多次登陆作战中都克服了看起来无法克服的困难。海军肯定可以胜任仁川登陆的作战计划。

麦克阿瑟保证说："假如我的估计不准确，而且万一我陷入无力应付的防守局面，我将亲自把我们的部队撤退下来。那时唯一的损失只是我个人职业的荣誉而已。但仁川之战绝不会失败，并且必将胜利，它将挽救十万人的生命。"

在场的所有人都被他的演说打动了。他说服了前来说服他的将军们。

其实，麦克阿瑟绝非莽撞之徒。为了解仁川港的情况，他曾经派出了大量侦察机以及情报人员、海洋专家和蛙人对仁川港进行了周密的侦察，以详细了解仁川的潮汐和泥潭情况、海岸的高度以及月尾岛的防御部署等。

经过分析，麦克阿瑟得出了结论：由于潮汐的变化，仁川这个地方，一个月里有一天，一天里有早晚各3个小时，是可以完成登陆作战的。

在麦克阿瑟的坚持下，美军参谋长联席会议以及杜鲁门总统，都批准了麦克阿瑟的行动方案。

1950年9月15日，经过充分准备的美军发起了仁川登陆。正如麦克阿瑟所料，朝鲜军队根本没有想到美军会在仁川登陆，仁川地区的防守非常薄弱，只有1 000多名缺乏训练的地方部队。

美军以极小的代价便在仁川登陆成功，并突破了仁川防线。登陆的美军乘机向汉城发起攻击。汉城离仁川只有37公里。汉城也很快落入美军之手，朝鲜军队的补给线被彻底切断。

朝鲜军队因此腹背受敌，陷入合围，在南北美军的夹击之下，兵败如山倒，全线溃败，只有不到25 000名朝鲜人民军士兵撤回了三八线以北。而美军则乘胜长驱直入，一直打到鸭绿江边。朝鲜战争的战局由此出现了戏剧性的逆转。

你看出麦克阿瑟的高明之处了吗？在常人看来，麦克阿瑟的计划纯属冒险。但是麦克阿瑟非常清楚，他的冒险，是经过了精心计算的冒险，是有胜算的冒险。

和美军的仁川登陆一样，二战时期的诺曼底登陆行动，第三次中东战争中以军的空袭行动，还有孟良崮战役华东野战军围歼整编七十四师，这些都是现代军事史上最大胆、最惊心动魄的军事行动。

这些行动能够成功的共同原因，除了大胆的决策出乎对手意料，还在于行动的发起者，无一例外地通过精细的计算、周密的计划、巧妙的伪装、干净利索的执行以及完美的协同等等，使风险降到了最低点。

风险变成了有把握的风险。

商战也是如此。商战史上最令人惊心动魄的一仗，大概是索罗斯大战英格兰银行、狙击英镑的那一仗了吧。这一仗索罗斯加了杠杆，押上了100亿美元。在普通人来看，这简直是疯狂的赌博。

索罗斯为什么敢这样出手？

因为他早已有了把握：假如错了损失不大，假如对了能赚很多。而且对的可能性极大。结果他大获全胜。

他冒的，同样是经过计算的风险。

英国培生集团董事长丹尼斯·史蒂文森在谈到冒险时说："有一次英国前首相撒切尔夫人请我们吃饭，席间有人介绍我时说：'这是一个敢冒险的人。'但我自己知道，事实并非如此。别人认为我在冒险，但其实我的每一个决定都是计算好的，是有胜算的。因此我投资的金额虽大，但所承担的风险却并不大。我的'冒险'，实际上是有胜算下的举动。真正的企业家不是不顾血本的赌徒。"

孙子说："夫惟无虑而易敌者，必擒于人。"没有脑子却大大咧咧轻敌冒进，这样的人一定会被对手擒杀。

战争最忌匹夫之勇，莽撞之行，浮躁之气。

优秀的企业家和优秀的将军一样，他们会冒险，但他们的冒险，往往都是经过精心计算和计划的。

把敢于冒险与鲁莽行事区别开来的，是对风险与收益深思熟虑的权衡，是对决定成败的关键细节的把控。

刘伯承在谈到军队中优秀参谋人员的素质时，曾经用了八个字——胆大包天，心细如发。决策时要胆大，计算时要精准。

所以，"先胜"的另一面，就是要冒有胜算的险。准确地判断形势并果断地承担风险，是高手之所以成为高手的基本特质。

第五讲
任势：资源效能的放大

"势"是力量的放大器。同样的资源，放在不同的"势"中，可以发挥出完全不同的效能。

高明的将军是依靠"任势"而取胜，而不会让自己的下属陷入不断的苦战。战略的核心是创造出有利的态势。高明的战略家之所以高明，在于善于度势、借势、造势。

所有的大势都会过去，在任势的同时，还一定要警惕"势"背后的陷阱。

任势

善战者，求之于势，不责于人

我们讲过，《孙子兵法》的核心是：最好不用打就能赢；如果非要打的话，那就要有把握地打、巧妙地打、用智慧去打。

要实现有把握地打、巧妙地打、用智慧去打，就要学会借助和创造有利的态势。最大的胜算，蕴藏在大势之中。借助和创造有利的态势，孙子叫"任势"。

"势"是《孙子兵法》核心的概念之一。在孙子看来，取胜的关键，就是在有利的形势下发起你的行动，也就是"任势"。

"势"这个概念很有意思，英文中是找不到对应的词汇的。无论英文中的形势、态势、动势、锐势，还是环境、能量、动力、动能，这些词语都无法反映出"势"的全部内涵。

如果一种文化中的某个概念无法对译成另一种语言，这个概念往往就是这种文化中所独有的。"势"就是这样一个概念，是中国人独有的战略理念。

那么，究竟什么是"势"呢？

孙子有这样一个比喻："善战人之势，如转圆石于千仞之山者，势也。"

善于指挥作战的人所造成的有利态势，就像转动圆石从万丈高山上滚下来那样。这就是"势"。

一块石头，你把它放在平地上，是不会有什么冲击力的；你把它放在桌子上推下来，可能会在地上砸出一个坑；把它放在万丈的高山上推下来，却势不可当，没有人敢挡在这样的石头前面。

石头是同一块石头，为什么它的冲击力却完全不一样呢？高度不一样，位势不一样。"势"可以赋予它强大的冲击力量。用物理学的语言说，势能可以转化为动能。

石头的杀伤力，取决于它的势能和重量。石头本身的重量再大，高度不够也没有用。一个人要做成一件事情，并不单纯取决于你自身的资源与实力。你要做的是顺势而为，从千仞之山上推下万钧之石。

用杜牧的话来说："转石于千仞之山，不可止遏者，在山不在石也；战人有百胜之勇，强弱一贯者，在势不在人也。"

把一块石头从万丈高山上推下来，之所以无法阻挡，靠的是山势，而不是石头本身。指挥军队有百战百胜的勇猛，无论强弱都能打胜仗，靠的是态势，而不是士兵本身。

王晳也说："石不能自转，因山之势而不可遏也；战不能妄胜，因兵之势而不可支也。"

石头没有办法自己滚动，因为有了山势才会不可阻挡。作战不可能无敌取胜，因为有了兵势才会所向无敌。

所以孙子认为，取胜的关键就在于"势"的把握，他说："善战者，求之于势，不责于人。"

真正的高手，是制造和借助有利的态势而取胜，而不是苛求自己的下属。

同样一支部队，你把它放到高山上往下冲，势不可当。但你把它放到平地去仰攻山头，它有再强的执行力，付出再大的代价，也不一定能攻下来。

"兵得其势，则怯者勇；失其势，则勇者怯。"军队战斗力的发挥与所处态势的优劣有直接的关系。将军的职责就是要寻找和利用这种有利的态势。有利的态势没有形成之前，高明的将军是不会发起行动的；只有形成了有利的态势，才会果断发起攻击。

在有利的态势还没有形成之前，就要求下属死打硬拼，只能使下属陷入不断的苦战之中。孙子认为，这样的将军是不合格的，是违背基本的取胜之道的。

从本质上来说，"势"就是外在的，不以人的意志为转移的战略趋势，也就是如今人们天天讲的风口、大潮。

所以，关于"势"，孙子还有另一个比喻："激水之疾，至于漂石者，势也。"

湍急的流水以非常快的速度奔泻，把巨大的石头都冲了起来，靠的就是水势的力量。

想象日本地震引发的海啸，所向披靡；想象高峡泄洪形成的水流，势不可当。

"势"就是由高度和速度产生的一种强大的推动力和冲击力，一股强大的潮流。聪明的取胜者就是要找到这个势，让这个"势"形成一种强劲的驱动力量，推着你走。

"天下大势，浩浩汤汤，顺之者昌，逆之者亡。""势"是不可逆的，没有人能够跟"势"对抗。不顾"势"，不识"势"，最终只能被"势"淹没。但如果你能够借助"势"的发展，顺势而为，就可以从中获取推动你发展的巨大力量。

一种好的"势"，可以让你一泻千里，势在必得，成为你超常规发展的动力来源，使你可以完成单凭自己的资源与力量无法完成的事情。

高明的战略家之所以高明，就在于能够审时度势，找到这个"势"，把握住这个"势"，然后切入这个"势"，加以充分利用，然后"势"就会推动着你向前走，取胜也就成为顺势而为、顺理成章、自然而然的事情。

企业竞争也是这样。企业出了问题，无非是两种，要么是战略，要么是执行。

很多时候我们认为是执行力问题、团队的问题，本质上其实是战略的问题。我们往往把战略的问题当成执行的问题，甩锅给下属，甩锅给团队，这不是好主意。

用傅盛的话说，用普通部队也能打胜仗的，这才是真正的名将。把握住大势，在高维度上想清楚了，一出手，就居高临下进行打击，这才是战略的高手。

所以，自古以来，中国人都特别重视"势"的作用。

孟子说："虽有智慧，不如乘势"。人的智慧再厉害，也不如去顺应大势。

吴子说："因形而用权，则不劳而功举。"根据形势采取灵活的手段，不用有多大的付出，就可以建成伟大的功业。

孙膑说："善战者，因其势而利导之。"真正的高手，一定要因势利导。

唐代军事家李靖说："以弱胜强，必因势也。"弱者自身的资源往往是有限的，单凭自身的力量是没有办法战胜强大的对手的，弱者要想战胜强者，一定要借助外在的大势的力量，来弥补资源的不足，来放大资源的效能。

"故用兵任势，如峻坂走丸，用力至微，而成功甚博也。"用兵借助大势的力量，就像从陡峭的斜坡上推下一块圆石一样，"用力至微"，轻轻一推就可以，但"成功甚博也"，成就的功业却极为可观。

李靖还把"势"具体分为"三势"：因势、地势和气势。

因势，就是要借助对手的力量。孙子强调要"顺详敌之意"，要"因敌而制胜"，也就是要借助对手的意图，借助对手的反应，借助对手的弱点，顺势而为，引导对手，调动对手，借对手的行动与力量来打败对手。

就像太极图中的阴阳鱼一样，当阳鱼来顶阴鱼时，阴鱼不是正面相顶，而是借阳鱼来顶的力道，顺势而为，将对方顶出去。就像搏击一样，对手一拳打来，高明的拳师不是正面相抗，而是四两拨千斤，顺着对手的方向一拉，既可化掉对手的攻势，又可借对方之力，让对方失去平衡，从而打败对手。

战国马陵之战中，孙膑指挥的齐军，就是充分利用了庞涓和魏军轻视齐军和急于复仇的心态，因势利导，示弱骄敌，在退却途中诱敌入伏，从而一举歼灭了魏军主力。

地势，指借助地形的力量。李靖说："关山狭路，羊肠狗门，一夫守之，千人不过，谓之地势。"卡住战略上的雄关重险，你就可以用很少的兵力，左右天下的形势，使对手处于被动之中。这就是所谓的"一夫当关，万夫莫开"。

气势，指的是借助士气的力量。李靖说："将轻敌，士乐战，志励青云，气等飘风，谓之气势。"

将领一点也不畏惧对手，士兵一听要作战就非常兴奋，三军之众，百万之师，斗志高过青云，气概犹如飘风，这种精神的优势形成强大的威力加于对手之身，可以摧枯拉朽，这就叫作气势。

体育比赛的特点是一定要打出士气，士气本身就是一种无形但强大的推动力。士气高昂的团队，可以越打越顺。战争也是如此。在战争中，借助高昂的士气，乘胜追击，就可以取得势如破竹之效。

秦末项羽北上救赵之战，义军破釜沉舟，义无反顾，每人只带三天干粮，誓死同秦军决一死战。由于全军将士同仇敌忾，将领身先士卒，士兵奋勇争先，气势冲天，"无不以一当十"，取得了九战九捷的胜利。

相反，如果军队缺少了气势，士气低落，人员数量再多，也如同一盘散沙，形不成战斗力。

解放战争时期，三大战役以后，解放军之所以能够席卷大西南，一个重要的原因就是解放军具有高昂的士气，国民党的士气已经被彻底打掉，因而无法组织起有效的防御。

因势、地势、气势是李靖的"三势"。宋代的兵学家许洞又将李靖的"三势"进一步发展为"五势"，"势之任者有五：一曰乘势，二曰气势，三曰假势，四曰随势，五曰地势"。

具体来说："凡新破大敌，将士乐战，威名隆震，闻者骇惧，回其势而击人者，此之谓乘势者也；将有威德，部伍严整，士有余勇，名誉所加，慑如雷霆，此之谓气势者也；士卒寡少，盛其鼓，张其旗，为疑兵，使敌人震惧，此之谓假势者也；因敌疲倦懈怠袭击之，此之谓随势者也；合战之地，便其干戈，利其步骑，左右前后，无有陷隐，此之谓地势者也。用兵者乘此五势，未有不能追亡逐败，以建大功也。"

当然，"势"并不仅仅有"三势""五势"。高明的用兵者，可以借助各方面的有利条件，包括民心的向背、盟友的力量、天时的变化、政策的变动等等，来为自己形成最有利的态势。

从战略上来说，最重要的是"时势"，也就是时代的大势、时代的潮流，这是最根本的"势"。

战国著名的纵横家苏秦曾经说："夫权藉者，万物之率也；而时势者，百事之长也。故无权藉、倍时势而能成事者，寡矣。"权变是万物的先行，时势是百事的主宰。所以不懂权变、逆背时势而能成大事的几乎没有。

所以"圣人不巧，时反是守"，"圣人之功，时为之庸"。识时务者为俊杰。高明的战略家一定会审时度势，时至而动，将取胜的重心放在对大势的把握与利用上，而不是不切实际地强求与妄为。

无论是什么样的"势"，都是一种力量的放大器。胡雪岩曾经说过这样一句话："势利，势利，利与势是分不开的，有势就有利。所以现在先不要求利,要取势。"如果你仅仅盯着眼前的利益,你最多能够获得小利、短利。要想获得大利,首先要取大势。取大势,才会有大利,才会有长远之利。

高明的用兵者,总是把自己取胜的重心放在寻求和创造有利的态势上,而不是局限在具体的战术对抗或一城一地的得失上。

借助"势",顺应"势",审时度势,顺势而为,在大势中把握大的战略性机会,利用大势的力量成就战略性的事业,在中国人看来,这是取胜智慧的应有之义。

利用"势"的杠杆作用

不过,要想"借势",你首先要"见势"、要"明势",要知道这个势从哪儿来,到哪儿去,要看你能不能比对手更早、更深刻地洞察到这个"势"。

《六韬》中说过一句话:"善除患者,理于未生;善胜敌者,胜于无形。"

竞争与战争一样,是决策者眼光的博弈,是领导者远见的比拼。早在第一枚棋子落下之前,胜负往往已见分晓。因此,二者都需要对大势的深刻理解,都需要战略性的眼光。"势"已经形成,才意识到"势"的存在,往往为时已晚。

真正的智者,在"势"还没有显露出来之前,就已经敏锐地把握住了大势的走向。抢先于对手把握住这个大势,然后你就知道下一步该往哪个方向走,往哪个方向去突破。

毛泽东在谈什么是领导的时候,曾经说过一段非常精彩的话:"坐在指挥台上,如果什么都看不见,就不能叫领导。坐在指挥台上,只看见地平线上已经出现的大量的普遍的东西,那是平平常常的,也不能算领导。只有当着还没有出现大量的明显的东西的时候,当桅杆顶刚刚露出的时候，就能看出这是要发展成为大量的普遍的东西，并且掌握住它，这才叫领导。"

在毛泽东之前，中共所有的领袖都是共产国际指定的。毛泽东为什么能成为中国共产党本土产生的第一位领袖？很重要的原因，就是在大势的判断上，尤其是对大势转折点的把握，毛泽东确实有他的过人之处。

并不是所有的人都有这样的前瞻力。

马云曾经很形象地说，很多人输就输在，对于新兴事物，第一步看不见，第二步看不起，第三步看不懂，第四步来不及。

所以，能否因势利导，顺势而为，根据大势来制定出有效的战略，关键还在于你审时度势的能力，在于你的战略性眼光。

在企业竞争中，对"势"的把握和利用，同样是企业取胜的关键因素。

企业不是孤立的单元，它本身就是环境的一部分，环境的存在是不以企业的主观意志为转移的。环境的发展趋势，包括社会的大势，行业的大势，市场的大势，都是对企业战略构成重大影响的外在因素。

经济学的研究认为，公司特有的行为只能解释公司价值的一半。大约50%的投资回报率差异可归因于整体经济和行业状况。

我们回头看互联网时代的中国商业，就会非常清楚地看出企业与大势的关系。

中国的互联网时代发展到今天，大概可以划分为门户网站时代、移动社交时代、移动短视频时代。每个时代都会造就一批弄潮儿。

在门户网站时代，涌现出了新浪、网易、搜狐这样的互联网公司。那个时代，这三家公司几乎被认为就是互联网的代名词。

在移动社交时代，腾讯的微信横空出世。到2019年9月，微信用户覆盖了200多个国家，全球用户月活数达到11.5亿，从而成为名副其实的超级APP。

而移动短视频时代的到来，则给了快手和抖音这样的企业以极好的成长机会。

快手发端于2011年，最早只是制作和分享GIF图片的手机应用，2012年转型为短视频社区，但很长时间都无人知晓。

随着2015年、2016年前后移动短视频时代的到来，快手终于迎来了自己的爆发式成长：2015年到2016年初，快手用户从1亿涨到3亿；2017年超过5亿、日活跃用户超过1亿；到2020年春节前，快手的日活跃用户已经超过3亿。

抖音的运气比快手还好。抖音是2016年上线的，正好赶上了移动短视频的大浪，所以从零用户到用户突破一个亿，抖音仅仅用了一年半的时间。

到2020年1月，抖音日活跃用户已经突破4个亿，成为继微信之后成长最快的产品。抖音国际版TikTok则席卷越南、日本、泰国、菲律宾、马来西亚等国际市场。在美国，TikTok用户仅2019年就增长了97.5%。

在战争中，高明的将军会积极借助天时、地利和对手的反应等因素，因势利导，来为自己创造取胜的条件。在竞争中，最佳的取胜之道同样是因势利导，从而找到超常规发展的动力来源。

高明的竞争者对于"势"的利用，可以达到出神入化的地步：可以用社会潮流之势，用重大事件之势，用产业变动之势，也可以用对手之势。

企业可以用社会潮流之势。每个时代都有自己的社会文化潮流，将企业的发展与社会大势结合起来，往往很容易得到社会潮流的推动力量，从而使企业的影响产生放大效应。

企业可以用重大事件之势。特定的历史事件可以给企业带来极好的借势平台。"奥运营销"已经成为营销领域的专有名词，像世界杯、奥运会之类的全球性事件，对于企业打造全球性的品牌极为有利。

1964年东京奥运会，日本的索尼成为国际品牌；1988年汉城奥运会，韩国的三星成为国际品牌；2008年北京奥运会，李宁以火炬手点燃奥运会开幕式的圣火，大大提高了李宁品牌在全球的知名度。

蒙牛跟湖南卫视合作，借助超级女声推出了酸酸乳，超级女声红遍大江南北，"酸酸甜甜就是我"也广为传播，酸酸乳为蒙牛带来了十多个亿的收入。"神五"上天，举国瞩目，一夜之间，大街小巷和电视屏幕上铺天盖地全是蒙牛的"宇航员牛奶"。

加多宝跟浙江卫视"中国好声音"合作，以几千万的广告投入，获得了上百亿的市场回报，这些都是因事件之势的典型例子。

企业可以用产业变动之势。2004年底，联想并购了IBM的全球PC部门。当时很多人并不看好这场"蛇吞象"的跨国并购。

然而在很短的时间内，并购即初见成效。联想不但获得了空前的品牌影响力、市场份额和技术，还拥有了国际化的管理团队和国际公司的治理架构，从而具备了参与全球性竞争的资格和能力。

更重要的是，联想借并购IBM全球PC部门，抓住了笔记本电脑市场爆发的产业大势。联想并购IBM全球PC部门的时候，电脑行业中台式机时代向笔记本电脑时代过渡的大幕刚刚拉开。联想对并购时机和对象的选择极为准确。

在台式机的时代，联想、方正、同方等国产PC商牢牢占据了国内绝大多数市场份额，惠普、戴尔等跨国公司并未占到便宜，但高端的笔记本电脑市场完全是跨国公司的天下，国产厂商普遍缺乏设计制造笔记本电脑的能力。联想一直到2002年都不能独立设计笔记本电脑，其他国产品牌在这方面的差距更大，品牌影响力更是无从谈起。IBM的ThinkPad在全球范围内都是一个非常强势的笔记本电脑品牌。联想借并购战略，实现了跨越式发展。方正、同方等厂商则因这一致命缺陷无法弥补，在产业大势变化后逐步衰落下去。

迈克尔·波特曾经指出，"产业结构若发生巨变，就可以为动作快的企业制造新机会"。他还举了手表业的例子。20世纪五六十年代，大量生产、销售和广设营销点等趋势出现，天美时和宝路华等美国企业因此取代瑞士在传统钟表店的优势。随后，完全不同于机械表的电子表问世，又给了日本的西铁城、精工以及后来的卡西欧跃居前列的机会。

在波特看来，充分把握并利用产业发展的新一波浪潮，往往是新进入者能够借势而上，取代旧的领导者的关键因素。而原本领先的企业如果不能顺势因应，它们的优势就会丧失殆尽，从而被后进者打败。

企业也可以用对手之势。在战争中，高明的将军可以利用对手的行动来达到自己的目的。在竞争中，高明的竞争者也可以因势利导，引导对手的行动帮助自己达成目标。

蒙牛初期著名的"二牌战略"就是利用对手伊利的品牌优势。蒙牛刚刚创办的时候，在中国1 000多家乳业企业中排名最后，用蒙牛自己的话说，是"牛尾巴尖的最后一根毛"。而伊利则是全国乳业的老大。蒙牛打出了这样的广告词："向伊利学习，为民族工业争气，争创内蒙古乳业第二品牌。"

人人都知道伊利是中国乳业的第一品牌，却没有人知道乳业的第二品牌是谁，蒙牛的"二牌战略"，一下子使它借伊利之势，跃过了众多的竞争对手。

近期机场也好、高铁也好，你可能经常会看到青花郎的一个广告："中国两大酱香型白酒之一。"

人人都知道茅台是中国酱香型白酒品牌的代表，郎酒很长时间都只能活在茅台的阴影之中。而青花郎却巧妙地借助茅台这个竞争对手，使自己的品牌影响力得到了极大的提升。

武术上有"借力打力"的说法。在企业竞争中，当对手发起攻势的时候，如果能够预测并巧妙地引导对手的进攻行动，往往同样可以达到出奇制胜的效果。

Drypers是得克萨斯一家生产婴儿尿布的地方性企业，宝洁公司旗下的帮宝适品牌为了打败Drypers，在得克萨斯大量发放赠券，试图以此对Drypers进行强力打压。Drypers没有照搬宝洁公司的进攻性策略，而是宣布帮宝适的赠券对自己同样适用，从而将竞争对手的赠券变为自己的赠券，将对手的攻势转化为自己的推动力。结果宝洁发的赠券越多，Drypers卖的就越多，公司销量猛增，最后宝洁不得不停止了攻击行动。

孙子说："少则能逃之，不若则能避之，故小敌之坚，大敌之擒也。"

在竞争中，因势而为的另一层含义是，当企业再努力也没有取胜希望的时候，就不要去逆势而动，最明智的办法就是顺势而为，退出市场。

比如说一种产品已经进入生命周期的最后，再多的努力也难以回天，这时候还不如开发出更符合市场需求的产品，以顺应市场发展的内在规律。

毛泽东说，打得赢就打，打不赢就走。当对手过于强大的时候，只有承认大势已去，果断地走，才有保全自己，才能有卷土重来的机会。这个时候最忌讳的就是死守不退。

20世纪80年代，在存储器市场上，英特尔遭到了日本企业的猛烈攻击，日本企业所有的产品都比英特尔成本要低10%，英特尔根本无力抗衡。在这种情况下，格鲁夫决心果断退出自己创建的存储器市场，转入微处理器行业，从而奠定了英特尔在微处理器行业的统治地位。

可以说，没有当年的顺势而为，就没有今天的英特尔。

在不利的情况下，退却也是一种顺势的行为。全身而退，需要的是更大的智慧。

曾鸣教授在他的《智能商业》一书中，曾经提出过一个"三浪叠加"的理论，是指今天中国的商业发展，经常会在一个时间点出现三个发展周期的叠加。

以零售业为例,传统零售业是 1.0 模式,国美、苏宁是 2.0 模式,淘宝为 3.0 模式。

在 2008 年的时候,三种模式的差距还看不出来,淘宝、国美、苏宁的零售总额都差不多是 1 000 亿元。短短 4 年的时间,到 2012 年的时候,淘宝全年的销售额过了万亿,传统零售却开始负增长,2.0 模式的增长也开始缓慢起来。

曾鸣教授的结论是:任何一个行业,任何一个时间点,当 3.0 模式出现之后,1.0 模式的企业就要非常小心了,很可能是突然进入断崖式的困难期。而这样的企业如果在看到 3.0 模式后,就尽早准备,能够趁大部分人还没有反应过来就套现退出,就已经是很好的结局了。

从战争的角度来说,"势"是衡量对抗双方胜败的标志。当其中的一方已经"失势"的时候,实际上也就已经失败了。

承认失败的现实,并及时止损,有时候反而是最明智的选择。

造势的原则:其势险,其节短

有"势"要借势,没有势怎么办?要"造势"。

真正的高手,固然会明智地取势;更高的高手,则勇于造势,这样才能把自己的命运掌控在自己手里。

在战争中,在更多的情况下,指挥者都必须通过发挥主观能动性,创造出有利的态势来取胜。

《孙子兵法》的"势篇",讲的就是如何最大程度地形成雷动风举之势,形成强大的爆发力、冲击力,形成锐利的攻击之势。

什么是"造势"?如何"造势"?

孙子用张开的强弩来比喻战争中的造势。弩是当时最有杀伤力的兵器，用脚张开以后，可以蓄满强大的能量，一旦扣动扳机，就可以干脆利落，形成穿透之势。

孙子说："故善战者，其势险，其节短。势如彍弩，节如发机。"

善于用兵的高手，他创造的"势"是险峻的，他掌握的"节"是急促的。险峻的"势"就像张满的强弩，急促的"节"就像击发弩机。

在这里，孙子提出了造势的两条基本原则：势险、节短。

首先是"势险"。势险，杜牧的解释是"如弩已张，发则杀人"，就是在作战中要么不打，要打就要在关键的地点，集中起几倍乃至十几倍于对手的力量，造成一种险峻的、以至强击至弱的压倒性优势，从而蓄积起最大的攻击能量。

你前期的准备越充分、蓄积的能量越强大，最后动手就会越简单，打击结果就会越有效。

就像要引爆的爆炸物一样，炸药的当量越大，爆炸时产生的威力就越大；就像要滚下的石头一样，平台越高，滚下来所产生的冲力就越大；就像决开的积水一样，落差越大，决口之后的水势就越猛。

造势的前提是蓄势。

孙子说："善攻者，动于九天之上。""胜者之战民也，若决积水于千仞之溪者，势也。"这样攻击行动一旦发起，就可以实施最强大的突击。对手一旦进入这样的"势"之中，在劫难逃。

在战争中，取胜的一条重要原则就是形成不可阻挡的必胜之势，然后再进入交战。

在竞争中，造势同样要遵从这条"势险"的原则。平淡无奇之"势"，是不可能给企业带来竞争优势的，这样的"势"只会浪费企业的资源，还不如不造。

竞争中，你要造势，就要造出压倒性的优势，就要集中几倍乃至十几倍于对手的资源，在最关键的市场上造成绝对的优势，使你的对手陷入极为不利的态势之中。要想造势，就要高筑竞争平台，占据行业的制高点，造成相对于对手的险峻之势，拉大与对手之间的落差。

这样的企业一旦参与竞争，就像从千仞之高的山上滚下圆石一样，其势可转化为不可遏制的攻击力量。

孙子说"凡军好高而恶下"，又说"高陵勿向""视生处高，战隆无登"。在战争中，交战的双方都在争取抢先控制制高点，以取得以高制下的对敌优势。

企业竞争也一样，如果对方控制了行业的制高点，自己被压在谷底之中，处于仰攻的被动局面，一点一点地往上打，往往付出巨大的代价也很难有所进展，因而企业只会越做越艰难。

所以，对于企业来说，要造势，也要果断地"走上去"，占领最高点，造成险峻之势，形成压倒性的优势。只有这样，发起攻击行动时，才能形成以上击下、势如破竹的凌厉攻势。

今天我们看到的所谓新零售，其实就是利用互联网的手段，以全新的打法，从全新的维度，挟互联网的大势，对传统零售业发起的颠覆性打击，也就是人们所说的降维打击，从而改变整个竞争格局。

造势的第二条原则是"节短"。所谓的"节短"，简单地说，就是一旦发起行动，那么你的节奏就必须短促、干脆、利落。

"兵无常势"，任何有利的态势总是短暂的。对我再有利的态势，一旦对手反应过来，也会失去突然性。

要想充分利用所造出来的险恶态势，行动就必须干净利落。因此，攻击行动不出手则已，一出手，就要以突然的动作、短促的节奏、迅疾的速度，通过瞬间的能量爆发，形成突然、干脆、猛烈、摧毁性的攻击力量，对手没来得及调动资源组织反抗，就已经被击败。

孙子曾经用鸷鸟捕猎来形容"节短":"鸷鸟之疾,至于毁折者,节也。"捕食的鸷鸟迅疾一击,可以一下子捕杀鸟雀,这就是节奏的作用。"节短"强调的是在发起攻击时必须通过时机的精确性、行动的突然性、力量的暴烈性,来达到攻击效果上的震撼性、穿透性。

成吉思汗的蒙古军队之所以能够横扫欧亚大陆,一个重要的原因,就是蒙古军队具备强大的机动能力,可以迅速转移兵力,随心所欲地在由他们选定的时间和地点迅速集中起绝对的优势兵力,在最短的时间内解决战斗。

他们可以突然出现在敌人的侧翼或者背后并发起攻击,也可以突然消失得无影无踪。这种在运动中形成优势的能力,是农耕民族的军队根本无法具备的。

从进攻上来说,一旦有机会,他们就可以用闪电式的袭击,以极快的推进速度,突然出现在敌人面前,一下子突破敌人的阵形,而后迅速地向纵深发展进攻,粉碎对方组织抵抗的一切企图,达到彻底击溃对方的目的。

南宋年间的徐霆说蒙古军队"来如天坠,去如电逝"。民国年间的万耀煌也评论说:"成吉思汗之进兵也,如飙风迅雷,千里瞬至,鹰鹯一击,往往覆敌于猝不及防。"

二战中德军的闪击战,同样是利用装甲集群惊人的推进速度,形成巨大的突破力量,从而使对手根本没有办法组织起有效的抵抗。

班固在《汉书》中分析"兵形势家"的作战特点时也说:"雷动风举,后发而先至,离向背合,变化无常,以轻疾制敌者也。"强调的也是迅雷不及掩耳的速度对于突破的关键作用。

速度本身就可以形成强大的冲击力量,形成一种巨大的动势和不可阻挡的锐势。用前面我们引过的孙子的话说:"兵之情主速,乘人之不及,由不虞之道,攻其所不戒也。"

在对抗中，一个行动的效果不仅仅取决于它本身，还取决于对手对这种行动的适应情况。当速度可以达到迅雷不及掩耳的地步时，对手就没有办法做出反应，就足以造成突然性，从而使作战行动取得突破性的效果。

所以孙子曾经这样警告决策者："故兵闻拙速，未睹巧之久也。"

兵贵神速，闪电般的速度可以打对手一个措手不及。如果你速度太慢、节奏太长，对手就很容易对你的行动做出有效的反应，甚至还可能会先你行动，使你精心准备的行动方案完全泡汤。

所以，在战争中，一个不完善的行动，也远远比一个过时的行动要好得多。快速的反应能力在今天的战场上比什么都重要。要想发起强劲有力的攻击，就必须利用速度所形成的摧毁性冲击力量。

美国海军陆战队作战条令中说，"速度本身就是一种武器——通常是最重要的武器"。

美军前空军上校博伊德曾经提出过一个 OODA（Observe，Orient，Decide，Act）循环理论，即观察、调整、决策和行动。在这一模式中，作战节奏快的一方将在战场上的"行动—反应"链中成为主动的一方，通过加快速度来缩短自己的作战节奏，将己方的作战节奏嵌入对手的作战节奏之内，就能使对手应接不暇，从而使其陷入混乱，甚至是崩溃。

在竞争中，速度对于市场的突破同样是至关重要的因素。

竞争中的所谓"节短"，就是市场行动不出手则已，一出手就要干净利落，以对手难以承受的速度和节奏，以爆发性的力量长驱直入，打开市场，不拖泥带水，不给对手以任何还手的机会。

竞争实践证明，速度已经成为今天市场竞争取胜的最关键的武器之一。尤其在今天这样一个快速变化的市场环境中，一个企业，即使拥有巨大的品牌优势，有深厚的技术积累，如果不能以短促的节奏、迅疾的速度占领市场的话，再好的形势也无法利用。

如何充分利用速度这一强大的竞争武器，在竞争中对市场和对手的行动做出快速的反应，从而以速度取胜，已经为越来越多的竞争者所关注。

微软的比尔·盖茨说，速度是企业成功的关键所在。

英特尔的安迪·格鲁夫说，对于成功，速度是我们拥有的唯一武器。

小乔治·斯托克的著作《与时间赛跑：速度经济开启新商业时代》，强调以时间为基础的竞争观念，强调以最快的速度去占领市场。

达韦尼也将速度列为"破坏性的能力"，在他看来，"行动快速的话，竞争对手可以预先察觉这项行动的时间或是准备回应行动的时间就会缩短，因此可以达到破坏竞争对手的效果。快速行动会缩短竞争对手复制或瓦解优势的时间，同时可以加强行动的震撼性。这样一来，速度也可以加强出奇制胜的效果"。

思科的钱伯斯则提出了著名的"速度制胜论"，他说："我们已经进入一个全新的竞争时代，在新的竞争法则下，大公司不一定打败小公司，但是快的一定会打败慢的。你不必占有大量资金，因为哪里有机会，资本就很快会在哪里重新组合。速度会转换为市场份额、利润率和经验。"

里德·霍夫曼写了一本叫《闪电式扩张》的书，主张在不确定的市场里以最快速度扩张的发展战略。

在霍夫曼看来，爱彼迎、脸书、领英、谷歌、苹果、亚马逊，乃至腾讯、阿里巴巴、小米，这些公司成功的共同秘诀，是它们都采用了"闪电式扩张"，把速度的效用发挥到了极致，从而从小的创业公司，变成了全球性的行业巨头。

当然，这并不是说在作战与竞争中，速度和节奏就是要一味无条件地快。"势险"和"节短"，一个是能量的蓄积，一个是能量的释放。能量的蓄积越多，攻击效果就越好，也就越容易干净利落地解决问题。

在作战中，"势险"是"节短"的前提。如果能量蓄积不够，想"节短"也短不起来，反而会打成僵局。

赤壁之战曹操之所以失败，其中一个很重要的原因就是进军过急，发展过快，部队没有得到很好的休整，用诸葛亮的话说，就是"强弩之末，势不能穿鲁缟"。

美军《作战纲要》认为，在作战中，"节奏能快能慢。指挥官虽然常常喜欢快速，但要调整节奏以确保协调一致。有时可能放慢节奏，以确保先创造条件然后再次加速，以取得与快速度同时产生的优势。"掌握好"势"的节奏非常重要。

孙子强调说："势如犷弩，节如发机。"

王皙解释说："战势如弩之张者，所以有待也；待其有可乘之势，如发其机。"

也就是说，要把能量蓄积与释放的节奏控制在自己的手里。这样能量一旦释放，就能构成最大的杀伤效果。

能量的蓄积、节奏的控制，是关系到"造势"效果的两大关键因素。

兵无常势：警惕"势"背后的陷阱

"势"对战争双方的取胜具有重大的影响。战争的艺术，在很大程度上也就是运用"势"的艺术。同样，"势"对企业的命运也会产生巨大的影响。企业的行为只有与大势相吻合，相关的战略行动才可能获得更大的成功。

但是，在借势造势的同时，领导者还要警惕大"势"背后的陷阱。

"顺势而为"是一种很舒服的感觉，但"如日中天"也往往是问题的开始。

在顺利的时候，人们很容易高估自己的实力，认为所有的成功都是理所当然的，却对潜在的风险和存在的问题视而不见。

然而，所有的大势都有起有落。如果陶醉于大势所带来的势如破竹感，满足于顺势而为所带来的虚幻的力量感，从而把自己的命运完全交给外在的环境，一旦大势逆转，就会被高高抛起，重重摔下，陷入万劫不复的地步。

当年曾经有一句名言："站在风口上，猪都能飞起来。"然而很多人忘记了另一面：一旦风过去，首先摔死的也是猪。

当年共享经济中最耀眼的是什么？共享单车。然而从无限风光的风口，跌到产业发展的谷底，共享单车只用了很短的时间。投资者曾经大力追捧的摩拜"卖身"给了美团，ofo则深陷困境难以自拔。

孙子说："兵无常势。"易变是"势"的本质特征。"势"可以如潮涌一般呼啸而来，也可以如潮退一般悄然而去。

喧嚣的大势总是充满泡沫，而泡沫总有破灭的一天。

知乎创始人周源说："没有哪一棵树能长到天上，也没有哪一波红利可以永远持续。"

所以，"势"并不像你想象得那么靠谱，不要在大势的狂欢中迷失了自己。"势"可利用，但是不可以依靠。所有那些只靠"势"创造的辉煌，注定都是不可持续的。

孙子说："是故智者之虑，必杂于利害。杂于利而务可信也，杂于害而患可解也。"

聪明的将帅思考问题，必须兼顾到利害两个方面。在不利的条件下要看到有利的因素，任务才可以顺利完成；在顺利条件下的要看到不利的因素，祸患才能事先解除。

明智的战略家之所以明智，就在于他们既敬畏"势"的力量，又对"势"背后所隐藏的陷阱保持充分清醒的警惕。

他们善于借助"势"的力量，但从来不为"势"的力量所左右。

在逆境中他们能在整体的逆势中找到有利之势，找到逆势之中的扩张动力；而在顺境中他们对"势"的演变充满警惕，尤其是对那些充满泡沫的大势避而远之。

他们总是第一时间知道什么时间应该随"势"起舞，什么时间必须按自己的节奏行事。

只有这样，他们才能避免大起大落，从而把命运掌握在自己手里。

第六讲
击虚：突破方向的选择

所谓击虚，就是从战争全局出发，选择和利用对手关键而脆弱的环节作为打击目标，从而通过单点的突破，来带动战略全局的发展。

从市场战略来说，要在市场的缝隙突破，在消费者最敏感的点突破。从竞争战略来说，要在竞争对手最虚弱的时候突破，在对手最薄弱的环节突破。

这样的战略性行动往往效用最大，可以一举打开局面，或者使对手的战略体系陷入崩溃。

击虚

避免进攻对手的优势

"击虚",也是《孙子兵法》的一个核心法则。从逻辑上说,如果说"先胜"是"全胜"在作战领域里的延伸,那么"击虚"就是"先胜"理念的进一步发挥。

如果说"先胜"强调的是出手时机的把握,有把握地打;那么"击虚"强调的就是突破方向的选择,有选择地打,选好你的破局点。

你已经分析清楚了大势,你也已经有了立于不败的基础,问题是:马上就要打起来了,你该怎么破局?从哪里打开局面?用军事的术语来说,就是如何确定你的主攻方向。

斯大林曾经说过一句话:军事战略的主要问题就是确定主攻方向。

如果你没有学过军事,你要是去读作战计划,会发现一个作战计划往往有几页甚至十几页,涉及作战方方面面的内容,有时候会把你绕糊涂了。但是会读的人就看一条:主要作战方向在哪里。

所有作战资源的配置,一定是围绕主要作战方向展开的。

那么,在进攻作战中,如何确定主要作战方向呢?

孙子的回答是避实而击虚。避免从正面进攻对方那些强大的、设防坚固的、具有优势的、不好打的地方,选择对手关键而脆弱的环节作为打击目标。通过一点的突破,带动整个战略全局的发展。

在对手最虚弱的时候突破,在对手最薄弱的环节突破,在对手最意想不到的地方突破,利用对手的混乱、大意、不备,当然也包括利用对手出错的机会,来实现突破。总而言之,就是攻虚击弱。

用索罗斯的投资策略来说,就是"专攻要害"。

突破的方向往往可以决定行动的力度。有效的攻击可以一举使对手的整个战略陷入崩溃。

所以吴起说:"用兵必须审敌虚实,而趋其危。"

避实击虚,顾名思义,首先就是要"避实"。避免攻击对方实力强大、预先有准备的阵地,避免进行残酷的正面突破。

孙子的忠告是:"无邀正正之旗,无击堂堂之阵。"不要去正面拦击旗帜整齐、部署严密的对手,不要去正面进攻阵容堂皇、实力强大的对手。

克劳塞维茨也提醒说:"即使最果断的统帅对良好的防御阵地也敬而远之。""对占领良好阵地的强大敌人进攻是非常危险的,这一点是无疑的,而且在这里应该被看作一个重要的真理。"

这样的阵地是对手的优势所在。正面进攻这样的阵地,无异于"攻城",结果必然是实力和资源的消耗,是代价最大的打法,是没有智慧的打法。这样的打法往往成本极高,却收益极低,昂贵而无效。

所以战场上的将军们都明白,除非迫不得已,否则不会直接向强大的对手发起正面强攻。

然而非常可惜的是,战争史上强攻的例子并不少见。我们前面讲的"皮克特冲锋",就是一个典型的例子。

更可惜的是,商战领域中,也总不乏这样直接向对方的优势发起正面进攻的例子。

一般来说,企业都会在几个细分市场上进行经营,当某个细分市场对于竞争对手来说非常重要，比如说是其最有利可图的市场，是对手主要的利润来源的时候，这样的市场也往往是对手重点防御的市场，是对手的优势和主要力量之所在。

在对手防守良好的市场上发起攻击，必然会遭到对手的强力反击，因而只能形成正面的仰攻。

在全球市场上，正面向对手的优势发起进攻的一个经典案例，大概是在数字音乐播放器领域，微软推出 Zune（一款便携媒体播放设备），向苹果的 iPod（便携式多功能数字多媒体播放器）发起挑战。

2001 年，苹果推出了第一代 iPod，随即如入无人之境，攻城略地，大获成功。到 2005 年，iPod 已经更新至第五代。

2006 年 10 月，微软也推出自己的数字音乐播放器 Zune，并以此向苹果的 iPod 发起了猛烈的进攻。时任微软 CEO 鲍尔默在发布会后高调预言："Zune 将最终击败 iPod，成为最受欢迎的媒体播放器。"

担任微软娱乐业务副总裁的布赖恩·李也表示，随着微软逐步推出更多型号的 Zune 并在全球范围内广泛销售，Zune 将最终成为数字音乐播放器市场的领导者。

微软高层还声称，微软已经做好了几年内不赢利、用钱砸市场的准备。比尔·盖茨也信心十足，亲自走上西雅图的街头，向公众展示微软推出的这款新产品。

然而，四年半下来，最终的结果却令微软大失所望：到 2011 年时，Zune 在北美的市场份额不足 1%，而 iPod 的市场份额却是 76%。

2011 年 3 月 15 日，微软宣布中止 Zune 数字音乐播放器的开发，不会再推新的版本。因为，它不流行。

2011 年 10 月 10 日，微软又宣布停止该系列最后一款产品 Zune HD 的业务，包括硬件和服务都将结束，微软不会再生产 Zune 设备。

Zune 与 iPod 的战争，最终以微软的悄然败北而告终。

Zune 的失败，其实从一开始就是注定的。不管是硬件还是配套的软件服务，Zune 的产品理念和 iPod 都如出一辙。《经济学人》曾经辛辣地讽刺说，Zune 是对 iPod "恬不知耻的仿造"。

这话可能有些刻薄，但无论是操作方式还是工业设计，Zune 都没有根本性的突破，这是事实。

与 iPod 相比，Zune 还不得不面临两个问题：一是苹果强大的品牌影响力，据说至少有一半人买苹果产品就是奔着那个品牌标识去的。

二是 iPod 的市场地位。微软推出 Zune 是在 iPod 发布并流行五年之后，而后者早已累积了近亿名粉丝。这一切都注定 Zune 从一开始就像皮克特的进攻部队一样，处于极端不利的进攻地形上。

要命的是微软偏偏又犯了一个致命的错误：Zune 的定价与同类型的 iPod 相比仅仅低 0.99 美元，这意味着微软对苹果发起的是正面强攻。

而皮克特冲锋早已告诉我们，不管你有多大的雄心，不管你准备砸下多少钞票，这样的进攻都是代价极高而胜算甚微的。

另一个正面挑战的例子，大概是维珍挑战可乐市场。

1998 年，维珍饮料推出了自己的可乐，在美国的软饮料市场向可口可乐、百事可乐和吉百利三个巨头发起了正面挑战。

雄心勃勃的维珍投入了巨资进行广告宣传。在维珍可乐投放美国市场时，维珍集团的 CEO、那位喜欢作秀的理查德·布兰森，还在纽约时代广场开着坦克，冲向用易拉罐堆起来的一面墙，在墙体轰然倒塌的欢呼声中，宣布对巨头们的战争从此开始。

然而，事实证明，三巨头对这一市场的控制是如此牢固，维珍可乐的仰攻根本无法取得突破。2000 年 7 月，该公司的销售副总裁对一个商业出版物承认："不少人在说：'我们找了好几年，也还是找不到它。'"

虽然维珍可乐还在持续地投入新的资源，希望打开市场，但在美国的可乐市场上，它从来就没有取得超过 1% 的份额。

聪明的企业不会去发起正面的仰攻，它们不会去轻易进攻对手的主要阵地，至少一开始不会。

就像孙子和克劳塞维茨一样，竞争战略大师迈克尔·波特在《竞争战略》一书中也曾经向企业家发出过警告："无论挑战者具有怎样的资源或是实力，决不要采用模仿战略从正面进攻。处于领导者地位所固有的内在优势往往会战胜这类挑战，而且领导者会以一切可能的手段进行有力的报复，随后的战斗将不可避免地先耗尽挑战者的资源。"

如果你执迷不悟，从正面进攻对手的优势，只能给你的对手和其他的对手提供击败你的机会，用孙子的话说，就是"诸侯乘其弊而起，虽有智者，不能善其后矣"，结果就是导致竞争局面更加恶化。

这种消耗了宝贵的资源却没有收获，或者收效甚微的竞争，只能是破坏性的竞争，而不是创造性的竞争。

因此，"避实"强调避免正面进攻对手优势所带来的无谓的消耗，避免导致竞争局面恶化的蛮干。

当然你可能会问这样一个问题：维珍的理查德·布兰森发起正面进攻，是因为他的个性就是这样高调而自信，但是为什么会有那么多人，包括比尔·盖茨这样优秀的企业家，也包括罗伯特·李这样杰出的将军，都会发起昂贵且无效的正面进攻呢？

难道他们真是自信到了不顾常识的地步了吗？

事实并非如此简单。

李将军发起皮克特冲锋的一个重要背景是：南军在前两天的作战中由于自身的错误，失去了在葛底斯堡取胜的最好机会，而李将军率领大军北进的一个重要任务，是策应南军在西部战场上岌岌可危的维克斯堡防御。实际上，就在皮克特冲锋的第二天，维克斯堡的南军就被迫宣布投降。显然那时留给李将军的时间已经不多了。

相类似的是，微软推出 Zune 的一个重要背景是：虽然在 2000 年前后比尔·盖茨就已经意识到了数字音乐播放器的重要性，并决心打入这一市场，但微软与戴尔、创新等合作伙伴一起推出自己的播放器的计划屡屡失败。相反，苹果的 iPod 却在市场上攻城略地，如入无人之境。显然，微软当时的机会也已经不多了。

不管是在战场还是在商场，面对即将失去的机会，心有不甘的决策者为了夺回主动权，在形势的压力下往往会表现出激进的行为偏好。

这样一来，他们就很容易在条件并不具备、时机并不成熟的情况下却全力一搏，希望通过冒险的反击，来扭转不利的局面，但也往往会因为孤注一掷，而遭受更大的挫败。

因此，皮克特冲锋的悲剧，也就会在商场和战场上一遍遍地重演。

从对手力量薄弱的地方入手

与向对手的优势发起正面强攻相反，清醒而理智的高手，往往选择从对手力量薄弱的地方下手。

二战后美苏冷战，在很长一段时间内，美国国防部都是以应对苏联军事威胁为理由，向国会申请国防经费。

这就产生了一个问题：美国所有的战略准备都是为了针对苏联的军事优势。在美国国防部看来，苏联的军事优势给美国带来威胁，美国当然要将战略重心放在弥补自己的不足、形成与苏联的均势，从而对付苏联的威胁上。

但美国国防部净评估办公室主任安迪·马歇尔意识到了问题所在：这样一种反应式的战略思维，只能导致双方硬碰硬式的两败俱伤。

马歇尔提出来，美国人应该换一种完全不同的思路：不是去应对苏联的威胁，而是针对苏联的弱点。

苏联最大的弱点是其体制决定了自身技术研发能力不足，而美国在高技术研发领域具有更多的资源和更强的研发能力。如果美国将美苏的竞争转换到高技术领域，苏联就必须花费比美国多得多的资源、付出比美国多得多的成本，才能勉强保持与美国同等的竞争力。这就会迫使苏联不得不投入原本就已经很稀缺的资源，去应对美国在这一领域的压力，因此在其他领域也就没有能力增加对美国的威胁。

我们看，这一战略的核心是什么？就是在清晰辨析双方优势和劣势的基础上，以发挥自身优势、攻击对手弱点的方针，同苏联展开不对称的竞争。

马歇尔改变了美国的大国竞争战略，美国开始在军事高技术领域进行大规模的投入，包括精确度更高的导弹、静音效果更好的潜艇以及更好的水下监听技术、更好的导弹防御体系等等。里根总统时期，美国又提出了整体性的"星球大战计划"，将双方的高技术竞争引入太空领域，从而使双方的争夺进入白热化。

这些都给苏联造成了巨大的压力，苏联不得不投入巨大的资源追赶美国，为此耗尽了国力，最终导致苏联解体。

所以在孙子看来，在对抗的领域，一条基本的原则就是避实击虚，从对手的薄弱环节下手。他说："夫兵形像水。水之行，避高而趋下。兵之胜，避实而击虚。"用兵打仗就跟水流是一样的。水流动过程中，永远是会避开高的地方，流向低的地方；用兵要想取胜，一定是要避开对手强大的地方，打对手的薄弱环节。

唐太宗在谈到《孙子兵法》时曾说："朕观诸兵书，无出孙武；孙武十三篇，无出《虚实》。夫用兵，识虚实之势，则无不胜焉。"

意思是：我读了那么多的兵书战策，没有比《孙子兵法》更好的了。《孙子兵法》十三篇，没有比《虚实篇》更重要的了。你只要精通了虚实的应用法则，就一定可以打胜仗。

这就是高手取胜的重要法则：永远要利用对手的弱点来对付他们。

从对手弱点下手，才能高效地打开局面。

孙子说："进而不可御者，冲其虚也。"一出手对手就挡不住，为什么？因为打到了对方的薄弱环节。

"行千里而不劳者，行于无人之地也。"行军千里而不疲劳，为什么？因为竞争对手在这个地方根本就没有投入力量进行防御。

"攻而必取者，攻其所不守也。"一进攻就能得手，为什么？因为你打在了他没有坚守的地方。

你的出手能否成功，一方面取决于你出手的力度，另一方面还取决于对手的防御。

在对手没有办法做出有效反应的地方发起行动，在对手没有部署强大防御力量的地方行动，在对手的薄弱环节发起行动，你不需要付出大的代价，就可以稳稳地打开局面。

所以，"击虚"强调的是要尽量避免上来就正面直接进攻对手的优势，要先寻找最有利于回避对手强项并充分利用其弱点，从而选取最有利于发挥自己的优势、最能减少自己代价的进攻路线。

避实击虚，是高手用兵的不二法门。

在商业世界，从对手的薄弱环节入手取得突破，同样是一条重要的竞争法则。

迈克尔·波特曾说："最好的战场是那些竞争对手尚未准备充分、尚未适应、竞争力较弱的细分市场。"

商业竞争中的避实击虚，就是不与竞争对手展开硬碰硬的正面竞争，而是从对手力量薄弱的地方入手，选择对手忽视的、不愿做或者不会全力去做的业务范围作为自己的战场。

用马云的话说，一个方向，几锤子下去就要见血。如果一个方向，几锤子下去都见不了血，团队的士气马上就没有了。这也就不是你的突破方向。

对于挑战者来说，这一条原则尤其重要。

商战中一个成功的避实击虚案例，是阿里通过钉钉在社交战场上突破了腾讯的阵地。

今天互联网社交领域的霸主，毫无疑问是腾讯。腾讯通过推出QQ和微信这两大杀器，一举取得了社交领域绝对的霸主地位。今天微信和QQ已经占据了中国互联网社交市场60%的份额。

阿里也想打进社交领域。为此马云还亲自上阵，推出了一款产品，取名"来往"，来挑战腾讯的微信。

但是来往败得一塌糊涂。

阿里并不善罢甘休，接下来又希望借助在支付宝上加上社交功能，来强行打入社交领域。

结果再次铩羽而归。

阿里意识到一个现实：中国的互联网社交市场，已经被微信和QQ牢牢地控制住了。正面的进攻，无法撕开腾讯防守严密的阵地。

显然，阿里已经无法做出另一个微信来与腾讯抗衡。

正是在这样一种背景下，阿里推出了钉钉。从定位上来说，钉钉这个产品的巧妙之处在于，它避开了与微信和QQ在个人用户市场方面的争夺，而是切入企业社交软件这块市场，将目标客户从个人用户转向了企业服务，而后者正是当时为腾讯所忽略的市场。

由此，在微信几乎已经垄断了整个社交领域的格局中，钉钉却以企业社交软件为着力点，成功打入了这一领域，并在短短几年的时间里，就实现了向纵深的扩张：从最早的基础性企业社交软件，进化到办公协同服务平台，进而进化到企业智能化移动办公解决方案提供商。

当腾讯意识到企业办公这块巨大的空缺，并在一年多之后推出企业微信加以反击时，却为时已晚。

今天钉钉已经是业界公认的企业级服务领先厂商，并形成了由智能考勤、网络中心、智能会议、云打印等智能产品构成的智能办公体系，全面覆盖了企业办公中的多种场景。

截至 2019 年 6 月 30 日，钉钉的企业用户已经过了 1 000 万，个人用户已经突破 2 亿。到 2020 年 2 月 5 日，钉钉首次超过微信，跃居苹果应用商店下载量排行榜第一。

2020 年全民抗击新冠疫情，中小学生下载钉钉上网课，更是让钉钉名声大振。到 3 月中旬，钉钉的下载量已经超过 11 亿人次。

另一个中国企业巨头华为的成长故事，也是一个经典的避实击虚的商业案例。

华为创立之初，面对的是技术强大的国外厂商。如果与国外厂商在利润较高的大中城市进行正面竞争，华为很可能早已经在市场上阵亡了，更不用说发展成为今天世界级的企业了。

华为避开了强大的竞争对手，采取"农村包围城市"的战略，进入国外厂商力量薄弱的农村，利用其成本优势，在对技术要求相对不高，但对价格比较敏感的农村市场获得了生存空间，从而积聚了资金，发展了技术。

在国际市场的布局中，华为一开始也是避开竞争激烈的欧美市场，从非洲、西亚、东欧、俄罗斯等主要竞争对手力量薄弱的地带取得了突破。

以边缘突破为立足点，华为最终打入通信行业的主流市场，并成为全球最具竞争优势的企业之一。

华为这种避开对手优势、从对手的薄弱环节入手的策略，其实并非完全创新，在国外的企业竞争中，这样的案例也屡见不鲜。

沃尔玛刚刚创立的时候，面临的是西尔斯、凯玛特这样一些庞然大物。弱小的沃尔玛根本不是这些巨头的对手。沃尔玛如果跟这些巨头正面冲突，就死定了。

沃尔玛的创始人采取了非常有效的策略：避免与西尔斯、凯玛特这样的强势企业发生正面竞争，不在城市发展，转而进军巨头们不愿进入的乡镇市场。

沃尔玛的竞争对手，由此就变成了乡镇的那些小杂货铺。这些小杂货铺根本挡不住沃尔玛的强大攻势，沃尔玛攻城略地，迅速成长起来。

等到沃尔玛已经足够强大，回师城市市场，与西尔斯、凯玛特这样的竞争对手开始硬核对决。这时候它已经拥有了强大的竞争优势，强大到了没有对手的地步，结果是沃尔玛开一家分店，西尔斯、凯玛特就倒一家。

乡镇时期的沃尔玛，成功地避开了正面竞争；进入城市的沃尔玛，已经不需要正面竞争。沃尔玛的历史，就是一部避开正面竞争的历史。

航空业的竞争向来以惨烈而著称。1967年美国西南航空公司成立时，美国的航空市场上，早就已经有了美国航空、达美航空、美国联合航空等老牌巨头。

作为后来的挑战者，西南航空不是与这些巨头直接竞争，而是一开始就选择了独特的定位：为中型城市和大都市的次要机场之间，提供短程、低价和点对点的服务，从而避开了大机场及长距离的飞行。实际上西南航空的竞争对手，不是其他航空公司，而是巴士或汽车。由此西南航空成功地避开了航空业的残酷竞争，持续地享受着丰厚而稳定的利润。

西南航空公司也因此成为美国最成功的航空企业之一，甚至在航空业的低迷时期还能保持赢利。

大企业如此，小企业要想在遍布巨头的市场上取得突破，学会避实击虚就更为重要。

竞争战略中有一个专门的概念,就是"利基战略"。利基战略就是指中小企业为了避免与强大的竞争对手发生正面冲突,从而选取对手忽略的、需求尚未得到满足的、对手力量薄弱的、又有一定获利基础的细分市场作为其目标市场的竞争战略。

我的一位 EMBA 学生,是河北银行的高管,曾经给我讲过其所在的河北银行是如何避实击虚,抓住利基市场,从而突破困境的。

河北银行是一家城市商业银行,无论在规模、资本金、营销能力还是人力资源方面,和四大国有商业银行、全国性股份制商业银行都有着巨大的差距,因而在对优质大中型企业客户的争夺上,先天存在劣势。

但是,优质大中型企业客户的高额回报,迷惑了河北银行对自身能力和市场的判断,在建行后相当长的一段时间里,河北银行和四大行以及全国性商业银行展开了在这一客户领域的激烈竞争。结果,河北银行失去了 20 世纪 90 年代中后期至 2006 年的发展良机,业务发展缓慢,不良贷款高企,资本回报率偏低。

痛定思痛,在经过一番深刻的反省和市场调研后,河北银行意识到自己的劣势和优势,重新进行了市场定位,确立了向中小企业和零售业务市场转型的战略规划,有选择地避开在国有大中型企业市场上与大银行的正面冲突,占领优质中小企业市场份额,拓展零售业务条线。

现在河北银行的"小巨人"中小企业贷款产品,已经在河北市场形成了品牌影响力,成为银行的一款拳头产品。

讲到避实击虚,我经常会想起"庖丁解牛"的故事。这是《庄子》中的一个典故。

一般的厨师杀牛,一个月就要换一把刀,因为要用刀来砍骨头。好的厨师杀牛,一年要换一把刀,因为要用刀来割断筋肉。

庖丁的刀,19 年了,刀刃还像刚刚从磨刀石磨出来的一样。

一般人一定会说，庖丁你的刀真厉害！

庖丁解释说，他的刀永远游走于骨头之间的缝隙，他总是依照牛的骨架结构，切进牛体筋骨相连的缝隙，顺着骨节间的空处进刀，解开它的关节，而不去硬碰它的骨头。牛解开了，而他的刀却没有受任何损害。

这就叫避实而击虚。

打关键而又脆弱的节点

《管子》中有句话："故凡用兵者，攻坚则韧，乘瑕则神。攻坚则瑕者坚，乘瑕则坚者瑕。"

用兵时，你打对方强大的地方，就会碰上钉子；你打对方虚弱的地方，就可以轻松突破。你先打强的地方，对手弱的地方也会变强；你先打弱的地方，对手强的地方也会变弱。

所以"避实击虚"，不仅仅在于攻击这个"虚"本身，而在于你要找到这个关键而脆弱的点，作为主攻方向，然后投入最精锐的力量，从而通过一个点的突破，来带动整个战局的发展。

湘军统帅胡林翼讲过一句话："兵事不在性急于一时，惟在审察乎全局。全局得势，譬之破竹，数节之后，迎刃而解。"打仗不能着急，一定要着眼于全局的结构。这就像砍竹子一样，把竹子的纹路分析清楚了，顺着它的纹路砍下去，上面的几节口子一破，下面的便随着刀口全部裂开了。如果你根本不管它的纹路，乱砍一气，费再大的劲，也难以砍开。

所以，避实击虚所着眼的，是从整体结构上来瓦解对手。

我们前面提到过土伦战役，是典型的通过一个关节点来瓦解对手结构、打开僵持局面的例子。

土伦是法国第一大军港，坐落在地中海西北岸。1793年8月，法国大革命已经进入了第五个年头，土伦反革命的保皇党人发动了叛乱，并引进了敌视法国革命的欧洲反法联军进入土伦港。英国、西班牙等国组成的联军迅速占据了土伦。港口内31艘军舰组成的法国舰队也落入反法联军手中。

巴黎的革命政府得知土伦失陷后非常震惊,立即派出大军,希望收复土伦这块战略要地,并从陆地上完成了对土伦的包围。

但是收复土伦的前景十分黯淡。

土伦易守难攻。土伦的陆地部分群山环绕,尤其是北部的法隆山,构成了土伦的天然障碍。从陆地上进攻土伦,就只剩下了东面和西面两个方向。反法联军在这两个方向上都建有坚固的炮台,挡住了通往土伦的隧道。

土伦还有港口部分。土伦港从形状上来看,很像一个巨大的葫芦。葫芦的小头深深嵌入陆地之中,构成了土伦的内港;葫芦的大头与地中海相连,构成了土伦的外港。葫芦的腰部,则是一个海角,叫克尔海角,它从西向东嵌进了内港与外港之间。克尔海角地势险要,反法联军在海角制高点也修筑了一个炮台,以保障内港和外港中英国和西班牙舰队的安全。

土伦战役本来跟拿破仑没有关系,但就在合围土伦的过程中,攻城部队的炮兵指挥官受了重伤不能行动,土伦的地形又决定了攻城的主力只能是炮兵,几天前刚刚由炮兵上尉提升为少校的拿破仑正好奉命前往一个海防部队任职,路过土伦。拿破仑当时还默默无闻。由于急需炮兵军官,炮兵专业出身的他便被留了下来,接替了炮兵指挥的职务。

根据巴黎下达的作战计划,法军应该集中6万兵力,从陆地上的东、西两个方向同时发起正面进攻,夺占反法联军占据的炮台,突破土伦的外围防线;然后,前出到土伦要塞附近,挖掘堑壕,构筑工事,等待条件成熟后,伺机攻占土伦。

在法军将领们看来,这是攻占土伦唯一可行的方案。

但是，在对作战计划进行讨论时，拿破仑指出，这个计划很难行得通，原因有三点：

第一，法军当时在土伦只有不到2万人，短期内要想集中6万人非常困难。

第二，敌人在土伦外围的防线上，工事坚固，地形有利，还有地面火力和舰炮火力进行支援，如此严密的防守，要想从正面进攻，一定会付出惨重的代价。倘若法军的强攻久攻不克，形成对峙，那就势必拖延更长的时间，使敌人赢得巩固防御工事和调集援兵的时间。敌人援军一旦到来，就可以突破包围圈并进犯法国南部。

第三，正面进攻即使得手，也很容易迫使敌人烧毁仓库、炸毁船坞、破坏军械库，劫走全部法国军舰，甚至洗劫土伦全市。这显然不是法军愿意看到的。

所以，法军应该避免采用巴黎下达的正面进攻敌人防守最严的陆地部分的作战计划。

那么，夺取土伦的破局点究竟应该在哪里呢？

拿破仑说，应该是土伦内港和外港之间葫芦腰部的克尔海角。克尔海角虽然也有敌人的要塞，但是与土伦外围防线相比，防守力量要薄弱很多。只要法军集中炮火，很容易拿下这个地方。更重要的是，一旦夺取了克尔海角，法军就可以在此构筑炮台，集中火炮就近轰击港口中停泊的英国和西班牙舰队，迫使英国和西班牙舰队撤出土伦港。土伦的守敌之所以能够坚持下去，就是因为有海上源源不断的增援。而英国和西班牙的舰队一旦撤出，土伦守敌便完全成了孤立之敌，一无退路，二无援兵，三无火力支援，必然不战自溃。这样，法军即使动用不大的兵力，土伦也可以攻破，从而以极小的代价就可获得整场战役的胜利。

拿破仑的分析让土伦战役的局势豁然开朗。拿破仑的计划被批准。

12月，法军向克尔海角发起进攻，很快夺占了克尔海角。法军随即开始炮轰土伦港的英国和西班牙舰队。接下来的战局发展果然正如拿破仑所料，英国和西班牙舰队仓皇逃出了港口，陆地上的守敌陷入了一片混乱，很快便向法军投降。

历时四个月的土伦战役，以法军的完美胜利画上了句号。

土伦战役之后，法军攻城总司令在给巴黎政府写的信中说："请你们奖励并提拔这位年轻人。即使你们不酬谢他，他也会靠自己出人头地的。"

几天之后，这位只当了三个月少校的24岁年轻人，被破格提升为准将。

法军在土伦战役中之所以迅速打开了局面，是因为拿破仑所选择的攻击点，正好符合我们讲的"击虚"的两大原则：关键而又脆弱。

最短的时间内找到这样精准的攻击点，很大程度上靠的是拿破仑在战略上敏锐而非凡的洞察力。

真正的高手之所以高明，往往不仅仅在于他们的战略和行动，更在于他们过人的眼光。

平庸之人面对错综复杂的局面，往往在全力以赴、精疲力竭以后还是一团乱麻；而真正的高手往往有一双穿透迷雾的慧眼，他们可以将敏锐的观察力和迅速可靠的直觉完美地结合在一起，从而能以很少的信息在很短的时间内迅速辨明真相，把握住那些关键而脆弱的破局点，一下子打开看似复杂的局面。

找出强点中的弱点

"击虚"很重要，但"击虚"并非逢"虚"便击。

有些"虚"仅仅是一般的"虚"而已，并不是要害和关键之地。这样的"虚",你就是打下来,对于整个战局也起不了多大作用。

最好的"击虚"之处,应该不但是对手易受攻击的地方,而且应该是攻击一旦成功,就会对对手造成重大伤害的地方。这样的点和由此打开的方向,才有重大的战略价值。

所以最有效的"击虚",是打对手关联强点的弱点,或者打对手强点中的弱点。

前面我们讲过孟良崮战役。按照粟裕最早的决策,是准备先打国民党第一兵团右翼的七军和整编四十八师。

七军和整编四十八师属于桂系集团,战斗力相对较弱,又位于暴露的右翼,在整个国民党进攻军队中,当然属于"虚"的范畴。先打这两支部队,也符合解放军先打弱敌的指挥原则。

就在进攻命令已经发出、部队已经开始行动的时候,粟裕得到了一个情报:国民党军队第一兵团的主力整编七十四师,为了抢占华野总部所在地坦埠,出现了孤军冒进的态势。

我们前面说过,整编七十四师是国民党五大主力之一,也是这一次国民党军队进攻部队中最强大的一支部队。本来是最"实"的一个点。但整编七十四师一旦从国民党进攻部队中冒出头来,就变成了孤立之敌,就变成了好打之敌,就变成了全局中的"虚"。

粟裕果断下令改变作战计划,改打整编七十四师。

偏偏张灵甫又犯了一个错误:在我军的压迫之下,上了孟良崮。

孟良崮是山区,不适合机械化部队作战,整编七十四师的战斗力进一步遭到削弱,"虚"上加"虚"。

结果你已经知道了,粟裕指挥华东野战军集中优势兵力,三天三夜,全歼整编七十四师,粉碎了国民党的"鲁中会战"计划,挫败了国民党对山东的这次重点进攻。

粟裕这一仗的过人之处究竟在哪里呢?

按照粟裕原来的计划，是打七军和整编四十八师。但这两支部队并不是国民党的主力。即使打掉了这两支部队，也不会从整体上改变被动的局面。

整编七十四师却是国民党军队中主力中的主力。这一次重点进攻，就是围绕整编七十四师展开的。一旦打掉了整编七十四师，国民党的整个作战计划便全盘瓦解。同时，整编七十四师是国民党的王牌军，在其被歼灭后，国民党军队在心理上遭受了极大的震撼：就连整编七十四师这样的军队都能被全歼，什么样的军队能逃脱解放军的打击呢？国民党军队由此便对自己能否打败解放军产生了极大的怀疑。

对于军队来说，强点往往和弱点是联系在一起的。就像整编七十四师的机械化装备，本来是其巨大的优势，然而一旦孤军冒进到了孟良崮山区，它那些强大的装备寸步难行，便成了它最大的弱点。

同样，在企业竞争中，优势往往与劣势也是联系在一起的，环境一旦变化，过去的资产反过来往往会成为企业的包袱。

在企业经营中，一个公司一旦将它的成功与某种经营方式关联在一起，它就不仅决定企业能够做什么，也决定企业做不了什么。而高明的竞争者正可以从这一点下手发起有效的攻击。

选择对手强点背后的弱点作为打击目标，往往可以达到牵一发而动全身的效果。

20世纪90年代，康柏曾经是世界上最大的电脑厂商。康柏最大的竞争优势，是它强大的分销网络。康柏公司依靠大量的批发商、零售商和提供增值服务的基层销售商，把产品销售到世界各地。这些合作伙伴扮演着康柏的销售大军，补充了它资源的不足，扩展了它的势力范围。没有一家个人电脑企业可以在这方面跟康柏竞争。如果你跟康柏在这方面竞争，你就死定了。

然而戴尔恰恰从康柏不可一世的优势中看到了机会。

在戴尔看来，分销网络是康柏最大的资产，但也可以是它最大的负担。戴尔由此采取了著名的直销模式。结果，戴尔迅速从康柏手中抢占了大量市场份额。到20世纪90年代末，戴尔已经成为美国最大的个人电脑销售商。

面对戴尔的攻击，康柏不是不想反击，但根本没有办法做出有效的反击，而让它没有办法做出反击的正是它强大的分销网络。

面对戴尔的攻势，康柏有三个选择：

一是坚持通过分销网络进行销售的做法，而这显然就意味着康柏的成本要远远超出戴尔，康柏就只能在一个灵活性差、成本又高的基础上与戴尔竞争。

二是学习戴尔的做法，而这就意味着重新组织公司的设计、制造、销售和市场部门。

三是可以同时使用这两种做法，既通过销售商销售，也直接向客户销售。而这必然带来渠道的混乱。感到被出卖的销售商很可能在销售康柏电脑时不再卖力，而应用两种不同模式所带来的成本也将影响到直接销售的运作。

康柏最终还是选择了第三个办法。但它很快就发现，原来的分销商有一大部分跑到了康柏的老对手惠普那里去；另一方面，康柏的成本还是赶不上戴尔低。

很短的时间内，康柏便陷入了巨大的危机之中。一年多以后，康柏就不得不把自己卖给了惠普。

戴尔的成功之处，在于从对方的强点之中，找出了背后的弱点，从而找到了最致命的攻击方向。

飞鹤奶粉作为民族品牌竞争突围的故事，同样运用了这一原则。

三聚氰胺事件之后，"安全"已经成为国外奶粉的代名词，国产奶粉做得再好，也难以突破"不安全"的认知定势。国产奶粉下再大的力气宣传自己的奶粉其实更安全，也难以赢得主流市场关注。

飞鹤制定出全新的竞争战略：避开在"安全"方面与洋品牌缠斗，选取"适合"作为自己的差异性定位。

洋奶粉的核心强势之一就在于其全球品牌、全球品质。但这是一柄双刃剑。与全球品牌、全球品质相关联的弱点是，洋奶粉很难强调自己专门为中国宝宝研制，更适合中国宝宝体质。

而飞鹤作为国产企业，对中国宝宝体质及需求的了解远远超出国外企业。飞鹤制定的适合中国宝宝体质的奶粉的战略定位，正是打到了国外奶粉强点背后的弱点，令其根本就没有办法还手。

飞鹤因而成功从洋品牌的围剿中突围。

所以，在竞争中，就如同在战争中一样，打对手强点中的弱点，往往是最有效的击虚手段。

在竞争的过程中，如果能够找准对手最典型的用户，分析出对手服务的关键不足，然后利用优秀的服务与产品一举突破；或者，如果能够找准竞争对手目前宣传最热烈、最强势、带来销售额最多的产品，进行多方面的仔细研究，找出其关键的弱点，通过多种途径进行精准的打击。

这些打法，往往可以让对方的士气和销售受到极大的震撼：连最好的产品都被一下子打掉，对方往往会对自己企业的未来丧失信心。

而对我方来说，对手最好的客户、最好的产品和最强势的市场，都被我们占领或打垮了，其余的自然更不在话下，这样也就可以大大鼓舞我方的士气。

这也就是我们反复说的：好的击虚，可以通过一个点的突破，带来全局的发展。

利用对方的大意与疏忽

除了选择对手关键而脆弱的环节作为打击目标和打对手强点中的弱点，从《孙子兵法》的角度来看，还有很多的打击目标可供选择，作为你的破局点。

你可以利用对方的大意与疏忽，攻其无备，出其不意。

孙子说："兵之情主速，乘人之不及，由不虞之道，攻其所不戒也。"

用兵之道，贵在神速。乘敌人措手不及的时机，走敌人意料不到的道路，攻击敌人没有戒备的地方。

没有防备的优势，从来都不是真正的优势。因而，攻其无备，往往就成了非常有效的击虚手段。

你听说过中国远征军入缅作战的腊戍之战吗？

1942年2月26日，应英国政府的请求，中国国民政府正式下达远征军入缅作战的命令。远征军由三个军组成：第五军、第六军、第六十六军，全是精锐。尤其是远征军副司令杜聿明兼任军长的第五军，可谓精锐中的精锐、王牌中的王牌。这是中国第一个机械化军，曾经在昆仑关战役中全歼日军一个旅团。

远征军的盟军是英国将领指挥下的英印军和英缅军两支军队；远征军的对手，是日军第五十五师团和第三十三师团，以及战争爆发之后入缅增援的第十八师团和第五十六师团。

远征军与日军的第一仗是同古之战。戴安澜将军指挥的第五军第二〇〇师在同古坚守十二天，为远征军的集结赢得了时间。

同古之战之后，缅甸战场敌我双方主力，形成了中路、东路和西路三条战线各自独立作战、又相互呼应的战场格局。中路以贯通缅甸南北的中央铁路为轴心，东路是交通不便的掸邦高原，西路是伊洛瓦底江沿线。

中国远征军主要负责中路和东路的作战，英军负责西路作战。此时中国远征军主力已经基本展开，特别是第五军负责的中路，已经形成了较大的兵力优势。除了已在中路展开的第五军，第六十六军也随时可沿滇缅路向第五军进行增援，第六军也可以派出部队配合中路作战。

1942年4月7日，蒋介石飞到缅甸主持军事会议，并确定了缅甸作战的战略方针：以中路为重心，组织两次会战，消灭日军。

第一次会战，中国军队以第五军为主力，在中路的平满纳地区与敌会战，歼灭或重创日第十八、第五十五师团。

第二次会战，中国军队集中第六十六军全部，以及第六军之暂五十五师，配合第五军，在中路的曼德勒地区与日军会战，最终歼灭入缅日军，收复缅甸，重新打通滇缅路。

正当中国军队在制订缅甸会战计划时，日军也在谋划同古战役后的下一步作战方案。

同古作战，远征军二〇〇师的战斗力给日军留下深刻印象。他们意识到，中路是中国军队准备决战的方向，中国军队的注意力全在中路，而两翼则相对薄弱。

其中西路的英军缺乏战斗意志，有退出缅甸撤入印度的企图，不足为虑。东路的中国军队第六军作战意志和战斗力都逊于第五军，而且以一个军负责整个掸邦高原的防御，战线势必太长，兵力必然空虚。

日军由此制订了作战方案：在中路以两个师团的兵力向北压迫，吸引第五军的注意力。西路以一个师团加紧进攻，迫使英军后撤，暴露中国军队的侧翼，进一步分散中国军队的注意力。而后，趁中国军队注意力全在中路之机，以第五十六师团从中国军队兵力空虚的东路出其不意，突破第六军防线，经罗衣考、棠吉、雷列姆一线，占领滇缅路上的重要节点腊戍，从东北方向切断中路中国军队的退路，从而在缅北地区包围中国军队并加以全歼。

果然如日军所料：中国军队认为缅甸的战局重心是在中路，因而全力准备中路会战，却忽略了东路日军的行动。这给了日军以极好的机会。

日军第五十六师团突破第六军的防线之后，随即绕过棠吉，攻占雷列姆，趁中国军队一片混乱之机，4月29日又占领了腊戍。腊戍是一个并不太大的城市，然而在缅甸作战的棋盘上，却是一个关键的棋眼，它是滇缅公路与缅甸中央铁路的连接点。日军占领腊戍，便切断了滇缅路，点了中国军队的死穴。

整个缅甸战场的形势一下子发生了根本变化。中国军队的中路会战计划，顿时胎死腹中。

中国远征军只剩下一个选择，就是撤退。由于归国通道被切断，远征军的撤退最终演变成一场灾难。10万远征军入缅作战，最后撤回来不到一半。担任中路作战主力的第五军尤其损失惨重。

经常有人问：如果日军真的从中路用兵，双方的主力硬核对决，远征军第一次入缅作战，结果会如何呢？第五军会再来一次昆仑关的辉煌吗？

历史不能假设。日本人从一开始，就不准备给第五军以表现实力的机会。

抛开中日军队的战斗力对比不讲，腊戍之战可以让我们看得很清楚："无备""不意"有时候恰恰是对手最大的"虚"。

第二次世界大战爆发之前，英国和法国也犯了一个致命的错误。英法的判断是：德国如果要发起进攻，其主要突击力量一定会从法国北面的比利时等低地国家发起。因为那里地形平坦，最适合坦克行动。众所周知，坦克作战是德军的优势所在。阿登山区方向则不适合大规模的坦克作战，因此英法认为，德军是不可能从这个地区发起主攻的。

然而，让英法大跌眼镜的是，德军发起进攻，选择的主攻方向恰恰正是它们认为不可能的阿登山区。

德军的行动如此出乎意料，以至当德军的攻势已经发起的时候，英法军队还坚持认为，德军的行动只是小股的渗透而已。德军的主攻，一定会从法国北面发起。

英法军队是如此自信，甚至到德军发起进攻的10天以后，丘吉尔还在向英国人保证：一切都在控制之中，法国的战线是坚固的。

但丘吉尔很快就意识到德军的所谓"小股渗透"远远不是一小股，而是由8个装甲师组成的3个集团军。

渡过马斯河后的德军装甲部队像潮水般涌入法国。在很短的时间里，法国就全部落入了德军之手。丘吉尔差一点没能及时下达敦刻尔克撤退的命令。

英法军队的无备、不意，给德军提供了最好的突破方向。

企业也是这样。如果由于大意而疏于防护，再大的企业在对手的攻击面前也只能被证明是泥足巨人。

百视达（Blockbuster）曾经是美国电影出租业的巨无霸。百视达的起家，靠的是一套行之有效的商业模式，也就是通过分成的方式与制片商合作，为消费者提供优质的最新大片DVD租赁服务。消费者可以方便地租用它们的DVD，在家中就能舒适地观赏大片。

在这种商业模式中，百视达最关键的竞争优势，除了它与制片商极好的合作，就是它遍布各地的连锁便捷店铺。

为了建立起方便的交付网络，从1985年成立到2002年的10多年时间里，百视达先后开了超过5 000家的实体店铺，拥有6万名员工。这就形成了一个空前庞大的价值交付网络。几乎所有的消费者都可以很便利地租到想看的最好最新的影碟。所有的本地影碟租赁商店，都不是这个巨无霸的对手。

到了2002年的时候，百视达发展到了最辉煌的顶峰，其市值达到了50亿美元，创造了行业的一个奇迹。

然而仅仅 3 年之后，百视达公司却到了举步维艰的地步。到了 2010 年，百视达申请破产。

为什么会出现这样的情况？

百视达犯了很多公司犯过的错误，就是低估了新技术和新商业模式所带来的颠覆性冲击，直到一切为时已晚。

1997 年，一个名叫网飞（Netflix，又译为"奈飞"）的小公司成立了。网飞采取的商业模式与百事达完全不同。

一是取消了滞纳金。在此之前付滞纳金是行业的惯例，如果消费者没有按时归还影碟，就必须付一笔钱作为滞纳金。仅仅收滞纳金，百视达一年就可以收入 5 亿美元。消费者对此一直极为恼火。

二是改变了业务模式。网飞采取邮寄而不是线下开店的方式提供 DVD 租赁服务。它们会通过邮局，把 DVD 直接送到消费者家门口的台阶上，并附带一个回寄的信封，这就节省了消费者去 DVD 商店的时间。而且它们是向订阅自己业务的消费者收取一笔固定的费用，取代了原来每次租影碟都要收费的模式。

不过，百视达并没有把网飞放在眼里。自己以实体店为主的商业模式早已非常强大，网飞不过是个可以忽略不计的小众市场开拓者，不值得重视。甚至当成立两年的网飞因为经营困难，想以 5 000 万美元的价格向百视达求收购时，百视达依然不屑一顾。对于百视达这样规模庞大且利润丰厚的公司来说，本来是可以轻松地掏出这笔钱的。

网飞在迅速地成长。2006 年，网飞寄出了第 10 亿张 DVD。2010 年，那家百视达正眼都不瞧一眼的新兴公司网飞，每天寄出的 DVD 达到了 100 万张。也就在这一年，网飞成功上市。

百视达付出了惨重的代价：它的市场被大量蚕食。当百视达终于清醒过来，试图发起反击时，却大势已去。

百视达这样的例子，其实不胜枚举。

在美国的摩托车市场，哈雷长期以来都是当之无愧的领导品牌，拥有一辆哈雷牌重型摩托，几乎是所有摩托车发烧友的终极梦想。而对于哈雷来说，只有一种摩托车，那就是重型摩托车。

所以当本田在美国市场推出轻型摩托车的时候，哈雷丝毫不在意。哈雷的高管说："我们根本就看不上轻型摩托车市场。我们认为摩托车是一种体育器械，而不是交通工具。即使有人说他买了一辆交通用摩托车，那也一般是在休闲时间才用。轻型摩托车只是一种辅助用品。回想一下，一战时也有不少公司生产轻型摩托车，而我们依然走自己的路，生产自己的摩托车。最后那些公司的经营没有任何起色。"

哈雷还信心满满地宣布："我们已看到了本田的下场。"

哈雷为自己的大意付出了惨重的代价。本田的出现绝非昙花一现，相反，很快就戏剧性地打开了局面，受到市场的热烈欢迎。

清醒过来的哈雷也开始生产自己的轻型摩托车，来阻击本田，但是为时已晚。本田已经在市场上站稳了脚跟。本田摩托的销量持续增长，并且开始进军重型摩托车市场。

越来越多的美国中产阶级家庭开始用本田摩托作为代步工具。先是轻型摩托车，后来是重型摩托车。当本田的年销量达到27万辆时，哈雷却只有可怜的3万多辆。

不过，日本人也曾经为大意付出过代价。

20世纪80年代，日本在1M的DRAM（动态随机存取存储器）芯片市场占据着绝对的领导者地位。日本人是如此自信，以至半导体生产商和国会议员们都相信，DRAM芯片生产在技术上难度极大，世界上只有日本厂商才能生产。

当1983年三星开始进军半导体领域的时候，日本人对此嗤之以鼻。他们评价说："凭韩国的水平，能在1986年之前完成研制就不错了。与日本竞争，他们简直是飞蛾扑火。"

然而大大出乎日本人意料，韩国人只用了 10 个月就拿出了产品，成为世界上第三个推出 DRAM 芯片的国家。

即使这样，日本人还是没有把韩国企业当成真正的威胁，他们依然顽固地认为，自己在这一领域的地位不可动摇。

到 1993 年，三星超过日本，登上了芯片行业全球第一的宝座。并且，从那以后，在芯片领域，韩国人再也没有给日本人翻身的机会。

最致命的一击往往并不来自正面

与利用对方的大意与疏忽相关的一条原则是，不要进攻对手预判你会发动进攻的战略方向。用孙子的话，就是要"以正合，以奇胜"。

正，就是正面进攻；奇，就是侧翼迂回。

以一部分兵力发起正面进攻，牵制住对方的主力，吸引住对方的注意力；以主力迂回到对手设防薄弱的侧翼和后方，发起猛烈的进攻，那里往往才是对方的致命软肋。

在战争史上，最致命的一击，往往并不来自正面。以迂回的手段，对对手兵力薄弱的侧翼或后方发起猛烈攻击，从来都是避实击虚的惯用手法。

腊戍之战中日军五十六师团切断中国军队归国之路是如此；仁川登陆中麦克阿瑟切断朝鲜人民军作战线是如此；海湾战争中美国在科威特正面吸引伊拉克共和国卫队主力、以"左勾拳"迂回从沙特发起真正的进攻，也是如此。

军事史上最经典的迂回作战，大概要数成吉思汗灭掉花剌子模之战中的迂回到克孜尔库姆沙漠，这也是整个花剌子模之战中最关键的军事行动。

1219 年 10 月，成吉思汗率领 15 万西征大军，抵达花剌子模北部边境的锡尔河流域。他的对手，是花剌子模帝国国王穆罕默德的40万大军。在锡尔河流域的正面，花剌子模人构建了由大量要塞所组成的设防地带。

在花剌子模人看来，锡尔河流域的任何一座要塞，都至少可以独立坚守半年以上的时间。即使成吉思汗成功地突破了要塞线的某一个点，穆罕默德也可以调动在首都撒马尔罕近郊所集结的总预备队，紧急奔袭突破点，消灭成吉思汗的军队，或者将其推回到锡尔河以北地区。

在了解了花剌子模的整个部署之后，成吉思汗制定了作战行动。他派出了长子术赤等人兵分三路，围攻锡尔河流域的要塞。然而，这只然是吸引花剌子模注意力的一步棋，其目的是牵制花剌子模的兵力，掩护真正的主力。

三路攻击展开之后，成吉思汗与四子拖雷率领远征军主力11万多人，避开花剌子模的正面抵抗，在渺无人烟的地方悄悄地渡过锡尔河，开始穿越克孜尔库姆沙漠，以大迂回的方式，直插花剌子模的腹心地带河中地区。

克孜尔库姆沙漠宽600公里，是世人公认的任何动物都绝对不可能活着走出去的天然障碍。650年后，当一支俄罗斯军队试图像成吉思汗一样穿越沙漠时，俄军的骑兵丧失了他们全部的军马。

成吉思汗的大军却奇迹般地穿越了这一沙漠，突然出现了在河中地区的著名城市不花剌城下。

蒙古军队不突破锡尔河正面防线，不攻占东面的撒马尔罕，怎么可能来到不花剌城呢？这里应该是整个帝国最安全的地方啊！

然而蒙古人来了，就像突然从地底下冒出来一样，不花剌城的军民目瞪口呆，根本无法做出有效的反抗。短短几天，不花剌城便落入了蒙古人的手中。

成吉思汗的这一突然的战略迂回，对于打乱穆罕默德的整个部署来说,是决定性的一击。凭借蒙古军队的战斗力,没有这一举动,蒙古军队也会摧毁花剌子模,但肯定不会像现在这样漂亮。

穆罕默德在锡尔河流域正面设防的防御计划完全落空,他和他的帝国,命运也由此决定。

古今中外的将军们,几乎无一例外地都将寻找并进攻对手的侧翼,作为屡试不爽的取胜法则。

腓特烈大帝说:"这是战争中的一条万古不易的公理,确保你自己的侧翼和后方,而设法迂回到敌人的侧翼和后方。"

拿破仑说:"永远不要正面进攻一个可以迂回的阵地。"

克劳塞维茨说:"至今为止,侧翼和背面进攻是最成功的。"

普鲁士总参谋长老毛奇说:"取得对防御胜利的最可靠的保证是,以全部兵力对敌正面和侧翼同时进行攻击和包围。""单纯的正面进攻只能得到小小的成功,却要付出很大的损失。所以,我们应该转到敌人的侧翼位置,从侧翼向敌人发起进攻。"

巴顿将军也说:"要尽可能避免从正面进攻有准备的阵地。""要用正面的火力吸引住敌人,再从敌侧翼迅速绕到它的背后。"

利德尔·哈特则在总结战争史的基础上,提出了他的"间接路线战略":"避免向坚固的阵地正面突击,尽量从侧翼采取迂回行动猛击最要害的地点,这就是采取间接路线。"

利德尔·哈特还说:"严格讲起来,战略的历史也就是间接路线的使用和演变的记录。"

商战也是如此。科特勒在谈到市场战略上的侧翼攻击说:"敌军布防总是在最容易受攻击之处布置最强的兵力,其侧翼和背后布置兵力较弱。因此,其弱点自然就成为敌人的攻击目标。进攻者会向敌军严密防守的正面佯攻,牵制其防守兵力,再向其侧翼或背面发动猛攻,这种迂回战术是出其不意，攻其不备。"

作为挑战者，你不要从对方所在的主要市场发起正面进攻，至少一开始不要。你可以从对手防护不严密的边缘性市场迂回进入。

当企业进入对手也在经营的一个细分市场，但对手的主要力量并不在这个市场，这个市场对于对手来说只是边缘性的，只是对手用来掩护主要的细分市场的，这就形成了针对边缘市场的迂回进攻。

对于对手来说，边缘市场既不是其主要的利润来源，也不是其投入的主要领域，而且其本身往往就是缺乏防护的，因此这样的进攻，往往不会遭到对手倾尽全力的反击，突破的可能性也远远大于在主要市场上的正面攻击。

日本企业进入美国就是用的这一策略。雅马哈是从大型钢琴领域切入美国市场的，东芝是从小型黑白电视机领域切入美国市场的。我们上面讲的本田，则是从轻型摩托车领域切入的。它们最终都打入了美国竞争对手的主要市场。

从市场的边缘迂回进入，站稳脚跟之后逐步扩展，最终在主流市场将对手挤走，从而颠覆原有的市场格局，几乎是弱者挑战强者屡试不爽的法则。

攻心是最高层面的击虚

在作战过程中，有时候很难找到对方物质层面的弱点。这时候，指挥官往往可以在对方统帅的心理上寻找突破的机会。这就是"攻心"。

孙子说："三军可夺气，将军可夺心。"

利德尔·哈特也说："如果能使对方的指挥官在心理上受到震撼，则可以使其所带领的整个部队丧失作战力量。"

所有的决策都是由人来做出的，是人就一定有心理上的弱点，这是最大的"虚"。针对对方的心理弱点发起的攻击，往往是最有效的。

提起攻心，我就会想起梅特涅与拿破仑的故事。

1805年，在著名的乌尔姆战役和奥斯特里茨战役中，拿破仑指挥法军，连续大败奥地利军队。战败的奥地利除了赔款，还丧失了1/6的臣民、1/7的财政收入，并被迫放弃了神圣罗马帝国皇帝的称号。神圣罗马帝国从此名存实亡，高傲的奥地利成了拿破仑这个暴发户的小兄弟。

奥地利当然想复仇，想恢复昔日的辉煌。但是奥地利人很清楚，在军事上没有人是拿破仑的对手。奥地利的军队已经被摧毁，在相当长的时间里，奥地利都没有在战场上打败拿破仑的可能。

当奥地利新任驻法国大使、出身高贵的梅特涅第一次见到拿破仑时，他注意到了几个细节：这位小个子拿破仑讲话时，喜欢让对方坐着，而他自己站着；他走路时总是踮着脚，这样就可以显得他的个子高一些；讲话时，他也一直在努力掩饰他的科西嘉口音。

梅特涅马上做出了判断：拿破仑虽然已经贵为法兰西皇帝，但是在一个到处都是贵族的上流社会，科西嘉平民这一出身，使他在内心深处依然有着强烈的自卑感和不安全感。他极度渴望得到欧洲贵族的认可，取得与欧洲贵族平起平坐的地位。

梅特涅决定要充分利用拿破仑这一心理。

第一步，每次跟拿破仑聊天，他总是认真倾听，并适度恭维。这种得体和优雅很快就赢得了拿破仑的好感与信任。

第二步，他投拿破仑所好，提出了把奥地利皇帝弗朗茨二世的长女嫁给拿破仑。与欧洲最高贵的奥地利皇室联姻，意味着拿破仑得到了欧洲贵族的认可，他的王朝和他的继承人，也将由此取得血统上的合法性。拿破仑很高兴。他与皇后约瑟芬离了婚，从奥地利迎娶了玛丽·路易莎女大公，从此与奥地利建立了政治联姻。

接下来是第三步。1812年，拿破仑要发起对俄罗斯的远征，梅特涅恭敬地提出了一个建议：组建一支 3 万人的奥地利军队，听从拿破仑调遣。条件是，拿破仑允许奥地利重建军事力量。拿破仑连想都没想就同意了：奥地利是他妻子的娘家，重建奥地利军队对他只有好处。

拿破仑随即发动了对俄罗斯的远征，结果你肯定知道，他的远征遭遇了惨败。他的近 70 万大军，回到法国时只剩下了几万人。拿破仑元气大伤，而欧洲列强趁拿破仑大败之机，开始酝酿成立新的反法同盟。

刚刚战败的拿破仑和法国需要争取到喘息的时间。梅特涅不失时机地提出了新的建议：由奥地利以协调人的身份来与欧洲列强谈判。奥地利与拿破仑有政治联姻，由奥地利来当谈判协调人，总比其他列强要好。不出意料，拿破仑再次听从了梅特涅的建议。

1813 年，谈判破裂。列强组成的反法同盟准备与法国开战。这个时候，重新组建的奥地利军队已经相当强大了。

当拿破仑召见梅特涅，要求奥地利派出军队，加入他这一方作战时，梅特涅却突然变了脸：法国必须接受奥地利制订的和平协议，并将奥地利的领土恢复到原来的状态。因为，奥地利有义务保护自己国家的利益和恢复欧洲的秩序。

拿破仑一下子醒悟了过来，他脱口而出："这么说，娶奥地利的女大公，我是做了一件蠢事？"梅特涅以他一贯的优雅，彬彬有礼地回答说："既然皇帝陛下垂询我的观点，我就坦白地说了：征服者拿破仑，犯了一个错误。"

拿破仑拒绝了梅特涅的和平协议，奥地利就此为理由放弃了中立，加入了反法同盟，并事实上成为同盟的领袖。

接下来的事情你也已经知道了：拿破仑战败，被流放厄尔巴岛。

梅特涅的过人之处在于：他很清楚，奥地利在军事上永远找不到拿破仑的薄弱环节；拿破仑最大、同时也是最致命的弱点，是他内心深处的自卑。

梅特涅由此找到了打败拿破仑的最好突破口。

据说拿破仑本身就是一个琢磨和利用对手心理的高手。但是，不幸的是，他这次遇到了更高的高手。

无独有偶，当年的刘邦，也是从对手的心理层面入手，打破了楚汉之争的僵局。

楚汉相争之际，项羽和刘邦两大势力在今天河南荥阳一带的成皋形成了僵持局面。刘邦无法东进，项羽也无法西进。

这时，彭越等人配合刘邦，在项羽的后方梁地捣乱，连续攻下了十几座城邑，使得项羽前后受敌。

项羽决定自己先带一部分兵力平定彭越、稳定后方，然后再集中全力与刘邦一较高低。

为此，项羽将留守成皋的任务交给了大将曹咎。曹咎追随项羽多年，出生入死，打了无数大仗，立过无数战功，项羽对他非常信任。

临行之前，项羽对曹咎说："谨守成皋，则汉欲挑战，慎勿与战，毋令得东而已。我十五日必诛彭越，定梁地，复从将军。"

曹咎满口答应。

项羽走后，刘邦果然对成皋发动了猛烈的攻势。曹咎遵照项羽的命令坚守不出，成皋城又非常坚固，汉军一点儿办法都没有。

于是张良给刘邦出了一个主意：利用曹咎性格暴躁的特点，下令在成皋城边筑了一个高台，天天派人在台上骂曹咎，各种羞辱全用尽了。

曹咎一天不出战，两天不出战，最后实在忍受不了汉军的辱骂，一怒之下，率领大军出城决战，结果被刘邦打得大败。曹咎战死，成皋也落入汉军之手。

成皋一丢，双方长期僵持的战局就打破了，项羽再也顶不住刘邦的攻势，最终兵败如山倒。

一名将军性格上的弱点，导致了一场战役的失败；一场战役的失败，又影响了整个战争的结局；而战争的结局，最终决定了天下鹿死谁手——这就是攻心的作用。

所以孙子提醒说，决策者一定要警惕自己心理与性格的弱点。他说："故将有五危：必死，可杀也；必生，可虏也；忿速，可侮也；廉洁，可辱也；爱民，可烦也。凡此五者，将之过也，用兵之灾也。覆军杀将，必以五危，不可不察也。"

将帅有五种致命的弱点：只知死拼就可能被诱杀，贪生怕死就可能被俘虏，急躁易怒就经不起刺激，过于自尊就受不了污辱，一味关心下属就会不胜烦扰。这五种缺陷，是将帅的过错，也是用兵的灾害。军队覆灭，将帅被杀，都是由于这五种性格缺陷引起的，是不可不引起警惕的。

在一个组织中，一般人的心理与性格缺陷可能并没有什么大不了的，那只是个人的弱点而已；但领导者的心理与性格缺陷，却会被无限放大，甚至伤害到整个组织。

马陵之战的庞涓，孟良崮战役的张灵甫，之所以兵败身亡，很重要一个原因就是性格上过于自信，甚至到了狂妄的地步；而孙膑和粟裕之所以取胜，很重要的一个原因就是充分利用了对手的心理弱点，从而取得了辉煌的战果。

马陵之战前，孙膑判断出庞涓和魏军的心理特点有两个：一是急于雪12年前桂陵之战中被齐军打败的耻辱；二是轻视齐军，不把齐军放在眼里。

所以孙膑说："善战者，因其势而利导之。"打仗的高手一定要因势利导。

因什么势？你急于复仇的气势，你瞧不起我的心理定势。

孙膑因此采取了通过战略撤退、示弱骄敌、诱敌入伏的策略来打败庞涓：你不是急于雪耻吗？我偏偏不给你这个机会，我要通过撤退的方式让你更加焦躁。你不是瞧不起我吗？我要通过示弱的方式让你更加狂妄。

结果，庞涓本人和魏国的10万大军，在马陵道上全军覆没。

整编七十四师是国民党五大主力之一，装备极好，战斗力极强，打起仗来极为自信，因此上上下下也就普遍存在着狂妄的心理。

当情报显示，粟裕准备打整编七十四师的时候，张灵甫却根本不相信共产党军队会对他下手。他说："我的一个旅，就可以打败共军的一个军。共军想吃掉我整编七十四师，还没长那副牙口。"

当华东野战军开始向整编七十四师的后方穿插、马上就要形成合围的时候，张灵甫还说，那肯定只是共产党军队的小股部队，是要袭扰整编七十四师的行动。

张灵甫和整编七十四师，最终覆没在孟良崮上。

战争是力量的较量，是谋略的较量，但最终还是决策者心理的较量。

毛泽东可以说就是一个掌握对手心理的大师。

据延安八路军总部的一些老参谋回忆，毛泽东在自己的墙上贴着国民党一些主要人物的简历，一有空就对着墙看，这使得毛泽东对蒋介石及其主要人员的心理及指挥风格都了如指掌。

1962年中印边境冲突，毛泽东还专门研究了尼赫鲁的心理。正是由于摸透了这些对手的心态，毛泽东才从容不迫地确定了有针对性的战略战术，达到出手即攻其要害的目的。

所以，攻心的核心就是将对方统帅在心理素质上的弱点和定势思维作为制定战略决策的依据之一。

在商业世界中，决策者的心理与个性对于企业竞争也常常有着深刻的影响。

所以，在企业竞争中，好的竞争分析不仅仅是描述对手企业的客观情况，更要深入分析对手企业高层决策者的性格与心理特征。

当你把竞争对手当成一个有着七情六欲的人来了解的时候，你能够更容易地预测他的未来行动，从而因势利导，制定出正确的战略决策和行动计划。

对消费者心理的把握，更是制定好的市场策略的前提。

在消费者心理最敏感的地点突破，就是好的市场"攻心"策略的核心原则。

突破后持续投入

在作战中，"击虚"的目标选择要求针对对方的虚弱之处。但击虚的行动并非在虚弱之处打开了缺口就算结束。相反，一旦打开了突破口，就要充分利用你的突破以及对手所出现的混乱，立即投入强大的资源，塑造强大的持续冲力，粉碎对手任何重新组织防御的企图。

这是你扩大战果最好的时机。

用美军《作战纲要》中的话说："攻方要毫不留情地将成功的作战坚持下去，不让敌人从进攻的最初震撼中缓过气来、恢复平衡、组织坚固的防御或转而实施进攻。"

因此，一旦打开口子，一定要持续攻击："指挥官应做好准备在每一次进攻（在未受到上级或资源不足的限制时）之后毫不迟延地继之以扩张战果。这种大胆的扩张战果可保持对敌人的压力，加重其混乱程度，瓦解其抵抗意志。扩张战果的最终目的是使敌军崩溃到除了投降或逃窜无路可走的地步。"

明代兵书《草庐经略》也说："兵何以宜乘胜也？胜则敌之心胆已摧，我之锐气益壮。以方胜之气，当已疲之敌，所谓势如破竹，数节之后，迎刃而解也。"

过去部队作战，往往都会有第一梯队、第二梯队、预备队这样的划分。

第一梯队干什么？负责打开突破口。

第二梯队干什么？负责利用第一梯队打开的突破口向纵深和两翼扩张，破坏对手重新组织防线的企图。

预备队干什么？关键的时刻要投进去进行追击，以扩大战果，并奠定最终的胜局。

克劳塞维茨说："在战斗过程中，胜利者和失败者在物质损失方面很少有明显的差别。往往根本没有差别，甚至有时胜利者的损失还可能大于失败者。失败者的决定性损失是在开始退却以后才出现的。"

而胜利者取得决定性的胜利，是在追击开始时实现的。

因此克劳塞维茨说："胜利的大小取决于追击时的猛烈程度；追击是取得胜利的第二个步骤，在许多情况下甚至比第一个步骤更为重要。"

林彪提出进攻作战要"四快一慢"，其中最后两"快"就是"突破后扩大战果要快，追击时要快"。

他说："特别是要善于穷追，因为把敌人打垮以后，追击是解决战斗、扩大战果、彻底歼灭敌人最关键的一着。在追击时，要跑步追、快步追，走不动的扶着拐棍追，就是爬、滚，也要往前追，只有抓住敌人，才能吃掉敌人。"

辽沈战役后期的辽西之战，国共双方几十万大军搅成了一团，部队已经打乱了。下面纵队司令汇报说坏了，师长找不到团长，团长找不到营长，营长找不到连长，连长找不到自己的战士，打乱套了。

林彪连连叫好，说乱了好，乱了好！就这样打！找不到自己人没有关系，能找到国民党就行了。

因为这时候你乱，对手比你还乱。对手的防线一旦崩溃，就要抓住时机向纵深发展，这是扩大战果的最好时机。

市场竞争也是这样。一旦打开了市场的突破口，就一定要果断地将后续资源投进去，因为这是收获最大的时候，对手已经来不及组织有效的抵抗。

毛泽东说:"宜将剩勇追穷寇,不可沽名学霸王。"在作战中,最忌讳的是在第一梯队已经取得突破的情况下,后续的力量却上不去,做成了夹生饭。

美军《作战纲要》中也说:"攻方不能允许敌人从首次突击造成的震撼中恢复过来,绝不能使敌人有时间查明主攻方向,而最重要的是绝不能给敌人提供集中兵力或威力对付主攻部队的机会。"

同样,在竞争过程中,也一定不能让对手从突破的震撼与混乱中恢复过来。一旦对手得以喘息,重新组织起防线,封闭了突破口,就会前功尽弃。

还记得我们前面讲的百视达和网飞的故事吗?网飞趁百视达大意,漂亮地在 DVD 租赁行业取得了突破。

但是仅仅赢得一次战役,并不意味着你的敌人就消失了。

百视达从破产中东山再起,并被迪什网络(DISH Network)公司收购。得到火力支援的百视达开始利用网飞的失误,向网飞发起猛烈的反击。

对于刚刚成功突破强大对手封锁的网飞来说,并没有可以放下心来的喘息之机,它发现自己面临着一个毁灭性的威胁:电影可以在线下载和观赏了。用录像带和 DVD 看电影,即将成为一种过时的模式。

网飞无法停下来,必须继续向前扩张。它从试验在线提供电影开始,从一家简单的 DVD 提供商,向无边界的在线媒体内容提供商转型。如今网飞已经开始生产内容,2013 年,网飞推出的《纸牌屋》一炮而红。

这是网飞最厉害的地方,就是在旧业务依然很赚钱的时候,就开始寻找新的增长点并果断地杀进去。从 DVD,到流媒体,到影视内容制作,到向院线电影进军,网飞在单点突破之后,一直在向纵深挺进。

没有人知道网飞接下来还会做什么。但有一点是毋庸置疑的:没有企业可以因为一次突破就一劳永逸。

在前线取得突破的企业，必须做好一个准备，就是你的新老对手一定会对你发起反击。所以一旦打开口子，你就要随时调集资源，充分利用好你的突破，向纵深继续扩张，扩张、扩张、再扩张。否则你的突破就只能是昙花一现。

看一眼中国的电子商务市场，你会发现一个很有意思的现象。

经过10多年的发展，中国的电子商务市场大的竞争格局基本已经定型。尤其在大的综合性电商平台市场上，阿里、京东的地位基本上已经不可撼动。除了拼多多这样的异数，新的综合性电商平台崛起的机会越来越小。

现在进入电子商务行业的那些中小企业，尤其在发展的初期，往往不约而同会选择垂直电商作为自己的定位，目的就是避开综合性电商的规模优势，并趁着综合性电商都在忙于攻城略地、扩大规模优势的机会，选择综合性电商投入相对薄弱的细分市场，以聚焦和差异化的策略，切下一块属于自己的蛋糕。

应该说这是一个极其有效的击虚策略，很多垂直电商就是这样取得突破、站住脚跟的。

然而对于这样的垂直电商来说，最大的威胁就是，综合性电商一旦意识到了垂直电商的威胁，就会利用自己强大的综合优势，对垂直电商进行反扑。

女性时尚电商就非常典型。从2010年到2015年，以品牌折扣起家的唯品会，以精品购物推荐起家的蘑菇街、美丽说，以海淘起家的小红书、洋码头等，纷纷问世并迅速站稳脚跟，业绩也爆发性地增长起来。

2014年是女性时尚电商发展的一个高峰。上市仅两年的唯品会股价飙升了30倍；而当年5月上市的聚美优品，首日股价飙升了24%。

然而好景不长。阿里、京东这些巨头开始调整战略，一方面借鉴女性时尚电商的成功经验，另一方面开始发挥自己在大数据方面的优势，强行打入这一细分市场。

女性时尚电商的业绩应声下滑，哀鸿遍野。聚美优品的市值，从2014年巅峰时的57.8亿美元，跌到4亿美元。以淘宝导购模式起家的蘑菇街，遭到淘宝的无情封杀，从曾经的估值30亿美元到如今的面临倒闭。唯品会被迫转型为综合电商，从而开始了与阿里、京东艰难的同质化竞争。而小红书则干脆放弃了女性时尚这一垂直市场，转而做起了社交。

所以，在竞争中，除非你已经提前准备好在某个点一旦突破成功时投入的后续增援力量，否则就不要轻易发起进攻，不然只能暴露你的意图，给你的对手以机会来了解你的战略和战术，并发起致命的反击。

你要是熟悉"利基战略"这个概念，就会知道，利基战略包括了四个阶段：寻找利基市场、占领利基市场、扩大利基市场和捍卫利基市场。

完成前两个阶段后，尤其要注意立即跟进三、四阶段。你必须通过持续性的技术创新，使竞争对手难以模仿，保持并扩大你的竞争优势；你还必须利用你的独特资源与优势，构筑起强大的竞争壁垒。

否则，即使暂时取得了突破，行业的巨头一旦想要切入你的赛道，你往往也只能缴械投降。

克劳塞维茨警告将军们说："只有对被击败的敌人进行追击，才能获得胜利的果实。""不进行追击，任何胜利都不能取得巨大的效果。"

美军《作战纲要》也强调，要"毫不留情地扩大战果"。

这样的忠告，对于竞争中的企业家们来说，显然同样适用。

第七讲
诡道：竞争策略的运用

战争与竞争的共同特点是：再完美的战略也可能会被对手破坏。

在对抗中，计划能否成功并不仅仅取决于自己的行动，在很大程度上还取决于对手的反应。

有效行动的前提是运用有效的策略，引导对手，塑造对手，操纵对手，剥夺对手的反应能力，使对手无法做出有效的反击。

诡道

"击虚"需要"诡道"

"击虚"是一条重要的理念。但是,在战争中,真正的高手,不能也不会一味等待对手送上门来的"虚"。相反,高手在对手暂时无"虚"可击的情况下,会通过虚虚实实的手段,来制造化实为虚的结果,从而创造避实击虚的机会。

这就需要一个理念:诡道。

孙子说:"兵者,诡道也。"战争充满了诡道。这大概也是《孙子兵法》中最流行的金句之一了。

那么,"诡道"究竟是什么呢?

看到"诡道",很容易让人联想到欺骗、诡诈。没错,诡道当然有欺骗的含义。但不仅仅如此。

首先,我们看什么是"道"。《易经》曰:"一阴一阳之谓道。"老子说:"反者道之动。"阴阳互为反面,任何一方的行为,都受它的对立面的推动和影响。任何一种高明的选择,都要善于从对方的角度去考虑。

中国人的思维方式和西方人的确实有很大的不同。西方人的思维偏重于形式逻辑,西方人喜欢讲从 A 到 B,A 到 B 是线性的关系;中国人的思维偏重于辩证逻辑,中国人喜欢讲有阴有阳,阴和阳是互动的关系。

最能代表中国人思维模式的，大概莫过于太极图了。太极图里面是阴阳鱼。阴阳鱼互相推动，阴鱼一动，阳鱼就会动；阳鱼一动，阴鱼就会动。

这种阴阳互动的理念，天然就特别适用于理解战争双方的博弈关系。为什么2 500多年前中国就产生了这样一部《孙子兵法》？这与中国人的思维特点有很大的关系。

战争的特点是什么？战争就是对立双方的互动过程，一方的行动一定会引起对方的反应。双方都在想方设法破坏对方的行动，争取自己行动的成功。

所以，在战争中，再完美的战略计划也可能会被对手破坏。

这就带来一个问题：在对抗的过程中，你的计划能否成功，往往并不仅仅取决于你自己的行动，在很大程度上还取决于对手的反应。让对手无法做出有效的反应，才能保证你的计划成功。

这就需要你学会运用策略。

"诡"，就是"不直"的意思。不是直来直去，横冲直撞。

"兵者诡道"的含义就是：在战争中，取胜并不是单纯靠力量直接对抗，还要靠策略的巧妙运用，去掩护自己的行动，去破坏对手的计划，去制造和利用对手的失误。

战争充满了不确定性。你改变不了战争的不确定性。但高手会接受不确定性，甚至通过高超的策略来制造不确定性，增加对手的不确定性，并充分利用这种不确定性，使自己取得对抗中的优势地位。

利德尔·哈特说："最伟大的将军就是那个能使敌人犯最多错误的人。"毛泽东也说："我们可以人工地造成敌军的过失。"

你可能知道王阳明平定朱宸濠之乱的故事吧。宁王朱宸濠发动叛乱时，宣称要立即率军先占南京，再攻北京。由于事发突然，当时明朝方面在南京和北京都没有做好应战准备。

王阳明当时担任都察院左佥都御史，巡抚南（安）、赣（州）、汀（州）、漳（州）等地。对于王阳明来说，当务之急，是暂时拖住朱宸濠，让他的部队留在南昌城中半个月，以便让各地有时间做好战备。

为此王阳明使出了各种各样的手段。他伪造了一封由两广总督杨旦发出的紧急公文，说是奉命率领狼兵48万人，前往江西平乱，并要求沿途备好粮草，支援行军，有违者立即依军法论斩，云云。王阳明让他的幕僚雷济派人带着这份伪造的公文去南昌，想办法让公文落到朱宸濠手中。

雷济很怀疑此举的效用："大人，朱宸濠见此公文，恐怕未必相信吧？"

王阳明微微一笑说："就算他不信，怀疑、犹豫总会有吧？"

雷济说："这倒是不可避免的。"

王阳明拊掌大笑道："他只要一怀疑、一犹豫，那么他就大势去矣！"

果然如王阳明所料，伪造的公文落入朱宸濠之手后，朱宸濠心慌意乱，犹豫不决，错失了直捣京师的最好机会。王阳明为各郡府州县争取到了准备防御的时间，调来了勤王之师。朱宸濠最终兵败被擒。

隆美尔是纳粹名将，号称"沙漠之狐"。他曾经说过一句话："只要有可能，就要采取欺骗措施。"

在1940年的法国战役中，隆美尔指挥的部队行动神速，虚虚实实，神出鬼没，因而赢得了一个"鬼师"的绰号。结果整场战役下来，隆美尔的装甲师俘敌9.7万人，但自己只损失了42辆坦克。

在1941年的北非战场上，隆美尔更是把狐狸的狡诈发挥得淋漓尽致。

1940年末，德国的盟友意大利在北非战场上被英国军队打得落花流水。1941年2月，隆美尔被希特勒任命为"德国非洲军"军长，前往北非解救一败涂地的意大利军队。

隆美尔必须接受无能的意大利统帅部的指挥。他的军队人数和坦克数量都少得可怜，现成的部队只有德军一个战车团，还有配合他作战的意大利一个师。他的补给严重不足。配合他作战的意大利军队又素质极差，在接连的战败之后士气低落，军官们甚至都打包好了行李，盼着早日撤回意大利。

英国人对隆美尔的到来丝毫不担心。他们依然按既定的日程进行了部队换防。隆美尔立即抓住了英军轻敌的机会，他指挥由德军和意军组成的混合部队，突然向英军发起了进攻。他把他数量不多的兵力分成了几个纵队，从各个不同的方向进攻英军的防线。他的坦克不停地机动，他的部队进攻速度极为惊人。他们常常利用夜色，在黑暗中对毫无防备的英军发起偷袭。他们神出鬼没，可以突然出现在英军的侧翼或后方，然后发起进攻，打英军一个措手不及。

他充分利用了沙漠的特殊环境。坦克不是不够用吗？他把卡车改装成了假的战车，与坦克一起行军。所以他的部队一旦行动，这些真真假假的战车就会在沙漠中卷起漫天的沙尘，就像一支庞大的战车部队正在冲过来一样。英国人根本就搞不清楚他到底有多少辆坦克。

隆美尔的进攻给英军制造了极大的混乱。更要命的是，隆美尔的行动看起来毫无章法，事后却被发现总是有着清晰的打击目标。如果他想进攻一个地方，他会朝相反的方向进发，然后绕回来，从英军意料不到的方向发起行动。英国人一分钟也不敢放松，因而被搞得疲惫不堪。

英国人总是处于被动之中。他们不知道隆美尔要进攻还是要撤退，也不知道隆美尔接下来会出现在什么地方，或者从什么方向发起攻击。他们没有时间思考，所有的决定都是仓促做出的，所以犯下了一个又一个错误。

他们只好把军队漫无目的地分散在辽阔的战场上。一听到隆美尔带着军队冲上来了，英国士兵做的第一件事，便是掉头就跑，虽然他们的人数比隆美尔实际上要多得多。

英军损失惨重。就连曾经指挥英军打败过意大利军队的奥康诺将军，也成了隆美尔的俘虏。

1942年初,隆美尔升任非洲装甲集团军司令。在被授予上将军衔不久,他又晋升为元帅。这一年他51岁。

所以,所谓的"诡道",就是通过策略的运用,调动对手,操纵对手,误导对手,迷惑对手,分化对手,使对手陷入更大的不确定性中,从而产生错误的判断,做出错误的决策,进而分散它的资源,暴露它的弱点。

这样就可以变强大之敌为虚弱之敌,变不好打之敌为好打之敌,变有组织之敌为无组织之敌。这样就可以使对手的战斗力没有办法得到充分的发挥,使对手无法对我方作战行动做出有效的反应,从而为我方创造出最好的避实击虚的机会。我方就可以用最小的成本,取得最大的收益。

刘伯承在谈到用兵的时候说过一句非常形象的话:"猫吃耗子,盘软了再吃。"

战争指导的一个秘诀就是"弱而后打",先用策略引导和调动对手,削弱对手的组织与反应能力,使对手变成好打之敌,让对手失去优势与主动,然后再发起真正的攻击。

突然性是战略的本质

如何去运用具体的策略来创造出手的机会呢?孙子提出了他的"诡道十二法":"故能而示之不能,用而示之不用,近而示之远,远而示之近。利而诱之,乱而取之,实而备之,强而避之。怒而挠之,卑而骄之,佚而劳之,亲而离之。"

能而示之不能:明明能打,但我假装不能打。隐藏自己的实力和意图。

用而示之不用：明明要用这种打法打，但我假装不用。掩盖自己的企图与计划。

近而示之远：明明我在近处发起行动，但我先要假装在远处打你。

远而示之近：明明我要在远处发起进攻，但我先做出在近处行动的样子，吸引你的注意力。

利而诱之：用小利来引诱对手。人都是趋利避害的，组织也是如此。它愿意听你调动，一定是看到了利益。打仗有所谓的伏击战，就是用小部分部队伪装主力，吸引对手的部队到对其不利的地形，然后突然发起攻击，消灭对手。

乱而取之：制造混乱来攻取对手。

实而备之：对手力量充实，无懈可击，那怎么办？做好防备，做好准备，耐心等待时机。

强而避之：对手力量过于强大，我就是打不过他，那怎么办呢？打得赢就打，打不赢就走。只打那些能打赢的仗，拒绝打那些打不赢的仗。只在有利的情况下跟对手打，避免在不利的情况下跟对手打。只打那些你能打赢的对手，避免跟那些强大的对手正面较量。有时候，不打，可能需要更大的勇气和智慧。

怒而挠之：对手性格暴躁，易于激怒，就挑逗他，让他失去理智，让他犯错误。

卑而骄之：对手很谨慎，很小心，那怎么办呢？让他骄傲，让他狂妄。狂妄是走向灭亡的第一步。

佚而劳之：对手休整良好，怎么办呢？折腾他，让他疲于应付，疲惫不堪。就像彭德怀运用蘑菇战术，把胡宗南的部队肥的拖瘦，瘦的拖死，就可以变成好打之敌。

亲而离之：对手内部团结，不好打，怎么办？通过离间的方式，把他剥离出来，变成孤立之敌，变成好打之敌。

后世的"三十六计",其实就是从诡道十二法引申出来的。当然诡道不仅仅十二法,孙子也可以写诡道三十六法,甚至一百零八法,那可能就写不完了。

诡道本身并不是目的,"诡道"的目的是为了"攻其无备,出其不意",为了创造突然性。

中国的兵法和武术,在深层的哲学上完全是相通的。所以一讲到"诡道",我就会想起太极推手来。太极拳既可以健身,也可以对抗。两个太极高手在推手的过程中,推来推去,推来推去,目的是什么?找劲儿。就是通过自己的动作来引导对手,让对手失去平衡。

找不到这个劲儿,我绝对不出手。对手一旦失去平衡,便突然出手,一下子即可将对手腾空推出。

这个"推来推去"的过程,其实就是"诡道",就是让对手失去平衡的过程。突然出手,其实就是"攻其无备,出其不意"。

所谓的"攻其无备,出其不意",就是在对手最脆弱的时间和最脆弱的地点,以他最意想不到的方式去攻击他,这样,你就可以以最小的代价,取得最具决定性的战果。

利德尔·哈特曾经说:"突然性是战略的本质。"克劳塞维茨也说:"一切行动都毫无例外地要以出其不意为基础。"

在战争的过程中,如果你的战略计划和行动已经被对手知悉,对手就一定会采取手段破坏你的计划与行动,你就很难成功。

再好的战略,也需要突然性。

从战争的历史可以看出,出其不意所造成的突然性,往往能够决定性地影响最终的战局。非常成功的出其不意,则会使敌人陷入混乱,丧失勇气,从而会成倍地扩大你的胜果。

美军《作战纲要》中有这样一段论述:"突然性可推迟敌人做出反

应的时间，使其指挥与控制超负荷和陷入混乱，对敌士兵与指挥人员产生心理震撼作用，并削弱敌人防御的完整性。突然性可以削弱敌人战斗力，使攻方能以较少的兵力取得胜利。"

在战争中，有效地运用策略并达到行动突然性的一方，往往能够取得事半功倍的效果。

孙子曾用"处女"与"脱兔"来形容突然发起的攻击："始如处女，敌人开户；后如脱兔，敌不及拒。"行动之前像柔弱的女子一样安静，诱使敌人不加防备；发起行动后像脱逃的野兔一样突然，使敌人根本就措手不及。在战争中，这样的攻击才是最有效、最致命的。

而要达成突然性，就一定需要策略的掩护。所以，再好的战略，也是需要策略配合的。

没有不运用策略的战争，策略渗透于一切战争行为之中，用兵的过程就是一个运用策略从而充分利用和发挥自己的优势、充分剥夺和破坏对手的优势这样一个博弈过程。古今中外的军事家都非常看重策略对胜利的作用。

曹操说："兵无常形，以诡诈为道。"

唐太宗说："朕观千章万句，不出乎'多方以误之'一句而已。"

梅尧臣说："非谲不可以行权，非权不可以制敌。"

克劳塞维茨也说："任何一次出其不意都是以诡诈（即使是很小程度的诡诈）为基础的。"

通过策略的运用来引导对手、操纵对手、调动对手、抑制和剥夺对手优势，从而为我战胜对手创造条件的过程，孙子称之为"示形""动敌"。

示形，就是抛出假动作；动敌，就是调动对手。示形就是为了动敌，进而为致命的一击创造条件。

当年隋文帝灭掉陈朝统一中国，仗就是这样打的。

隋文帝在完成统一北方的大业之后，随即准备南下灭陈，一统天下。但是江南的陈朝凭借长江天险，精心部署了防线。在当时的条件下，隋要想渡江灭陈，难度非常大。

隋文帝采取了谋士高颎的策略，每当江南收获的季节，隋军就在长江北岸频繁地调动，声称要渡江南下。陈朝当然紧张，赶忙调动部队，进入临战状态。然而一旦陈朝调动大军，准备作战，隋朝却又偃旗息鼓，撤兵回朝。

这样反复几次之后，陈军对北岸的军事调动就再也不以为意。

公元588年，隋朝大军突然渡江南进，数路并举，迅速突破了毫无准备的陈军防线，并在不到一个月的时间内就攻克了陈朝的首都建康，也就是今天的南京，灭了陈朝。

一个翻版的"狼来了"的故事。

孙子说："攻而必取者，攻其所不守也。"我们都想战无不胜，攻无不克，关键是怎么做到呢？打对手没有防备的地方。

就像足球比赛一样，对手有后卫挡着，防守严密，就是马拉多纳想直接射门，也没有多大胜算。一定是来回倒腾，虚虚实实，声东击西，让对手犯错误。对手一旦出现空档，你就立即抓住机会，一脚怒射。

所以，示形才能动敌，动敌才能击虚。示形、动敌就成了击虚的关键环节。

用兵的高手，之所以高明，往往就在于善于示形、动敌。用孙子的话说："故善动敌者，形之，敌必从之；予之，敌必取之。"善于调动对手的将军，抛出的假象对手一定会上当，送出的小利对方一定会上钩。

为什么？因为真正摸透了对方的心思和需求。所谓的"必从""必取"，就是完全听我调动。

所以孙子说："敌佚能劳之，饱能饥之，安能动之。"敌人休整良好，可以设法让它疲劳。敌人粮食充足，可以设法让它饥饿。敌人驻扎安稳，可以设法让它移动。

敌人的战斗力再强大，如果我能够实施巧妙的策略，调动对手，分散敌人，也可以使其战斗力根本发挥不出来："敌虽众，可使无斗"；"以吾度之，越人之兵虽多，亦奚益于胜哉"！对手的兵力再多，也是可以被置于无用武之地的；敌人的优势再明显，也是可以通过谋略来抑制和剥夺的。

所以孙子自豪地说："胜可为也。"胜利的机会，是可以通过充分运用你的智慧、发挥你的主观能动性创造出来的。

战争本质上就是双方智慧的对抗。所谓的"兵者诡道"，就是强调的这一点。所谓的"上兵伐谋"，强调的也是这一点。

读到这里，你可能会问：孙子讲得好像自我矛盾啊。前面讲"先胜"的时候，不是说孙子强调"胜可知，而不可为"吗？怎么这里又说"胜可为"呢？到底可为不可为？

其实，孙子是从不同的层面讲的。胜既不可为，也可为。

人不可胜天，所以胜不可为。人可以胜人，所以胜可为。

人是不可以跟大势相抗衡的，人只能敬畏大势，顺应大势，而不能妄为。但人又是可以在智慧上超出自己的对手的，人可以通过谋略的运用，为自己创造出打败对手的机会。

《孙子兵法》的一个特点，就是洋溢着积极、主动、进取的精神。它在尊重客观实际，包括大势、实力对比等因素的同时，更强调充分发挥人的作用。具有主观能动作用的人，才是战争中最活跃、最生动的因素。

战争既是实力的较量，也是智慧的对抗。你要做的，就是在现有资源的基础上，充分发挥你的智慧、你的主观能动性，积极创造条件克敌制胜。

弱者也可以打败强者，道理就在这里。

用策略降低取胜的成本

在战争中,弱者由于力量不足,往往天然地希望能以精心设计的策略取胜;强者可以依靠强大的实力,因而在战争中更倾向于同对手直接对决。

在楚汉相争时,项羽曾经跟刘邦说,天下汹汹,都是因为我们两个人在争夺天下。不如我们两个人来场决斗,以决斗的胜负来决定天下的归属算了。

刘邦笑着回答了7个字:"吾宁斗智,不斗力。"

弱者用谋,强者用力,几乎是一个普遍规律。

当然,用谋也不是弱者的专利。战争史上不胜枚举的以少胜多、以弱胜强的战例说明,依恃力量、疏于斗智者往往会以失败而告终。如果忽略了策略的作用,即使力量再强大,也未必能战无不胜。

对于弱者来说,策略可以为其打开通往胜利的大门;对于强者来说,策略可以使其取胜的成本更低。所以强者运用谋略的例子,也屡见不鲜。

1943年,盟军在制订开辟西线作战的"霸王计划"时,面临着两种选择:或者在加莱地区登陆,或者在诺曼底地区登陆。加莱是德军守备力量最强的地区,诺曼底地区的德军守备力量相对薄弱。最终,盟军把登陆方向定在了诺曼底地区。

然而盟军在诺曼底登陆也面临着一个巨大的挑战:盟军在占领大的港口之前,仅凭登陆滩头的人工港,只能运送12~15个师。而德军虽然在诺曼底只部署了6个师的兵力,但在三天里就可以从各地调来25~30个师投入反击。这样的兵力对比之下,盟军即使暂时登陆成功也会被增援来的德军赶入大海之中。

只有有效地阻止德军的增援到达诺曼底,诺曼底登陆才有最终取胜的可能。盟军决心展开战略欺骗,使德军统帅部相信,诺曼底登陆只是一场佯攻,这样德军就不会把援军调往诺曼底。为此,盟军制定了一系列精心设计的战略欺骗计划。

盟军先虚构了一支番号为"美国第一集团军群"的部队。300多名报务员组成了从集团军一直到团、营之间的全部无线电通讯机构,并严格按照同级别单位的日常通讯量进行联络。加莱对面的多佛尔则设立了假的集团军群司令部,并使用大功率电台与各下属部队联系。

盟军为这个虚构的集团军群专门修建了军营、仓库、公路、输油管线等军用设施,并由好莱坞的道具师精心设置了假的物资囤积处、假的机场、假的飞机、假的坦克、假的大炮等,甚至非常逼真地在河面上制造出了军舰航行的油迹、坦克在公路上留下的履带印等。部分在登陆初期没有作战任务的部队也被调到这个假的军事基地里,驻扎操练。

盟军还专门为这个虚构的集团军群选择了一名司令官。众所周知,盟军一旦发起登陆作战,能够担当登陆地面部队司令官的人选,不是美军的巴顿,就是英军的蒙哥马利。盟军便"任命"巴顿来担任"第一集团军群"的司令,并安排巴顿频频公开视察部队,发表演说。

当真正的登陆部队陆军司令蒙哥马利在朴次茅斯的司令部潜心策划和研究作战方案时,盟军又安排了一位相貌酷似蒙哥马利的陆军中尉,装扮成蒙哥马利出访直布罗陀、开罗,造成蒙哥马利不在英国的假象。

无线电通讯、营区、部队、指挥官……德军统帅部得出了明确判断:在加莱对面的多佛尔,盟军已经集结了约40个师,组成了由巴顿任司令的第一集团军群,准备发起登陆作战。

登陆的主攻方向,自然是加莱。

为了进一步迷惑德军,盟军在战役前的空袭中还特别规定:盟军空军每向诺曼底投掷一吨炸弹,就向加莱投掷两吨炸弹;每向诺曼底派出一架侦察机,就向加莱派出两架。

诺曼底登陆之前三小时,一支由18艘小艇组成的假舰队,又由多佛尔出发驶向加莱。每艘小艇的后面都拖着一个木筏，木筏上装着直径达29英尺[①]的大气球，气球里则安装可以发出相当于一艘万吨级登陆舰的雷达信号的雷达发射器。假舰队的上空，则有几十架飞机一边飞行，一边抛撒锡箔条。

于是，当盟军即将在诺曼底发起登陆的时候，德军雷达屏幕上显示出的，却是一支庞大的盟军登陆舰队正在大批飞机掩护下驶向加莱。

盟军的战略欺骗计划成功地骗过了德军统帅部。德军始终认定盟军的真正主攻将会在加莱，诺曼底登陆仅仅是牵制性的佯攻而已。因而在盟军登陆最关键的时刻，德军在西线的大部分兵力、兵器却被浪费在加莱地区。

围绕诺曼底登陆的战略欺骗计划，成为保障盟军登陆成功的关键因素。

50年后，诺曼底的这一幕，又在海湾战争中重新上演了。

海湾战争爆发之前，萨达姆在科威特境内和伊拉克领土的南端，一共部署了41个师、54万人的部队，并配备坦克3 000多辆、装甲车2 800辆和火炮2 000门。伊军的防御重心完全放在了东面的科威特境内，西面的兵力却非常空虚，这就给了以美国为首的多国部队极好的机会。

多国部队总指挥是美国中央总部司令诺曼·施瓦茨科普夫四星上将。针对伊拉克的部署，施瓦茨科普夫制定了代号"沙漠军刀"的作战计划。

东面为佯攻方向。计划以陆战队第一远征军发起大规模的登陆佯动，并以部分兵力从沙特和科威特边界发起辅助性的进攻作战行动，目的是牵制伊军主力，并向科威特城及其以北地区推进。

西面为主攻方向。计划以两个集团军的美军以及法军、英军各1个

[①] 1英尺=30.48厘米。——编者注

师的兵力组成进攻兵团，从沙特和伊拉克边界伊军防守薄弱的西部侧翼，突破伊军防御阵地，直捣伊拉克境内，切断其运输通道，并彻底摧毁伊拉克的武装力量。

西面主攻方向的作战行动，后来被形象地称为"左勾拳"。这一凶狠的左勾拳将以凌厉的攻势给伊拉克军队以致命的一击，不给萨达姆任何机会。

为了保证"左勾拳"这一真正主攻方向的行动，多国部队在发起地面进攻之前，在东面的佯攻方向上采取了一系列的欺骗手段。

多国部队不断在沙特与科威特边界以南地区，沿着伊拉克军队正面防御的地带，进行训练和演习，并不断向边界北面的伊军发起袭击。这就给萨达姆造成了一种假象：多国部队会从这一地区发起主要进攻。

与此同时，美国海军又在科威特沿海的水域不断举行登陆演习，并以舰炮猛烈轰击伊拉克军队在科威特东部的海岸阵地。

美国还加强了宣传攻势，并故意泄露假情报给伊拉克军队，使萨达姆更加坚定了自己的判断：多国部队的攻击重点，就是科威特南部的伊拉克军队。

美军的声东击西起作用了。伊拉克防御力量因此被牢牢地牵制在了错误的方向上。当真正的攻击主力，也就是美军第七军和第十八空降军，从西部发起致命攻击的时候，伊拉克军队已经完全没有了还手的机会。施瓦茨科普夫仅仅用了100个小时，就击垮了号称世界第四强大的伊拉克军队。

美军在战后总结时认为，美军在海湾战争中成功经验的重要一条，就是巧妙地运用了各种佯动欺诈措施。佯动诱骗战术的高超运用，大大增强了美军主攻方向作战行动的震慑力。

我们今天来看，即使不用这一声东击西的策略，多国部队肯定也可以摧毁萨达姆的共和国卫队。但是，同样可以肯定的是，多国部队会付出大得多的代价。

行动成功与否不单纯取决于你自己

在战争领域，诡道的应用，既可以是战略层面的，也可以是战役或战术层面的，甚至可以是三个层面同时使用。没有不用策略的战争。

竞争也是如此。就像战争一样，竞争从本质上也是一种"行动—反应"的互动行为。在竞争的过程中，竞争的双方都会寻求使对方处于不利的地位的策略。

成功的行动一定会激起对手的反行动，对手一定会企图模仿或阻挠这些行动，使这些行动所能带来的优势迅速减弱乃至完全丧失。因此，竞争取胜的关键因素之一，就是策略的运用。

明茨伯格在谈到战略定义的"5P"时指出，战略本身就包含着"策略"（ploy）的含义，即为了击败反对者或竞争者而采用的特定的计谋。

博弈论也认为，博弈的一方采取任何行动的结果在很大程度上取决于博弈另一方做出的选择。因此，在竞争中，竞争计划与行动的成功与否，不单纯取决于你自己，市场行动的效果很大程度上取决于对手的反应。

美国宾夕法尼亚沃顿商学院企业管理教授伊恩·麦克米伦等人提出了"战略相互依赖下的竞争"（competing under strategic interdependence，CSI）的概念，来分析竞争者的行为。竞争者之间的行动就像下棋一样，你每走一步棋，竞争对手必会采取相应的行动。如果你利用这种战略的相互依赖性，在某个细分市场采取行动，引诱对手跟进，而自己腾出手来在另一个细分市场上集中资源发起行动，往往就可以取得竞争的优势。

麦克米伦教授强调："公司无论大小，都要全盘掌握竞争态势，准确预测竞争对手的行动，并巧妙引诱对方采取有利于自己的行动，这对任何组织机构都是有益的。"

竞争领域的实证研究表明，在竞争中，直来直去、缺乏策略掩护的行动，成功的概率往往要低得多。原因在于，缺乏策略掩护的进攻行动，以及直接进攻对手主要市场的行动，往往会使对手比较容易察觉到威胁，并有强烈的动机做出回应。

但如果是精心设计的、隐蔽的、间接的攻击，或者对手难以组织起有效反击的行动，竞争者往往就难以做出有效的回应。

华人学者陈明哲对此有这样一段阐述："一般来说，在任一竞争者皆不具有支配力的情境下，采取精心设计的攻击策略会比蛮劲十足的策略来得有效。"

在竞争研究中，学者们确实对于战争中的策略运用表现出了极大的兴趣。陈明哲借鉴《孙子兵法》以及军事策略的原理，研究了"攻击（thrust）"、"伪装（feint）"与"谋略（gambit）"这三种调动对手的"资源转向策略"。

所谓的"攻击"，就是在一个竞争场域中采取明显的直接攻击，其目的是让竞争者撤回资源，使其了解到投入更多承诺在那个竞争场域，将非常困难且会有高成本。

所谓的"伪装"，就是一个厂商攻击一个竞争者认为重要的焦点市场，但对攻击者而言却并不那么重要，非其真正的目标市场。

伪装通常紧接着或伴随着厂商将资源的承诺投注在真正的目标场域。为了避免竞争者将资源投注在目标场域，厂商进行伪装，试图迫使竞争对手将资源转向防御它的焦点竞争场域。

所谓的"谋略"，就是一个厂商明显地牺牲它在一个焦点市场的地位，清楚地表达出它希望竞争者将资源转向那个市场，增加它在那个市场的影响范畴，然后，执行该谋略的厂商，即可将资源转向来防御它的焦点竞争领域（在目标市场中，竞争对手可能正在降低资源承诺）。

陈明哲指出："攻击、伪装与谋略三项策略可以结合形成更复杂的策略性转向行动。例如，攻击可以与伪装或谋略结合。"他认为，"在不同时间点及多重的观点下，通过攻击、伪装与谋略的结合，一个积极的参与者可以重新引导多重竞争者的资源方向"。

动态竞争的另一位代表性学者、《超优势竞争》的作者达韦尼也运用军事策略的思路，提出了他的"新7S"理论。达韦尼说："超优势竞争的企业就是同时运用一连串的策略出击，来骚扰、钳制、阻止竞争对手，或使对手产生错误。"

"新7S"中的最后三个"S"，即"改变规则、告示、一连串的策略出击"，其目的都在于"改变、塑造或影响竞争对手还击的方向或本质"，破坏对手做出有效反应的能力。

以达韦尼所说的"告示"为例。达韦尼说："公司运用告示造成竞争对手的判断错误，或者对公司的行动展开过慢或无效的回应。"在达韦尼看来，公司可以运用"告示"来打乱对手的计划。

他列举了 IBM 和微软宣布"雾件"（Vapor ware）——一款根本不存在的软件的例子，指出 IBM 和微软的目的就是要以此来阻止竞争对手的行动，鼓励客户等待他们的产品，不要购买抢先上市的竞争产品从而让竞争对手感到前途未卜，并破坏它们推出新软件的计划。

在达韦尼看来，"公司以告示来混淆或影响竞争对手。在破坏竞争对手、创造暂时优势的一系列竞争攻防当中，告示往往是第一招"。

在竞争研究的基础上，达韦尼得出了这样的结论，"决定企业成功与否的因素，在于企业是否具有随心所欲操纵一系列互动的能力"。

迈克尔·波特在《竞争战略》一书中，也专门讨论过在竞争中企业可以怎样运用市场信号和竞争行动来对竞争对手进行战略操纵。波特指出，市场信号可能是竞争者动机、意图和目标的真实反应，也可能是虚张声势。所谓的虚张声势，就是竞争者为了本身利益而误导其他企业采取或不采取某些行动的信号。

波特警告竞争者，"一个宣告可能是一项精心设计的欺骗，以造成竞争对手为加紧防御并不存在的威胁而耗费资源"。

用竞争理论的语言来说，孙子所谓的"诡道"，其实就是引导、塑造和操纵对手反应的一系列的策略组合。

战场上高明的用兵者，可以通过神出鬼没的策略运用，完全将对手的命运掌握在自己手中。在商业竞争中，能够巧妙运用策略的竞争者，同样可以有效削弱对手的反应能力，从而使自己以最小的代价，取得最大的胜利。

策略是实力的放大器。巧妙地运用策略，可以有效地改变双方的力量对比，改变战争的结局。所以，在孙子看来，竞争之道的重心并不在于力量的直接对抗，而在于策略的巧妙运用；不是简单的力胜，而是巧胜，是智胜。

用孙子的话说，是"胜于易胜"，也就是以最小的代价来取得胜利。通过巧妙的策略运用来调动对手，塑造对手，是保证竞争行动成功的一个关键性的前提。

竞争理论的研究者事实上已经注意到了这一点。迈克尔·波特曾经指出："寻找某些能够从竞争对手的延迟反应中获得收益的战略性行动，实施这样的行动并且能够最大限度地延缓竞争对手的反应，这就是企业竞争互动的关键法则。"

陈明哲也认为："了解在什么情况下，能让行动者采取的竞争性行动，不会引起任何竞争性回应，或者可以延缓竞争性回应的时间，进而使行动者获利，是一个很重要的课题。"

那么，从《孙子兵法》的角度来看，究竟什么样的行为能使对手无法做出有效的反应？究竟什么样的行动可以有效地限制竞争者的行为？

从手段上来说，在战争中作为策略的"诡道"运用，无非有两种：

一是隐真，一是示假。

隐真，就是通过隐蔽和秘密的行动，使对手得不到关键的信息，从而被蒙在鼓里，以此来减少乃至消除对手进行反应和回击的威胁。

《六韬》说："夫兵闻则议，见则图，知则困，辨则危。"用兵打仗，对手探听到我军兴兵，就要研究应付的策略；对手发现了我军的行动，就要设法破坏我军行动；敌人了解了我军企图，必致为敌所困扰；敌人摸清了我军规律，必致为敌所危害。

战争中，对抗的双方都在遏制与破坏对手的意图与行动。我们会这样做，对手也会这样做。所谓的"谋见则穷，形见则制"，不管是战略意图还是行动计划，都是见光死。

因此在战争中，隐蔽与秘密就成为战争指导的重要法则之一："用莫大于玄默，动莫神于不意，谋莫善于不识。"作战最重要的是保守机密，行动最重要的是出其不意，计谋最重要的是不被识破。

所以孙子说："故形兵之极，至于无形。无形，则深间不能窥，智者不能谋。"作战计划和行动伪装到最好的地步，就显示不出任何的形迹。显示不出任何的形迹，即便是隐藏再深的间谍也窥察不到我军底细，最聪明的敌人也想不出对付我军的办法。

打仗一方面要使敌"有形"，另一方面要使我"无形"。敌有形，我就知道对方的虚实，可以从容不迫地打他；我无形，对手就无法知道我的弱点，不知从何下手。

这就要靠策略来隐真。只有这样，才可以达到出其不意，保证行动的突然性。

除了相对被动的"隐真"，你还要积极主动地"示假"。

示假，就是通过误导性的或模糊性的行动和信号，使对手做出错误的判断和选择。用孙子的话说，就是"能而示之不能，用而示之不用，近而示之远，远而示之近"。

误导性的"示假"的目的，是将对手对情况的理解和判断导向错误的方向，诱使对手集中资源对付这种并不真实的情况，从而让策略的运用者有机会实施另一种行动方案。

模糊性的"示假"的目的，是增加对手的不确定性，使对手犹豫不决，延长对手反应的时间，降低对手反应的效率，从而削弱对手的有效反应能力。

隐真、示假并不是孤立的。好的策略运用，一定是二者并用。这就有了《孙子兵法》中一对非常重要的概念，就是前面讲过的"奇正"。

孙子说："凡战者，以正合，以奇胜。"正和奇，除了我们前面讲的正面进攻和侧翼迂回，还有一层含义，就是"正"为情理之中，"奇"为意料之外。

在高手那里，奇正是相互配合的关系，正以掩奇，奇以掩正。通过奇正的变化莫测，来制造致命一击的机会。

以正合，以奇胜。表面看来，要么正，要么奇。但是我可以奇奇正正，真真假假，虚虚实实，你永远不知道哪个才是我真正的进攻方向。

所以孙子说："战势不过奇正，奇正之变，不可胜穷也。"

奇正相生。奇可以变为正，正也可以再变为奇。用《李卫公问对》的话说，是"以奇为正者，敌意其奇，则吾正击之；以正为奇者，敌意其正，则吾奇击之"。

所谓的把奇兵变成正兵使用，在敌人以为我只是奇兵的时候，我反而变成正兵来打击它。所谓的把正兵变成奇兵使用，在敌人以为我只是正兵的时候，我反而变成奇兵来袭击它。

通过这样的奇正变化，永远让对手搞不清我的真实意图，摸不清我的行动规律，使其如坠云雾之中，直到被歼灭，还不明白仗是怎么打的。

这就像足球射门一样。守门人看射门，不管对手用什么假动作，反正不是左边就是右边，但这回是左是右，你永远不知道。所以这回你上当，不等于下回不上同样的当。永远出乎你意料。

所以孙子说："故善攻者，敌不知其所守；善守者，敌不知其所攻。"

你进攻的时候，对手根本看不懂你要攻他哪里，所以就不知道该怎么安排防守；好不容易以为看懂了你的进攻，安排下去，结果你是调虎离山。你防守的时候，对手根本发现不了哪里是你的薄弱环节，无法定计攻打；好不容易以为发现了你的破绽，兴冲冲来打，结果中了埋伏。

到什么地步呢？"微乎微乎，至于无形；神乎神乎，至于无声。故能为敌之司命。"

这是高手运用策略的最高境界：通过虚虚实实的手段，出人意料的行动，让对手完全摸不着头脑。看不见，看不懂，不知如何应对，完全被动挨打，完全处于我的摆布和控制之下。而我就可以随心所欲，想打就打，想打哪儿就打哪儿，想怎么打就怎么打，想什么时间打就什么时间打，把对手完全拿在自己手里，任我行。

所以，在战争活动中，越是通过策略的运用让对手陷入大的不确定性之中，就越可以抑制和剥夺对手的优势，自己发起的行动的效果也就会越好。

就像战争中伪装、隐秘、误导、欺骗对于抑制和剥夺对手的优势具有关键的作用一样，在竞争中，隐秘性、突然性、复杂性、多样性、不可预测性的行动相对来说，更容易使对手没有办法做出有效的竞争性反应。

陈明哲所做的动态竞争的实证研究，有很多这方面的发现。

比如：如果公司制订出了某一复杂的行动序列，比如说从多重点线上攻击对手，这时会造成竞争性反应的延迟。还有，具有侵略性的公司会运用战略上的变化来避免被对手预测到。所以说，通过执行无法预料的竞争性行动序列，公司也一样能够搅乱竞争对手的竞争模式，从而造成对方的竞争性反应的延迟。

比如：当公司采用的行动序列相对于对手的行动序列更具复杂性、不可预见性和多样性，这家公司的利润收入增长率会比较高。如果公司有能力在一个重要的时期之内维持包含了许多行动的竞争性攻击，其业绩表现会比较出色。

比如：积极的股票市场回报也与序列的不可预见性和复杂性相关。

我们已经讲过，竞争之道，重要的不仅仅是充分利用和发挥自己的优势，还在于剥夺和遏制对手的优势，使对手的优势发挥不出来；重要的不仅仅是自己如何行动，还在于如何引导、操纵和塑造对手的行动。

引导对手的行动，让对手无法做出有效反应，同样也无非用"隐真""示假"这两种手段。

这也就是说，无论是在竞争中还是在战争中，行动者要想最大程度地保障自己行动的成功，都需要运用"隐真""示假"的策略手段，来隐藏自己的意图和行动，误导对手的判断，从而破坏对手做出反应的能力。

所以，高明的企业家可以像聪明的将军一样，通过一系列主动实施的策略行动，引导竞争向有利于自己的方向发展。

微软、奥迪与双汇：它们为什么赢

理论总是枯燥的，还是让我们讲几个实际案例吧。我们以孙子的"诡道"十二法中的部分原则为例，来看一下现实中的竞争者，是如何运用巧妙的策略，在与对手的竞争中获取竞争优势的。

先讲一个"能而示之不能，用而示之不用"的例子。能打，但我假装不能打；用这个打法，但我假装不用这个打法。

微软的 Word 是如何占领中国文字处理软件市场的呢？

20 世纪 90 年代初期，我们多数人电脑里装的文字处理软件，不是今天都在用的 Word，而是 WPS。WPS 是金山公司开发的国产文字处理软件。中国本土企业最大的优势，往往就是成本优势和价格优势。Word 是微软开发的软件，开发成本本来就高，加上汉化以后，成本更高。所以很长一段时间里，Word 与 WPS 在中国市场的竞争是屡战屡败，几乎完全被 WPS 碾轧。

但是很短的时间里，WPS 就被清除出了中国市场。Word 几乎成了个人电脑的标配。

形势为什么突然就逆转了？是不是 Word 突然就在成本优势上反超了 WPS？

当然不是这样。

Word 在成本方面永远打不过 WPS。微软开始采取了一个非常有效的策略：默许甚至鼓励盗版 Word 软件流入中国。你 WPS 成本再低，低得过盗版吗？所以那一段时间你要是去买电脑，卖电脑的都会问你一句："给你装个 Word 好不好？免费的。"免费谁不乐意啊。

WPS 包括几乎所有文字处理方面的国产软件公司，很快便从行业中消失了。

但是，市场控制在 Word 手中之后，微软就宣布了新的政策：开始进行正版认证了。

微软真的没有能力控制盗版流行吗？其实非常简单，微软公司只需要植入一个小小的认证程序，就可以杜绝所有的盗版。

非不能也，是不为也。

关键是借盗版之手，不费吹灰之力，便打败了主要对手，真正做到了兵不血刃，不战而屈人之兵。

典型的"能而示之不能，用而示之不用"。

再讲一个"近而示之远，远而示之近"的例子。明明我要在近处打你，我先在远处发起行动；明明我要在远处打你，我先在近处吸引你的注意力。

在战争中，进攻的一方，除了主攻方向，往往还会有助攻方向、佯攻方向。助攻方向和佯攻方向往往是为了牵制和吸引对手的兵力和注意力，配合主攻方向作战。

林彪打仗有个诀窍，就是主攻方向发起攻击的时间，往往比助攻方向和佯攻方向晚20分钟。当国民党军队的注意力已经被吸引到其他方向上的时候，林彪的主攻方向突然打响，对手往往猝不及防，根本来不及调动兵力，防线就被突破。

企业竞争也是如此。企业之间竞争，往往不是单一产品、单一市场的竞争，而是多个产品、多个市场同时进行的竞争。

如果你能够让产品和产品、市场和市场之间的竞争形成有机配合，打出组合拳，往往就会产生极好的效果。

一个经典的例子，是奥迪在中国市场上阻击宝马3系之战。

宝马3号称是第一款国产化的豪华车。宝马对宝马3在中国的下线抱有很大的期望，希望凭借宝马3一举打开中国市场。让宝马很开心的是，市场的反应也极为乐观：宝马3还没下线，就已经有7 000多辆的订单落到了宝马的手里。

宝马3下线，必然给奥迪在中国的市场形成极大的冲击。奥迪制定出了自己的反击策略：借助在中国已经形成的强大生产能力，抢先在宝马3上市之前，推出了奥迪A4，并且给奥迪A4定了一个40万元左右的基本价格。

这个价格是非常不合理的，甚至高于当时的奥迪A6。奥迪为什么要这样做？

我们知道，宝马从来不把奥迪看作自己的对手。宝马认为自己的对手应该是谁呢？是奔驰。因为从来不把奥迪看作是自己的对手，所以同级别的车，宝马的销售价格，一定要比奥迪高。宝马要通过更高的价格，来体现自己更高的价值。

对于宝马和奥迪来说，这在国际市场上早已是多年的惯例了。所以宝马就顺理成章，参考了奥迪 A4，给宝马 3 定了一个超过 40 万元的基本价格。

这里带来了一个问题：奥迪 A4 的性价比本来就已经不合理了，宝马 3 的性价比就更加不合理。而奥迪 A6 的性价比，就显得极其合理。

所以那一段时间，奥迪 A4 从来没有完成自己的任务——也不可能完成，但是奥迪 A6 卖得特别好。关键是，宝马由于定价失误，超出了消费者的心理预期，宝马 3 整个下线计划乱得一塌糊涂，宝马希望通过宝马 3 系在中国下线来打开中国市场的希望也由此落空。

军事上有"慎重初战"的警告。第一仗没打好，接下来的仗就很难打了。所以直到今天，在中国市场上，宝马依然受制于奥迪。

我们看这一仗，奥迪策略的妙处在哪里呢？表面看来奥迪打的是奥迪 A4，其实保的是奥迪 A6。奥迪 A4 其实是奥迪推出的阻击宝马 3 的战斗品牌。典型的声东击西。

通过这样的策略，奥迪成功地将品牌价值的提升突破点集中到了奥迪 A6 身上，更主要的是，一举挫败了宝马 3 的下线计划。

企业动态竞争理论中，有一个著名的多点竞争策略。多点竞争策略被认为是一种非常有效的进攻策略。

在这种策略中，企业往往在一个市场或由一种产品发起佯攻，以牵制和干扰对方，却在另一个市场或以另一种产品发起真正的进攻。

具体来说，竞争者明明想进攻甲市场，却假装要进攻乙市场；明明要推出甲产品，却假装要推出乙产品。当对手调动资源在乙市场或乙产品上进行阻击的时候，竞争者突然在甲市场或用甲产品发起进攻，从而如入无人之境，取得突破。

实际上，实施多点进攻的一方，往往可以让自己比只有一个进攻方向的对手有更大的市场回旋空间。因此，竞争者在发起攻击的时候，不要只有一个进攻方向、一个进攻产品，产品与产品之间、方向与方向之间一定要形成一种策略性配合。

通过这样的组合拳，便可以更加有效地调动对手。当对手陷入手忙脚乱之时，你再发起真正的攻击，往往就极为有效。

最后再讲一个"利而诱之，乱而取之"的例子。通过小利来引诱对手，通过制造混乱来攻击对手。

军事上有所谓的伏击战，比方说经典的马陵之战。伏击战怎么打？以小部队将对手的兵力引进实际上对它不利的地形之中，然后主力突然发起进攻，趁对手陷入混乱之机打败它。

在竞争中，你也可以运用巧妙的策略，将你的竞争对手引诱到事实上对其不利的市场之中，从而改变竞争的格局。

一个经典的例子，是双汇和春都的火腿肠之战。

双汇和春都都是河南的火腿肠企业。两家企业是直接的竞争对手，在相当长的时间里，两家企业的实力都是旗鼓相当，并驾齐驱。

但是春都突然之间就不行了。今天我们在市场上，很少看到春都的火腿肠。为什么？

用春都的宣传部长的话说，是春都不小心入了双汇精心布置的一个局。

具体的经过是这样的。

两个企业打得很厉害。中国企业的特点是，打到最后，就会打价格战。双汇首先发起了价格战。

火腿肠的主要成分是肉，其他的成分包括淀粉、味精、食用油等等。对于火腿肠企业来说，打价格战，最好的办法自然就是降低肉的含量。

常规的火腿肠，肉的含量一般是 85%，价格一般是一根 1.3~1.5 元。我们就算它 1.3 元吧。双汇开始降低肉的含量，75%，价格降到 1.2 元。

双方打得很厉害，在对方的企业都有探子。双汇通过降低成本来打价格战的消息很快就被春都知道了。春都当然不能看着双汇通过这种方式攻城略地，挤压自己的市场空间，必然要跟进，于是也降到了 75%，1.2 元。

春都跟进的消息马上被双汇知道了。双汇一看，继续降，65%，1.1 元。春都当然不会善罢甘休，随即马上跟进。双汇一看春都跟进了，继续降。春都继续跟进。双汇继续降。

几个回合下来，火腿肠的肉含量降到了 15%，5 角钱一根。

这个时候火腿肠几乎已经没法吃了。过去火腿肠主要成分是肉，肠是有弹性的，你掰一下它会弹回来；现在的肠，基本就成了面疙瘩。很多人买了以后一咬，呸！不是那个味道了。

春都的火腿肠也降到了这个份儿上。但就在这个时候，春都突然发现了问题。什么问题呢？

双汇在所有的宣传渠道里大张旗鼓宣传的，就是这种廉价火腿肠。但是双汇在实际的操作中，每降低肉的含量 10%，相应地产品的产量也降低 10%。所以到了 5 角钱的时候，这种产品只占双汇所有产品产量的 10%。而春都 100% 的产品，全部降到了这个地步。

这意味着什么呢？10 根火腿肠之中，双汇只有一根是劣质火腿肠，而春都 100% 是劣质火腿肠。消费者很快就不吃春都的火腿肠了，经销商也不进了。

春都一看不好，赶紧回来生产高端的火腿肠。但是我们知道，市场上一个品牌一旦倒掉，想重建信任是非常困难的。春都的高端火腿肠上到 10%，就再也上不动了。由此，在各自的产品结构中，双汇是高端火腿肠占 90%，而春都是低端火腿肠占 90%。

双汇从此牢牢地把春都压在了低端市场上。

我们看双汇策略的妙处在哪里呢？双汇通过价格策略，一步步把春都引入了事实上对其不利的低端市场，并使其深陷其中不能自拔，从而打破了竞争的僵局。

索罗斯曾经发过这样的警告："世界经济史是一部基于假象和谎言的连续剧。要想获得财富，做法就是认清假象，投入其中，然后在假象被公众认识之前退出游戏。"

索罗斯讲的是投资，从上面的案例我们可以看出，对于市场竞争来说，这一警告在相当大的程度上同样具有警醒意义。

第八讲
并力：战略资源的集中

在决定性的时间、决定性的地点形成决定性的优势，是战争取胜的根本法则。取胜之道的核心原则之一是运用最关键的资源去解决最关键的问题。

在战争中，集中力量于较少或较有限的目标时，你反而可能会得到更大的收益。

并力

并敌一向,千里杀将

"任势"是借助大势去打,"先胜"是有把握地打,"击虚"是有选择地打,"诡道"是有策略地去打。而一旦出现了打的机会,就要在关键的局部形成压倒性的优势去打,从而果断抓住机会,并最大程度地利用机会,这就是集中。孙子称其为"并力"。

打仗就是四个字:稳、准、巧、狠。先胜是稳,击虚是准,诡道是巧,并力就是狠。

要么不出手,出手就要狠,就要形成压倒性优势,全力以赴,一招制敌,不给对手任何还手的机会。

孙子说:"并敌一向,千里杀将。"集中兵力于一个方向上,千里之外,以凌厉的攻势,直取对方的将领。

关于这句话,杜牧的解释是:"若已见其隙,有可攻之势,则须并兵专力,以向敌人,虽千里之远,亦可以杀其将也。"一旦战略性的机会出现,就要果断地在相对狭窄的正面形成强大的突击力量,精准地给予穿透性、歼灭性、震撼性、决定性的打击。

通过聚焦形成强大的突破力量,从而击穿对方的防御体系。用任正非的话,就是"压强"原理。

傅盛也曾经提出过一个"战略三部曲",即"预测—破局点—All in"。预测就是想方向,寻找破局点就是找关键,All in 就是资源全力投入。

打仗就是这样:一旦选好了方向,一旦机会出现,随即就要果断地把大部分资源都投到这样的方向上。只有通过这样的方式,你的资源才能得到最有效的利用。

所以孙子说:"兵非益多也。惟无武进,足以并力、料敌、取人而已。"兵力并不是越多越好。只是你一定不要轻举妄动,不要轻敌冒进,没有机会一定不要出手。即使你的兵力不多,但是只要你能够集中兵力、判明敌情,并且得到手下的拥戴,也就足以取胜了。

我们前面讲过索罗斯大战英格兰银行的故事。其实这背后还有很多的细节。

索罗斯赌英镑会贬值。当时负责索罗斯日常交易事务的是德鲁肯米勒。公司的 15 亿美元押注即将到期兑付,德鲁肯米勒正在考虑进一步增加头寸拨备,甚至建议把所有现金都押上。

索罗斯说:"这太荒谬了!""你知道这种事情多久才能出现一次吗?""信心十足但是只投入很小的头寸,这么做是没有道理的。"

最后的情况你已经知道了:他们加上了杠杆,押上了 100 亿美元。结果索罗斯大赚 10 亿美元。

德鲁肯米勒后来说:"当你对一笔交易充满信心时,就要给对方致命一击。索罗斯对我不多的几次批评,都是因为我对市场判断正确时,没有最大限度地抓住机会,扩大胜果。"

据说在索罗斯的公司,德鲁肯米勒与索罗斯的分工是:德鲁肯米勒负责发现机会,索罗斯则负责下注。

巴菲特在 2010 年写给股东的信中也说:"好机会不常来。天上掉馅饼时,请用水桶接,而不是用顶针。"

一旦机会来临,就一定要敢于下大注。

关于并力，孙子提出了一对概念，就是"专"和"分"。

孙子提出了很多原创性的概念，像"全、破""形、势""虚、实""奇、正""专、分"等等。

"专"就是集中，"分"就是分散。

孙子说："我专而敌分。我专为一，敌分为十，是以十攻其一也。故我众而敌寡。"我们的兵力一定要高度集中，而尽量使对手的兵力分散。我们的兵力集中到一起，对手的兵力分散到十处，就可以形成十打一的优势，从而形成我众敌寡的态势。

双方都是十份兵力，很容易打成僵局。怎么打呢？我的兵力集中到一起，让对手的兵力分到十处，自然可以以十打一。

其实，这种策略用得最好的还是毛泽东。毛泽东曾经讲过一句话："我们的战略是'以一当十'，我们的战术是'以十当一'。这是我们制胜敌人的根本法则之一。"[①]

什么叫战略上"以一当十"呢？长期以来，共产党的军队跟国民党军队相比，一直是敌强我弱的绝对劣势状态，这是一时改变不了的。所以在战略上必须"以一当十"，以少胜多。

但是即使在整体上处于绝对劣势的情况下，毛泽东强调，要么不打，要打的话就必须在战役战斗层面、在关键的局部，形成十打一的绝对优势。我们打败对手，向来就是用这样的打法。

你要是了解共产党的战争史的话就会发现，确实是这样的。

当年中央苏区第一次反"围剿"的时候，国民党进攻兵力是10万，红军是3万。第二次反"围剿"的时候，国民党进攻兵力是20万，红军是3万。第三次反"围剿"的时候，国民党进攻兵力是30万，红军还是3万。

---

① 毛泽东：《毛泽东军事文集》第一卷，北京：军事科学出版社、中央文献出版社，1993年版，第746页。

一比十。这样的仗怎么打？

毛泽东怎么打呢？用少部分兵力伪装主力，吸引国民党的部队分散力量。然后集中优势兵力在手中，一次就打你的一个师，甚至就打你一个旅，保证自己每一仗都处于绝对的优势。打完了迅速转移，找机会打下一仗。打完了再迅速转移，找机会再打下一仗。

所以，第三次反"围剿"，红军是六战五捷一平，打败了国民党的进攻。

解放战争开始不久，毛泽东代表军委起草了"集中优势兵力，各个歼灭敌人"的作战指示，要求每战都要集中六倍、五倍、四倍，最少也要三倍于敌的兵力。他说："这是战胜蒋介石进攻的主要方法。实行这种方法，就会胜利。违背这种方法，就会失败。"[1]

我们前面讲的孟良崮战役就是这样打的。

孟良崮战役，国民党进攻部队是45万，华东野战军陈毅、粟裕的部队是27万，军力对比差不多是2∶1。更不用说双方装备的差距。

粟裕怎么打呢？在孟良崮地区集中了5个纵队，打张灵甫一个整编师。共产党的纵队相当于军，一个纵队是3万人左右。国民党的整编师是由军整编过来的，也相当于军，也是3万人左右。5∶1，绝对的优势。

拿破仑有句话："在战争中，胜利属于懂得怎样在决定性的地点集中最大兵力的一方。"这句话很有意思：胜利未必属于兵力最多的一方。胜利属于能够在决定性的地点集中起最大兵力的一方。这才是关键。

所以，集中兵力向来被古今中外的军事家认为是战争最关键的法则之一。

克劳塞维茨说："战略上最重要而又最简单的准则是集中兵力。……

---

[1] 毛泽东：《毛泽东军事文集》第三卷，北京：军事科学出版社、中央文献出版社，1993年版，第483–484页。

我们要严格遵守这一原则,并把它看作一种可靠的行动指南。"

利德尔·哈特说:"不仅是一条原则,而且可以说所有的战争原则,都可以用一个词来表达,那就是'集中'。但是,说得更准确些,还是要把它的范围稍微扩大一点,就叫'集中自己的力量对付敌人的弱点'。"

在战场上,胜利者之所以能够战胜对手,一定是因为胜利者在关键的取胜点上占据了压倒性的优势,用孙子的话说,就是"胜兵若以镒称铢,败兵若以铢称镒"。

因此,战争取胜原理其实非常简单,就是"强胜弱败"。弱者要想打败强者,同样也必须遵循这样一条原理。

当弱者在全局上不可能取得优势的情况下,就必须在关键的局部上形成绝对的优势。把自己在全局上的劣势,转变成关键局部的优势。

任正非称之为"力出一孔"。选对一个方向,把其他所有的点都收敛,然后以超过对手的强度配置资源,集中兵力攻其一点,实现重点突破。

古今中外的战史上,处于弱者一方,仗基本上都是这样打的。

第三次中东战争中,以色列面对的是整个阿拉伯联盟。以色列即使动员全国的预备部队,能召集的也不过 20 万陆军、800 辆坦克、262 架飞机。而阿拉伯联合部队有 46.5 万人、2 880 辆坦克、810 架战斗机。仅阿盟的领袖埃及,就有超过 400 架飞机。

以色列决心先发制人。但是这么大的阿盟,以色列要从什么地方下手呢?

让我们看看以色列是如何一步步收敛和聚焦它的打击目标,从而找到方向,并果断地把压倒性的资源投进去的。

以色列首先把打击的目标聚焦到了埃及身上。埃及是阿盟的领袖,埃及被打败,阿盟就会土崩瓦解。

接下来,以色列经过分析得出结论:埃及空军是对以色列本土最大的威胁。对制空权的争夺，将是对埃及作战的关键。所以他们又将打击的目标，进一步聚焦到了消灭埃及的空军上。

但是，埃及的空军有400多架战机，而以色列只有262架。

以色列做出了一个大胆的决定：集中262架战机中的250架，对埃及空军发动突袭，本土只留下12架。

这意味着以色列本土几乎没有任何防空能力，一旦行动出现差错，以色列将在埃及的空中打击之下毫无还手之力。

典型的"All in"。

但是在以色列人看来，如果行动成功，就可以一举奠定胜局。因此这样的风险绝对是值得冒的。

为了保证突袭的成功，以色列做了三个精心的安排。

第一，发起突袭的时间定为上午8：00。埃及空军一直判断，如果以色列发起突袭，应该是在拂晓时分。以色列有意将时间定为8：00。这个时间正是埃及空军飞行员吃早餐的时候。

第二，以色列飞行员飞行时，一开始以非常危险的高度在低空飞行，避免暴露行踪，而一旦接近攻击目标，立即突然拉升飞行高度，有意出现在埃及的雷达屏幕上。为什么这样做呢？故意暴露。埃及空军作战条令规定，一旦雷达发现敌机来袭，飞行员不管做什么，都必须立即登上飞机，等待起飞命令。这样就给了以色列空军一个机会：连人带飞机一块打。

第三，战机不是同时起飞，而是保证同时发起攻击。这样一来，就可以使所有的埃及空军基地在同一时间受到攻击，没有办法相互之间发出预警。

上午8：00以色列空军发起了突袭。埃及各个空军基地顿时陷入一片火海之中。很短的时间里，埃及战机中的3/4和飞行员中的1/3，都被消灭。到了上午10：30的时候，埃及空军作战部长在作战日志中写下了这样的一句话："埃及空军不复存在。"

消灭了埃及空军以后，以色列军队趁机发起地面进攻，随即横扫西奈半岛，以1 000人左右的代价，消灭了阿拉伯联盟10万大军。

以色列在这场战役中的取胜核心原则是什么？将最关键的资源，投入到最关键的地方，从而一下子打开了局面。这就是"并力"。

你不可能在所有的地方都形成优势，但必须在关键的局部形成压倒的优势。

我在前面曾经引用过胡林翼那句著名的话："肢体虽大，针灸不过数处；疆土虽广，力争不过数处。"曾国藩也曾经说过："古之成大事者，规模远大与综理密微，二者缺一不可。"

所以，真正的高手，格局一定要宏大，眼光一定要长远。

但是在下手的时候，所选取的破局点，反而一定要聚焦、一定要收敛。

在对全局进行分析的基础上，选取关键的局部，然后全力以赴，打开局面。

切勿同时追逐多个目标

"集中兵力"是一条基本的取胜原则。然而，有意思的是，无论是在战场上还是在商场上，集中兵力又都是最容易被违背的一条原则。

为什么呢？那么多人，明明知道集中兵力这条原则，但一到该集中的时候，却突然发现自己手中已经没有资源了，资源都已经分散了。因而总是错失良机，或者被对手吊打。

还是从故事讲起吧。"巴巴罗萨"计划是二战时期希特勒入侵苏联作战计划的代号。入侵苏联，在希特勒征服世界的战略构想中是至关重要的一个环节。

在希特勒看来，打垮苏联，占领苏联的国土，可以从苏联取得德国进行战争所亟须的巨大资源，包括粮食、石油，还有廉价的劳动力，可以极大地改善德国的地缘战略困境，还可以进一步孤立大英帝国，迫使英国放弃抵抗的最后希望，不得不屈服于德国的意志。

然而，不祥的预兆在制订计划的过程中就已经出现。关于战略目标的选择，希特勒和他的将军们从一开始就出现巨大的分歧。

按照陆军总部以及军方高级将领的设想，德军对苏作战的目标，首先应该是摧毁苏联红军的作战能力。而要摧毁苏联红军，就要以莫斯科为主要打击目标。

军方的理由是这样的：

莫斯科是苏联的权力中心，丢掉莫斯科将给苏联的统治带来极大的震撼，苏联人是绝对不敢冒丢失莫斯科的风险的。

莫斯科还是苏联的工业中心之一。莫斯科周围及其东部地区的装备工业一旦丧失，苏联的战争经济将会遭到严重的损失。

从战略上讲，莫斯科又是苏联最重要的交通枢纽，一旦丢失，苏联的军队调动就会陷入极大的困难。

因此，苏联人一定不得不集中尽可能强大的部队来保卫首都。向莫斯科发动决定性打击，是摧毁苏联军事力量的最佳选择。

将军们的分析没有毛病。

但是，希特勒并不同意这种判断。与将领们关注军事目标不同，他更关注政治和经济目标。

从政治上来说，他认为应该占领苏联北部的列宁格勒。这是布尔什维克的摇篮。攻占列宁格勒会对布尔什维克形成致命的心理打击，顺便还可以与盟友芬兰的军队在苏联北部会师。

从经济上来说，目标应该是占领苏联南部的主要粮食产地乌克兰、主要的工业基地顿涅茨地区，以及苏联的主要石油产地高加索油田。占领这些地区，就可以使苏联的战争经济陷入瘫痪，同时使德国取得最宝贵的战争资源。

分歧出现了：军方关注的首先是军事目标，希特勒关注的首先是政治目标和经济目标；军方想在战线的中央寻求决战，而希特勒则希望从南北两翼发起进攻。

争论的结果，是采取了折中的方案：把三个目标都纳入作战计划中。由此形成的作战方案是组建三个集团军群。

北方集团军群由冯·勒布元帅指挥，下辖第十六、第十八集团军，以及第四装甲集团军，目标是占领列宁格勒。

中央集团军群由冯·博克元帅指挥，下辖第四、第九集团军，以及第二、第三两个装甲集团军，目标是进攻莫斯科。

南方集团军群由伦德施泰特元帅指挥，下辖第六、第十七集团军，以及第一装甲集团军，目标是攻占乌克兰和高加索地区。

你一定能看出德军的这个战略方案以及在此基础上所做的兵力配置的问题吧。好的战略必须有清晰的、明确的、聚焦的战略目标，而德军这个战略，实际上是三个目标的大杂烩。

由此就导致了一个问题：同时去追逐三个目标，除非在每个方向上德军都对苏军有绝对的优势，否则一定会有目标无法实现，甚至会出现最坏的情况，一个目标也实现不了。

具体到军方所关注的目标来说，尽管进攻莫斯科的中央集团军群得到了两个装甲集团军，因此作战能力要超出其他两个集团军群。但按照陆军总部原来的设想，应该主要用来进攻莫斯科的兵力，由此也被分散到了三个方向。这无疑会对军方的目标，也就是给苏军决定性打击，造成不利影响。

然而这还没有完。对军方的战略目标来说更致命的是，在斯摩棱斯克会战以后，中央集团军群的兵力再一次被分散。

德军对苏联的入侵是1941年6月22号发起的。由于苏联完全没有准备，德军长驱直入，势如破竹，三个集团军群进展都非常顺利。到7

月中旬，中央集团军群已经攻占了战略要地斯摩棱斯克，此时到莫斯科的距离已经走完了三分之二，陆军总部摧毁苏军作战力量的目标看来就要实现了。

然而，就在斯摩棱斯克会战还在进行的时候，希特勒就迫不及待地颁发了第33号训令。训令的内容，是调动中央集团军群所辖的两个装甲集团军去执行新的作战任务。其中古德里安的第二装甲集团军与南方集团军群合作，向南运动，对基辅附近的苏军进行包围。霍斯的第三装甲集团军则向北转进，切断列宁格勒和莫斯科之间的交通线，并帮助北方集团军群进攻列宁格勒。

对于陆军总部和中央集团军群来说，这一训令带来的打击简直不能再沉重了：这意味着中央集团军群将不得不只依靠步兵部队扼守大约450英里宽的正面，而把自己最精锐的两个装甲集团军交给北方和南方两个集团军群。这也意味着中央集团军群本来已经分散的兵力，会更加分散，由此必然导致原定的在莫斯科给红军以决定性打击的目标完全无法实现。

集团军群司令博克元帅在两位装甲集团军司令古德里安和霍斯的支持之下，力主继续集中全力向莫斯科进攻。但希特勒却坚持他的意见。而且，他还提出来，为了保护罗马尼亚的油田不受苏联的空军轰炸，德军还有必要再占领克里米亚。

从1941年8月4日到21日，连续17天内，宝贵的时间都浪费在对目标问题的反复争论上了。可是希特勒依然固执己见。

8月31日，希特勒发出了第34号训令。前线的将领不得不遵从元首的指令。中央集团军群的兵力于是再次被分散，用于完成三个完全不相关的目标。

最后的结果历史早已告诉了我们答案，由于兵力不足，希特勒夺取列宁格勒和高加索油田这两个战略目标都没有实现，而陆军总部原定的攻占莫斯科、摧毁红军主力的目标也落空了。

凯塞林空军元帅后来在回忆录中说："假设斯摩棱斯克会战结束之后，只停留一个合理的喘息时间而后继续向莫斯科前进，那么照我的意见看来，在冬季来临之前和在苏联西伯利亚部队赶到之前，莫斯科可能已经落入我们的手中。莫斯科的被占领是具有决定性的，整个的苏联欧洲部分都已经与其亚洲部分的基础切断了联系，在1942年再攻占列宁格勒的重要经济中心顿涅茨盆地以及迈科普油田，都将会是一个不难解决的问题。"

这个观点基本代表了军方的普遍看法。背后的战略逻辑是：占领苏联的政治和经济目标无疑也具有重要的战略意义，但要想占领和守卫这些地区，前提是要给苏联红军以决定性的打击。而对红军主力的决战，只能在通往莫斯科的路上才有机会实施。

但是这一切都不可能了。巴巴罗萨计划失败的结果是，德国对苏联的入侵不但没有改变其战略态势，反而使自己陷入更为艰难的两线作战的困境之中。

战略上的一条原则是，你要知道自己要什么、不要什么；你要知道你先要什么，后要什么。你必须识别出什么才是你当前真正的关键性战略目标，然后按照轻重缓急对目标进行排序。为此你只有暂时放弃其他目标，才能保证关键性战略目标的达成。

尤其在有强大对手存在的条件下，同时追逐多个目标，向来都是兵家大忌。

所以，无论是组织还是个人，在竞争的环境中，在同一个时间内，你的主要战略目标只能有一个，不能有两个或两个以上。

你可以有两个或两个以上的目标，你可以在实现一个目标之后再实现另一个目标，但关键目标，在同一个时间内，只能有一个。

所以一定要识别并牢牢抓住当前最关键的战略目标，并围绕关键性的战略目标配置资源,只有这样,你的资源才能得到最充分的利用。

不在非战略机会点上消耗力量

关于集中兵力,毛泽东曾经有过一段非常精彩的论述。他说:"集中兵力看起来容易,实行起来很难。人人皆知以多胜少是最好的办法,然而很多人不能做,相反地每每分散兵力,原因就在于指导者缺乏战略头脑,为复杂的环境所迷惑,因此被环境所支配,失掉自主的能力,采取了应付主义。"[①]

集中兵力的前提,是你得知道该在什么地方集中,该在什么时间集中。而这就需要你有战略头脑,需要你对战略全局有清晰的把握。

如果你对战略全局根本就没有清晰的把握,这个地方有机会,你不想放弃,那个地方有挑战你得去应付,结果自然就是分兵把口。这个地方投一点儿,那个地方投一点儿,东一榔头西一棒槌,像撒胡椒面一样,兵力也就被分散出去了。

到了真正需要打硬仗的时候,等到机会真正来的时候,却发现手中已经没有了资源。

所以,集中兵力是有前提的。第一条,就是你必须有清晰的战略重点和方向,你要有全局观。

美国当代军事学家博伊德曾经指出:"没有隐含的或是明确的重点与方向,就不能协调一致地行动并因此丧失主动权。"

美军《作战纲要》也认为:"指挥官要指定一个主攻方向,并集中资源支撑该主攻方向。"

[①] 毛泽东:《毛泽东军事文集》第一卷,北京:军事科学出版社、中央文献出版社,1993年版,第743页。

毛泽东说得更清楚，就是必须"抓住战略枢纽去部署战役，抓住战役枢纽去部署战斗"[①]。

抓主要矛盾和矛盾的主要方面。

孙子也说："出其所不趋。""先夺其所爱，则听矣。""并敌一向，千里杀将。"

这些强调的都是在作战中要果断地抓住重点，抓住关键的局部，规定自己的主要战略方向，并按照轻重缓急，在主要方向上集中起优势的兵力，形成强大的作战力量，从而去取得突破。

确定了主要战略方向，战略决心就有了基础，斗争准备、战略布局、力量运用就有了重心。没有一个清晰的战略方向，就必然形成四面出击、兵力分散的结果。

所以林彪打仗，主攻方向的兵力往往要占到进攻总兵力的80%。一定要保证主攻方向上的资源集中。

不过，当你把主要的兵力配置在主要的方向上的时候，就必然意味着次要方向的兵力要节约。所以，军事上的集中原则和节约原则，本身就是一体两面的。

无论战场还是商场，都有一个相同的特点：资源永远是有限的。用孙子的话说："故备前则后寡，备后则前寡；备左则右寡，备右则左寡。无所不备，则无所不寡。"

军队兵力配置就是这样：你前面强大了，后面就会弱；后面强大了，前面就会弱；左边强大了，右边就会弱；右边强大了，左边就会弱。什么地方都不想丢，什么地方都形不成优势，什么地方都可能被对手所突破。

[①] 毛泽东：《毛泽东军事文集》第一卷，北京：军事科学出版社、中央文献出版社，1993年版，第399页。

用腓特烈大帝的话来说，就是"想保住一切的人，什么也保不住"。

你必须学会放弃，才能做到集中。只有暂时放弃其他目标，你才能达成关键性的战略目标。你只有暂时放弃其他的方向，你才能够把资源集中到最关键的突破点上。

聪明的人因为聪明，往往会发现很多的机会，但因此也就往往面临着很多的诱惑。所以不知不觉之中，就会把战线拉得太长，摊子铺得太大。

智慧的人则能够分清轻重，他们很清楚哪些是关键环节，并为此愿意放弃其他的可能。他们懂得说不，懂得放弃，懂得有所为有所不为。

所以中国有"舍得"一说。有"舍"才能有"得"，大"舍"才能大"得"。以舍为得是学会战略性思考、走向战略成熟的关键一步。

柯林斯曾经警告说："一个卓越的公司更容易毁于机会太多而不是太少。问题不在于创造机会，而在于选择机会。对待难得的机会要敢于说'不'。最有效的投资战略是高度集中于适合你的领域。"

迈特尔·波特也曾经提出过这样一个问题：什么是战略？

战略就是选择，而选择一定意味着放弃。

具体来说，"战略就是制造竞争中的取舍效应；战略的本质是选择何者不可为"。因此，"基于战略思考，选择哪些该做，哪些不该做，其实同样重要。……企业发展战略时，固然要决定把哪些客户群、产品或需求视为目标，但是决定不要哪些顾客、需求或哪些特色与服务，同样也很重要"。

他向领导者发出了这样的忠告："领导人的工作就是，教导组织内的其他人发展战略，同时对诱惑说不。"

克劳塞维茨也警告说："要取得相对的优势，也就是在决定性地点上巧妙地集中优势兵力，就往往必须准确地选定决定性地点并使自己的军队从一开始就有正确的方向，就必须有决心为了主要的东西（即为了大量集中自己的兵力）不惜牺牲次要的东西。"

孙子也说过一句著名的话："涂有所不由，军有所不击，城有所不攻，地有所不争，君命有所不受。"

我的老师吴如嵩先生对这一段的解释非常精彩，他说，这段话的核心，就是从局部看来，途虽可由，而不由；军虽可击，而不击；城虽可攻，而不攻；地虽可争，而不争。一切服从于战略目标的夺取，服从于战略枢纽的把握，服从于整个战略的全局。

抓住枢纽，决不旁骛。

用任正非的话说，就是"不在非战略机会点上消耗力量"。他说："战略竞争力量不应该消耗在非战略机会点上。"相反，要"创造出聚焦一切战略力量攻破进入大市场的条件"。

所以华为一直强调：战略，战略，只有略了，才会有战略集中度，才会聚焦，才会有竞争力。

只要你的大方向没有错，最终你大赢的可能性，就比你四处出击要高出很多。

战略就是放弃的艺术。战略的核心之一就是知道不做哪些事情。以舍为得。如果没有取舍效应，根本就不需要战略。真正的战略家都是敢于放弃的。共产党军队的战争史，就是一部以舍为得的战略史。

红军在反"围剿"战争中，如果不是放弃一部分土地，就没有办法集中优势兵力，也就没有办法保证反"围剿"的胜利。解放战争爆发后，如果没有对长江以南八个解放区的放弃，中国共产党也就不可能抢先占领东北。在争夺东北的过程中，中国共产党的策略是"让开大路，占领两厢"。如果不让开大路给国民党，中国共产党也就占领不了两厢，也就不可能有后来辽沈战役的胜利。

曾国藩说："就全局观之，则两利相形，当取其重；两害相形，当取其轻。又不得不舍小而图大，舍其枝叶而图其根本。"

胡林翼说："军事之要，必有所忌，乃能有所济；必有所舍，乃能有所全。若处处设备，即十万兵亦无尺寸之效。"

腓特烈大帝也说："宁失一省之地，而不分散赖以取胜之兵。"

因此，在战争中，集中兵力，就意味着必须有意识地将若干阵地让给自己的对手。

竞争也是如此。正如詹姆斯·奎因所说，没有一家企业有足够的资源在所有方面压倒对手。因此，竞争者不仅必须有意识地确定要把哪些地盘让给自己的竞争对手，而且还要使次要目标所需要的资源减至最低程度。

只有这样，竞争者才能把关键的资源集中到最关键的地点上，才能最有效果和最有效率地利用自己的资源。

接受局部和次要方向的损失

正如在战争中，胜利属于懂得怎样在决定性的地点集中最大兵力的一方一样，在竞争中，胜利也总是属于懂得怎样在决定性的市场上集中最大资源的一方。

同军事战略相似，在商业竞争中，一个主要的原则就是集中兵力。

马浩教授在谈到竞争优势时曾说："在企业间的某个交锋点上，集中自己的资源与实力制造在该点上的优势，包括在某个局部市场上建立比自己强大许多的对手的相对优势，从而取胜。"

这是竞争取胜的一条基本法则。

毛泽东在《论持久战》中也说："集中优势兵力，各个歼灭敌人。先以自己局部的优势和主动，向着敌人局部的劣势和被动，一战而胜，再及其余，各个击破。"①

不要着急，要一仗一仗地打。但是每一仗，都是没有优势不打，打则必先形成优势，每一仗都要集中。

所以，集中不是绝对的、静态的；相反，集中是相对的、动态的。

集中首先是相对的，指的是除了战略重心和主要战略方向，一定还有非战略重心和次要战略方向，彼此之间形成犄角之势来相互掩护和配合。只有分出适当兵力兼顾非战略重心和次要战略方向，才能保证你的战略重心和主要战略方向任务的完成。

集中同时也是动态的，指的是组织的战略重心和主要战略方向，一定要随着组织不同的发展阶段而调整变化。非战略重心有一天也可能会演变成战略重心，次要战略方向有一天也可能会演变成主要战略方向。

因此，集中兵力的一条原则是：在不同的阶段，你所要集中资源的重点，很可能是不一样的。但是，在同一个阶段，只能有一个战略重心、一个主要战略方向。这一条，却是不能违背的。

华为的聚焦，就是建立在独特眼光之上的阶段性聚焦。华为强调的是踩对步点，在正确的时间，在正确的地点，集中精力做正确的事情。每一个阶段内的战略重心和方向都非常清楚。

阿里也是这样。阿里基本每五年就打一场大仗。淘宝、蚂蚁金服、云计算、菜鸟……每个阶段都有该阶段的战略重心，每个阶段的战略重心都不一样，但阶段性的重心是什么却丝毫不含糊，一轮接一轮，形成了清晰的战略节奏。

当然，集中兵力也会带来一个问题，就是当你最关键的资源投入到主

---

① 毛泽东：《毛泽东军事文集》第二卷，北京：军事科学出版社、中央文献出版社，1993年版，第319页。

要的方向上以后,其他的方向因为力量薄弱而遭受了损失,那怎么办呢?导致将军和企业家不敢在一个方向上集中兵力的,往往就是出于这样的担心。

毛泽东给过一个极好的答案。他说,战争中次要方向的暂时损失,"不但是不可避免的,而且是必要的",这种暂时的局部损失,"是为了取得最后胜利,否则就不能取得最后胜利"。而这种暂时的局部的损失,是完全可以通过主要方向的胜利来弥补的:"集中主力于一个方向,其他方向剩下了钳制力量,自然不免使土地受到损失。然而这是暂时的局部的损失,其代价是突击方向取得了胜利。突击方向胜利了,钳制方向的损失就可以恢复了。"[1]

克劳塞维茨也说:"在将要进行主要进攻的地点上尽可能多地集中兵力,为了在这个主要地点上更有把握地取得胜利,宁可在其他地点上忍受不利。主要地点的胜利将消除其他的一切不利。"

不过,在现实决策中,这种放弃所造成的损失和风险,经常会给领导者带来巨大的压力。尤其是损失和风险达到一定程度的时候,往往会让领导者的决心出现动摇。这个时候所考验的,就是领导者的定力了。

安庆会战是湘军与太平军之间的一场决战。在安庆会战过程中,曾国藩先后遇到了清朝中央政府以及湘军内部的巨大压力,要求他撤安庆之围,改救苏州、杭州或者武汉。

然而曾国藩坚持不撤,他说:"吾但求力破安庆一关,此外皆不遑与之争得失,转旋之机只在一二月可决耳。此次安庆之得失,关系吾家之气运,即关系天下之安危。"

由于曾国藩的坚决,即使是在太平军兵临武汉城下、湘军的后方基地不稳、自己的祁门大营受到威胁等巨大压力下,湘军还是咬牙不撤安

---

[1] 毛泽东:《毛泽东军事文集》第一卷,北京:军事科学出版社、中央文献出版社,1993年版,第747页。

庆之围。

最终安庆会战湘军大胜。太平天国败亡的命运，也由此确定。

在军事上，最忌讳的是决策者因为担心次要方向的损失，而导致主要进攻方向的力量不足。

1894年，德军总参谋长阿尔弗雷德·施利芬制订了著名的施利芬计划。

地处中欧的德国夹在俄法之间，它所面临的最大问题是：在即将到来的大战中，如何才能摆脱东西两线作战的困境？

施利芬经过分析后认为，俄国军事动员体制非常落后，战争爆发后，至少需要6~8周才能完成对德国的军事集结，这将为德国提供极为宝贵的时间差。一旦战火点燃，德国完全可以利用这个时间差先发制人，集中绝大部分兵力，在4~6周内迅速击败西线的法军。然后利用内线作战的有利条件，通过铁路将主要兵力迅速转移到东线，在已无后顾之忧的情况下，倾全力打败俄军，这样便可以在2~3个月内赢得整个战争的胜利。

为了实现这一计划，施利芬提出，只用10个师的兵力，外加一些地方部队，部署在东线对俄方向。这样，战争爆发后德国可能会因东线兵力不足暂时损失一些省份，但能保证德军最大程度将兵力分配给西线，从而形成对法军的绝对优势，达成迅速击败法军的目标。

施利芬认为这显然是值得的。为此，他决定将79个师部署在西线，西线和东线的兵力之比因此达到了8∶1。

与此同时，在西线，施利芬决定以梅斯为中轴，将德军分为担任守势的左翼和担任攻击的右翼。

由于法德之间存在着阿尔萨斯和洛林的领土争端，战争发起后，法军一定会以主力向东进攻，夺取这两块地区。这一地区全是山地，德军完全可以将部分兵力部署在梅斯以南至瑞士边界，构成西线的左翼，依托有利地形采取守势,最大程度阻滞法军主力的进攻。

而德军的主力也就是西线的右翼,则在梅斯向西北至韦瑟尔一线展开,通过中立的低地国家,出其不意地突破没有设防的法国北部边境,随后沿海岸线向南实施大范围迂回,在鲁昂附近渡过塞纳河,然后折转东南,绕过巴黎,将法军主力压向东方,迫使其退至法国与瑞士交界的摩泽尔河附近。

这样,德国的攻势就可以将法军主力置于"铁锤"(右翼)与"铁砧"(左翼)之间,给法军以致命的打击。

据施利芬判断,虽然德国西线的左翼较弱,但即使法军攻入了洛林,压迫德国左翼后退,也还是不能阻止德军右翼的强大攻势。而且法军越是深入德国的左翼,其处境就越危险。

利德尔·哈特曾经分析过施利芬计划的精妙之处:这就好像一扇旋转门一样,如果法军向前推前面的这一面门(德军左翼),则后面的一面门(德军右翼)就会倒转过来,重重地打在法军的背上;而且法军在德军左翼"推"得越猛,其遭受德军右翼的打击也就越重。

在施利芬计划中,西线中的右翼是德军主力中的主力,也是德国能否赢得战争的关键。

施利芬在他的备忘录中特地强调:"右翼的德军要尽量强大,因为此处将是决定性会战之所在。"所以施利芬决定,西线的79个师中,以68个师的重兵担任主攻的右翼,而只以11个师担任牵制的左翼,右翼和左翼的兵力之比达到了6∶1强的地步。

这是一个极为大胆、极有创意的战争方案,它充分反映出施利芬的远见卓识与过人胆略。这一计划的核心,就是东线与西线之间、西线左右两翼之间兵力分配都极不平均。因为只有这样,才能最终保证西线右翼的绝对优势,而后者是施利芬计划的灵魂。

施利芬最担心的就是有人不理解他的苦心而削弱了右翼。据说他的临终遗言就是"加强我的右翼"!

1906年施利芬卸任总参谋长的时候,亲手将计划交给了他的继任者赫尔穆特·约翰内斯·路德维希·冯·毛奇,也就是人们熟知的小毛奇。

然而不幸的是,小毛奇虽然出身名门,仪表堂堂,却是谨小慎微、瞻前顾后之人。

接任总长后,他对东线和西线左翼所面临的压力顾虑重重,于是一步步修改了施利芬计划,最后担任主攻的西线右翼的兵力不但没有按照施利芬的遗训予以增强,反而遭到了极大的削弱。

西线右翼和左翼的兵力分配变成了平淡无奇的3∶1。

小毛奇以为这样将保证这两个方向的安全,但他不知道对于施利芬计划来说,这是非常致命的。

果然,大战爆发后,担任攻击任务的右翼因为兵力不足,无法形成压倒优势,一个多月以后在马恩河会战中与英法军队打成了僵局。

至此,施利芬计划实际已经失败。所以当马恩河陷入胶着的消息传来时,小毛奇向德皇报告:"陛下,我们输掉了战争!"

腓特烈大帝曾警告自己的将军说:"平庸之人想保住一切,而理智者只关注主要事物。"

毛泽东也说:"常有这样的情形,就是只有丧失才能不丧失,这是'将欲取之,必先予之'的原则。……我们在敌人第五次'围剿'时期的蚀本正因为这一点。不愿意丧失一部分土地,结果丧失了全部土地。"

无论是在战争中还是在竞争中,瞻前顾后、患得患失是不可能打胜仗的。这也是为什么平庸之辈总是在关键的时刻无法真正做到集中兵力。

想让每一个地方都安全,就意味着没有一个地方会是安全的。

同样,也不要企图抓住所有的机会,因为在一个机会上集中资源,就必然意味着你不得不放弃在别的机会上集中资源,乃至为此要遭受损失。

这必然就需要清醒的头脑、坚定的意志和敢于承担责任的勇气。

从军事上讲，任何作战系统都有它的弱点，有时为了发展一种优势，你就不得不牺牲另一方面的能力。加强你的优势，使这种优势足以主导整个局势的发展，你也就得到了安全和主导。

这也就是毛泽东所说的"集中力量打破一路，则全局好转"[①]。

就像第三次中东战争一样，以色列军队是没有力量既保护本土的安全又向埃及发动进攻的。当以色列集中几乎全部的战机，成功地摧毁了埃及空军的时候，其本土的安全也就有了足够的保障。

竞争也是如此。没有一家企业能够满足顾客的所有需求。企业能做的，只能是更好地满足特定顾客的特定需求。

在美国，沃尔玛是一家饱受顾客抱怨的企业。每次市场调查，顾客们都抱怨说，他们不喜欢它的服务，不喜欢它的购物环境，也不喜欢它拥挤的停车场。但是有一样他们很喜欢，这就是价格。沃尔玛的成功在于它使顾客建立起这样一种感觉：沃尔玛能以最便宜的价格提供各种商品。

只要沃尔玛可以持续做到这一点，顾客们就会持续地走进沃尔玛，沃尔玛也就可以成为世界上最大、最成功的企业之一。如果沃尔玛屈从于外部的压力，希望能够满足顾客的各种需求，那么沃尔玛也许很快就会成为一家平庸的企业。

在全球市场上，另一个典型的例子是 SAP。SAP 在中国翻译为思爱普。它是世界最著名的商业软件公司之一，也是德国市值最高的企业，甚至要高于西门子、博世等老牌德国企业。

SAP 在竞争战略上最成功的是，它只与行业内的头部企业合作开发管理软件。它放弃去满足数量更多、市场容量更大的中小企业，而专注

---

① 毛泽东:《毛泽东军事文集》第四卷，北京：军事科学出版社、中央文献出版社，1993年版，第73页。

于 21 个最赚钱行业中的一些最领先的企业。

在竞争的过程中,太多的人往往总是在关注能得到什么,却很少去思考应该放弃什么。

但是,战略就是选择。选择不仅意味着你决定走哪条路,更关键的是,要放弃哪些路。

在国内企业中,这方面做得最好的,大概就是华为了。

《华为基本法》规定:"在成功关键因素和选定的战略生长点上,以超过主要竞争对手的强度配置资源,要么不做,要做,就极大地集中人力、物力和财力,实现重点突破。"

用任正非喜欢的一个军事术语来说,就是"饱和攻击"。

华为有所谓的"主航道""主战场"理念。一定要把战略力量集中到主航道、主战场上。

不要走着走着就偏离了你的主航道。

所以,竞争中的一条重要原则是,不要轻易分散你的资源。不要把时间和资源浪费在那些疲软的产品和虚弱的发展上,要果断地把大部分的资源都集中于巩固和强化可以取得长远优势的方向上。

在一个清晰的方向上持续不断地投入和累积,反而可以让你获得战略的复利。

如果你能够在竞争之中找到最有前途的发展方向,而后把你最关键的资源持续投入到这个方向上去,那么你之后可能获得的增长前景,将是无法估量的。

成功的集中需要策略掩护

前面我们讲过,战争是对抗的艺术。在战争中,一个计划能否成功,并不仅仅取决于自己的行动,相反,在很大程度上还需要对手的配合。

集中兵力同样也是如此。

在战争中,能否成功地在关键的局部有效地集中起自己的优势兵力,很大程度上取决于你能否有效地分散对手的兵力,或者让对手的兵力无法集中。

所以孙子说"我专而敌分"。

如果我方与对手的兵力相当,就要设法将对手的兵力分散,集中力量,各个击破。

"我专为一,敌分为十,是以十攻其一也,则我众而敌寡;能以众击寡者,则吾之所与战者,约矣。"

这段话的前半部分我们前面引过,在这里不妨再引一遍,因为它很重要。

我专,还要敌分。我方集中优势兵力,需要同时想办法分散对手的资源。我们的兵力得以集中在一处,对手的兵力被迫分散在十处。这样,我们就能用十倍于对手的兵力去进攻敌人了,这样就能造成我众敌寡的态势。能以众击寡,那么同我军当面作战的敌人兵力就有限了。

《淮南子·兵略训》也说:"故能分人之兵,疑人之心,则锱铢有余;不能分人之兵,疑人之心,则数倍不足。"如果你能分散对手的兵力,让对手的心理产生疑惑,那么你的兵力再少也绰绰有余;如果你不能分散对手的兵力,不能让对手的心理产生疑惑,那么你的兵力即使是数倍于对手,也还是不够用的。

因此,在战争中,我方优势兵力的集中,不是无条件的,而是必须建立在采取行动迫使或诱导对手分散兵力的基础上。一方面,我们自己的战略方向要明确,战略目标要清晰,这样我们的战略资源才能集中;另一方面,还要让对手无法判断我们真正的方向和目标,这样他们的战略资源必然分散。

所以孙子说:"故知战之地,知战之日,则可千里而会战;不知战地,不知战日,则左不能救右,右不能救左,前不能救后,后不能救前。"

如果对手事先掌握了你集中兵力的时间与地点,就会以集中对集中,或者采取各种手段避开或破坏你的集中。这也就会使你的集中不再有意义。

如果埃及空军事先知道了以色列空军的突袭计划,以色列集中优势兵力歼灭埃及空军的计划就不可能实现。如果胡宗南事先了解了彭德怀西北野战兵团的集中行动及其意图,西北"三战三捷"也就不可能打成。

但如果对手完全蒙在鼓里,根本不知道我会在哪儿跟他打、我会在什么时间跟他打,自然就无法对我方军事行动做出有效的准备与反应。我方就可以充分利用对方的兵力分散,造成以众击寡的态势。

那么,怎么才能让对手"不知战地"、"不知战日"、不知我出手的真正方向呢?

答案是:你得巧妙地运用欺敌的策略。

所以美军《作战纲要》认为,要成功地集中兵力,同时让对手没有办法集中兵力,需要三个前提:速度、保密,还有欺骗。

速度,是保证我方在最短的时间内、在关键的时间与地点完成集中,迫使对手不得不在还处于分散的状态或者集结还没有完成的状态的时候,就得与我打。这是让对手来不及集中。

保密,就是我们前面讲的"隐真"。通过保密的手段,让对手对我的集中行动完全不知情,等到他发现了我的作战行动,对不起,为时已晚。这是让对手没有意识到要集中。

欺骗,就是我们前面讲的"示形"。保证对手对我集中的时间与地点产生错误的判断,从而无法有效应对我的集中。这是让对手不知如何集中。

这三个前提,都在于达成我方集中行动的隐蔽与突然,从而保证形成"我专而敌分"的有利态势,形成我对敌作战的相对优势。

在军事上，高手经常会用各种各样有效的策略，来让对手分散。

一个常用的策略，是我方首先分散兵力，来吸引对手分散兵力，然后趁对手兵力分散之际，我方突然集中兵力，发起对分散之敌的进攻。

利德尔·哈特说："只有在敌人分散了兵力以后，才可以有效地集中自己的兵力。而在通常情况下，攻方为了达到这个目的，又必须首先把自己的兵力分散开来。这样，我们便可以看到一种表面上显得很矛盾的现象：真正的兵力集中原来正是首先分散兵力的结果。""于是便形成一个相继行动的程序：首先是自己分散，引起敌人方面分散，然后才是自己集中。"

孙子也说："故兵以诈立，以利动，以分合为变者也。""分"就是分散，"合"就是集中。通过分分合合的变化，运用虚虚实实的手段，分散敌手的注意力，让它陷入左右为难、备多力分的窘境。

当对手的兵力被迫分散的时候，进攻的一方便可以乘机在主攻方向上集中优势兵力，发起真正的进攻。

拿破仑便是运用这种策略的高手。马克思曾说，拿破仑取胜的全部秘诀在于集中。而拿破仑集中兵力的秘诀是：总是首先在更强大的敌人的面前分散自己的兵力，诱使对手做出错误的判断从而分散兵力，然后再抓住最合适的时机，出人意料地集中起压倒性的力量来攻击对手最薄弱的环节。

在市场竞争中，高明的竞争者同样可以运用巧妙的策略性分散，吸引对手也分散自己的资源，而后竞争者突然在关键的市场上集中起压倒性的优势，从而战胜对手力量。

詹姆斯·奎因曾经分析过这种策略的具体做法："我们对对手进行试探并很快撤回来，以此判断对手的实力，这样就能迫使对手扩大其防守的范围，然后我们集中所有力量朝一个明确的方向进攻，占领一个预先选好的细分市场，然后在这个市场中建立自己的控制点，以此为基础重新组织，进行扩张，然后在更大的领域内占据主导地位。"

联合利华就是运用了这个策略，取得了相对于对手的竞争优势。宝洁与联合利华是日用消费品行业中的两个主要竞争对手，双方不断通过推出新产品占领新市场的手段，试图取得领先于竞争对手的优势。

在争夺一个新产品市场的对抗中，联合利华所拥有的推广资源要远远少于宝洁。在这种情况下，联合利华首先在这个新产品市场的所有区域市场上大造声势，做出要发起全线进攻的姿态。

宝洁果然被联合利华所吸引，采取了全面阻击的对策，由此其资源便被平均地分散到了各个区域市场中。

联合利华在吸引宝洁将资源全面铺开之后，却把自己的资源都集中到了几个战略性的区域市场上，并很快就在这几个区域市场上形成了压倒宝洁的优势，迅速建立了自己的品牌形象。

等到宝洁辛辛苦苦将其他区域市场培育成熟以后，联合利华在关键市场上也已经赚足了利润，水到渠成地借宝洁的力量，将产品打入了这些市场。

结果是，宝洁虽然拥有更多的资源，但由于平分了兵力，在新产品市场上，从销售到品牌都始终没有办法超越联合利华。

除了"先分散、后集中"，在军事上，让对手兵力分散还有一个策略，就是可以运用诱敌深入的手段。

通过诱敌深入，拉长对手的战线，摊薄对手的力量，分散对手的资源，同时保持自己力量的机动与集中，这样一来，你就在关键的局部造成优势兵力的集中。

诱敌深入实际上就是以弃为取的艺术。解放战争爆发后的头四个月，解放军主动放弃城市105座，国民党虽然占领了解放区的不少地方，但占地越多，战线越长，包袱就越重，不得不分出一部分乃至大部分兵力担任新占领地区的守备任务，导致一线的突击力量不断减少。

这就为解放军集中优势兵力各个歼灭敌人创造了极好的条件。国民党军队在作战中兵力不断被歼。到第二年春天，解放军的一线机动兵力已经超过了国民党军队，从而使整个形势发生了变化。

在竞争中，竞争者同样可以通过诱敌深入的手段，故意减少乃至放弃自己在一个市场的资源投入，从而吸引对手填补这个市场，以分散对手的兵力，弱化对手在自己真正准备发起行动的目标市场的资源。一旦对手的资源在目标市场上不再占据优势，就集中自己的资源，迅速发起行动，抢占自己想要的市场。

BIC（比克）与吉列长期在打火机市场和刮胡刀市场进行激烈的竞争。BIC在打火机市场上拥有强势地位，而吉列的刮胡刀产品因为遭受BIC的猛烈攻击而利润低下。

在这种情况下，吉列主动从打火机市场上撤了出来，从而给BIC提供了一个市场真空。BIC当然不会放过这样的好机会，于是迅速把大量的资源投入到打火机市场，但由此也就减少了其在刮胡刀市场上的资源。

吉列乘机集中所有的资源到刮胡刀市场，两年内即在刮胡刀市场上取得了50%的占有率，并且将获取的利润转向开发一系列的新刮胡刀产品，最终奠定了吉列在刮胡刀市场上不可动摇的霸主地位。

在竞争中，当对手发起市场进攻行动时，顺势把一部分不良客户放弃给对手，有时候同样可以起到让对手背上包袱、从而改变竞争态势的效果。

某家银行的竞争对手提出了更低的贷款利率以吸引新的客户。作为反击，这家银行当然也可以向客户给出同样的低利率，以保住自己的市场。

然而这家银行却没有这样做，而是只向信用好的客户提供低利率，而让对手拉走那些信用一般的客户。

由此，这家银行既提高了自己的贷款资产质量，同时，还把那些信用状况可疑的客户甩给了好斗的竞争对手。结果，竞争对手的贷款违约率直线上升，利润则直线下降。

让我们总结一下这一节的核心观点。若米尼曾经说："战术就是在决定点上使用兵力的艺术，其目的就是要使它们在决定的时机、决定的地点上，发生决定性的作用。"

战争的取胜原则表面看起来非常简单：战争的胜负一定是符合强胜弱败的力学规律的，所以你要想取胜，只需要遵守集中兵力的原则来以强击弱，就一定可以取胜。

然而一旦进入战争，你就会发现，战争的双方都是一方面努力使己方在关键的时间和地点集中兵力，另一方面，又总是在竭力破坏对手在关键的时间和地点集中兵力的努力。

这就需要运用策略。成功的集中，往往需要策略的巧妙掩护和配合。

最终决定战争胜负的，就是看哪一方能够高人一等，最终达成有利于自己的"我专而敌分"。如果不能做到这一点，强者也会败于弱者；如果成功地做到了这一点，弱者也可以战胜强者。

这就使得战争的过程与结果总是充满了不确定性，这也就使得将军们的智慧得到了淋漓尽致的发挥空间。

第九讲
主动：对抗局面的掌控

竞争的实质就是对主动权的争夺。"永远要左右敌人"是军事上的至理名言。

竞争者必须将对抗的主导权控制在自己手里，调动对手而不被对手调动，塑造对手而不被对手塑造，摆布对手而不被对手摆布。

用毛泽东的话说，是"你打你的，我打我的"。

主动

永远要左右你的敌人

什么叫"主动"？要把对抗的主动权控制在自己手里。

战争的过程，在本质上是围绕主动权的争夺。

把对抗的主动权牢牢地控制在自己手里，这是取胜之道的核心。

所以，《孙子兵法》在谈到用兵时有一句名言："善战者，致人而不致于人。"

用兵的高手在对抗的过程中，一定要调动对手，而不被对手调动；要塑造对手，而不被对手塑造；要控制对手，而不被对手控制；要摆布对手，而不被对手摆布。

用"闪击战之父"古德里安的话说就是"永远要左右你的敌人"。毛泽东也说，要牵着对手的鼻子走，而不是跟着对手的屁股走。

竞争也是如此。竞争的一条法则就是：不要在你对手具有优势的领域、以他具有优势的打法跟他对抗。

要引导对手进入那些对你有利而对他不利的领域，以对你有利而对他不利的方式跟他较量。这样你才能最大限度地发挥自己的优势，最大限度地暴露和利用对方的劣势。

杜鲁门当年就是用了这条原则，战胜了看起来不可一世的麦克阿瑟。

1950年和1951年之交，围绕朝鲜战争的决策，"联合国军"总司令麦克阿瑟与美国总统杜鲁门之间的冲突愈演愈烈。麦克阿瑟公开指责杜鲁门总统进行有限战争、寻求与中国停火谈判的政策，要求对中国发动全面战争。

按照麦克阿瑟的指令，美军轰炸机轰炸了鸭绿江大桥，侦察机侵入了中国领空。在得知杜鲁门正着手与中朝方面进行谈判的消息后，麦克阿瑟抢先发表措辞强硬的声明，公开与杜鲁门唱反调。

鉴于麦克阿瑟不断违命，1951年4月11日，杜鲁门宣布免去了他的职务。被免职的麦克阿瑟决心返回美国"闹个天翻地覆"，而且他很快就做到了。

麦克阿瑟被解职的消息在美国引起了轩然大波，他被当成了受到政治迫害的英雄，因而得到了社会舆论的极大同情。一回美国，麦克阿瑟就受到狂热的欢迎。在旧金山，他的车队用了两个小时才走出长14英里的欢呼人群；在华盛顿，欢迎的民众达到30万。他被认为是"自成吉思汗以后最伟大的军事家之一"，是民众心中"当之无愧的偶像"。

许多地方还爆发了支持麦克阿瑟、反对杜鲁门的游行示威。短短几周便有近3万封公众的信件和电文飞往白宫，其中95%以上都是抨击那位"低能的"、"猪猡"一般的、像出卖耶稣的"犹大"一样卑鄙的"小政客"杜鲁门。洛杉矶市政会议宣布休会，以表示对麦克阿瑟遭到"政治谋杀"的"悲痛悼念"。加利福尼亚、佛罗里达、密歇根等州的议会则通过了谴责总统的决议。人们到处散发请愿书，有些地方还焚烧了杜鲁门的画像。甚至连牧师们都加入进来，在讲坛上斥责那个"醉酒的侏儒"。

民意调查表明，麦克阿瑟的支持率达到了69%，杜鲁门的支持率则暴跌为26%。在格里菲斯体育场，杜鲁门遇到了美国自1932年以来第一次针对总统的喝倒彩。

民意很快到了举国沸腾的程度。1951年4月19日，大概是麦克阿瑟政治生涯中最辉煌的日子。这一天，麦克阿瑟在国会做了题为《老兵不死》的著名演讲。除了现场的国会议员，还有3 000万名观众通过电视收看了演讲。34分钟的演讲被掌声和欢呼声打断了30次。那句"老兵不死，只会慢慢地凋零而已"，几乎打动了现场和电视机前的所有听众。

演讲结束后，据说"民主党议员没有一个人不是热泪盈眶，而共和党议员没有一张脸是干的"。一名议员眼含热泪地说："我们今天听到了上帝在这里讲话，一个有血有肉的上帝，这是来自上帝的声音！"还有一名议员说，根据他的感觉，如果演讲持续时间更长一些的话，白宫前面就会出现示威游行了。

国会演讲后，麦克阿瑟又应邀到一些城市进行巡回演讲。在纽约市，听他演讲的人数达到了700万。演讲结束后，狂热的粉丝们举行了一场即兴的大游行。选举麦克阿瑟为总统的运动随之如火如荼地开展起来。

在一边倒的社会舆论面前，可以想象杜鲁门需要承受多大的心理压力。麦克阿瑟有天生的贵族气质和超级的口才，还有出色的表演才能，极易打动大众。

与麦克阿瑟相比，杜鲁门在很多人的眼中只能用"平庸"两个字来形容。尽管这对他并不公平，但很长时间里很多人并不看好他，这一点却是事实。跟麦克阿瑟这样的人物去争夺人气，他显然没有任何优势。

但是杜鲁门知道自己该做什么。他没有试图去直接影响公众的情绪，而是开始了自己的布局。他任命李奇微中将接替了麦克阿瑟的职位。李奇微继任之后，不负所望，很快就稳住了朝鲜战场的军心和战局。同时他还说服了美军参谋长联席会议，并在战争政策上得到了他们的全力支持。

1951年5月3日，参议院军事委员会和外交委员会开始联合举行朝鲜战争问题听证会。在听证会上作证时，参谋长联席会议主席奥马尔·布拉德利向议员们指出：美国对中国发动全面战争，正好会给苏联提供在西欧乘虚而入的机会。

就是在这次听证会上，布拉德利说出了那段著名的话："如果我们把战争扩大到中国，那我们就会被卷入一场在错误的时间、错误的地点同错误的对手进行的错误的战争。"

布拉德利的证言对于麦克阿瑟来说是个致命的打击。在参议院的质询中，麦克阿瑟不得不承认：作为一名战区指挥官，他对欧洲局势并没有深入细致的了解，他也从来没有从全球角度来考虑问题。

麦克阿瑟的可信度由此大打折扣。人们开始意识到，在解除麦克阿瑟职务的问题上，杜鲁门总统并没有大错。

随着听证会的进行，社会舆论发生了戏剧性逆转。5月下旬的一次民意调查显示，麦克阿瑟的支持率跌到了30%。

坏运气接踵而至，他在得克萨斯的巡回演讲以失败告终，其中达拉斯的一场集会，只有区区两万多人参加。有人嘲笑说，这还不如一场中学生橄榄球比赛的吸引力。

麦克阿瑟风光不再。第二年，麦克阿瑟又并不出人意料地输掉了共和党内部的总统初选。

在《最寒冷的冬天》一书中，作家大卫·哈伯斯塔姆曾就麦克阿瑟与杜鲁门的这场对决，做出过如下评论：

> 如果说麦克阿瑟的傲慢让总统暂时受到了伤害，它也让杜鲁门因此赢得了一场更大的赌局。事实证明，他是对的。尽管他在离任时的支持率降至最低点，但是他的声望在离任后一路飙升，被美国人认为是最值得尊重的总统之一，同时也是那个时代被严重低估的人物之一。这其中很大一部分源自他与麦克阿瑟对抗的勇气和策略。

一直视杜鲁门为小人物的麦克阿瑟以一种奇异的方式,强化了杜鲁门勇敢和正直的形象,让他显得更加高大伟岸。

确实,时间才是最公正的裁判。在麦克阿瑟咄咄逼人的攻势面前,杜鲁门表现出了领袖应有的领导力。

他并没有与之正面对抗,争一时一地之得失。他没有慌了手脚,被对手牵着鼻子走。

相反,他把双方较量的战场,从社会舆论的狂热造势,转移到了听证会上的理性辩论;将争论的核心议题,从关注朝鲜战场这样一个局部,改变为关注美苏全球对抗的大局。

正是这两个转变,使得麦克阿瑟的弱点暴露无遗,从而走下神坛。杜鲁门则从容不迫地一步步扭转了被动的局面。

你打你的,我打我的

毛泽东打仗,最重视的就是主动权。他把主动权称为军队的自由行动权。他说:"无论处于怎样复杂、严重、惨苦的环境,军事指导者首先需要的是独立自主地组织和使用自己的力量。被敌逼迫到被动地位的事是常有的,重要的是要迅速地恢复主动地位。如果不能恢复到这种地位,下文就是失败。"[1]

无论强弱,打仗一定要把主动权掌握在自己手里。

这也就有了毛泽东的那句名言:"你打你的,我打我的。"

在战争中,取胜者之所以取胜,是因为总是自己主动地来制定游戏的

---

[1] 毛泽东:《毛泽东军事文集》第二卷,北京:军事科学出版社、中央文献出版社,1993年,第 743–744 页。

规则；而失败者之所以失败，是因为只是被动地在别人制定的规则中求生。

不能按照对手制定的规则来打，要坚持自己具有优势的打法，在自己最有优势的领域来打，要逼对手按照自己制定的规则来打。

电影《毛泽东的故事》，里面有一个情节特别有意思。在西柏坡的时候，斯大林派他的特使米高扬到中国来见毛泽东。毛泽东当然要好好招待，就特地请米高扬吃饭。

苏联人能喝酒，也好喝酒。吃饭的时候，米高扬端起一碗酒来敬毛泽东。但是毛泽东是不能喝酒的。周恩来一看，赶紧替毛泽东解了围。

这个时候，如果毛泽东再回敬米高扬酒的话，就已经不太合适了。电影里面出现了一个镜头：毛泽东说，上辣椒。请米高扬吃辣椒。米高扬吃得鼻涕眼泪直流，毛泽东吃得津津有味。

这叫什么？你打你的，我打我的。

当我在这个领域注定没有优势的时候，我一定要把你拉到我具有优势的领域、采取对我有利的打法跟你打。

这就是主动权。

毛泽东打仗，向来都是这样打。

共产党跟国民党作战，共产党擅长游击战、运动战，国民党擅长阵地战、正规战。所以毛泽东指挥作战，一定要跟国民党军队打游击战、打运动战，让自己灵活机动的优势完全发挥出来，让国民党的规模和装备优势完全发挥不出来。

井冈山时期是这样打的，中央苏区时期是这样打的，长征途中的"四渡赤水"也是如此。四渡赤水，红军之所以能以不到3万人的兵力，成功摆脱国民党40万大军的围追堵截，关键是毛泽东指挥下的红军"你打你的，我打我的"。

充分发挥红军运动战的优势，出其不意地迂回穿插于国民党军重兵集团之间，灵活变换作战方向，真正实施了能打则打、不能打就走、一切以掌握战场主动权为目的的运动战。蒋介石始终无法摸清红军的战略意图，疲于奔命，四面围堵而又屡屡扑空，最终让红军扬长而去。

博弈论的一个基本观点是：对对手最优的策略，往往是对我最差的策略。

对手制定的游戏规则，一定是对对手最有利的。你如果按照对手的游戏规则来打，就死定了。

有时候对手就是会故意诱惑你、干扰你、挑逗你，甚至激怒你，让你沉不住气，让你不自觉就失去理智，入了他的套儿，就像刘邦当年对付曹咎那样。

你这个时候偏偏不能上当。你一定要清醒，要有定力，不要被对手打乱了节奏。你要坚持自己的节奏和对自己有利的打法，坚持你打你的、我打我的。千万不要轻易因为对方的行动而乱了章法，更不要轻易随对手起舞。

第五次反"围剿"红军为什么失败？一个关键的原因就是李德指挥红军跟国民党军队打正规战、阵地战，结果正中国民党下怀，使国民党的优势得以充分发挥，而红军的劣势却完全暴露。

你一旦被带进了对手的节奏，就会输得很惨。

竞争也是如此。在竞争的过程中，如果你一直被对手压着打的话，一定要好好思考一下，是不是主动权不在自己手里。如果主动权不在自己手里，你所要做的第一件事情，就是一定要把主动权夺回来，你才有可能打开局面。

这方面一个经典的案例，就是统一和康师傅的方便面之战。

康师傅和统一都是来自台湾地区的品牌。在台湾地区，统一是真正做方便面的，而康师傅的主打产品是食用油，方便面只是它的边缘性产品。

但是康师傅的老板确实有眼光。康师傅的老板到大陆来,发现大陆老百姓对方便面的需求量极大,但是当时的大陆市场,没有好的方便面品牌。康师傅的老板于是当机立断,做出两个决策:第一,进军大陆市场;第二,转战方便面市场。

很快康师傅就打开了局面,迅速成为大陆方便面市场的第一品牌,它的市场份额一度达到了65%,是绝对的垄断者。

统一已经失去了先机。我们知道,台湾岛内的市场太小了,所以台湾地区的企业一定要进军大陆市场。用林毅夫教授的话说,台湾的企业,进军大陆市场,小企业会变成大企业;不进军大陆市场,大企业会变成小企业。

所以,统一必须扭转这种局面。为此,统一在大陆投入了大量的广告宣传,包括推出了"小浣熊"这样的产品。所有这一切,都是为了告诉大陆老百姓:我才是方便面的第一品牌。

但是没有用。康师傅的市场占有率始终在60%以上,而统一的市场占有率始终在10%左右。

统一意识到了一个残酷的现实:在品牌认知这个战场上,康师傅的先发优势已经不可动摇。继续在品牌认知上与康师傅纠缠,统一永远没有取胜的希望,永远打不开局面。

统一于是改变了策略,推出了一款新的产品——统一100。统一100是怎么回事儿呢?过去方便面的面饼重量,都是75克、80克。统一把面饼的重量提高到了100克。这样一来就把方便面之争,从品牌之争变成了重量之争,把重量这个概念给凸显了出来。

康师傅当然不能眼睁睁地看着统一推出"统一100"来攻城略地,它肯定要进行阻击。两个月以后,康师傅推出了自己的产品——面霸120。你不是100克吗?我120克。

但这样一来,反而进一步强化了"重量"的概念。

统一乘机推出新的产品——来一桶。"来一桶"两个面饼，成了重量之王：谁还能吃三个面饼呢？

这一下子就终结了这场方便面大战。统一的市场份额，由此一度上升到了30%，而康师傅的市场份额，则一度下降到了45%。

你打你的，我打我的。

这样的例子，其实还有很多。一个典型的例子就是华为与思科的竞争。

华为刚开始与思科等世界级的通信设备制造商竞争的时候，技术是华为最大的短板。技术的提升是需要时间的。如果华为上来就与思科拼技术，华为死定了。

华为开始发挥自己在价格和服务上的优势。尤其是服务，甚至连客户安装的竞争对手的设备出了问题，华为都主动积极地为客户提供服务，帮客户解决问题，从无怨言。华为由此成功地把与对手的市场竞争，从技术的竞争，转化成了服务的竞争。而后者恰恰是对手无法弥补的短板。

这叫什么？还是那句话：你打你的，我打我的。

在竞争不利的情况下，如果你还是一味地按照对手的规则来打，你永远也摆脱不了被动。

当你在一个领域注定打不开局面的时候，你一定要把对手拉到你具有优势的领域，采取对你有利的打法，逼对手打你所发起的战争。这样才能把主动权控制在自己手里。

腓特烈大帝曾说："对于会战有一条定理，那就是强迫敌人做他本来不想做的事情，也就是你最希望他做的。"

麦克内利也说："要想击败竞争者，你首先必须使对手顺从你的战略、你的规则、你的期望。你必须把握优势并使你的竞争对手在你所选择的时间和地点与你相遇。"

要学会塑造你的对手，限制对手的选择余地。要剥夺对手对局势的控制权，要将控制权掌握在你的手中。

要掌握游戏规则的制定权：什么时间打，在什么地方打，用什么样的方式打，和什么样的对手打，打对手的哪个环节……都要由你说了算。

这就是"你打你的，我打我的"；这就是"致人而不致于人"。

在孙子看来，如果你掌握了主动权，那么就可以达到这样的境界：我想打，敌人即使"高垒深沟"，也"不得不与我战"；我不想打，我就是"画地而守"，敌人也"不得与我战"。一句话，完全将攻与守、战与否的主动权掌握在自己手里，而敌人只能茫然地听从我的摆布，这样，就能成为敌人命运的主宰，"故能为敌之司命"。

法国战略学家薄富尔曾说，战略家的思考与行动应具有积极主动的精神，而非消极被动的反应："战略家的最终目的是要改变历史潮流的趋势。所以，既不可坐以待变，也不可以应变为满足，而必须采取主动积极的行动，以求控制世局的演变，诱导历史的流向。"

是否具有"主动"的意识，实际反映了竞争者和组织的价值观念。伟大的个人和组织，一定具有求胜的信念、进取的精神、积极的态度、向上的活力、独立行事的意愿和不达目的绝不罢休的意志。

美军《作战纲要》说："所谓主动，就是要不断地努力迫使敌人按照我们指挥官的作战意图和节奏行动，同时保持自己的行动自由。"

伟大的个人和组织是不会允许对手来摆布自己的，相反，一定会通过自己的积极行动来掌握自己的命运，创造自己的未来。只有这样的个人和组织，才能成为终极的胜利者。

采取积极的攻势行动

你可能会说，我知道主动权很重要，但问题是，我怎么去取得主动权呢？

主动权当然跟你的实力有关系。实力强大的一方，往往就可以压着对方打，就容易主动。

孙子说："夫霸王之兵，伐大国，则其众不得聚；威加于敌，则其交不得合。是故不争天下之交，不养天下之权，信己之私，威加于敌，是其城可拔，其国可隳。"

霸王的军队，进攻大国，就能使敌人的军队根本来不及集结。兵威加于敌人头上，就能使敌人的盟国根本来不及配合。所以，没有必要硬要同天下诸侯结交，没有必要硬要在天下诸侯中培养自己的势力。伸张自己的战略意图，把兵威施加到敌人头上，就可以拔取敌人的城邑，摧毁敌人的国家。

中美目前这个阶段的博弈，很多冲突都是美国主动挑起来的。美国可以在中国及周边多个方向不断挑事儿：南海问题、台湾问题、香港问题、钓鱼岛问题、朝鲜问题、印度问题、新疆问题、西藏问题等等。

这就像企业竞争中的多点竞争一样。能够从多个方向给对手施加压力的一方，往往就会有更大的主动权。

但美国的无奈在于，中国已经不是20年前的中国。综合实力的底子使得中国已经具备了相当的反制能力，这也就使得美国在对华问题上不敢随心所欲，甚至很多时候有心无力。

实力固然重要，但光有实力还是远远不够的。

明明有实力，一手好牌却被打烂，这样的例子有好多；强者被弱者耍得团团转，这样的情况也并不少见。

实力很重要，但实力只解决你有什么牌的问题。同样重要的是，你手中的牌怎么打。谁都会拿到烂牌。能把烂牌打得精彩，才是真正的高手。

一个典型的例子，大概就是朝鲜在半岛问题上以小博大，巧妙地利用大国之间错综复杂的矛盾，从而掌握了朝美博弈的议程和节奏了。

毛泽东曾说过一段很精彩的话："战争就是两军指挥员以军力财力等项物质基础作地盘，互争优势和主动的主观能力的竞赛。竞赛结果，有胜有败，除了客观物质条件的比较，胜者必由于主观指挥的正确，败者必由于主观指挥的错误。"①

所以，实力当然很重要，但客观的实力必须得到有效的运用，才能转化成最终的主动权，而这就需要主观的指挥，需要对抗的策略。

这也正是今天博弈论所研究的领域。博弈论就是研究如何在赛局中通过最优策略的选择来战胜对手的学科。而《孙子兵法》被公认为是最早的博弈论著作，孙子的"诡道""示形"，其实都是在博弈中掌握主动权的基本手段。诡道也好，策略也好，核心就是要充分发挥你的主观能动性，去调动对手、掌握主动。

在战争中为了达到调动对手、掌握主动的目的，还有一条重要的原则，就是要争取采取积极的攻势行动。要压着对手打，不能被对手压着打。用班固在《汉书》中的话说是"先发制人，后发制于人"。先下手就主动，后出手就被动。

孙子也说过这样一句话："寡者，备人者也；众者，使人备己者也。"一味地采取守势，是防不胜防的，再多的力量也不够分配；积极地采取攻势，压着对手打，力量反而绰绰有余。

这就像在体育比赛中一样，谁能压着对手打，就能把自己的优势充分发挥出来，同时自己的不足也可以得到弥补。一旦被对手压着打，不但优势没有办法发挥，原有的缺点也会全部暴露出来，被对手所利用。

在战争中，进攻和防守是两种基本的作战形式，两者当然都很重要。进攻者未必都能胜利，但相对来说，进攻总是具有更积极、更主动的意义。

---

① 毛泽东：《毛泽东军事文集》第二卷，北京：军事科学出版社、中央文献出版社，1993年版，第318页。

我们可以从几个层面对"攻"和"守"做一下比较。

第一,从目的上来说,"攻"是为了突破对手的防御,消灭对手的存在,夺占对手的地盘。"守"往往是为了挫败对手的进攻、保存自己的实力、保住自己的地盘。一个是消灭敌人,一个是保存自己。进攻在进取性、求胜心上,显然比防守更为积极。

第二,从地位上来说,战争就是为了胜利。要想彻底打败对手、实现最后胜利,主要手段只能是"攻",所以从胜利的手段上来说,进攻一定是第一位的、主导性的。"守"则只能保存自己、部分消灭敌人,以便为"攻"创造条件,所以从胜利的手段来说,"守"只能是第二位的、辅助性,是为了配合"攻"的。

第三,从利弊上来说,"攻"是主动的作战形式,可以积极地利用对手每一个可以利用的弱点,可以自由地选择作战行动的时间、地点和方法。"守"则是被动的作战形式,往往要掩盖和防护自己的弱点,守方作战行动中的时间、地点和方法往往都是由攻方规定的,所以总是具有被动和消极的特点。

因此,在战争中,主动进攻是取得胜利的主要手段。要想掌握主动权,军队就必须在一切可能的情况下尽力保持积极的进攻态势。这就是为什么历史上几乎所有的军事理论,都强调积极主动的进攻。

《军志》有之:"先人有夺人之心。"先发起进攻,可以极大地震慑对手。

孙叔敖说:"宁我薄人,无人薄我。"一定要我向对手发起攻击,而不能允许对手向我发起进攻。

孙子说:"先处战地而待敌者佚,后处战地而趋战者劳。"先占领战场有利的位置而等待敌人的就从容主动,后到达战场而仓促应战的就疲劳被动。

打仗就是这样,你得有卡位意识。关键的位置你不去占据,别人就会去占。而一旦别人先占了,你就陷入了被动。

尤其是要抢占战略上的制高点和战略性的机会。战争中的高手之所以超出常人，就在于他们总是能够先敌一步，用闪电式的扩张，来抢占那些战略上的制高点，把握那些战略性的机会，从而把对抗的主动权掌握在自己手里。

所以《尉缭子》说："权先加人者，敌不力交。武先加人者，敌无威接。故兵贵先。胜于此，则胜彼矣。弗胜于此，则弗胜彼矣。"先于对手使用谋略，对手就没有力量与我对抗。先于对手使用武力，对手就没有威力与我较量。所以用兵贵在先发制人。在这一点上胜过对手，就能战胜对手。在这一点上不能胜过对手，就不能战胜对手。

简单地说，先下手就可以压制对手，后下手就只能被对手所压制。

西方的军事家更是大多推崇进攻。隆美尔的第一部著作就叫《步兵进攻！》。巴顿将军读了这部著作后，特地从中挑选出了15条语录作为自己的用兵格言，其中第一条就是"进攻，进攻，进攻！"。

美军《作战纲要》也说："进攻是决定性的作战形式。……夺取和保持主动权随着进攻作战而得以实现。"

所以美军强调："主动就是以自己的行动规定或改变战斗的条件，并且意味着在实施一切作战行动时要有进攻精神。"

具体来说，就是"进攻指挥官靠在进攻的时间与地点和实施进攻的猛烈程度的选择方面的突然性夺取和保持主动权。他们集中部队，快速、大胆而猛烈地进攻，不断寻找弱点并在需要时改变主攻方向。他们要迅速地从进攻转入扩大战果，必要时又要转入进攻。指挥官要顽强地、咄咄逼人地坚持战斗，要承受风险并把士兵与系统推向其忍受的极限，需要多长时间就多长时间。目的是制造一种流动性很大的局势，使敌人失去防御的完整性"。

在战争史上，最积极地运用进攻手段的，大概要数拿破仑了。拿破仑发起的战争，多半是进攻性的征服战争。他曾经说："我的想法与腓特烈大帝一样，一个人总是应该先动手攻击的。"他还说："如果允许别人进攻自己，那是一个极大的错误。"

他因此告诫自己的将领："一个人如果决定入侵某个国家，他就不能害怕发动攻击，而应该到处寻找敌人并与之战斗。"他说，一定要使战争变为进攻，像亚历山大、汉尼拔、恺撒、古斯塔夫、杜伦尼、尤金和腓特烈等人所做的那样。

所以拿破仑总是在积极地寻找敌人，在战斗中消灭敌人。一旦打败对手，他还要发起猛烈的追击。

用他的话说，一场战役开始的时候，一个人应该慎重考虑他是否应该前进。但是当他决定实行进攻以后，就应该把它推进到最后的极限为止。

拿破仑的进攻给他的对手形成了极大的压力甚至是震撼。当时有人还专门画了一幅漫画，来描绘拿破仑这种无情的进攻给欧洲带来的冲击：法国军队被画成是一条喷吐烟雾的恶龙，它的背上骑着一个奇异而可怕的怪物，头上戴着一顶刻有"波拿巴"字样的帽子，而在怪物的前面，两位将军正率领着一支军队拼命地逃跑。

正是通过不断地进攻，拿破仑将法国的力量扩张到了几乎整个欧洲大陆，并开创了所谓的"无限战争"的时代。

实际上，正如在战争中没有人能单纯依靠防御夺取胜利一样，在竞争中，同样没有人能够单纯依靠防御就可以使公司获得成长。

理查德·福斯特在《创新：进攻者的优势》一书中，曾经提出了"进攻者优势"和"防御者困境"两个概念。在他看来，科技发展的不连续性，使得进攻者相对于防御者有更多的优势。

竞争领域的实证研究也表明，在许多场合下，企业行动的进攻性与企业的业绩之间存在着积极的关系。进攻性强、进攻行动数量较多的企业，往往比进攻性弱的企业能取得较好的绩效。

竞争与战争一样，进攻未必一定胜利，但安于现状、随波逐流、消极等待、被动适应，必然会使你一步步丧失自己的竞争主动权，最终导致经营失败。只有采取积极主动的进攻态势，你才能在竞争中掌握主动，为企业创造实际增长的机会。

因此，取胜的企业绝不是去一味固守自己的地盘，或者一味去模仿对手的产品，去预测和顺应对手的行动，而是不断地主动寻求进攻的机会，通过实施一系列的进攻行动，来不断突破旧有的边界，寻找发展的空间，乃至引导行业竞争的趋势。

同时，积极的竞争者会通过一系列积极的进攻行动，来为对手设立一个个的移动目标，迫使对手始终处于疲于应对的状态之中，从而达到塑造竞争对手、主导竞争格局的目的。

化战略上的被动为战役战斗上的主动

在战争中，为了掌握主动权，不仅仅要寻找一切机会积极采取攻势的行动，即使在整体上处于防御的状态下，你也不能单纯采取防御的手段来进行消极的防御。

前面讲过，与进攻相比，防御本身就是一种相对消极的手段。所以毛泽东说："防御战本来容易陷入被动地位，防御战大不如进攻战之能充分地发挥主动权。"

在防御战中，如果防守的一方采取单纯的防御手段，就特别容易陷入被动挨打的不利局面。很简单，没有攻不破的堡垒。用刘伯承的话说："单纯依靠工事来防御是不能持久的，只是时间长短的问题。时间长了，攻击的办法也就多了。"

所以在战争中，即使防御，也要采取积极的进攻作为防御的手段。这就是积极防御、攻势防御、决战防御。

用克劳塞维茨的话说:"不要采取完全消极的防御,而要从正面或侧面攻击敌人,甚至当敌人正在进攻我们的时候也要这样做。"

积极防御这条原则,还是毛泽东讲得最透彻,用得最娴熟。毛泽东说:"任何一本有价值的军事书,任何一个比较聪明的军事家,而且无论古今中外,无论战略战术,没有不反对消极防御的。只有最愚蠢的人,或者最狂妄的人,才捧了消极防御当法宝。"[1]

共产党和国民党对抗,长期以来都是敌强我弱。这种形势决定了共产党军队在战略上必须实施防御,以避免不利的决战,保存自己,消耗敌人。但是毛泽东强调,即使在战略层面上要采取防御的战略,在战役战斗上,也一定要在有利条件下积极进攻作战。

要通过有利条件下的战役战斗的积极进攻,来达成战略上的防御目的。

毛泽东说:"防御战是能够在被动的形式中具有主动的内容的,是能够由形式上的被动阶段转入形式上、内容上的主动阶段的。"

他曾经以红军作战为例,详细阐述了如何在防御战中变被动为主动:"处于战略上内线作战的军队,特别是处于被'围剿'环境的红军,蒙受着许多的不利。但我们可以而且完全应该在战役或战斗上,把它改变过来。将敌军对我军的一个大'围剿',改为我军对敌军的许多个别的小围剿。将敌军对我军的战略上的分进合击,改为我军对敌军的战役或战斗上的分进合击。将敌军对我军的战略上的优势,改为我军对敌军的战役或战斗上的优势。将战略上处于强者地位的敌军,使之在战役或战斗上处于弱者的地位。同时,将自己战略上的弱者地位,使之改变为战役上或战斗上的强者的地位。这就是所谓内线作战中的外线作战。"[2]

---

[1] 毛泽东:《毛泽东军事文集》第一卷,北京:军事科学出版社、中央文献出版社,1993年版,第719页。

[2] 毛泽东:《毛泽东军事文集》第二卷,北京:军事科学出版社、中央文献出版社,1993年版,第745页。

所谓的内线作战，就是对手压着我打。所谓的外线作战，就是我压着对手打。

整体上是你压着我打的态势。但是即使整体上是你进攻我，我也一定要在关键的局部以积极的进攻和兵力的集中，形成压着你打的态势。

从1927年到1949年，在差不多22年的战争中，除李德指挥的第五次反"围剿"，共产党军队在战役战斗上所采取的，基本上都是积极的攻势，而没有进行过较大规模的防御战。即使是一些较小规模的防御战，也往往是为了辅助进攻而实施的。

这就出现了战争史上非常有意思的一幕奇观：一方面，国民党军队对共产党根据地的重兵包围、多路进攻，在战略上处于绝对的进攻态势；另一方面，共产党军队在战役和战斗的层面，不断向国民党军队发起包围、进攻、聚歼，从而把战略上的内线防御，硬生生变成了战役战斗中的外线进攻。用毛泽东的话说，就是"'围剿'中的围剿，封锁中的封锁，防御中的进攻，劣势中的优势，弱者中的强者，不利中的有利，被动中的主动"。甚至在战略退却中，也不放过一切机会组织进攻作战。

正是通过实行战略防御中的战役战斗的进攻，毛泽东巧妙地把战略上的被动转化成了战役战斗上的主动。解放战争时期，国民党向陕北和山东解放区发动重点进攻，毛泽东就是一边指挥防御，一边做出刘邓大军挺进中原的决策，从而以攻为守，打乱了国民党的进攻部署，并夺取了主动权。

战略上防御的一方，一旦在战役、战斗层面也采取防御的手段，从而变成毛泽东所说的消极防御、单纯防御、专守防御，往往就要陷入被动挨打的局面，就要失败。

前面我们提到的中央苏区第五次反"围剿"，当时国民党是以50万大军，向中央苏区发起了进攻。为了打破国民党的"围剿"，毛泽东曾经向中央提出了一个"进攻的外线作战"计划。

然而李德和博古置之不理，反而提出了"以堡垒对堡垒"的口号，希望通过分兵把口的阵地防御，来挡住国民党的进攻。为此，李德和博古先后组织了广昌之战、驿前之战等大规模的阵地防御战，结果却陷入极端被动的局面。

最后的结局是第五次反"围剿"失败，中央红军被迫进行战略转移，也就是长征。

事实上，李德的同乡克劳塞维茨这位战争理论大师，在谈到防御时，早就发出过这样的警告，"一条主要的原则是：决不要采取完全消极的防御，而要从正面或侧面攻击敌人，甚至当敌人正在进攻我们的时候也要这样做"。

所以他讲过一句著名的话："防御这种作战形式绝不是单纯的盾牌，而是由巧妙的打击组成的盾牌。"

正因如此，极度信奉克劳塞维茨理论的美军，也特别强调这种以积极进攻为手段的防御。美军《作战纲要》曾说："在防御中，所谓主动就是要迅速反守为攻。""一旦攻方开始执行某一特定的行动方案，守方即予以挫败，而后先发制人，不让攻方进行任何调整，从而夺取主动权。"

美军根据自己的作战任务与特点，提出过一个专门的概念："破坏性进攻"。什么叫"破坏性进攻"？顾名思义，就是防御一方为破坏预期中的对手的进攻，而主动向对方发起的进攻。

通过先发制人，先敌出手，破坏对手的进攻准备，打乱对手的进攻节奏，削弱和迟滞对手的进攻行动，从而破坏预期的敌人的进攻。

正如在战争中，你通过积极的进攻，来破坏预期的敌人的进攻，在竞争中，你同样也可以通过积极的进攻，来破坏预期的竞争对手的进攻。

腾讯是靠游戏和社交起家，阿里是电商出身。所以腾讯具有更强的泛娱乐基因，其文娱生态版图已经非常完整；相反，大文娱从来不是阿里的真正主场，阿里主要是通过不断地"买买买"来布局大文娱。

2013年阿里收购了虾米音乐，2014年收购了阿里影业和UC头条，2015年组建了阿里音乐、阿里体育和阿里文学，收购了优酷土豆，2017年收购了大麦网，成立了阿里游戏……

那么，阿里为什么在大文娱连年巨亏的情况下还要坚持投入？

一方面，是出于阿里在娱乐这一重要的场景进行布局，从而构建自身完整生态的需要。如阿里自己说的那样，使阿里既有满足用户物质消费的能力，又有满足用户精神消费的能力，而随着泛娱乐时代的到来，后者的重要性将越来越突出。

另一方面，从竞争的角度来说，则是通过大文娱来主动前出到腾讯的地盘，就使阿里处于可攻可守的有利地位：从守的角度，可以起到构建战略前沿阵地，对自己的领地形成强大的侧翼保护作用；从攻的角度，则可以以此作为战略跳板，保有随时威胁腾讯核心地盘的主动权。

这样，就可以使阿里从次要的战略方向上对腾讯形成极好的战略牵制，使得腾讯无法放手在其他领域进行战略扩张，很难一家独大。

这也是在商业竞争中，为什么巨头之间的缠斗，往往会形成你中有我、我中有你的格局。这种格局的形成，往往是因为在竞争中为了更好地保证自身的安全，你就必须先发制人，抢先在关键的地点展开自己的部署，并形成对对手的反制。

强者固然是这样。即使你是弱者，在竞争中面对强者发起的进攻时，你同样也可以通过这种主动的"破坏性进攻"，来破坏对手进攻。

漓泉啤酒是广西的一家地方性啤酒品牌，其所在的广西壮族自治区一直是青岛啤酒觊觎的对象。为此，青岛啤酒还专门收购了漓泉竞争对手的生产线，准备强行打入广西市场。

2002年，漓泉得到了一个信息：青岛啤酒将会利用2003年青岛啤酒百年纪念之际，在市场上推出以"青啤百年"为主题的传播活动，在全国统一媒体支持下，在终端和渠道发起大力度的传播，以配合对广西的攻势。

在青啤之前，哈尔滨啤酒就曾经利用过"哈啤百年"这个机会，成功地进行了传播和市场扩张。青啤一旦发起"青啤百年"的凌厉攻势，只有10多年的历史、又是地方性品牌的漓泉，仅靠死守，肯定无法挡住青岛啤酒的攻势。

在这种情况下，漓泉意识到，只有先发制人，才能打乱青啤的传播计划。

经过精心的分析，他们终于找到了对手计划的一个弱点："百年"的诉求固然可以传递出深厚历史底蕴的信息，但也很容易让人联想到衰老、陈旧。

于是，在青啤百年活动到来之前，漓泉抢先在广西发起了攻势。当时电视台正好在热播电视剧《铁齿铜牙纪晓岚》，杜小月的扮演者袁立年轻漂亮，许多观众都非常喜欢。于是他们以袁立为代言人，针锋相对，打出了"年轻更精彩"的诉求。

这个诉求一下子就抓住了人们的眼球。等到青啤发起"青啤百年"的活动时，"年轻更精彩"早已经在广西深入人心，"百年"反而成了老态龙钟的代名词。青啤的这次大规模进攻，因此也就无功而返。

青啤当然不会善罢甘休，一定要发起新的攻势。漓泉通过各种渠道收集对手的行动信息，并做出了一个推断：2004年，青啤的传播主题，将会以"新鲜"为主要诉求。对于啤酒来说，新鲜当然是很重要的。

在这种情况下，漓泉决定再次先发制人。他们再次以袁立为代言人，抢先推出了自己的诉求"新鲜挡不住"。

漓泉的这个活动正可谓先声夺人，等到青啤推出"新鲜"的诉求时，这个主题已经不再新鲜了。

青啤精心组织的进攻又一次遭到了挫败。漓泉也因此牢牢地将青啤挡在了广西市场之外。

克劳塞维茨曾说:"即使力量最弱的防御者,也必然会拥有可以影响敌人和威胁敌人的某种手段。"

无论是战争还是竞争,成功的防御战,本质上一定都是主动的、前瞻的、进攻性的。而最好的防御战,则往往都是在对手的进攻行动还没有展开的时候,就采取主动的攻势,来破坏对手发起的进攻。

无论是毛泽东的积极防御,还是美军的破坏性进攻,或者漓泉的主动出击,都说明了一个基本的道理:在对抗的过程中,你无论是进攻还是防御,无论是强大还是弱小,如果想取胜,就必须具备积极的进攻精神。

要主动地塑造对手,而不能被对手塑造。

只有这样,你才能主导竞争的进程,掌控竞争的结果。

先夺其所爱,则听矣

积极的攻势行动对于夺取主动权非常重要。但是,并不是所有的攻势行动,都能有效地调动对手,从而掌握主动。

那么,最有效、最生猛的夺取主动权的进攻行动是什么呢?

孙子回答"攻其所必救",也就是打对手的要害。如果你的行动能够威胁到对手的要害,再强大的对手,也得听你摆布。

用孙子的另一句话说,就是"先夺其所爱,则听矣"。爱,就是要害,就是命门。打他的要害,他也就不得不听我的调动了。

战争史上最经典的攻其所必救、先夺其所爱的战例,大概就是"围魏救赵"了。

围魏救赵的故事,想必你一定非常熟悉。当时魏国的统帅庞涓率领魏国大军8万,进攻赵国的首都邯郸。赵国求救于齐,齐国决定出兵8

万救赵。

按照齐国大将田忌的想法，是直奔邯郸，同魏军主力交战，以解邯郸之围。军师孙膑反对这种打法。于是便有了他对田忌的一段分析："夫解杂乱纷纠者不控卷，救斗者不搏撠。批亢捣虚，形格势禁，则自为解耳。今梁、赵相攻，轻兵锐卒必竭于外，老弱罢于内。君不若引兵疾走大梁，据其街路，冲其方虚。彼必释赵而自救。是我一举解赵之围而收弊于魏也。"

要想解开一团纷乱的丝线，你不能生拉硬扯；两个人在那里打架，你不能冲过去乱打一气。你得扼住他的咽喉，打他的要害，他迫于形势，就只好回来保护自己。他所造成的危险，自然也就解除了。现在魏国和赵国打起来了，魏军的精锐部队一定都在邯郸城下，留在自己国内的全是些老弱残兵。您不如率领大军，直奔魏国首都大梁而去，切断它的交通要道，打它防备最空虚的地方。魏军就不得不放开赵国，回来自救。这样我就可以一举两得：一方面解了赵国之围，另一方面又让魏军疲惫不堪，为我打败它创造条件。

田忌一听，这个打法好，于是便听了孙膑的建议，统率齐军主力，直接向大梁挺进。大梁是魏国的首都，政治、经济、文化中心，但兵力空虚。惊恐万分的魏惠王不得不下令庞涓立即回师救大梁。

对于庞涓来说，当然是救大梁要紧。于是就不得不以少数兵力防守历尽艰难刚刚攻克的邯郸，自己亲率主力，千里迢迢，日夜兼程，回来救大梁。而这个时候，孙膑根据庞涓回师的路线和时间，早就选好了桂陵（也就是今河南长垣一带）的有利地形，布好了阵地。

魏军在邯郸城下打了一年多，早已精疲力竭，再加上千里回师，长途行军，更是疲惫不堪，战斗力可想而知。而齐军休整良好，士气旺盛，地形有利。双方的军队一接触，魏军就打了个大败仗，好不容易占据的邯郸，也得而复失。

这就是桂陵之战,也就是所谓的围魏救赵。

战国中期有句话,叫"齐之技击,不可遇魏之武卒",齐军的军队,从战斗力上根本不是魏军的对手。那么为什么强大的魏军,却败于弱于自己的齐军呢?没别的,就是孙膑指挥艺术的高明。

按照田忌的意见,直接进军邯郸。但是这样一来,齐军千里迢迢行军,战斗力必然会遭到削弱。而且,如果魏军在齐军的行军路线上利用地形设伏,齐军还会遭受意料不到的损失。

孙膑的围魏救赵,则是调动魏军、把主动权控制在自己手里的打法。

大梁是魏的国都,但是兵力空虚。我打你的大梁,你就必须回来救。而你只要回来救,你回师的路线、回师的速度我是可以提前算清楚的,我就可以从容不迫地选择打你的地点、时间,选择打你的环节和打你的方式。打不打、怎么打、什么时间打、在哪儿打、打到什么程度,都是我说了算,主动权也就完全在我手里了。

所以围魏救赵之妙,妙在调动对手、夺取主动权上。

围魏救赵后来成了一种经典的战法。毛泽东在《抗日游击战争的战略问题》中曾经这样写道:"如果敌留在根据地内久踞不去,我可以倒置地使用上述方法,即以一部留在根据地内围困该敌,而用主力进攻敌所以来之一带地方,在那里大肆活动,引致久踞之敌撤退出去打我主力,这就是'围魏救赵'的办法。"

后世围绕着"围魏救赵",发展出了一系列的打法,包括围点打援、围城打援、攻城打援等等。

解放战争中,共产党调动国民党军队的一个拿手好戏就是"围城打援"。共产党军队和国民党军队作战,共产党军队擅长打运动战,国民党军队擅长打正规战。国民党军打运动战老吃亏,它也不傻,就拒绝打运动战。

怎么逼国民党军打运动战呢？围城打援。我把你一个城围起来了，你来不来救？不来救，我就假戏真做，吃掉它；来救，你就运动起来了，就变成了好打之敌。

西方战争史上一个经典的"先夺其所爱"的案例，是第二次布匿战争中西庇阿进攻迦太基本土的行动。

第二次布匿战争，迦太基名将汉尼拔率领军队在意大利作战，给罗马造成了极大的威胁。

罗马将领西庇阿不顾元老院很多人的反对，亲自率领两个罗马军团直接在北非登陆，向迦太基的本土发起进攻。本土遭到巨大的压力，迦太基不得不调回了汉尼拔，汉尼拔对罗马本土的威胁由此解除。

接下来，西庇阿凭借强大的骑兵优势，在扎马之战中大败因多年征战意大利而身心俱疲的汉尼拔，第二次布匿战争由此结束。西庇阿也因此一战成名，并获得了"阿非利加的征服者"的称号。

胡林翼曾经说："军旅之事，守于境内，不如战于境外。"你与其在自己的地盘死守，还不如打出去，打到对手的地盘上。

辛弃疾也说："不恃敌之不敢攻，而恃吾能攻彼之所必救也。"不要依仗对手不敢来打你，真正可靠的是我可以进攻他不得不救的要害。

企业竞争也是这样一个道理。

在市场竞争中，"先夺其所爱"的"爱"，或者是对手的核心市场，或者是对手的利润要害，或者是对手的商业模式，或者是对手赖以生存的关键因素。

找到对手的这些要害，威胁对手的这些要害，就足以有效地影响并改变竞争对手的行为。

2012年，阿里曾经想利用谷歌服务撤出中国市场之机，推出自己的手机操作系统AliOS。如果阿里能推出自己的手机操作系统，取代谷歌的安卓，就可以取得行业的制高点。阿里开发的所有APP，如支付宝之类，也就可以内嵌到阿里自己开发的手机操作系统中，从而大大提高程序的便利性与安全性，用户的体验就会有质的飞跃。

为此阿里与宏碁达成了合作协议：一个做软件，一个做硬件，推出一款全新的手机。完美的组合，是吧？

然而就在这款手机发布前一天的晚上，宏碁接到了谷歌的威胁：如果宏碁明天敢开这个发布会，谷歌就在全球范围收回宏碁使用安卓的许可协议。

宏碁当然不敢。这款阿里寄予厚望的产品，由此胎死腹中。

并不甘心的阿里又找到飞利浦合作，准备推出一款高端手机。手机研发非常顺利，阿里抱有极大的希望。然而，宏碁的一幕重新上演：新闻发布会的前一天，飞利浦接到了谷歌的律师函。

阿里开发手机操作系统的计划，又一次遭到了对手的釜底抽薪。

在商业世界里，类似的博弈还有很多。

美国卡特彼勒公司是世界挖掘机行业的领先者，在国际市场上遭到了日本企业小松制作所的强大攻击。小松当时的口号是："围攻卡特彼勒！"

卡特彼勒的反击策略，是与小松的竞争对手三菱重工合作，强行打进日本本土市场。

小松虽然在国际市场上不断扩张，但当时它现金流的80%都来自日本国内市场。当卡特彼勒打入日本本土市场的时候，小松不得不将资源从全球范围内调回来，以对付卡特彼勒的直接威胁。卡特彼勒在国际市场的压力顿时大大减轻。

在豪华车市场上，宝马为了与奔驰竞争，推出了宝马5、7、8系列，对奔驰的高端车市场发起攻击。奔驰的应对策略是推出190系列，也就是后来的C系列，对宝马3发起攻击。

宝马3是宝马的主力车型,正在源源不断地为5、7、8系列的攻势提供支持。当宝马3本身遇到攻击、自顾不暇的时候,宝马对奔驰的攻势也就随之减弱。

1995年,英特尔突然宣布准备大举进军主板产业,第一年就要出货1 000万片,并且重点出击高端市场。台湾地区的主板企业顿时陷入巨大的生存危机,因为台湾地区生产的主板几乎占全球70%市场份额,人们用"英特尔风暴"来形容这次产业冲击。

在英特尔大军压境之际,台湾地区的企业想到了"围魏救赵"的策略。当时台湾地区的主板业每年向英特尔采购的微处理器数量大约占英特尔总出货量的70%。因此,台湾企业开始采取行动,停止向英特尔采购微处理器,转向英特尔的对手。

英特尔意识到了问题的严重性,不得不打消了进军主板产业的念头。一场大战由此平息,台湾厂商毫发未损,皆大欢喜。

研究动态竞争的学者发现了一个规律:在企业竞争过程中,最有效的反击战略是转移至一个不同的市场或细分市场,而不是在同一市场中发起反攻。在他人的领地上进行战斗可能更有效、代价更小。

如果做出反应的企业,有机会转入对手的一个核心市场,尤其是这个市场正在为竞争者的攻击提供资源时,这样的行动会特别有效。

这也就可以帮我们理解,今天为什么一些企业会用那样的竞争策略。

当王兴的美团推出美团打车、从而动了滴滴的蛋糕的时候,程维的反应是"尔要战,便战",随即推出滴滴外卖,直接将战火烧到了王兴赖以立身的外卖市场。

当阿里通过封杀了淘宝的微信二维码、微信的淘宝链接、支付宝在微信上的应用等策略来扼杀微信电商的时候,腾讯通过给京东以平台和流量支持的方式,向阿里的腹地发起反击。

微软推出必应(Bing)等搜索和网络广告业务,向谷歌的传统地盘发起了攻击，谷歌采取的策略是反过来打入微软占据优势的业务领域，包括推出了网络版办公软件谷歌 Docs 以及 Chrome 浏览器。

亚马逊是世界最大的云计算供应商，甲骨文是最大的数据库软件供应商。2014 年亚马逊推出了自己的关系数据库服务 Aurora，直接瞄准了甲骨文的核心市场，并不断地通过扩展其数据库产品组合来蚕食甲骨文的地盘。甲骨文的反击策略是构建自己的云，从而直接打入亚马逊的市场。

迈克尔·波特曾经指出，"寻找某些行动使竞争对手的报复即使有效，也会使其利益受到更大的损害"，是在竞争中掌握主动的重要手段。

所以，有些竞争者采取"先夺其所爱"这一策略的目的，就是希望能够创造出一种局面，让自己的竞争对手得出一个结论：对抗性的行动是不明智的。

而更强势的竞争者采取"先夺其所爱"的策略，往往还有一个目的，就是通过攻击对手的利润核心和关键市场，迫使对手从别的市场调动资源来巩固核心阵地，从而打乱对手的市场部署和发展规划，打乱对手的节奏，使其顾此失彼，难以实现其战略意图。

这样一来，也就可以把竞争的主动权，牢牢掌握在自己手里，并为自己在主要战略方向的行动，创造出最有利的条件。

孙子说："是故屈诸侯者以害，役诸侯者以业，趋诸侯者以利。故用兵之法，无恃其不来，恃吾有以待也；无恃其不攻，恃吾有所不可攻也。"制服诸侯靠的是伤害它的能力，役使诸侯靠的是扰乱它的能力，调动诸侯靠的是引诱它的能力。所以高手用兵，从来不幻想对手不会挑起战火，而是依靠自己已经做好了迎战的充分准备。从来不幻想对手不会发动攻势，而是依靠自己具备对手不敢轻易进攻的实力。

无论是在战争中还是在竞争中，主动权从来都不是对手恩赐给你的东西。竞争的本质就是围绕主动权的争夺。没有一个对手会拱手让出获利与成长的机会，也没有一个对手会拱手让出主动权。对手的善意与同情从来都是靠不住的。

所以，"先夺其所爱，则听矣"的一个启示就是：在竞争过程中，要想控制对手，塑造对手，调动对手，具备反制对手甚至伤害对手的能力，比什么都重要。

这也就是人们常说的"敢战才能言和"。

第十讲
机变：打法的机动灵活

环境是战略的最大变量之一。战略在实施的过程中必须根据具体情况，保持随机应变、灵活处置。

在动态的环境中，只有保持战略和组织的柔性，才能适应条件和环境的变化。要学会接受不确定性，拥抱不确定性。要学会与不确定性共舞，并把你的战略变成利用不确定性来创造机会的过程。

机变

兵无常势,水无常形

上一讲讲的是主动权。主动权很重要,但主动权要靠什么呢?靠灵活。要想把主动权拿到手里,你在战略上就一定要灵活应变。

所谓的灵活,就是打的过程中,你的战略战术一定要根据形势的变化随时做出调整。

关于用兵,孙子有一个非常重要的比喻,就是"兵形像水"。孙子很喜欢用比喻帮我们理解战争。在孙子所有的比喻之中,我最喜欢的就是"水"这个意象。

中国人特别喜欢用水来比喻智慧。老子说"上善若水",孔子说"智者乐水",孙子说"兵形像水"。

水最大的特点是什么?孙子说:"水无常形。"

水在杯子里面,就是杯子的形状;水在瓶子里面,就是瓶子的形状。水没有固定的形状。但是你再仔细想一想,水又永远是有形状的:水在杯子里,就是杯子的形状;水在瓶子里,就是瓶子的形状。

所以,水是一种可以跟周边的环境结合得最密切的物质。它可以随时适应环境的变化。水性的核心,就是柔性,就是弹性,就是强大的适应能力。

孙子从水的这个特性中悟出了一个道理:"兵无常势,水无常形。能因敌变化而取胜者,谓之神。"

"无常",就是动态的,就是不确定的。这是战争环境最大的特点。在这种情况下,我们的战略思维和组织形态,就必须是柔性的,就必须是敏捷的,就必须是灵动的,这样你才能适应环境的变化。

这是战略中非常重要的一条原则——机变。它强调战略的灵动性,强调对环境的适应能力。

普鲁士的总参谋长老毛奇在谈到战争时曾经讲过一句非常经典的话:"在遭遇敌人的时候,没有任何计划能够保持一成不变。"双方的军队一旦发生接触,所有的计划都必须变化。战争中唯一不变的,就是变化本身。变化的能力、适应环境的能力,是考验一个将军和一个组织的战略素质的关键要素之一。

环境是塑造战略的最大变量。环境是动态的、是不断变化的、是不确定的,你的计划、你的打法、你的行动就必须随机应变,不断做出调整。适应能力是你战略能力不可或缺的组成部分。

所以孙子提出了一个重要的命题:"势者,因利而制权也。"战场上所谓的态势,就是要随时捕捉战场中的有利机会,采取灵活机动的打法,从而掌握战争的主动权。

战争是活力的对抗,战机瞬息万变,有利的战机根本不可能提前预料和规划,只能靠将军随机应变,临机处置,靠将军在战场中识别机会、创造机会、把握机会和利用机会的能力。

用孙子的话说,就是"兵家之胜,不可先传也"。到底怎么去打才能取胜,只能根据战场的态势随机应变,不可能事事都提前规定好。

有一次岳飞出征,老将宗泽按照惯例,将一套阵图交给他,让他依此列阵而战。岳飞说了一句千古名言:"阵而后战,兵法之常;运用之妙,存乎一心。"

先列阵,再作战,当然是用兵的常态。但是如何列阵,如何作战,如何巧妙运用兵法的原则,那是要依据实际由将军做出临机判断、灵活处置的。

要因敌而变,因时而变,因地而变。如果按照预先准备好的阵图去打仗,守一而不知变,没有不失败的。

孙子非常重视机变这条原则。《孙子兵法》中专门有一篇"九变"。"九",就是多的意思。九变,就是多变,就是灵活应变。

孙子甚至说:"故将通于九变之利者,知用兵矣;将不通于九变之利者,虽知地形,不能得地之利矣。治兵不知九变之术,虽知五利,不能得人之用矣。"

将军如果通晓了各种机变,就算懂得用兵了;将军如果不能通晓各种机变,就算对地形再熟悉,也不能充分发挥地形的作用。治兵也是这样,如果你不通晓各种随机应变的手段,你就是知道"五利",也没有办法充分发挥你下属的战斗力。

自古以来,《孙子兵法》注家都非常看重孙子的这一理念,并对其内涵做了很多的发挥。

张预说:"变者,不拘常法。临事适变,从宜而行之之谓也。"机变,就是不要拘泥于常规的法则。要根据事态的发展,进行适当的变通,从而采取最佳的行动,讲的就是这个意思了。贾林说:"将贵适变也。"做将军的,最可贵的是随机应变的能力。张预说:"庸常之将,守一而不知变。"那些平庸的将军,只知固守教条,却不知变通之道。

好的将军,很重要的一个特质就是随机应变。像刘伯承被称为"论兵新孙吴",他在作战指挥中的随机应变,有时候真的是出神入化,让人叹为观止。

抗日战争时期,刘伯承曾经指挥八路军在七亘村设伏,打掉了一支日军辎重部队。

《孙子兵法》有条原则,叫"战胜不复"。意思是打了胜仗之后,不能再重复使用同样的套路,也就是所谓的空城计不可二用。按照兵法的这条原则,刘伯承显然不应该在同一地点对同一敌人采取同一打法。

然而刘伯承却偏偏有意违背这一条原则用兵。他下令再次在七亘村设伏。三天以后,果然又在同一地点歼灭日军100多人。

这叫"七亘村重复设伏"。

刘伯承为什么这样做?一个原因是,他判断日军往前线运送物资的任务没有完成,前线又急需补充,当地的交通情况不允许日军绕道他处。更主要的是,日军也懂《孙子兵法》的"战胜不复"的原则,认为根据一般的原则,我军伏击成功之后,必然转移他去,不敢再返原地设伏。刘伯承偏偏利用日军这种教条的心理,来了个重复设伏。

张预在注解《孙子兵法》时讲:"盖兵之常法,即可明言于人;兵之利势,需因敌而为。"你能提前告诉别人的,只能是用兵的一些基本的、不变的教条。但是用兵过程中战机的捕捉、态势的形成,却必须根据敌情来随机应变。

另一位注家杜牧也讲:"夫势者,不可先见,或因敌之害见我之利,或因敌之利见我之害,然后始可制机权而取胜也。"战争中有利的态势,从来是不可能提前预见和规定的。有时候是因为发现了对手的不利因素,从而使我找到了破敌的机会。有时候是因为对手的形势有利,而意识到我所面临的威胁。有了这些,你才可能临机处置,打败对手。

他还说:"兵之势,因敌乃见。势不在我,故无常势。如水之形,因地乃有,形不在水,故无常形。水因地之下,则可漂石;兵因敌之应,则可变化如神者也。"战争的态势,只有在同敌人接触之后才能显现出来。势不是我方单独决定的,所以没有固定的态势。就像流水的形状,是因为有了地形才能形成。水的形状不是水能单方面决定的，所以没有固定的形状。水顺着地势滔滔而下，就可以冲起巨大的石头。用兵顺着对手的行动顺势而为，就可以变化如神。

总之，用兵取胜的关键，就是根据环境的变化随机应变的智慧。所以曹操说："兵无常势，盈缩随敌。""临敌变化，不可先传也。"

用兵没有固定的态势，打还是不打，完全要根据对手的情况来随机应变，不可能提前决定。

诸葛亮也曾经讲过一段非常精彩的话："事机作而不能应，非智也；势机动而不能制，非贤也；情机发而不能行，非勇也。善将者，必因机而立胜。"当事情已经发生，有利于自己而不利于对手的时候，你却不能立即反应，这不能算智慧；当形势发生变化，有利于自己而不利于对手的时候，你却不能克敌制胜，这不能算贤能；当整个态势已经很明显对自己有利，你却不能果断行动，这也不能算勇敢。真正的高手，一定要根据变化的情况，灵活地创造出决定性的取胜机会。

历代的兵家们之所以都如此强调机变，就是因为"兵形像水"，环境是动态变化的，你必须具有动态把握机会的能力。

一旦失去这种应变的能力，你就将无法有效地应对环境的变化。

并非事先设计出来的四渡赤水

毛泽东指挥的四渡赤水一战，淋漓尽致地体现了什么是孙子所说的"兵形像水"。

毛泽东曾经说，四渡赤水是他一生军事指挥生涯中的"得意之笔"。《长征组歌》中也有"毛主席用兵真如神"。我所在的商学院，有一门专门的课程，就是"四渡赤水"。我们的课程就是通过这个战例，来帮助EMBA学员理解究竟什么才是不确定环境下的战略与领导力。

四渡赤水，国民党40万大军围追堵截不到3万人的红军。

如果你到当年红军经过的赤水河那片地区，你会发现，那里高山峻岭，大江大川，渡口就那么几个。40万国民党大军在那里围追堵截，碰都能碰上，为什么红军能扬长而去？

一个关键的因素，就是毛泽东用兵灵活。

我们今天来还原这一战役的经过时就会发现，四渡赤水之战并不是事先设计出来的，而是根据形势和环境的演变，不断调整作战计划的结果。

1935年1月19日，遵义会议之后，红一方面军从遵义出发，兵分三路，向土城、赤水一带地区进军，准备北上打下赤水县城，渡过赤水河，而后在泸州上游渡过长江，到四川会合张国焘的四方面军，在川西北建立新的根据地。

在红军最早的北上作战计划中，显然并没有四渡赤水。

红军要入川，给四川军阀造成了极大的压力。四川省主席刘湘决心以攻为守，把红军挡在四川之外。他任命潘文华为"长江南岸剿匪总指挥"，集结了12个旅、36个团的兵力，除4个旅分别防守泸州、宜宾之外，其余的8个旅，兵分三路南下，开始向赤水、土城一带分进合击。这就给北上的红军造成了很大的麻烦。

川军的速度非常快。正当红军北上的时候，中路川军两个旅率先进入赤水县城，并随即沿着两条路南下，正好与北上的林彪红一军团的两个师红一师和红二师分别在黄陂洞和复兴场遭遇。红一军团的这两个师先后作战失利，被迫退守葫市、丙安。

迅速打下赤水县城、打开北上通道的计划，就没有实现。

北上遇阻，东边的川军也尾随了过来。毛泽东与中央经过土城东北部的青杠坡时，发现这个地方是个峡谷地带，适合打伏击，于是决定，以一军团、九军团挡住北边的川军，集中手边的三、五军团，利用有利地形设伏，打掉尾随而来的川军。

然后全力以赴，北上配合一军团打开赤水县城，继续执行原定计划。

1月28号，土城之战打响。但是没有想到的是，川军越打越多，红军不但没有消灭尾随而来的川军，自己的阵地反而一度被川军突破。红军压上干部团，并紧急命令林彪的红二师跑了4个小时南下加入战斗，才暂时稳住了阵脚。

这个时候才发现，原来是情报失误：原以为川军是4个团，没有想到却是2个旅6个团，而且后面还有增援部队。

土城战败，红军前后受敌，且土城地势低洼，不宜久留。在这种情况下，中央决定往西渡过赤水河，进入川南，以避开川军的压力。

这就是一渡赤水。一渡赤水显然是被动的。

土城之战，红军损失3 000多人。毛泽东后来在扎西总结说，失败的原因有三条：一、敌情没有摸准，原以为4个团，实际是6个团，而且还有后续部队；二、轻敌，对刘湘的模范师战斗力估计太低了；三、分散了兵力，不该让一军团北上。

这个总结显然是从战役层面做出的。其实从战略的层面来说，当时川军以8个旅向这一带地区分进合击，红军要从这一带北上，是硬往国民党的口袋里面钻，所以红军的失败是必然的，只是红军当时还并不知道这个情况。

红军西渡赤水河，是准备执行遵义会议期间制定的第二方案，也就是万一泸州方向渡江不成，就暂时留在川南活动，寻机在宜宾上游渡过金沙江。

没有想到，这个计划也不可执行。红军渡过赤水河、进入川南以后，川军留下4个旅防守泸州、宜宾，其余的8个旅迅速压了过来。红一军团打叙永没有打下来，红三军团也遭到了川军截击。

红一、红三两大主力先后作战失利，中央这个时候才意识到，川军已经加强了长江沿线的防御，在宜宾上游渡过金沙江的方案也不可能实现。在这种情况下，中央决定迅速南下，避开川军的压力，向四川和云南交界的扎西集中。

1935年2月10日，中央在扎西召开了会议。会上毛泽东提出了一个大胆的计划：根据国民党认为红军还会寻求北渡长江的错觉，干脆杀个回马枪，出其不意，回师东进，再渡赤水，向国民党兵力空虚的黔北地区进军，通过进攻来打开局面，夺回主动。

会议接受了毛泽东的提议，红军随即兵分两路向东，于2月19日至21日分别在太平渡、二郎滩二渡赤水河，并趁国民党军队一片慌乱之机，连下黔北的桐梓、娄山关、遵义，击溃黔军的8个团，外加中央军的2个师，取得了长征以来最大的一次胜利。

这是二渡赤水。

二渡赤水，红军取得了遵义大捷，但是，红军的不利形势并没有得到根本改变。遵义之战后，国民党再次调动大军，向遵义、鸭溪一带压了过来，从而又对红军形成了包围之势。红军一度制订了设伏打掉周浑元军队的计划，但是因为行动暴露，周浑元马上缩了回去，红军的计划就没能实现，包围圈反而越来越小。

下一步该怎么做？根据当时国民党大军压境的现实，3月13日，中央决定挥师西进，向退守鲁班场的中央军周浑元部直接发起进攻，以求打开局面。

3月15日，鲁班场之战打响。红军向周浑元发起了猛烈的进攻，但是周浑元的部队依托阵地，死守不退。红军一直打到黄昏时分，也没有进展。

而这个时候，东边前来增援的国民党军队，已经打到了红军的后方，并继续向西攻击前进，再打下去对红军不利。中央于是决定放弃鲁班场之战。好在当时天色已晚，周浑元怕红军打伏击，没敢追，红军得以从容不迫地撤出了战场。

鲁班场之战，红军损失1500多人，这也是一个比较大的损失。所以毛泽东后来说，他也打过败仗，高兴圩之战，还有长征中的土城战役和茅台战役，都是他打的。茅台战役，就是鲁班场之战。

鲁班场之战，是为了打掉周浑元，为红军在贵州立住脚打下基础，这个意图显然是落空了。但鲁班场之战产生了一个意想不到的效果，就是进一步吸引了国民党主力的西移。

正是在这种情况下，毛泽东形成了一个大胆的设想：利用蒋介石认为红军还会寻机北渡长江的判断，干脆来个顺势而为，从茅台三渡赤水河，进入川南，调动国民党主力进一步往西。等到把国民党主力引到川南，再四渡赤水，杀回贵州，跳出国民党的包围圈。

应该说，这是鲁班场之战的一个意外收获。

1935年3月16日，红军在茅台三渡赤水河，并派出一个团的兵力伪装主力进攻古蔺，做出打开古蔺县城、北渡长江的样子。

蒋介石果然上当，下令各路大军迅速向川南集中，准备利用川南的有利地形，一举歼灭红军。

正当国民党各路大军向川南集结的时候，3月21日，红军出其不意，在太平渡、二郎滩四渡赤水河，随即掉头南下，突破乌江，从而将国民党几十万大军甩在了乌江以北地区。

红军四渡赤水，蒋介石判断红军又要占领遵义，便于3月26号从重庆飞到贵阳，准备亲自指挥对红军的作战。蒋介石到贵阳，对于南下的红军来说，这简直是送上门来的生意。红军于是立即做出了进攻贵阳的姿态。

红军兵临贵阳，而国民党贵阳兵力空虚，蒋介石急忙下令国民党各路大军迅速赶到贵阳救驾。对于国民党军队来说，当然是救驾要紧，于是各路大军纷纷向贵阳而来。

没有想到红军打贵阳却是虚晃一枪，没有真正进攻贵阳，而是从贵阳和扎佐之间向东而去，进到清水江西岸，并做出大军即将东渡、到湘西会合贺龙、萧克的二、六军团的姿态。

蒋介石一看又上当了，急忙下令已经到达贵阳的国民党军队不要休息，立即向东追击红军。没有想到红军向东又是一个假象。在国民党各路大军浩浩荡荡向东而去的时候，红军突然又急转向南，在贵阳和龙里之间突破国民党军队的防线，随即甩开大步，以一天120里的速度，向国民党兵力空虚的云南急进，直逼昆明。

云南的部队都已经出省作战，昆明几乎是一座空城。云南省主席龙云手忙脚乱，赶紧调集各地民团来防守昆明。但这样一来，云南和四川之间的金沙江防线，就出现了一个大漏洞，红军等待已久的突围机会，终于到来。

4月29号，中央跟各个军团发出电报："中央过去决定野战军转入川西创立苏维埃根据地的根本方针，现在已有实现的可能了。""应利用目前有利的时机，争取迅速渡过金沙江，转入川西，建立起根据地。"

当天红军兵分三路，直扑金沙江，并于5月2号在皎平渡偷渡成功，控制了渡口。于是红军主力除一个团之外，全部在皎平渡渡过了金沙江，由此也就摆脱了国民党几十万大军的围追堵截，为与四方面军在川西北会师创造了条件。

就连李德也承认："渡过金沙江，在战略上形成了一种新的比较有利的局势，摆脱了蒋介石的追击部队后，通往北方的道路畅通无阻了。"

这就是四渡赤水。

草鞋没样，边打边像

我为什么花了这么大的篇幅，来讲述四渡赤水的过程？因为这是一个最真实、最鲜活的战略案例。真实的战略决策就是这样做出来的。

显然，四渡赤水并不是谁事先设计出来的。一渡赤水的时候并没有想到要二渡，二渡赤水的时候也没有想到要三渡。但是，三渡赤水的时候想到了四渡。

四渡赤水是一个不断试错与学习的过程，是不断地根据环境调整方案的过程，是一个不断地在机动中寻找新机会的过程。

这就是不确定环境下的战略。在不确定的环境下，战略不可能完全是你事先设计好的。就像四渡赤水一样，战略的形成是一个开放的、探索可能性的过程，进而是动态的演化过程。

其实，整个长征的过程，也是这样一个不断调整方案、改变计划的过程。

长征一开始的时候，是计划去湘西，会合贺龙、萧克的二、六军团，在湘西重建根据地。所以长征最早叫"西征"。

结果湘江一战，蒋介石判断出了红军下一步的行动路线，并提前向湘南调集10万大军，在红军北上必经的城步、靖县一带构筑堡垒，张网以待，等着红军从此经过。

李德、博古坚持中央原定的北上湘西重建根据地的计划。但红军经过两个多月的行军，极为疲劳，尤其是湘江之战后只剩下了不足3万人，元气大伤。此时北上与国民党10万大军硬拼，无异于以卵击石。

毛泽东向中央提议，放弃原定的北上到湘西重建根据地计划，转兵西进，进入贵州。贵州国民党兵力空虚，贵州的军队又不经打。进入贵州，可以攻占遵义，以遵义地区为核心，建立新的根据地。

中央接受了毛泽东的意见，红军随即转兵西进，突破乌江，接下来出其不意，占领了遵义。

然而红军到达遵义之后，发现遵义地区并不适合建根据地。遵义地区北面是长江，西面是赤水河，东面和南面是乌江。大江大河，不利于红军大规模机动打运动战。还有，这一地区经济基础较差，老百姓又大部分抽鸦片，无法扩大红军。

针对这种情况，在遵义会议上，刘伯承和聂荣臻两个四川人向中央提议：放弃遵义，北渡长江，到四川去，会合张国焘、徐向前的四方面军，在川西北建立根据地。

中央接受了刘伯承和聂荣臻的建议，这才有了土城战役，有了四渡赤水，有了抢渡金沙江，有了强渡大渡河，有了飞夺泸定桥，有了翻过夹金山，有了一、四方面军在川西北的会师。

结果到了川西北以后，发现这个地方也不适合建根据地。川西北就是今天的阿坝地区，地处高原，而且是藏区，人烟稀少，粮食有限，无法养活会师之后的 10 万红军。

在这种情况下，围绕下一步该南下还是北上的问题，张国焘与中央最终发生了决裂，毛泽东和中央被迫率领一、三军团单独北上。

但是北上要去哪里落脚，依然不知道。

一直走到了甘肃的哈达铺，在国民党邮局存放的报纸上，发现了陕北有刘志丹红军在活动的报道，这才最终明确到陕北去。

所以长征并不是一开始就计划到陕北去。长征是一个不断改变计划、调整方案的过程。这也是一个真实的战略形成过程。

今天我们回头来看，从战略的角度来说，长征的过程，其实是变与不变的统一。

长征中有不变的因素，这就是寻找新的落脚点重建根据地。这一战略意图是不变的。

但是什么地方才是我的落脚点？什么地方才是新的根据地？必须根

据具体的情况来不断调整。

有句话叫"草鞋没样，边打边像"。

战略一开始只能是一个框架、一个假设、一个初步的计划，最终的战略路线，是在打的过程中一步步明晰起来的。

战争的特点是什么？战争充满了不确定性，而人的理性总是有限的。没有人从一开始就能看到结果，没有人对大势的理解能够一步到位，更没有人会一次性看清所有的过程和细节。

战争必须有计划。没有计划或者计划漫不经心，从来都是战略的大忌。但是在战争史上，完全按照计划来实现的战略，只能是例外，不可能是常态。

这是战争中最大的悖论。

所以好的战略计划，就必须具备两方面的要素。

一方面，一定要提供清晰的战略意图作为行动的基本框架。四渡赤水的战略意图，是要北渡长江；长征的战略意图，是要重建根据地。有了这样的战略意图，你便可以为组织的行动提供一个大致的范围和总体的方向。

另一方面，在你的行动方案中，一定要给种种偶然性和不确定性留出足够的随机应变、临机处置的空间。你必须适应环境，必须随着情况的变化而不断地调整。你必须随时准备迎接意外。

就像四渡赤水，如何达成北渡长江的战略，要因敌、因地、因时而动。就像长征，究竟在什么地方重建根据地，要根据具体的条件来定。

在这样一种环境中，你的战略、你的计划，就不可能是事先一次性的决策，更不可能是仅靠逻辑推导、凭空想象而做出的决策。不要奢望一次性制订出一个深思熟虑的计划，然后就可以完美地执行到底。

你一开始所能够明确的，最多只能是你总体的战略意图和大致的战略方向；你所能提出的，最多只能是基本的战略假设和初步的行动计划。你的总体战略意图要保持不变，但最初的行动计划，在真正执行的过程中，八成是需要修正的，甚至可能全部放弃。

因此，在这样一种动态的、不确定的环境中，你更需要依靠对变化环境的感知和对未来走势的前瞻，而不是仅仅依靠此前的战略计划来取胜。

明茨伯格曾经警告说，千万不要把战略变成马的眼罩。战略可以使组织直线前进，但僵化不变的战略思维，却会让组织失去观察周围世界的眼光。

在相对稳定的环境中，大部分战略要素都是可以控制的，可以预知的，因而是可以计划的，而且一旦战略计划做出来之后，在相当长的时间里都可以不变。所以战略计划确定以后，决策者所要做的，只需要尽可能保证结果与计划相符即可。

在这种环境下，战略的流程是非常清晰的：在基于对战略环境所做的战略分析的基础上，决策者做出战略决策，明确战略计划。接下来，就进入战略执行和战略控制环节，保证战略的实施与落地，保证下属的行动不要偏离了你原来的计划。

回顾一下第五次反"围剿"以及长征初期，你会发现，李德的指挥最鲜明的特点，就是特别强调战略过程中的计划与控制。

李德一旦确定作战计划，就会以命令的形式，下达给部队去执行。而李德接下来的事情就是检查、督促和纠正，也就是控制，来防止下属在执行命令的过程中出现偏离。

他要求部队要像一台精密的机器一样，有条不紊、严丝合缝、分毫不差地按照他的计划，执行他的命令，从而实现他的战略意图。彭德怀回忆说，李德甚至连一挺机枪应该部署在阵地的什么地方都不允许修改。

即使是湘江之战之后，蒋介石已经看出了红军下一步的行军方向，并且已经派出重兵，在红军必经的路上提前设下了四道堡垒线，李德还是坚持到湘西会合二、六军团的原定计划。他的理由是：中央的计划，不能随便改。

这就是李德的悲剧：他所做的是企图让动态的环境适应自己的计划，而不是让自己的计划适应动态的环境。

僵化的战略思维，真的像明茨伯格所说的那样，使过早敲定而又拒绝修改的战略计划，变成了遮住李德眼睛的马罩。李德式的指挥，因此就变成了一场彻头彻尾的灾难。

真正的机会，从来不是你能事先计划出来的。机会往往是在不断地试探与行动过程中逐渐清晰起来的。在这样的情况下，战略就不可能是一次性的决策过程。战略形成的过程是一个持续决策的过程，是一个逻辑渐进的过程，是一个不断明晰的过程。

从认知的角度来说，战略的明晰过程，又注定是一个不断试错和探索的过程。这就需要你的战略计划必须保持弹性，保持柔性，保持灵动性，更主要的是对未知的机会保持开放性。

詹姆斯·奎因曾经讲过一段非常精彩的话："战略并非一个线性的过程，战略的有效性并不在于它的清晰性或它的严密结构，而在于当新机会或新的推动力出现时，它捕捉新事物、处理未知事件、重新利用和集中资源的能力。这样才能在选择时最有效地利用资源。因此好的战略一定要鼓励主动性和积极性、创造性把握机遇的能力。"

还是以长征为例。在长征这样充满不确定性的环境中，对于红军来说，有时候生死就在一线之间。哪怕些微的机会也可能就会让你突围成功，哪怕些微的威胁就足以让你全军覆没。

所以，你能做的，就不再单纯依靠此前制订的计划，相反，你要依靠的是对稍纵即逝的机会的敏锐嗅觉、对机会迅速响应的能力。

一方面，你一定要始终把握好总体的战略意图。你的总体战略意图一定要深思熟虑，而且要始终不变。这样你就可以始终把握总体的战略大方向，不会在不断的调整中不知不觉地脱离原有的战略方向，从而出现战略调整的另一个极端，也就是所谓的"战略漂移"。

调整与改变不是跟着感觉走。一味跟着感觉走，只会变成流寇。

另一方面，你还要保持对形势变化的洞察力，保持心智的流动性，保持快速的响应能力，从而保证行动与策略的弹性，在不断地试错与学习中去寻找和创造突围的机会。

在混乱中寻找机会，在动态中把握机会，在不确定性中创造机会。机会一旦出现，你就要果断地在选定的方向上投入强大的资源，从而长驱直入，一举打开局面。

小敌之坚，大敌之擒也

在动态的、不确定的环境中，战略决策最忌讳的是什么呢？一根筋，思维过于僵化。

孙子在谈到用兵时说："故用兵之法，十则围之，五则攻之，倍则分之，敌则能战之，少则能逃之，不若则能避之。故小敌之坚，大敌之擒也。"

用兵的法则是，十倍于对手的优势，把它包围起来，加以全歼；五倍于对手的优势，就可以用奇正结合的方式向对手发起攻势，来打败它；一倍于对手的优势，就要设法分散敌人；势均力敌，很容易打成僵局，就要运用机动灵活的战术来战胜它；兵力不如对方多，就要通过巧妙的方式摆脱它的纠缠。实力确实相差悬殊，就一定要避免决战；实力不如人家，你却一根筋，硬拼死打，正好会被强大的对手所擒杀。

这完全是根据对手的情况、根据双方的实力对比，来决定打不打、如何打，避免计划与行动的僵化。

孙子说："知可以战与不可以战者胜。""合于利而动，不合于利而止。"

先搞明白能不能打、该不该打，这是所有战略决策的前提。能打就打，不能打就等待机会或创造机会再打，非常灵活。总之就是一条：保证在最有利的情况下打。

共产党和国民党抗衡，共产党为什么最终取胜？一方面共产党有清晰的组织理念，有突出的政治优势；另一方面，就是战略战术机动灵活。

我们前面讲过，国民党军队擅长打的是正规战、阵地战，共产党军队采取的是游击战、运动战。

什么叫"游击战"？"游"而后"击"。什么叫"运动战"，"运动"之后再"战"。把"走"和"打"结合在一起，"走"是为"打"创造条件，"打"是建立在"走"的基础之上。

其实这套打法，是毛泽东在井冈山上跟所谓的"土匪"学到的。

一开始共产党也不会打仗。南昌起义以后，要南下到广东发动第二次北伐。结果到了广东境内后，起义军跟广东的军队在一个山谷中遭遇。聂荣臻后来回忆说，双方你打过来，我打过去，一个劲儿在那里消耗。没有人想到要机动，要迂回，因为没有人教过。

双方的军官大多数都是黄埔军校毕业的，教官大多都是日本士官学校毕业、保定军校出身、德国留学回来，学的都是正规军的打法，都是阵地战的打法。

秋收起义后，毛泽东带着部队上了井冈山。秋收起义的部队跟南昌起义的相比，战斗力要差很多。秋收起义的部队主要是农军，而南昌起义的部队是正规军。

井冈山自古以来是个闹土匪的地方。土匪很多，官军经常来剿。有些土匪就被剿掉了，但是有一支土匪的头目叫朱聋子，一直活得很自在。

有人就问朱聋子，为什么你能活下来？朱聋子说，其实啊，你不用会打仗，只要会打圈。官军来了，你别跟他硬顶，你也顶不过他。井冈山这么大，你钻到山里去打圈圈。官军跟你进去，过几天他粮食吃完、水喝完，他就得撤。他撤了你再出来，不就行了吗？

毛泽东一听，说这个打法好。但我们是共产党，我们要解放全中国。所以我们不能光打圈。改一改，既要会打仗，还要会打圈。

这就把"走"和"打"结合在了一起，也就有了游击战和运动战。

共产党的军队打仗，从土地革命时期，到抗战时期，到解放战争时期，都是这样打的。

在四渡赤水的过程中，毛泽东曾经给各个军团发过一封电报："必须经常地转移作战地区，有时向东，有时向西，有时走大路，有时走小路，有时走老路，有时走新路，而唯一的目的是为了在有利条件下求得作战的胜利。"

打得赢就打，打不赢就走。打得赢的话要坚决地打，打不赢怎么办？坚决地走。所有的仗，都要在有利的条件下去打。走本身不是目的，走是为了打，是为了创造最有利的情况然后去打。

高度的随机应变，高度的灵活机动，高度的流动性和高度的响应能力。

更主要的是，这种打法，可以让你的对手陷入更大的不确定性之中。

战争永远是不确定的，对于战争的双方都是这样。关键是谁能够尽量减少自己的不确定性，同时增加对手的不确定性。给自己尽可能大的确定性，把最大的不确定性给对手，就可以增加你取胜的概率。

尤其是对于弱者来说，如果一切都是确定的，那么战争就成了拼资源、拼实力、拼消耗，那你注定是要失败的。在确定性的环境中，弱者很少有颠覆对手的机会。

在不确定性的环境中，弱者反而可以充分利用不确定性带来的机会，通过机动灵活的行动，虚虚实实的策略，给对手造成更大的不确定性，从而造成对手更大、更多的错误，同时不断地给对手施加压力、制造混乱，让对手的整个作战体系陷入崩溃，为打败对手创造条件。

用孙子的话说，是"前后不相及，众寡不相恃，贵贱不相救，上下不相收。卒离而不集，兵合而不齐"。军队前面和后面不能相互策应，主力和分队无法相互依靠，官兵之间不能相互救援，上级下级无法进行协调。士卒散乱而难以集结，军队虽合却无法齐一。

一句话，让对手陷入极大的混乱之中。

四渡赤水中红军的机动，从自己的角度来说是寻找机会的过程。从对手的角度来说，则是制造混乱、最终让对手在手忙脚乱之中防御体系出现大的漏洞的过程。红军抢渡金沙江的机会，就是这样涌现出来的。

当然，这样的机动，对于部队来说，也并不是轻轻松松就能做到的事情。从土城战败后的一渡赤水，到抢渡金沙江后的突围成功，红军作战方向的变更，先后达到了十多次。对于部队来说，这意味着什么？

不断地走，不断地变。刚往左走，又往右跑。

这可能会让执行变成一件令人痛苦的事情。上面的命令不断地变来变去，下面的人，体力上会很疲劳，头脑中会很不解，心理上会很沮丧。你甚至可能会怀疑领导到底知不知道要去哪儿。

林彪当时就提出过质疑：为什么非要走弓背路，为什么不能走弓弦路？为什么不能二渡赤水，非要四渡赤水？他甚至一度得出结论说，朱、毛指挥不行了。

27岁的军团长，还是略显年轻了一些。今天我们回头看，一会儿东一会儿西的红军战士当然辛苦，然而更苦的，却是跟在后面追的国民党兵。用国民党军队自己的话来说："共军拐个弯，我们跑断腿。"

红军突然改变方向，由于行动的惯性和信息的滞后性，跟在后面跑的国民党追兵就必须绕一个更大的弯子，才能重新踏上追击之路。

多跑无数的冤枉路，士兵因而会越来越疲劳，士气越来越低落，行动越来越混乱，最终被红军拖到了极限而崩溃。

在战争中，不确定性未必是你的敌人，相反，它很可能恰恰是你的朋友。不确定性会给你带来更多的可能性。

真正的高手，从来都不排斥不确定性。相反，高手会接纳不确定性、拥抱不确定性、顺应不确定性、利用不确定性，甚至有意给对手制造出更大的不确定性，由此可以把不确定性所带来的收益发挥到极致。

这样的不确定性，就成了你打败对手，或者拉开和对手距离的最好机会。

不过，要想做到这一条，你就不能依靠常规的、线性的战略思维。相反，你的战略思维必须是弹性的、开放的、灵动的、随机应变的，而不能陷入偏执与片面。

在真正的战争中，形势永远易变而不稳定，它就像水一样，会持续不断地流淌演变。攻守易势，祸福相依。

正是因为形势的这种易变性，所以在真正的高手看来，任何失败都可能是一个潜在的机会，任何成功也都可能是一个潜在的风险。

这就需要你的思维高度灵活。所以毛泽东说："为了进攻而防御，为了前进而后退，为了向正面而向侧面，为了走直路而走弯路，是许多事物在发展过程中所不可避免的现象，何况军事运动。"[①]

有时候你为了进两步，就必须先退一步。就像四渡赤水一样，要想北渡长江，你不可能直来直去，你必须来回绕圈子。

用孙子的话，叫"以迂为直"。

有时候，迂回和绕远，恰恰是你达成目标最快的路线。

利德尔·哈特也曾经说过一句话："战略学告诉我们，最重要的一条是，既要经常保持固定的目标，又要在追求这个目标时适应环境，并

---

① 毛泽东：《毛泽东军事文集》第一卷，北京：军事科学出版社、中央文献出版社，1993年版，第716页。

随时改变路线。"

战略的总目标一定要坚持。就像红军长征一样,战略大势决定了红军长征总的目标、总意图一定是建立新的根据地。但是达成这个目标的过程,必须根据环境,随时改变自己的路线。

这就像长江和黄河一样。中国的地势西高东低,这个大势决定了长江和黄河一定要东流入海。组织大的战略方向,也一定是战略大势所决定的。但是在东流入海的过程中,长江和黄河必须根据具体的地形改变自己的流向。有时候向东,有时候向西,有时候向南,有时候向北,有时候向前,有时候向后。所以就有了黄河十八弯。

否则就不可能东流入海。

兵形像水:打造水一样的组织

组织也是如此。要想真正做到战略上的机动灵活,除了思维的弹性,还有一个条件,就是必须有一个柔性的、灵活的、敏捷的、适应性的组织。

游击队最大的组织特点是什么?机动灵活。船小好调头。游击队中往往没有一个多余的人,所有人都是战斗员。游击队的组织往往是扁平化的,极为高效。游击队的指挥也往往是分布式的,做决策的人都是听得见炮声的人,一有情况,马上就可以做出最有效的反应。

长征的时候,红军从组织上来说,最大的特点就是敏捷。尤其是扎西整编以后,3万人的红军,除一军团,其余的各个军团全部取消了师的编制,由军团直接辖团。整编后多余的机关工作人员,也全部下放到团里,充实一线作战部队。

所以红军基本上就是三级指挥体制:中央、军团、团。用我们今天的说法,就是扁平化。而且中央与军队一起行动,中央做了决策,马上就可以行动,所谓的"头过身就过",机变能力极强。

更重要的是，在这个组织中，上下的沟通极为高效，一线的信息可以迅速传到中央那里，而一线指挥员的建议，也可以迅速成为中央决策的参考和依据，甚至可以在关键的时候改变中央的决策，使得中央的决策更加符合实际。

红军第四次渡过赤水之后，3月24日晚上，中央给各个军团下达了25日红军的作战部署，是迅速通过遵义和仁怀一线的国民党防御，向西南寻求新的机动，到达黔西和大定地区。

3月25日，三军团军团长彭德怀和政治委员杨尚昆给中央致电：目前向西南寻求机动，首先要突破周浑元、王家烈、孙渡几个纵队，对红军来说完成这样的任务很困难。而根据侦察到的情况，乌江上的茶山关、桃子台一线，如有准备，两岸可以架设浮桥。所以红军转向东南的乌江流域比较有利。

彭、杨的建议立即为中央所接受，于是才有了四渡赤水之后的南渡乌江。

红军从贵州转战进入云南之后，4月25日，中央给各军团发出紧急指示，决定在沾益、曲靖、白水发起同国民党军队的决战，打掉追击的滇军，为红军在曲靖、沾益这些相对富裕的地区进行休整创造条件。

4月25日和26日，一军团的林彪和聂荣臻接连给中央发了两封电报，指出敌人兵力绝对优于我军，即使打掉它一两个师，也没有办法转变形势。因此红军应该立即变更原定战略，迅速脱离不利地形，渡过金沙江向川西北前进，准备与四方面军会师。

与此同时，三军团的彭德怀也给中央发来电报，建议中央重新考虑红军的作战方向。

中央再次接受了军团长们的建议，放弃了在云南作战的原计划，改为迅速北渡金沙江，转至川西。由此而有了四渡赤水的决定性胜利。

让听得见炮声的人进入决策，决策就不再是某个人或某一小部分人做出、然后交给其余的人来执行这样一个僵化呆板的过程，而是一个上下不断互动和反馈的过程。

组织因此也就可以高效地将一线报上来的真实变动迅速纳入自己的决策之中，并做出最优的选择，从而最大程度地保证了对动态环境的适应能力。

回过头来看国民党军队的组织。在云贵川追击红军的国民党40万大军，从指挥体制上至少分成了六级：

蒋介石是委员长，龙云是一路军总司令，薛岳是前敌总指挥，周浑元、吴奇伟、孙渡、王家烈是4个纵队司令，纵队下面是师或者旅，师或旅下面才是团……

完全是一个官僚化、刚性化的组织。战机稍纵即逝。前线的情况一级一级上报到蒋介石那里，蒋介石做出决策，然后一级一级地下传到一线部队，战场的情况早就发生了变化。

所以，国民党的部署也就永远要落后于形势一步甚至几步。

并不是所有的组织都能做到随机应变。

在动态和不确定的环境中，柔性的组织才能最好地适应环境的变化，抓住动荡中的机会。而官僚化和刚性化，向来是组织的大忌。僵化的组织在动态的环境中注定会失败，甚至会被淘汰。

回到商业世界中你会发现，刚性化的小企业固然是死定了，而大企业最大的悲剧在于，组织最终往往难以逃脱官僚化的宿命。

管理中有一个著名的帕金森定律。随着组织规模的扩大，行政人员会越来越多，组织成员会越来越忙，而组织效率却越来越低下。

再优秀的组织，一旦出现官僚化，就注定会走向平庸，而平庸化的组织又注定会走向衰败。所以在今天，大企业所面临的最大挑战，大概就是如何在保持正规军规模优势的同时,还能保持游击队那种敏捷与活力。

所以任正非警告华为说:方向可以大致正确,组织必须充满活力。

在动态的环境中,无论是大的组织还是小的企业,灵活机动本身就必须是组织必备的内生能力。

用孙子的话说,你的军队要能做到这样:"其疾如风,其徐如林,侵掠如火,不动如山,难知如阴,动如雷震。"快的时候像狂风一样迅疾,慢的时候像树林一样从容。攻的时候像烈火一样不可阻挡,守的时候像山岳一样无法撼动。不想让你知道情况的时候就像阴天一样,你根本无法知道它的底细;一旦发起行动,迅雷不及掩耳,对手就会措手不及,根本无还手之力。

所以,好的组织有什么特点?不是刚性化的、官僚化的,而是能快能慢,能攻能守,能低调还能爆发。一切取决于环境。

用德鲁克的话来说,在动荡的环境中,一个组织"必须要做到既能够经受住突如其来的打击,又能够充分利用突然的意外机会"。

这是一种典型的敏捷型组织,它可以随时在行动中调整计划、改变目标,它可以适应多种作战环境、多种作战条件、多种作战形态,它可以完成多种作战任务,它具有强大的适应能力。

这也就是孙子所说的水一样的组织。这样的组织,才能有效地应对各种不确定性的挑战。

你需要找到那些不变的东西

当然,你可能也会想到一个问题:随机应变,不断调整,变来变去,那还要战略干什么?是不是战略就没有任何意义了?

不是的。行军路线不断调整和变化的背后,第一个不变的因素,是一定时间段内相对稳定的战略意图。

长征是一个不断改变计划的过程，但是长征有一点没有变，就是寻找落脚点、重建根据地。四渡赤水是一个不断调整方案的过程，但是四渡赤水有一点没有变，这就是北渡长江到四川去。

战术层面所有的变化，其实都是围绕着更好地实现相对稳定的战略意图而展开的。这样的变化就有了不变的轴线。

也只有在战术层面根据环境进行灵活机动的调整，你才能更好地适应环境的变化，从而更好地实现组织的战略意图。

当然，战略意图也只是相对稳定的，是阶段性的，从长远来说也会根据形势的变化而调整。所以不同的战略阶段就会有不同的战略意图。

就像第五次反"围剿"时期红军的战略意图是挫败国民党的进攻、保卫苏区；长征时红军的战略意图是寻找落脚点、重建根据地；抗日战争时期八路军、新四军的战略意图是抗日，同时巩固和发展壮大根据地。

在组织阶段性的战略意图的背后，还有一个更重要的不变的因素，这就是组织的使命与愿景。

回头看四渡赤水，我们会发现，在不断地转换作战方向的过程中，虽然部队有情绪、有困惑，甚至有质疑，但是即使在最不确定的情况下，红军也没有散掉，红军上下始终坚决执行命令。

包括林彪，在四渡赤水的过程中，虽然有疑问，但执行中央的命令从来没有打过折扣。为什么？

因为一个最深层的东西从来没有变，那就是共产党军队的政治目标和追求，以及他们对于这个目标一定能实现的信念与信心。也就是我们第一讲一开始就讲的"道"。

当所有的探索和与此相伴的痛苦都是为了实现一个伟大的目标、都是为了完成一个伟大的事业的时候，不断的调整也就变成了完全可以接受的东西，眼前的痛苦也就变成了完全可以忍受的东西。

这也就是孙子所说的"与之生，与之死，而不畏危"，也就是毛泽东说的"前途是光明的,道路是曲折的"。

有了对光明前途的信念,你就完全可以忍受眼前道路的曲折,你就完全可以忍受眼前所有的意外和不确定,包括一时的低潮与失败,甚者是至暗的时刻。

这也是为什么在同样一场战争中,在同样的战争环境下,红军可以以惊人的意志完成四渡赤水,并通过四渡赤水摆脱了追敌。而绝对优势的国民党的军队,却怨声载道,士气低落,意志消沉,行动消极,双方在执行力上表现出了如此大的差距。

环境是不确定的,人的理性是有限的。当一切都是不确定的时候,唯一可以确定的,就是你对未来的强大信念。你所能够依靠的,只能是坚定的使命、愿景和价值观。

在不确定的环境中,确定性的使命与愿景所体现出来的力量,比任何时候都更加深刻、更加清晰。

马云讲过一句话:"因为相信,所以看见。"真正的远见往往来自你强大的信念。当你有了清晰的使命和愿景的时候,你就会有足够的眼力和定力穿透不确定性迷雾。

在不确定的商业环境中,企业会面临着各种各样的动荡与变化、诱惑与挑战,企业也必须不断地随机应变。在这样不断变化的过程中,做什么、怎么做,各种各样的选择往往会让组织迷失方向。

阿里巴巴始终坚持的取舍标准就是一条——让天下没有难做的生意。只要有助于实现这个使命,挑战再大也要做,就像云计算;只要与这个使命无关,机会再好也不做,就像自己做电商。

这也就是阿里为什么要在强调拥抱变化的同时,反复强调一定要回到其不变的使命、愿景和价值观。只有这样,在不确定性的环境中,你才会有明确的指针,从而在不断灵活应变的过程中,保证大的方向不会走偏，保证组织的调整不会失控，最终保证你的战略不会漂移。

亚马逊的贝佐斯曾经说："我自己常被问一个问题：在接下来的10年，会有什么样的变化？但我很少被问到，在接下来的10年里，有什么是不变的？"

在他看来，零售业的业态在不断地变化，但永远不变的是，客户想要更低的价格、更快捷的配送、更多样的选择。你只要牢牢把握住这一点，你就看到了事物的本质，你就有了动荡环境的指针，你就不会在喧嚣中迷失自己。

谷歌也是如此。从互联网搜索，到谷歌邮箱，到谷歌地图，到谷歌地球，到谷歌学术，到安卓系统，到谷歌自动驾驶……谷歌在不断地推出一系列让人眼花缭乱的新产品。

但是我们仔细分析就会发现，所有这一些，都是为了一个共同的使命，就是为了"整合全球范围的信息，使人人皆可访问并可受益"。只要这一条不变，谷歌的"万变"就有了那个不离的"宗"。

更主要的是，当组织中的所有成员都把关注的重心放到使命而不仅仅是达成使命的阶段性手段时，阶段性的手段随时可以调整，这一点就会成为上下普遍接受的共识。

这样的组织会给手段的随机应变以更大的自由度，组织成员的行动也就会有更大的活力和主动性。

就像四渡赤水一样，当所有的人都把关注的重心放到组织所要实现的终极目标的时候，所有围绕路线调整而产生的暂时性的冲突与疑惑，也就很快可以得到解决，新的共识也就很快可以达成。

让我们不妨再放大一下视野，看一下一个组织战略的决策全过程：

组织往往是在对大势判断的基础上，找到了自己清晰的使命。

因为有了强烈的使命感，就能比别人看得更远，你就会知道你所要的终局是什么，所以你也就有了愿景。

有了愿景，你就知道你要到哪里去，你也就明确了你大致的战略方向。

明确了大的战略方向，你的组织上下就会形成战略共识，并明确阶段性的战略意图。

有了阶段性的战略意图之后，你就可以根据本阶段的战略环境，制订你的计划，采取你的行动。

环境是不确定的、变动的，你的行动必须随机应变，你的计划也就必须随时调整，你的随机应变与计划调整是为了更好地实现你的阶段性战略意图，走向你要去的大的战略方向，而你的方向的终点就是你在远见中所见的终局。所有这一切，都是为了实现你清晰的使命。

这其中有三个关键的层次：根本性的使命、阶段性的战略意图、眼前的行动选择。使命是不变的，战略意图是相对稳定但又会阶段性调整的，而当下的行动则要随机而变。

从使命到行动，形成了一个完美的闭环。你的变化与调整也就因此不再是无目的、无方向的随波逐流，而是使命和战略意图指导下的灵活应变，你就能真正做到变与不变的统一。你的灵活应变，也就会为组织上下所接受，并且变成组织文化的组成部分。

所以，组织的信仰与使命越坚定、越清晰越好，但实现组织战略目标的手段与路线越灵活、越敏捷越好。

坚定的使命与灵活的路线二者结合，是所有好的组织的共同特点。

因利制权：学会与不确定性共舞

战略从出现那天起，就是为了给组织提供一个相对确定的未来。但是战略的环境永远是充满不确定性的。战略其实就是必须在确定与不确定的悖论中，去做出关系到未来组织命运的大的投入的决策艺术。

克劳塞维茨说过一段非常经典的话："战争是充满偶然性的领域，人类的任何活动都不像战争那样给偶然性这个不速之客留有这样广阔的活动天地，因为没有一种活动像战争这样从各方面和偶然性经常接触。偶然性会增加各种情况的不确定性，并扰乱事件的进程。"

如果认为有了战略计划，事态就会按照你的计划发展下去，那就大错特错。

意外和不确定性是战争的有机组成部分，你不可能通过你的计划就清除了所有的不确定性。没有一场仗会从头到尾完全按照你的设想去打。一定会有太多的事情让你措手不及，你必须学会面对各种各样的意外事件。

所以，不要僵硬地坚持最早确定的路线。不要把最早的战略计划看成是神圣不可挑战的东西。

老毛奇曾经讲："只有门外汉才相信，在一次战局中，一个事先决定的、考虑到所有细节、直到战局结束的思想，能够自始至终地加以贯彻。"

毛泽东认为，所有的军事行动都有预期的意图，但军事行动的结果不可能总按预期实现。敌情、我情及作战环境都在不断地变化和发展，所以，你的战略计划、战役计划和战斗计划部分地改变几乎是不可避免的。

他说："由于战争只有程度颇低和时间颇暂的确实性，战争的计划性就很难完全和固定，它随战争的运动（或流动，或推移）而运动，且依战争范围的大小而有程度的不同。"[①]

战争中有一个非常突出的现象：从战略到战役，再到战术，越微观，计划的改变就会越频繁。用毛泽东的话来说，战术计划"常须一日数变"。

---

① 毛泽东：《毛泽东军事文集》第二卷，北京：军事科学出版社、中央文献出版社，1993年版，第323页。

战役计划"大体能终战役之局,但在该战役内,部分的改变是常有的,全部的改变也间或有之"。战略计划"有更大的固定的程度,但也只在一定的战略阶段内适用,战争向着新的阶段推移,战略计划便须改变"[①]。

在不确定的、动态的环境中,你对形势的理解不可能一步到位,所以你的战略也就不可能是一个一次性的决策。

战略在最早的时候,更多地表现为战略意图、战略假设、战略方向这样一些关键的战略要素,当然还有初步的行动计划。这些都只是大略,是要点,是轮廓,是框架。你一定要给战略的演进留下足够的容错空间。所有那些具体的细节,只能在演进的过程中一步步明晰起来。

因此,战略的形成过程,就是一个在你大致的战略框架指导之下的不断探索、不断尝试、不断明确的过程,而探索和尝试的过程必然是不断试错和修正的过程。

商业世界也是如此。创业学家杰弗里·蒂蒙斯在谈到创业时曾经说,所有的计划书在打印出来那一刻就已经作废。相信所有经历过创业的人,对此一定都会深有体会。

不只是创业,即使是成熟的企业也是如此。美国《商业周刊》的一篇文章也说,"由计划人员制定的、想象中非常完美的战略,只有很少数得到了成功的贯彻"。

本田摩托在进军美国市场时,曾对美国市场的特点进行过分析,结论是美国人的消费习惯是"更大、更奢华",据此本田制订了以重型摩托车为主打产品的销售计划。尽管同时也推出了轻型摩托车,但本田认为这种产品并不适合美国市场。

没想到,本田重型摩托车的销售业绩非常糟糕,市场对这一产品的

[①] 毛泽东:《毛泽东军事文集》第二卷,北京:军事科学出版社、中央文献出版社,1993年版,第323–324页。

反应极为冷淡。

就在这时，本田销售人员在大街上跑来跑去时所骑的轻型摩托车，却引起了美国人的注意，本田接到了著名的连锁超市西尔斯的订货电话。

本田开始十分犹豫，担心轻型摩托车的销售会伤害公司在重型摩托车市场的形象。然而在重型摩托车打不开市场的情况下，本田没有别的选择，只能放弃了原定的计划，改为推出轻型摩托车。

戏剧性的一幕出现了：轻型摩托车在美国大受欢迎。

喜出望外的本田顺势而为，将重心转到轻型摩托车市场，并围绕轻型摩托车做文章，推出了一系列的营销手段。

结果到1964年，美国市场上每卖出两辆摩托车，就有一辆是本田摩托。

明茨伯格曾经警告过战略决策者："在各种因素不确定期间，危险并不是来自缺乏明确的战略，恰恰相反，它来自战略过早地被敲定。即使在不确定成分很小的情况下，仍然要注意明确表达的战略存在的危险。明确的战略可能使组织只重视前进的方向，忘记了观察周围。因此，在需要进行战略变化时，明确的战略又妨碍了战略的变化。换句话说就是，战略家能够把握现在，但不一定能永远把握将来。战略越是表达得明确，越容易在组织的习惯和战略家的头脑中根深蒂固。事实上，战略的明确表述将封闭战略，产生一种抵触变化的力量。"

我们都希望有确定的战略，但是战略环境的不确定性决定了在战略决策的过程中，你一定不要过早地去追求确定性。相反，要给不确定性留下足够的空间，并充分地利用不确定性可能会给你带来的机会。

所以，你最好把你早期的战略看成是一个概率事件。在事先进行分析的基础上，在一个相对限定的大的方向上，不断地去试错和校正。

大的意图你要确定，大的方向你要不错，关键的决策要做对，但是具体的路线，你很难一次看清楚。你只能根据你的战略意图和你对形势的判断，提出一个大致的假设，有目的地尝试，分析你的尝试带来的反馈，不断修正你的假设；然后再根据你对新形势的认知和假设，去做新的试探。如此往复，不断调整你的路线，不断校正你的方向。

你的战略演化过程，由此也就成了一个学习的过程。

用华为的话来说，是"先开一枪，再放一炮"。先从小的事情上切入，一旦锁定机会，即加大投入，乃至全力以赴。

孙子也曾提出过"策之""作之""形之""角之"这四种具体的试探方式。他说："故策之而知得失之计，作之而知动静之理，形之而知死生之地，角之而知有余不足之处。"通过分析判断，来了解对手作战计划的得失；通过挑动对手，来了解对手作战行动的规律；通过佯动示形，来了解对手作战地形的利弊；通过战斗侦察，来了解对手作战部署的虚实。

在这样的战略决策过程中，重要的不再是你最初做出了什么样的判断，制订了什么样的计划。任何初始的判断和计划都可能是错误的。你很难上来就有清晰的方向和明确路线。你肯定要不断地调整和改变计划。一次决策是否正确并不重要，重要的是错了能够得到校正，不出错是不可能的。

那些伟大决策的背后，往往是无数次错误换来的。

网飞当年刚刚推出视频流媒体服务时，是把流媒体作为赠品捆绑在 DVD 租赁业务上的。用户每月只需花 9.99 美元，就可以每月租赁一部 DVD，并无限量观赏流媒体。这个方案很受用户欢迎。

不过，网飞 CEO 里德·哈斯廷斯非常敏锐地意识到，DVD 业务马上就会到达顶点并开始下滑，流媒体业务才是未来的发展方向。网飞因此开始大刀阔斧地将流媒体业务与 DVD 业务进行了拆分，并将重心全力转移到了流媒体上。

为了配合公司的业务转型，网飞在价格策略上也进行了调整。DVD

用户不再享受免费观看流媒体的服务，若要像过去那样既订DVD还看流媒体，价格加起来是16美元。

这意味着什么呢？原本用户只要订DVD就可以看流媒体，现在则要另付一笔钱出来。也就是说，价格一下子上涨了60%。

网飞犯了一个明显的错误。商业世界的人都知道，涨价的一条基本军规是：价格上涨时，老用户最好不要变，因为人天生有厌恶损失的心理。

所以涨价时一个稳健的策略，就是老人老办法，新人新办法。老用户人数没有多少，安抚住那些老用户，你就可以稳住业务的基础。新政策对新人就好了。网飞却无视了这一条。

消息一出，忠实的老用户果然顿时就被激怒了。网飞的网页上留下了3万多条怨气冲天的评论，仅仅一个季度就有80万老用户退订，网飞的股价从305美元狂跌到了65美元。

哈斯廷斯被《福布斯》评为2011年最糟糕的CEO，公司内部也有人说哈斯廷斯已经毁了网飞，还经常有人问哈斯廷斯考虑何时辞职。

哈斯廷斯没有逃避，而是把负面评价贴到了公司网页最显眼的位置，以此来激励员工。他本人也从这次错误中汲取了教训，网飞此后再也没有采取这样激进的价格策略。

所以，你要鼓励试错，要容忍混乱，要接受犯错，甚至要接受失败。

任正非在与华为研发人员座谈时讲过一段非常精辟的话，他说："我们对未来的实现形式可以有多种假设、多种技术方案，随着时间的推移，世界逐步倾向哪一种方案，我们再加大这方面的投入，逐步缩小其他方案的投入。且不必关闭其他方案，可以继续深入研究，失败的项目也培养了人才。"

在不确定的环境中，战略一般会经历尝试期、形成期、发展期这样几个阶段。在尝试期，你的战略一定要有一种开放的结构，这样能够最大限度地利用未来出现的一切可能的机会。

一旦发现大概某个方向是对的,你就要开始逐步收敛到这个方向上去。一旦你确定了战略方向,就要果断地加大投入,乃至集中你全部的资源,全力以赴,通过强有力的执行,取得战略性的突破,迎来最终的柳暗花明。

但是环境永远是动态的,永远是不确定的。即使在你已经形成了相对明确的战略的时候,你还是要警惕大环境中各种各样的不可预测的变化。用明茨伯格的话说,就是不要忘了观察周围。

因此,你的战略思维依然要开放,依然要积极地去探索和扫描未来各种新的可能性。即使在你的行动已经收敛、你的资源已经聚焦的情况下,你也不要事先排除任何其他的变化方向。相反,你要拥抱不确定性,拥抱无序和混乱,你要打开你的每一个毛孔,时刻保持对变化的敏锐感知力。

兵无常势,水无常形。在这样一种不确定的战略环境中,最大的战略能力,就是你感知、驾驭和利用不确定性的能力,甚至也包括给对手制造更大的不确定性的能力。

这就要求竞争者要把不确定性作为常态,并且还要主动地去参与塑造未来和创造未来。在不确定的环境中,创造未来永远比预测未来更为重要。

所谓的"因利制权",核心就是要学会与不确定性共舞,并把你的战略变成利用不确定性来创造机会的过程。

让不确定性变成你的朋友。这样,你就可以成为不确定环境的最大受益者。

第十一讲
先知：竞争态势的分析

在孙子的战略思想中，"知"具有重要的地位。孙子认为，"先知"是所有取胜之道的奥秘所在。

情报失误是战争胜利的最大杀手，信息优势在对抗中可以转化为巨大的力量优势。成功的决策必须建立在对竞争态势正确分析的基础上。

先知

"先胜"的背后是"先知"

什么叫"先知"？孙子所讲的"先知"，不是宗教里"未卜先知"的意思，而是提前知道，就是提前了解对手的情况，也就是对竞争态势的提前感知。

在孙子看来，这是所有决策和取胜的前提。

关于先知，孙子讲过一段很著名的话："故明君贤将，所以动而胜人、成功出于众者，先知也。"那些英明的君主、贤能的将领，为什么一出手就能打败对手，建立的功业超出众人之上呢？

其实没有别的，就在于他事先了解了对手的情况。

孙子这段话，可以说把自古以来"用兵如神"的神话全给揭穿了。你为什么用兵如神？因为你提前掌握了对手的信息。

《长征组歌》中的"四渡赤水"部分，有一句著名的歌词："毛主席用兵真如神。"红军为什么取得了四渡赤水的胜利？毛泽东为什么用兵如神？

一个因素，是我们上一讲说的毛泽东用兵灵活；还有一个原因，就是先知，就是不断通过截获和破译国民党电报的方式，提前了解了国民党的部署。

中央苏区在第一次和第二次反"围剿"的作战中，缴获了国民党的一批军用电台，并说服了被俘的国民党电台工作人员加入了红军。这其中有一位叫王诤的，新中国成立后成了开国中将，担任总参谋部的副总长，负责全军的情报工作。

王诤原来是国民党十八师中尉报务员，南京军事交通技术学校毕业的高才生，专门学无线电技术。加入红军之后，他很快就为红一方面军组建了无线电队，并出任队长，成了我军通讯兵的创始人。

中共中央在上海时还有个著名的"特科"，特科的第四科是无线电通讯联络科，很多工作人员在莫斯科受过严格的无线电技术包括密码破译的专业训练。顾顺章和向忠发先后叛变之后，中共在上海无法继续待下去，便迁到了中央苏区。特科也随之到了苏区，与原来的电台工作人员合在一起，中共的这支队伍进一步壮大。

1933年，廖承志到苏区的时候，又为红军带来了一本极为宝贵的小册子——《国民党电台密码破译法》。从此以后，红军就可以轻易破译国民党上至南京、下至师团之间的秘密电报。

长征出发的时候，军委二局，大致相当于后来的总参二部，也就是情报部，有几部大功率的电台。中央规定，这几部电台，只收报，不发报，绝对不暴露这几部电台的存在。一部电台24小时盯国民党的一到两支部队，把它所有的电报全部截获。

当时国民党根本不把共产党的通讯和密码破译能力放在眼里，他们之间的电报往来密码非常简单。红军的电台工作人员很多人本来就是从国民党那边过来的，很容易破译。

国民党甚至大意到什么程度呢？明码通电，连密码都不用。明确告诉对方：我明天到什么什么地方，你在哪里接我。

大量的情报源源不断地送到毛泽东手里。毛泽东本来就用兵灵活，这一下子更是如虎添翼，随时掌握着国民党的部署动态。往往是蒋介石的命令下达之后，国民党的军队还没有开始行动，中共中央已经知道了国民党的部署，于是就可以有针对性地利用蒋介石的判断，根据国民党的部署，提前采取行动，从国民党军队尚未合围的缝隙里面钻过去。

红军在极力截获和破译国民党的电报的同时，自己对电台执行的却是最严格的保密纪律：不许两部电台之间相互通话；利用电台密语代替电台名；在电台密码本上再加密码表；重要的军事机密一报一密；由可靠的警卫员来掌握发报机的按键；等等。

红军的保密工作做到了什么程度呢？三渡赤水进入川南然后掉头向东进行第四渡的时候，就连军团长一级的干部，开始的时候都不知道为什么要四渡赤水。

这就保证了红军的军事秘密万无一失，也就形成了红军在暗处、国民党军队在明处的局面。红军对国民党部队的部署及动向了如指掌，因而才大胆地在云、贵、川国民党几大重兵集团之间穿插往返。时任红军总参谋长的刘伯承后来讲过一句话："我们四渡赤水，就像玻璃杯里面押宝，对方的底牌，看得一清二楚。"玻璃杯里面押宝，就是信息的单向透明。

毛泽东也讲："我们长征，就像走夜路一样。因为有了这支队伍，我们才有了走出夜路的灯笼。"

长征非常苦，部队经常吃不上饭。但是毛泽东强调，无论如何艰难，也要给这些人买肉吃。24小时工作，非常辛苦，必须保证体力。

这种情况到什么时候才发生变化呢？在云南过金沙江的时候，红军的一名作战参谋不慎掉队，被云南省主席龙云的滇军俘虏。在他的背包里，搜出了蒋介石刚刚发给龙云的作战电文。龙云非常紧张：这个电报我还没来得及看，共产党的作战参谋已经背到背包里去了。赶紧报告蒋介石换密码。

这确实给红军接下来的作战造成了麻烦。过了金沙江以后，好长一段时间破译不了国民党的密码,这直接导致作战行动出现了一些问题。

当然,就是在四渡赤水过程中,红军也不可能每次都及时截获和破译出国民党的电报。毛泽东指挥下的败仗,几乎都与情报的失误有关。

四渡赤水的第一仗是土城之战,红军伤亡3 000多人。毛泽东后来总结原因时说,失败的第一个原因就是"敌情没有摸准",原以为对手是四个团,结果一打才发现是6个团,而且还有后续部队。

如果情况没摸准,就算毛泽东这样的高手,也会出现指挥失误。

你可能还会问一个问题:在四渡赤水的过程中,国民党的军队为什么始终搞不清楚红军的意图呢?

国民党军队当时搜集红军的情报,主要有两个途径。

一是飞机的空中侦察。当时贵阳清镇有军用机场,国民党的飞机经常对红军的行踪进行空中侦察。但是,由于那个时代的技术限制,空中侦察主要是靠飞行员目测。

红军对付国民党军队的飞机侦察有一套行之有效的办法。本来部队行军是往北走,国民党的飞机一来,马上集体掉头向南走。国民党的飞行员于是就回去报告:共产党军队正在向南去。决策层得到的往往是错误的信息。

还有一个途径,就是作战部队的报告。与红军交手的部队,可以把了解到的红军情况报告给上级。然而国民党的军队中,谎报军情、邀功请赏早已经是家常便饭。红军三渡赤水进入川南之后,为了吸引国民党主力向川南调动,曾经派出一个团,伪装主力,大张旗鼓,向古蔺县城发动进攻,做出打开古蔺县城、北渡长江的姿态。一个团的部队也就是千把人,然而守古蔺的川军却向蒋介石报告:共军1万多人,正在向我进攻。

红军一共不到3万人,1万多人应该就是红军的主力。蒋介石本来就以为红军要北渡长江,这样的报告反而强化了他的错误判断。

结果是,蒋介石在整个四渡赤水的过程中,对于红军到底要去哪儿,始终摸不着头脑,最终也就无法做出有效的决策。

四渡赤水对双方来说,既是决策的较量,更是情报的较量。正确的决策,必须建立在以情报为前提对战场态势准确感知的基础上。

信息是决策的前提,准确的信息是正确决策的前提。信息优势在对抗中可以转化为实际的力量优势,而情报失误从来都是战争胜利的最大杀手。即使你有强大的实力与资源,如果你对战场态势的感知出了问题,同样也会陷入败局。

加里波利的失败与珍珠港的成功

战争充满了不确定性,但是这并不意味着战争中的一切都是不确定的,因而是完全不可知、不可控的。战争本质上是不确定性与确定性的统一体。所以,没有人会百分之百地了解和把握战场的态势。

同时战争中很多因素又是可以确定的,所以,尽力掌握战争中那些可以确定的因素,同时尽力克服战争中的那些不确定性的因素,也就成了驾驭战争的核心能力,成了对抗双方较量的关键领域。

真正的高手,会尽量在不确定的环境中,把握那些可能确定的因素。同时,在承认不可能百分之百了解和掌控战场态势的同时,争取自己对战场态势的了解和掌控超出对手。

你不可能也不需要绝对"先知",但你可以尽力做到相对"先知";你不可能也不需要完全"先知",但你可以尽力做到概略"先知"。

关于这一点,其实毛泽东早就已经讲得非常清楚了。他说,虽然战争现象比任何社会现象都更难捉摸,更少确定性,但是,"不管怎样的战争情况和战争行动,知其大略,知其要点,是可能的";"只要做到指挥大体上适合情况，即在有决定意义的部分适合情况，那就是胜利的基础了"。①

所以毛泽东说："做这件事需要极大的主观能力，需要克服战争特性中的纷乱、黑暗和不确实性，而从中找出条理、光明和确实性来。"②

在纷乱中找出条理、在黑暗中找出光明、在不确定性中找到确定性的因素，这是指挥者必须具备的素质。

在作战的层面，我们可以将影响作战结果的因素分成几类：

一是自然因素，包括天气、地形等等。这样的因素你控制不了，但可以在一定程度上掌握。你可以提前通过天气预报了解天气变化的可能。你也可以通过阅读军事地图、分析战争案例以及实地考察，来分析作战地形的利弊，就像麦克阿瑟在仁川登陆之前所做的那样。

二是作战因素，就是由于双方的攻守行动而产生的变量，包括作战的态势、突然出现的机会、作战的损失等等。这些因素不是你事先能够预料和控制的，这也是作战中随机应变的主要领域。但是在作战的过程中，你也不是完全被动的，你可以通过你的作战指挥，包括策略的使用、战术的转换等等，对作战态势的走向施加重大的影响，甚至把胜利变成可以确定的结果。

三是组织因素，包括领导艺术、军队士气、武器装备、训练水平、作战经验等等。这些基本都是你自己能事先掌控的因素。而且，这其中的大部分因素，你还必须在作战之前就应该做好充分的准备，从而为取胜打下基础。用孙子的话，就是"修道而保法，故能为胜负之政"。

所以，在最不确定的环境中，你也有足够的空间去影响战争的结

---

① 毛泽东：《毛泽东军事文集》第二卷，北京：军事科学出版社、中央文献出版社，1993年版，第319页。
② 毛泽东：《毛泽东军事文集》第二卷，北京：军事科学出版社、中央文献出版社，1993年版，第322页。

果。你不能把失败的原因都归于环境不利,或者运气不好。

事实上,历史上那些失败的战争,大部分并不是因为那些无法确定的因素而失败的,而是根本就没有尽力去了解那些本来可以把握的因素。

换言之,因为战争中那些确实无法确定的因素而失败的,是可以原谅的。但这样的例子少之又少。战争史上的大部分失败,大多数是因为应该知道、可以知道但事先却没有花时间去了解。这样的例子不胜枚举。

第一次世界大战中有一场著名的战役,就是加里波利战役。澳大利亚电影《加里波利》讲述的就是这场战争。

加里波利战役原本出自一个伟大的战略设想。当时协约国与同盟国在西线的战事已经陷入僵局。为了打破这种局面,英国海军大臣丘吉尔提出了一个大胆的行动计划:进攻土耳其欧洲部分的加里波利半岛,打通连接地中海与黑海的达达尼尔海峡,进占土耳其的伊斯坦布尔。

这真是个可以一举改变整个战争格局的伟大计划。计划如能成功,就可以切断土耳其亚欧两部分的联系,给土耳其以沉重打击,甚至可能迫使土耳其退出战争。接下来协约国可以土耳其为基地,从东南方向向德军发起新的攻势,从而打乱德军的整体部署。

从战略上看,这一行动还可切断中东油田对德国的石油供应,恢复协约国对俄罗斯的海运补给,从而改变双方的力量对比。

时任德国海军大臣的梯尔皮茨上将曾惊恐地说:"如果达达尼尔海峡失守,那么我们就在这次世界大战中输定了。"

在英国人看来,实现这一战略设想毫无悬念。大英帝国有世界最强大的海上力量,而土耳其却被称为"西亚病夫"。协约国的军队只要一踏上加里波利半岛,土耳其人就会失去斗志。

然而,事情从一开始似乎就不太妙。1915年2月19日,一支英法联合舰队开到了东地中海,准备强行突入达达尼尔海峡。此时英国人信心满满，想着10分钟后他们就可以到达伊斯坦布尔喝下午茶了。

接下来的故事，却完全不是这样的。英法联合舰队发起了攻势。当舰队准备以舰炮火力逐次摧毁土耳其的海岸炮队和要塞，然后派出登陆兵力上岸占领敌人的炮台时，却发现土军在德国军事顾问冯·桑德斯将军的指导之下，早已加强了岸防体系，19日和25日两天的进攻都无功而返。

3月18日，英法联合舰队卷土重来，再次发起了大规模的攻势，但是由于事先没有侦察，先后有6条主力战舰触到了土耳其人所布的水雷，或沉没，或受到重创，余下的战舰不得不匆匆撤了出去。

海军发起的几次行动全都失败了。协约国这时开始意识到，单靠海军是不够的，必须先以陆军占领加里波利半岛，才有可能打通达达尼尔海峡。

协约国集结起了一支包括英军、法军、澳新军团在内的近8万远征军。英国陆军上将伊恩·汉密尔顿受命指挥这场登陆战役。

汉密尔顿有"诗人将军"之美誉，是位彬彬有礼的绅士，曾参加过布尔战争，作战经验丰富。不过在此之前，他对加里波利和土耳其军队一无所知，甚至连加里波利半岛是否有淡水都搞不清楚。

从英国陆军部那里，他得到的也只是一条简略得不能再简略的指示——指挥一支远征军进攻加里波利，消灭那里的敌人。

借助一本1912年的土耳其陆军操典、一张加里波利地图和在最后一分钟冲进书店买来的伊斯坦布尔旅游指南，汉密尔顿制订出了他的登陆作战计划：在加里波利半岛两边20英里范围内，协约国军队分别从西南端的几块海滩登陆，在海岸站稳脚跟后再向北进攻。

4月25日，协约国军队发起了登陆作战。问题很快就全部暴露出来了：登陆部队各行其是，彼此间缺乏协同；从书店里买来的旅游地图根本就不准确，部队发现自己上岸的地方是错误的；海滩比原先预计的要窄得多，运上去的人员、装备、牲畜、补给全挤在了一起；士兵大多没有受过夜间登陆的训练，部队上岸后，光是找方向就花了很长时间；土耳其人的反击极其猛烈，被迫发起仰攻的协约国士兵又绝望地发现，在加里波利半岛这种多岩石的地形中，根本就没有办法用小铁锹挖掘掩体。

虽然第一天结束时协约国的 7 万名士兵已大半登陆，但在接下来几个星期里，他们只能被困在海滩上动弹不得。登陆计划变成了一场灾难。

看来 7 万人不够，那就再增加进攻部队吧。口才极好的丘吉尔成功地说服了政府向加里波利增兵。到了 8 月初的时候，加里波利的协约国军队已经达到了 12 个师。

得到增援的汉密尔顿制订了新的作战计划，他派遣了 25 000 人在北部的苏弗拉湾展开新的登陆。然而不幸的是，登陆行动再次因为计划不周、指挥混乱而陷入失败。

9 月份，汉密尔顿被陆军部召回并被解除了指挥权。4 个月以后，取胜无望的陆军部最终从加里波利撤出了军队。

加里波利战役是一战历史上规模最大的登陆作战。协约国先后调集了 50 万人的兵力，在付出了 26.2 万人伤亡的代价后，却因为英国式的漫不经心而一事无成。

与英国人在加里波利惨败形成鲜明对比的，是日本人发起的偷袭珍珠港行动。

你肯定知道偷袭珍珠港事件，然而你并不一定知道的是，日本人偷袭行动的准备工作，早在发起袭击的两年之前就开始了。也就是说，日本人用了两年的时间，对珍珠港进行了反复的细致侦察。

美军舰队进出港口的时间，被做了详细的记录。美国舰队的火力、地面高射炮、陆基战斗机的情况，被日本情报人员进行了仔细的清查与分类。每天的风向、潮位和天气情况，日方都进行了严密的观察与记录。

日本人还注意到，在一周中，星期天早晨这个时间段，美军的警戒是最差的。因为美国军队会在星期六晚上放假，然后大兵们就一头扎进檀香山红灯区这个温柔乡里。

大量的情报源源不断地传到了东京，日本袭击部队完全掌握了行动时可能遇到的情况，并据此有针对性地制订了详细的行动方案，然后日本人又选择了与珍珠港相似的鹿儿岛湾，对攻击部队进行了反复的模拟训练。

与之相反的是，当袭击发生的时候，美军却没有任何的准备。美军的雷达没有发现日军的飞机，没有美军的飞机在夏威夷上空巡逻，没有防鱼雷网对停泊在军港中的舰船加以保护，陆海空三军都没有布置人负责拉警报。

结果是在 90 分钟的偷袭行动中，美军 5 艘战列舰被击沉，188 架飞机被摧毁，155 架被破坏，2 403 名美国人丧生于这次偷袭，仅亚利桑那号战列舰爆炸沉没时，就有上千人死亡。

从战役的层面来说，你必须承认，这是日军的一次辉煌胜利。

在此后的 6 个月时间里，美国海军在太平洋战场上都无足轻重。摆脱了美国太平洋舰队威胁的日本人，由此也就顺利占据了整个东南亚，并把势力一直扩张到了印度洋。

你看出两场战争中日本人和英国人的不同了吗？日本人的胜利，并非侥幸；而英国人的失败，却绝非偶然。

形人而我无形

无论是在战争中还是在竞争中，大多数战略性的错误，都是因为事先没有花时间去了解对手的情况。或者说，你认为你了解对手，其实你并没有。

从"知"的层面来说，导致战争或竞争胜负的原因，有时候很简单："知"与"不知"，就是胜利与失败的分界线。

孙子说过的这段话你应该很熟悉："知彼知己者，百战不殆；不知彼而知己者，一胜一负；不知彼不知己，每战必殆。"了解对手，又了解自己，每次作战都不会失败；不了解对手但了解自己，胜败的可能各半；既不了解对手，也不了解自己，那就每次作战都注定失败。

你可能已经注意到了，孙子在这里说的是"知彼知己，百战不殆"，而不是"知彼知己，百战百胜"，为什么？

战争的环境是不确定的，人的理性又是有限的，因此所有的胜利都只能是概率事件。你不可能通过"知"完全消除和克服战争中所有的不确定性因素。你改变不了战争的概然性。而且在战争中，你即使全力去了解情况，也无法保证自己一定能赢。

如果你实力跟对手差距太大，就算对他了解得再透彻，也打不过他。所以你无法"百战百胜"，最多只能做到"百战不殆"，也就是不出问题。

但是，如果你对情况一无所知，那就注定会输。尤其是对应该了解的情况都漫不经心，你注定会输得很惨。

"知"只是"胜"的必要条件，不是充分条件，所以"知彼知己"也无法保证你"百战百胜"。

同样的道理，"知"虽然不是"胜"的充分条件，但它是"胜"的必要条件，所以"不知彼不知己"，你一定会输。

这就是战争中的一个悖论：尽管战争中的"知"并不容易，但是要想取胜，你又必须把"知"做到极致。至少，你的认知必须超出你的对手。

也就是说，即使在没有百分之百胜算的战场上，你也可以通过"知"来增加你取胜的概率，来降低你决策的风险，来保证你总是在有胜算的时候出手。

你"知"得透彻,"知"得全面,"知"得深入,"知"得准确,你取胜的概率就越大;你"知"得马虎,"知"得片面,"知"得不准,你取胜的概率就小。况且你一无所知呢?

我们前面十讲中所讲的取胜原则,要想得到有效的运用,都必须以"知"为基础:知大势,才能伐谋;知利害,才能伐交;知地形,才能伐兵;知虚实,才能避实击虚。

在实际战争中,"知"本身就是双方对抗的重要领域。在战争中,取胜的一条原则是:一方面要最大限度地了解对手的情况,另一方面则最大限度地让对手不了解自己的情况。所以孙子提出了"形人而我无形"的要求:"故形兵之极,至于无形;无形,则深间不能窥,智者不能谋。"

在对抗中,只要是"有形"的、有形迹可循的,就是可以被认知的,因而是可以被战胜的。用《淮南子·兵略训》的话来说,是"诸有象者,莫不可胜也;诸有形者,莫不可应也。谋见则穷,形见则制"。

成功的决策必须建立在对对抗态势正确分析的基础上。所以在战争中,破坏敌人的知觉能力,是破坏敌人决策能力和行动能力的前提。而破坏敌人的知觉能力,甚至比破坏敌人的行动能力更为有效。

最低层次的战争,是杀死对方的人员;稍高层次的战争,是左右对方的行动;次高层次的战争,是打乱对方的计划;再高层次的战争,是干扰对方的决策;更高层次的战争,是破坏对方的认知。

破坏了对方的认知,你就可以干扰对方的决策,打乱对方的计划,左右对方的行动。由此,你就可以奠定取胜的基础,甚至可以不战而胜。

在今天的战争中,破坏对手"知"的能力较量,已经发展到了信息战的地步。美国军事理论界认为,争夺信息的主宰权可能成为影响未来战争胜负的决定性作战行动。

兰德公司的约翰·阿奎拉和戴维·隆菲尔德把这种在未来战争中争

夺信息主宰的战斗称为"操纵战",并给出了如下定义:"'操纵战'是按照各种与信息有关的原则采取军事行动或准备采取军事行动。……操纵战的目的是要尽力了解对手的所有信息,同时又不让对手过多了解有关自己的信息。它意味着要让'信息与认知的平衡'向着有利于自己的方向倾斜,特别是在双方部队实力对比对己方不利的时候。它意味着要充分利用各种信息,以便在战争中投入较少的资金和人力。"

军事学者们认为:"夺取信息主宰不仅可以使自己做出正确判断,同时也能让对手做出错误判断,所以说它是获得军事胜利的关键。"

就像在战争中,信息的单向透明会使信息的拥有者占据相当的优势一样,在竞争中,竞争对手间信息的不对称同样可以给企业带来巨大的竞争优势。

管理学者汤普森和斯迪克兰德在《战略管理:概念与案例》一书中说:"如果一家公司能够不断地获得有关竞争对手更多更好的信息,那么,在其他条件相同的情况下,该公司就拥有一个能够取得竞争胜利的更好的优势。"

吴伯凡老师也说过一段很精彩的话:"在一场充满不确定性的比赛中,掌握竞争者更多信息的人,就更容易通过预判对方的动作从而棋高一筹获得胜利。而在完全不能抢占先机时,或是在博弈时处于弱势的地位时,保持自身的不确定性,使对方笼罩在迷雾般的不可预测性之下才是最佳的策略。"

这也就是孙子所说的"形人而我无形"。从这个意义上说,竞争与战争,在很大程度上都是围绕信息展开的对抗。

因此,成功的奥妙其实非常简单:对竞争对手和竞争环境有深刻的理解。精确地分析对手,精确地分析你的竞争环境,把你对竞争对手和竞争环境的把握与分析做到极致,使你对对手的了解远远超出对手对你的了解,你就奠定了在竞争中取胜的基础。

知彼知己，知天知地

孙子非常重视"知"的地位。《孙子兵法》一共不到 6 000 字，然而书中一共出现了 79 个"知"，而且都是在非常关键的地方。

几乎所有这些谈到"知"的段落，都可以作为用兵的格言来看。

孙子的"知"，贯穿了从大的战略环境到战场环境、一直到作战环境的各个层面。我们可以随便举几个例子。

孙子说："知彼知己，胜乃不殆；知天知地，胜乃不穷。""知"从什么地方下手呢？四大要素：彼，敌情；己，我情；天，天候；地，地形。

企业竞争分析也一样。彼，对手的情况；己，我方的情况；天，行业的大势；地，市场的格局。同样要从四个维度入手分析清楚。

了解对手，又了解自己，你的胜利就不会有大的问题；了解行业的大势，又了解市场的格局，你的胜利就可以完美地保全。

彼、己、天、地，彼此的互动构成了一个复杂的动态系统。每一个要素都会有各种各样的黑天鹅事件发生，对我们所处的竞争环境产生冲击性的影响。

竞争者很难从这个系统中抽离出来，竞争者的行为必然受制于其他要素和由此构成的战略环境。了解这些环境的要素及其变动情况，是竞争者制定战略决策、做出战略选择的前提。

在"五事"一讲中，我们已经讲了"天""地"对于战略决策的重要性。事实上，在企业竞争中，彼、己、天、地这四大战略环境要素，一定要综合起来看，你才能看到普通人看不到的战略风险与机会，并做出超出普通人眼界的战略判断与选择。

2006 年，Yahoo! 曾经想收购刚刚成立两年的脸书，并给出了一个极有诱惑力的报价——10 亿美元。要知道，当年的脸书还只是一个刚刚走出校园的弱小的社交网站，用户不过八九百万人，年收入只有区区

2 000万美元。扎克伯格每天都在担心强大的谷歌会不会推出跟自己相同的产品。10亿美元，对于扎克伯格这位只有22岁的年轻创业者来说，显然应该是天文数字了。

然而扎克伯格却拒绝了Yahoo!的收购。

董事会的其他成员疑惑不解，社会舆论更是各种嘲讽。扎克伯格却非常清楚自己在做什么。他认为，脸书的存在意义，是"让世界更加开放，更加紧密相连"。世界需要开放，人类需要联通，而自己的公司还能为此做更多的事情，也能在这个过程中，获得更多的商业机会，绝非区区10亿美元就能买下。

扎克伯格的坚持是有道理的。今天脸书的用户已经超过了数十亿人，市值也已经达到了6 800亿美元，跻身于全球十大市值公司之列。至于当年准备收购脸书的Yahoo!，却早已破产清算。这样的结局，靠的就是扎克伯格当年对自己、对大势以及对行业中竞争者的深刻理解。

关于"知"，孙子还说过一段名言："是故不知诸侯之谋者，不能预交；不知山林、险阻、沮泽之形者，不能行军；不用乡导者，不能得地利。四五者，不知一，非霸王之兵也。"

"伐交"的前提是什么？你得先了解诸侯各自的企图和动向。行军的前提是什么？你得熟悉行军所经地方的地形与风险。充分利用地形之利的前提是什么？你得用真正熟悉情况的本地人。

这些情况，只要有一样不了解，就不能算是王霸之兵。

企业竞争也是如此。

"伐交"就是资源整合。资源整合很重要，但如果你不了解各合作方的真正实力、真实意图以及长远的战略方向，你就没有办法有效地去整合资源，进行长期的战略合作。即使你暂时把它们整合在一起，也无非是同床异梦，到了关键时刻就会分崩离析。

"行军"就是市场行动。你进入一个全新的市场，你会遇到各种各样的风险。如果你不熟悉市场中潜在的风险就贸然投资，很可能会让你全军覆没，血本无归。

就像企业的国际化，进入的是往往是全新的市场。这样的市场，对于新来者往往有着许多捉摸不透的性格。如果你对市场分析不深入就匆匆进入，你进去之后往往会发现：表面是机会，踩下去却是一个又一个的坑。

2011年中兴在巴西的业务一年增长了两三倍，但核算下来却出现了千万美元的亏损，原因就是当地在税收体制、劳动法和央行的要求等方面，对外来企业存在很多陷阱。尤其是巴西的税收体制，可以轻松地让一个看起来有利可图的项目亏钱。

侯为贵事后反思说："我们在巴西（的这种经历）应该算是一个教训。今年，我们的控制力度就严了许多，不会像以前那样盲目往前冲。"

山林、险阻、沮泽……有形的陷阱，无形的陷阱，你在国内市场根本不用考虑、不会考虑的因素，在国外市场全部出现了。企业往往因此血本无归。

"向导"就是本土员工。为什么跨国企业到中国来以后，在用人上一定要本土化，用中国的商界精英和专业人士？很简单，只有本土员工，才能真正理解本土的市场，才能真正把握市场的机会与风险。

孙子还说："知吾卒之可以击，而不知敌之不可以击，胜之半也；知敌之可击，而不知吾卒之不可以击，胜之半也；知敌之可击，知吾卒之可以击，而不知地形之不可以战，胜之半也。"

只有了解了自己相对于对手的实力与局限、优势与劣势，了解了自己所处地形的远近、险易、广狭、死生，你才能根据自己的相对优势，来选择对自己最有利的战场与打法。

不熟悉的行业、不熟悉的市场、不熟悉的对手……情况不清楚，你就一脚踏进去，失败的概率一定很高。

他还说："故知战之地，知战之日，则可千里而会战；不知战地，不知战日，则左不能救右，右不能救左，前不能救后，后不能救前，而况远者数十里、近者数里乎？"

地，就是空间；日，就是时间。打仗一定要把握好空间与时间这两个要素，也就是在什么地方打，在什么时间打。这样你才能有效地动员、集中和利用你的资源，好钢用在刀刃上。否则，再多的资源，你也不知道在什么地方集中、什么时间集中。这样的资源再多，又有什么用呢？

在伊拉克战场，美军形成了所谓的"信息单向透明"，伊军却几乎变成了瞎子、聋子。所以一方为所欲为，可以千里会战；一方只能被动挨打，左右不能相救。

你的信息一旦被对方切断、误导，你就只能被对方塑造、摆布。上面我们讲到的所谓信息战，就是双方在信息层面的较量。

"料敌制胜，计险厄远近，上将之道也。知此而用战者必胜，不知此而用战者必败。"判断敌情，考察地形，这是高明的将军必须要做的事情。懂得这些道理就能打胜仗，不懂这些道理就要吃败仗。

"知战与不可以战者胜。"只打那些自己能够打赢的仗，避免打那些不能打胜的仗。能打就坚决打，不能打坚决不打。

在孙子的这些名言中，最广为人知的，当属"知彼知己，百战不殆"。你就是以前没有读过《孙子兵法》，大概也是知道这句话的。

但是这句话很多人会说错。"知彼知己"，很多人会说成"知己知彼"。

我经常用这句话来检验一个人有没有读过《孙子兵法》，或者至少有没有好好读《孙子兵法》。

如果一个人跟你讲"知己知彼"，那你基本上可以得出判断：这个人一定没有好好读《孙子兵法》。

《孙子兵法》中"知彼知己"出现过两次,全是"知彼"在前,"知己"在后。

我们不是有意抠字眼。孙子这样说是有他的道理的。有时候深一层的道理就蕴含在这些细节之中。

首先我们看,在战争的环境中,"彼"和"己"二者,谁最难搞清楚?一定是"彼",对手的情况。

战争是一种对抗行为。对抗的双方,都会尽量搞清楚对手的实力与意图,同时尽量隐藏自己的实力与意图,因此就会使用各种各样的误导性手段。这就使你很难搞清楚对手真实的情况。

在战争这样一种不确定的环境中,敌情是具有最大不确定性的因素。而自己一方的实力与意图,你当然是相对清楚的。所以,"知彼"一定难于"知己"。

不过,这还不是最关键的。

孙子把"知彼"放到前面的另一个原因,是我们前面反复讲的那个道理,作战是一种博弈活动,双方为了实现自己的目的,都会想办法尽量破坏对手的行动与计划。

所以,你的计划能否成功,往往并不仅仅取决于你自己,相反,在很大程度上取决于对手。

在这样的环境中,必然就会出现一个非常有意思的现象:你想怎么做并不重要,对手认为你会怎么做才是关键。就像四渡赤水一样,毛泽东想从什么地方突围并不重要,蒋介石认为红军会从什么地方突围才是关键;就像足球比赛一样,你会从哪个方向射门并不重要,对手判断你会从哪个方向射门才是关键。

在战争的环境下,了解对手的意图,了解对手的计划,了解对手的特点,从来都是你制订自己作战计划的前提。

所以,好的作战计划,一定是以对手的计划为起点的。

同样，好的市场计划，一定是以对手的计划为起点的。

管理学学者汤普森等人在《战略管理：概念与案例》一书中曾经指出，在竞争中，"力求更加深刻地理解你的竞争对手，比了解你自己甚至会更加重要"。因此，"成功的战略家往往会不辞辛劳地监测公司的竞争对手——渗透它们的战略，观察它们的行动，评价它们的强项和弱项，并尽量预测它们下一步将要采取的行动"。

迈克尔·波特也指出："制定战略的一项中心任务就是了解分析竞争对手。分析竞争对手的目的，是了解每个竞争对手所可能采取战略行动的实质和成功的希望，各竞争对手对其他公司在一定范围内的战略行动倾向可能做出的反应，以及各竞争对手对可能发生的产业变迁和更广泛的环境变化可能做出的反应，等等。"

最大限度地了解对手，针对对手进行深入而细致的分析，是取胜的前提。

用孙子的话说："凡军之所欲击，城之所欲攻，人之所欲杀，必先知其守将、左右、谒者、门者、舍人之姓名，令吾间必索知之。"凡是要打的敌方军队，要攻的敌方城堡，要杀的敌方官员，必须先弄清那些守城的将官、左右的亲信、传达通报的谒者、守门的警卫、宫中近侍人员的姓名，让我的间谍一定要侦察清楚。

对对手的了解，要做到如此精细的地步。

无所不用其间

对对手的了解很重要，但问题是，要靠什么手段来获得这样的"知"呢？

孙子说："先知者，不可取于鬼神，不可象于事，不可验于度，必取于人，知敌之情者也。"要想事先了解敌情，不可祈求鬼神，不可类比推测，不可用日月星辰的度数去验证，一定要从人、从知道敌情的人身上去了解。

这里指的就是"用间"。

在情报的搜集上,孙子非常强调间谍的作用,因而他专门以"用间"一整篇的文字,来论述间谍的使用。美国华盛顿有个间谍博物馆,其中有一个展厅就是以孙子的"用间"为主题。美国人评价说,这是人类历史上间谍理论的开山之作。

孙子把间谍分为五种:因间、内间、反间、死间、生间。因间,就是利用敌国的乡人做间谍;内间,就是利用敌国的官员做间谍;反间,就是利用敌人的间谍充当我方的间谍;死间,就是故意制造假情报,让潜入敌方的我方间谍得知并传给敌间,使敌人上当受骗,一旦败露,就可能会被处死;生间,就是能活着回来报告情况的间谍。

孙子认为,高明的用间者可以做到"五间俱起,莫知其道"。也就是同时采用多种用间的方法,让对手防不胜防。而且在他看来,"能以上智为间者,必成大功。此兵之要,三军之所恃而动也"。如果能用智慧高超的人充当间谍,就能建立绝世的功业。这是用兵的关键,全军都要靠它来决定军事行动。

战争的历史在很大程度上就是一部用间的历史,所以孙子说:"微哉微哉,无所不用间也!"

商业竞争中,间谍行为是非法的,但间谍的存在却是无法否认的事实。"力拓案"就让中国人尝到了商业情报泄密带来的苦果。

在力拓与中国钢铁业的谈判中,力拓掌握了中国主要钢铁企业详细的采购计划、原料库存、生产安排等数据,甚至连有的大型钢企每月的钢铁产量、销售情况都非常明晰。明晰到了什么程度?力拓甚至比有些中国钢铁企业的老总都更了解他们的公司。

中国是世界最大的铁矿消费国。然而在中国意识到出了商业间谍这一现实之前，中国钢铁业的铁矿石价格谈判，每一年都全军覆没。

据美国媒体的报道，名列《财富》全球 1 000 强的大公司，平均每年发生 2.45 次商业间谍事件，损失总数高达 450 亿美元。

实际上，在西方商业史上，商业间谍行为屡见不鲜。2001 年 4 月，宝洁公司公开承认，该公司员工曾雇用由越战期间的情报人员所开设的公司进行商业间谍活动，取得了自己的竞争对手联合利华有关护发产品的机密。

在这个名为"大牧场"的刺探计划中，宝洁所雇用的间谍谎称是清洁工人，顺利进入联合利华芝加哥分公司新产品办公处，用收集办公室垃圾的方式，得到了 80 份关于洗发和护发产品的文件。

这一行动持续了 6 个月之久，直到联合利华发现它们办公室的垃圾并没有被送到垃圾处理厂，而是被秘密送到了一个私人住处。

事情败露之后，宝洁公司不得不承认此举违反了商业守则，赔偿给了联合利华 1 000 万美元现金，开除了三个涉案的员工。宝洁公司的主席约翰·佩珀还亲自飞到位于伦敦的联合利华公司总部，归还了相关的文件，并保证不会使用其中的内容。

其实，根据法庭的文件显示，早在 1943 年，宝洁公司就对当时名为利华兄弟公司的联合利华使用过间谍手段。

宝洁公司收买了利华兄弟公司的一名员工，偷出了该公司准备推出的新产品"天鹅牌"肥皂。经过样品分析，宝洁公司用新配方改进了自己的"和平鸽"牌肥皂。

事情败露后，宝洁公司被利华兄弟公司以盗窃专利的罪名告上法庭，最后双方庭外和解，宝洁为此支付了赔偿金。

无独有偶，雅芳公司也曾经让公司的职员在自己的竞争对手玫琳凯公司总部外面的垃圾箱里，进行"淘金"式的情报搜集。为了搜集情报，雅芳公司甚至还设置了一个录像机，来记录所有从玫琳凯公司所在地搬运的垃圾。由此，玫琳凯公司的战略计划被雅芳了解得一清二楚。

当玫琳凯公司发觉雅芳公司的这一行动之后，向法院提起了诉讼，雅芳公司则声称它的所作所为丝毫没有违反法律。最后法院竟然判雅芳公司胜诉，因为法官认为，弃于公共财产之上的垃圾是每一个人都可以拿的。

间谍对于垃圾箱似乎总是异乎寻常地感兴趣。2000年，甲骨文公司的创始人兼首席执行官拉里·埃里森公开表示，甲骨文公司确实存在着针对竞争对手微软长达一年的"间谍行为"。他说，甲骨文公司曾派出私人侦探，去翻过竞争技术协会的垃圾桶，以搜索微软向该协会行贿的证据。

个性突出的埃里森强硬地说："我们绝对是做了收集情报的工作，而且我对搜索行为毫无抱歉的感觉。"

实际上，甲骨文公司本身也是竞争对手实施间谍行为的目标。2007年3月，甲骨文公司起诉了竞争对手SAP公司，指出后者曾非法破译了甲骨文公司的密码，从而强行下载了数千份甲骨文的客户资料以及数百份编程文件。

SAP公司虽然承认下载过甲骨文的文件，但坚持认为这是正常的商业行为。

美国通用汽车公司和竞争对手德国大众公司也曾经有过一场诉讼。曾在通用担任高级主管的何塞·洛佩兹被德国大众汽车公司挖走。离开通用时，洛佩兹带走了12箱的"私人文件"和多名高级助手。

2002年5月，通用汽车公司起诉洛佩兹和德国大众。法庭调查发现，洛佩兹带到大众的"私人文件"中，包括了通用的新车型计划和供货价格，甚至还有一份新车型生产线的详细方案。这些都是通用公司的高级机密。

在法庭上，检察官指出，洛佩兹带走的这些资料对大众公司有着极为重要的情报价值，大众公司完全可以利用这些文件，有针对性地采取行动，打乱通用的整个战略计划。

这一案件最后达成了庭外和解，大众公司同意解雇洛佩兹，并向通用公司赔偿1亿美元。洛佩兹也被判决向慈善机构捐献25万美元，作为不是惩罚的惩罚。

在间谍的问题上，战争与竞争毕竟不同。战争是你死我活的争斗，战争中的间谍行为可以无所不用其极，然而在企业竞争中，情报的搜集必须遵守特定的商业准则和伦理道德。

实际上，在大多数国家，商业间谍行为都是既违反法律也违背基本的商业伦理的。商业情报专家曾经警告过竞争者："违背伦理道德和法律搜集竞争情报是失败的商业行为，其所产生的负面影响和公共关系的恶化远远多于公司获得的利润。"

因此，竞争者一方面要加强警惕，防止对手的商业间谍给自己带来伤害；另一方面，在竞争情报收集的手段上，必须依法行事，公平竞争。

其实，在国家和战争领域，收集情报也并不必然意味着必须采用间谍行动。美国中央情报局局长艾伦·杜勒斯在《情报术》一书中说："搜集国外情报可以通过许多途径来完成，并非所有途径都是秘密的。"

事实上，在美国中央情报局的预算中，只有一小部分是提供给秘密活动的。在今天这样的信息社会中，尤其是在商业世界中，企业所需要的大部分情报都可以通过收集并分析公开的信息就可以获得。

有间谍，就有反间谍；有情报搜集，就有对对手的情报搜集加以利用。谍战最精彩的一面，往往就是"反间"的使用。

孙子认为，"反间"是"五间俱起"的关键，"五间之事，主必知之，知之必在于反间，故反间不可不厚也"。

在商战史上，聪明的管理者往往利用对手的情报渠道，巧妙地将错误的信息传达给对手，起到误导对手的效果。

20世纪80年代末，江森自控公司（Johnson Control）开发出来了新型的楼宇智能控制系统LOBA，并开始进行试验。在试验的过程中，江森公司得知，竞争对手霍尼韦尔公司（Honeywell）为了阻击自己的新产品，也准备开发它的控制系统。

为了误导霍尼韦尔公司，江森有意对现有的系统只进行了一个非常保守的升级。

在通过各种渠道了解了江森的产品情况后，霍尼韦尔做出江森的新产品并没有威胁的判断，因而决定放弃反击计划。

一年之后，江森公司在将LOBA重新命名为Metasys后，正式推向了市场。霍尼韦尔公司完全没有防备，眼睁睁地看着在一年多的时间里，江森公司从容不迫地巩固了它在新产品市场上的主导地位。

进入对手的头脑和内心

信息的搜集只是"先知"的第一步，能否根据搜集的情报做出准确的判断，采取正确的行动，关键还要看决策者的素质。

孙子说："非圣智不能用间，非仁义不能使间，非微妙不能得间之实。"不是圣贤睿智之人不能使用间谍，不是仁慈慷慨之人不能运用间谍，不是谋虑精细之人不能分辨证实间谍所提供情报的真伪。

回过头来看，战争史上很多的决策失误，其实并不是由于完全不了解对手的情况，而是由于不能从所掌握的情况中得出正确的判断。

珍珠港事件之前，美方其实已经掌握了日军进行战争准备的大量情报，并正确地判断出日军即将于12月7日对美开战。但是，美方却错判了日军的首轮打击方向，结果还是蒙受了珍珠港事件的惨重损失。

早在1941年1月27日，美国驻日本大使就曾向华盛顿报告说："日本正在准备突袭太平洋舰队的主要基地珍珠港。"此后近一年的时间里，美国情报机构几乎完全掌握了日本外交电报的内容，在这些电报中有许多与袭击珍珠港有关的迹象。可以说，在珍珠港事件爆发前，美方已经掌握了许多反映日军可能袭击珍珠港的重要情报。

然而，掌握了这些重要情报的美国政府和军政首脑机关，却没有从中做出正确的情报决策。

对于战争中的决策者来说，更可怕的是，你以为你知道，其实你并不知道。

20世纪60年代中期，麦克纳马拉成为美国国防部长。麦克纳马拉是哈佛商学院的MBA，曾任福特汽车公司董事长，极擅长定量计算与分析，并极其痴迷于数字式量化管理。

就任美国国防部长后，麦克纳马拉和他那些同样是哈佛商学院毕业的"神童"们，开始用商学院学到的并且在企业中行之有效的数字管理，来改造国防部，进行战争指导。

越南战争因此成了一场数字指导下的战争。战争进展的评估，完全变成了看板上的数据与表格：击毙了多少敌人、缴获了多少武器、俘虏了多少人员、平定了多少村落、飞机起飞了多少架次、运送了多少物资、投下了多少炸弹。

你要是在企业工作，对这一幕，有没有很熟悉的感觉？

关键是，大量的数据使得麦克纳马拉自信地认为，战场的一切都在自己的掌握之中。

他还亲自跑去越南给前线的部队打气，并自信地宣布："各种定量分析的结果都表明，我们在赢得这场战争。"

后来任美军参联会主席的鲍威尔，当时正以中尉的身份在越南做军事顾问。鲍威尔说，他听了麦克纳马拉的演讲，但他本人在越南山谷里见到的一切，没有一件事能表明美国正在取胜，或者能够取胜。

美国人后来检讨说，美军是以令人难以置信的无知走进越战的。

在大量的数据背后，美国人对自己出兵这个国家的语言、文化、传统以及历史，以及与自己正在作战的这个民族的特性，完完全全地不了解。

你以为你有了信息就能知道真相，但有了信息并不意味着你就掌握了真相。你以为你有了数字就可以制定战略，但数字本身从来不是战略。

在《创新者的任务》一书中，"颠覆式创新"理念的提出者克莱顿·克里斯坦森曾经讲过一个"奶昔之迷"的故事。

一家快餐连锁店为了提高奶昔的销量，想尽了各种办法。他们做了详尽的顾客调查，仔细描绘了典型的奶昔消费者的各种特征，还根据收集到的顾客意见，对奶昔的口感和销售策略反复进行了改进。然而，奶昔的销量却没有任何变化。

所有的人都很崩溃。营销团队最后决定抛开这些数据，去思考一个最原始的问题：顾客来买奶昔的真实动机究竟是什么。

他们很快就发现，奶昔的销售每天有两个高峰期：一个是早上9点之前，顾客匆匆忙忙进来买一杯奶昔带回车里，不买其他食物；另一个是在傍晚下班之后，不少家长会带着孩子来买奶昔。

在这两个时间段里，购买奶昔的可能是同一个人，但他们在不同时间段购买的真实动机却完全是不一样的。

早上购买奶昔的顾客还并不太饿，但他们要开很长时间的车去上班，估计到公司就会饿，所以他们想的是在开车的时候喝点什么，一方面给无聊的通勤时间增加一点儿乐趣，另一方面也可以抵挡早上的饥饿，而奶昔显然是最佳的选择。

而傍晚下班的顾客，是为了给孩子购买一点儿零食，同时又不想买垃圾食品，选来选去，也会买奶昔。

了解了顾客的真实动机，营销团队终于找到了真正有效的销售策略：

早上的奶昔应该分量更足、更浓稠，这样可以让开车上班的人在路上慢慢享用，还能耐饿；而傍晚，则应该推出专门的儿童杯，分量减半，强调健康，还不影响晚上孩子的正餐。

克里斯坦森说，在我们这样一个大数据时代，企业往往认为自己对用户的行为已经很熟悉了，其实并非如此。很多公司会迷信大数据，认为靠大数据就可以理解用户的行为，事实上用户的身高、性别、年龄，与他们购买某种产品可能并没有关系。只有分辨出真正有用的信息，你才能把握住真实的消费者行为。

的确，在今天这样一个大数据时代，决策者面临的往往不是信息不够，而是信息泛滥，以致无法区别到底哪些是有用的信息、哪些是无用的信息。

海湾战争中，在美军发起"沙漠风暴"行动的头 30 个小时，仅美军第一陆战队远征部队的指挥机构，就收到了 130 万份电子文件。这些海量的信息根本就没有办法进行处理。

美军在一次演习中，一个指挥官花了很多时间试图去找到一些关键的数据，最后却发现早在几个小时前他就已经收到了这些数据，只不过这些数据早已淹没在大量的文件中，根本没有办法找到。

日本情报专家实松让写过一部书叫《情报战》。他在书中说："情报再好，它本身也是起不了作用的，充其量不过是'乞丐的金饭碗'，或者只能供情报工作者本人'自我陶醉'。"

今天的计算机技术可以解决数据层次的情报问题，但不能解决理解和判断层次的情报问题。

如果你缺乏理解与判断能力，即使你看到了战场上的一切，也并不意味着你就理解了战场上的一切，更不用说做出准确的决策。就像你拥有了顾客和竞争对手的所有数据，但这并不意味着你真正理解了你的顾客和对手一样。

因此，仅仅掌握比对手更多的情报并不等于拥有情报优势，只有做出正确的情报决策，才能体现出对情报信息的正确认识，并充分发挥出所拥有的情报信息的潜在价值。

换句话说，只有将充分的情报信息与正确的情报决策结合在一起，才能真正达成相对于对手的情报优势。

实际上，信息并不具有同等的作用和价值。在实际的决策中，真正对做出决策起作用的，往往是少数几条最关键的信息，而大量的其他信息只起辅助性的作用。

除此之外，还有更多的信息根本就没有任何用处，徒然延长了决策者处理信息的时间，实际上妨碍了决策者及时做出正确的决策。

所以麦克阿瑟认为："一个指挥官最重要的作用是要从他所得到的情报中把5%的重要情况与95%的不重要情况区别开来。"

所以，"知"本身不是目的。高明的"知"，是要通过复杂的表象，直指对手行动的本质。用孙子的话说，是"校之以计，而索其情"。

同样的信息，对某些人可能就是普通的信息，但是真正的高手却可以透过人人都能见到的信息，看到表象背后的东西。

第二次世界大战时期，在苏联的一个军港，停泊着苏联海军正在休整的战舰，其中一条军舰的舰长是斯罗夫中校。一次中校在军港散步时，海面上的一群海鸟突然引起了他的注意。刚刚还是四处飞翔的海鸟，不知为何一下子聚拢在了一起，贴着海面，朝着港口的方向飞了过去。

斯罗夫中校拔腿就往回跑，他冲到最近的哨位，给码头作战值班室打电话，说有德国潜艇正在试图潜入港内发动袭击。

战斗警报拉响了，军港中所有的舰艇都应声驶离军港，在海面上保持战斗机动。苏军还出动了四艘猎潜艇进行搜索，结果很快发现并击沉了来袭的德国潜艇。

为什么从一群海鸟身上，斯罗夫中校就判断出德国潜艇来袭？

二战期间，德军发起针对盟军的潜艇战，除了用潜艇袭击商船，还经常用潜艇偷袭盟军的港口，给盟军造成很大的损失。

斯罗夫中校是一个富有海战经验的舰长。他知道，在海面上，海鸟飞来飞去是为了寻找鱼群。海鸟集中的地方，就是鱼群所在的地方。海鸟飞行的方向，就是鱼群游动的方向。海鸟突然向一个方向飞，说明这个方向的海面上突然出现了大量的鱼群。

海面上突然出现大量鱼群，只能有一个解释，就是水下有潜艇进入。潜艇的推进器侵扰了水下游动的鱼，鱼浮上了水面，引来海鸟争食。

所以海鸟争食的方向，就是潜艇前进的方向。

抗日战争时期的八路军战场上，也有一个类似的案例。

1942年夏季反扫荡时，八路军129师的一位侦察员捡来了一张日军扔的废纸，纸上写了一个数字"29"，还画了一个圆圈，圆圈中还有几个地名。

数字、圆圈、地名，在普通人眼里实在没有什么特别的关系。然而刘伯承马上意识到：日军将在29日，对圆圈中的这些地点进行合围。他立即命令圆圈内的八路军部队还有一个被服厂，立即撤离。

29日这一天，日军果然对这个地区进行了合围扫荡。然而八路军早已撤离，日军扑了一个空。

所以，信息固然重要，信息的解读能力更加关键；能否看到固然重要，理解看到的东西更加关键。

同样的现象，不同的人可以解读出完全不同的含义；同样的信息，在不同的人手中却有完全不同的价值。高手之所以是高手，就在于他们能够在各种复杂、混乱甚至自相冲突的信息中，上来就抓住决定对手行为最本质的东西，识别出决定全局走向的最根本的问题。

解放战争后期,国民党剩下的最主要的重兵集团就是白崇禧集团。如何歼灭白崇禧部,也就成了取得大陆战场最终胜利的关键。

1949年7月16日,毛泽东给林彪等人发了一封电报,专门就歼灭白崇禧集团的作战方针做了指导。毛泽东在电报中分析了白崇禧的特点:"本钱小,极机灵。"[1] 这个特点决定了白崇禧的行动极为狡猾诡诈,而且不到万不得已,他是不会和解放军作战的。

根据这样的特点,我们对付白崇禧,不要采取近距离迂回方法,而要采取远距离迂回方式。也就是完全不理会白崇禧部的临时部署,不跟他近身缠斗,而是远远地超过他,以大迂回的方式占领他的后方,迫使他最后不得不和解放军作战。

四野正是根据这一方针,一举全歼了白崇禧集团。

你看出麦克纳马拉和毛泽东在"知"的方面有什么不同吗?

在战争中,要想做到知彼,仅仅知道对手有什么装备、有多少兵力、有多少物资是远远不够的。

好的"知",一定要像毛泽东那样进入对手的大脑和内心,这样才能抓住核心,抓住要害,抓住本质,而不是眉毛胡子一把抓。

一言以蔽之,把握了他的心理与思维,你就可以把握住他的真实意图与下一步的策略和行动计划,从而提前做出准确而有效的反应,而不受他释放的各种信号、制造的各种假象所迷惑。对方的一切行动,也就都不会出乎你的意外。

这样的"知"才是深刻的"知",准确的"知",抓住本质的"知";而不是表面的"知",片面的"知",流于表象的"知"。

---

[1] 毛泽东:《毛泽东军事文集》第五卷,北京:军事科学出版社、中央文献出版社,1993年版,第635页。

在战争领域,人们很容易被表面的现象所迷惑,忘记了对对手的本质进行深入分析;同样,在商业世界,太多的竞争者也并没有真正深入地分析自己的竞争对手。

迈克尔·波特说,太多的竞争者,往往只是列出了对手的优势和劣势,却根本没有真正理解这样做的动机和他们竞争对手的行为,从而无法把握住对手对自己的行动的可能反应。这样的竞争分析是无助于竞争取胜的。

在波特看来,深入地分析竞争对手需要对下列问题做出回答:在产业中我们与谁展开争斗及采取怎样的步骤?竞争对手战略行动的意义是什么?我们该如何对待它?我们应当规避哪些领域,以防止竞争对手做出不顾一切的情绪化反应?

要回答这些问题,竞争者就必须对竞争对手的未来目标、现行战略、假设和能力进行深入的分析。

四者之中,波特更重视对对手的目标和假设的分析。如果说现行战略和能力反映的是竞争对手正在做什么和能够做什么,那么未来目标和假设反映的则是对手要想做什么、为什么想这样做,它们是驱动竞争对手行为的基本动因,因而是更为重要的因素。

以竞争对手的目标为例,波特认为这是预测和解释竞争对手所采取的行动的关键因素:"考察竞争对手的目标(以及他们如何针对这些目标评价自己)——竞争对手分析之第一要素——是非常重要的。对目标的了解可预测每位竞争对手对其目前财务状况是否满意,从而预测这个竞争对手是否将改变战略以及对外部事件(如经济周期)或对其他公司的战略举动做出反应的魄力。例如,一个注重销售额稳步增长的公司和一个注重保持投资回报率的公司对经济衰退或对另一公司市场占有率增加的反应可能会十分不同。"

波特认为,对竞争对手目标的了解,有助于解释竞争对手所采取的行动的严肃性；竞争对手为达到它的一个中心目标或寻求针对某一关键目标重振业绩而采取的战略行动绝对不是偶然的事件。

因此，对于管理者来说，竞争对手的目标分析非常关键，因为这能帮助公司避免那些可能会威胁到竞争对手达到其主要目标从而引发激烈竞争的战略行动。

波特举例说，企图占领竞争对手的母公司打算建立的业务阵地（或者对母公司来说有深厚感情的业务阵地），一定会导致爆炸性的后果。

同样，如果你进攻竞争对手期望有稳定销售的业务，一定会引发对手的激烈反抗，对手甚至可能会不惜以整个利润为代价反击。显然，对于管理者来说，进攻这样的市场和业务是非常不明智的。

除了目标分析，竞争对手分析的第二个关键性因素，是辨识出竞争对手的假设。

竞争对手的假设可以分为两类：竞争对手对自己的假设，竞争对手对产业和产业中其他公司的假设。

竞争对手对本公司的假设将指导它的行动方式和对事物的反应方式。例如，如果竞争对手自视为低成本的生产者，它就可能以自己的降价行动来惩罚一个降价者。

波特指出，竞争对手关于本公司的假设，可能是正确的，也可能是不正确的；如果对手对自己的假设是不正确的，就往往可以给有意发起进攻的公司提供一个非常有利的战略契机。

例如，假如一个竞争对手相信它的产品拥有市场上最高的顾客忠诚度，而事实上并非如此的话，那么刺激性的降价就可能是抢占市场的好方法，因为这个竞争对手很可能会拒绝做出相应的降价，它相信不降价的行动并不会影响它的市场占有率。只有发现已丢失了一大片市场时，它可能才会认识到自己的假设其实是错误的。

波特对目标和假设的重要性的分析可谓独具慧眼。竞争分析要想表现出过人的洞察力，真正达到孙子所说的"校之以计，而索其情"的境地，就必须像毛泽东分析白崇禧那样，深入到对手的思想、思维、心理和价值观。

只有这样，才能真正把握住竞争对手的行动模式，才能预知对手的下一步反应，从而使自己在竞争中把握"胜负之情"，取得主动地位。

我们为什么很难看清真相

利德尔·哈特有一部不太为人所知的著作，书名叫《山的那一边》。这个书名来自著名的威灵顿公爵，就是因为在滑铁卢之战中打败了拿破仑而青史留名的那位英国元帅。

威灵顿公爵有一位挚友叫约翰·威尔逊·克罗科尔，担任过英国第一任海军部长。有一次威灵顿公爵和克罗科尔一起旅行。旅途漫长而无聊，两人就以猜测山的那一边究竟是什么地形来消磨时光，而威灵顿公爵屡猜屡中。

克罗科尔非常惊讶。威灵顿公爵回答说："你知道为什么吗？为了猜测山那边的情况，我付出了一生的精力。"

利德尔·哈特说，"山的那一边"，在军事上，就是指分析和判断对手情况的能力。这种能力，往往只有久经沙场的老手和高手才具备。

拿破仑在总结自己的战争经验时也说："猜测敌军意图，揣度他对你的看法，隐藏自己的意图和目标，用佯动迷惑对方，用诡计欺骗对方，详细制订计划，在最有利的条件下与敌军作战，无论过去、现在还是未来，都始终是战争艺术的核心。"

所以若米尼曾经讲过一段非常精彩的话："假使要我考选将才的话，对于能够把敌人行动判断得清清楚楚的人，我会把他列入第一名，而对于深通战略理论的人，却还要摆在次一等。因为这种理论讲起来固然头头是道，而实际应用起来却非常困难。"

但是不幸的是，正如若米尼所言，尽管几乎所有的将军都知道"知彼知己"的原则，真实的战争史却再次验证了"知易行难"这句格言是多么正确。

知道一个道理很容易，真正做到却总是很难，就是拿破仑这样的天才也不例外。

滑铁卢之战那天用早餐的时候，拿破仑信心满满。他兴高采烈地对身边的参谋人员说："我们获胜的机会至少是90%，而失败的可能性不到10%。"

在拿破仑的眼里，威灵顿的杂牌军队不堪一击，一拳就可以将其打翻在地。滑铁卢之战，不仅使拿破仑输掉了战役，而且输掉了整个帝国。

当希特勒入侵苏联时，他得到了德军几乎所有高级将领的支持，包括号称最具有战略头脑的曼施坦因。而事实上，巴巴罗萨计划依据的全是一些不切实际的假设。在那一天，德国在二战中的悲剧命运就已经注定。

但这并不是德国在二战中唯一的一次误判。珍珠港事件后，当希特勒宣布德国向美国宣战时，国会大厦响起的是雷鸣般的掌声。没有人知道，希特勒正在将德意志民族引入多么大的灾难。

这样的错误实在太多了。二战之前，法军的作战计划是以四个认知为基础的：（1）马其诺防线是不可能被突破的；（2）阿登山区足以限制大兵团的运动，尤其是对于装甲部队而言；（3）比利时是中立国，必须等到德国侵犯了其中立之后，法军才能进入比利时境内；（4）德国人还是会采取1914年的施利芬计划，也就是以比利时为主要方向发动入侵。

他们对最后这一点尤其确定，因为比利时中央平原最适宜装甲兵的活动。所以法国所制订的战争计划的要点，就是如何去阻止这个比利时中央平原落入德军之手。

最后的结果，你当然早就知道了。

国民党发起内战时，也曾经做过战略评估。在对双方的军队规模、装备水平、经济基础等方面进行比较之后，陈诚给出的判断是国民党军占据绝对优势，三到六个月即可解决内战问题，而何应钦的评估结论是需要两到三年。

蒋介石选择了陈诚的判断。三年之后，战败的国民党被赶到了台湾。

甚至麦克阿瑟也不能幸免。仁川登陆之后，著名的美国专栏作家约瑟夫·艾尔索普来到麦克阿瑟身边，向他发出中国可能参战的警告。

麦克阿瑟对此嗤之以鼻："艾尔索普，实际上如果你还准备待在这儿的话，我觉得你在浪费自己宝贵的时间。"

麦克阿瑟为此付出了惨重的代价。

我们再将目光在历史长河中放长一点，你会发现这样的记录还会有一大串：拿破仑1812年入侵俄罗斯，美国1965年直接介入越南战争，苏联1979年入侵阿富汗，萨达姆1990年入侵科威特……

人类不断地在错误的时间、错误的地点，以错误的方式和错误的对手打那些错误的战争。

失败的结局往往是因为错误的决策，而错误的决策又往往是因为错误地认知和判断了形势。

为什么这么多的战略认知会错得这么离谱？

当然，这跟战争本身有关系。战争的特点就是复杂、易变、模糊、充满了不确定性。用克劳塞维茨的话来说，军事行动所根据的因素总有四分之三隐藏在迷雾之中。

在这样的环境下，"知"本身确实并不容易，永远会有你预想不到的事情发生。

伯罗奔尼撒战争是希腊历史上最著名的一场内战，战争的双方分别以雅典和斯巴达为首。而这场战争的起点，是底比斯偷袭普拉蒂亚。

底比斯是斯巴达的盟友，而普拉蒂亚属于雅典阵营。普拉蒂亚与底比斯相距不到8英里，地理位置极为重要，两个城邦是多年的宿敌。底比斯一直想控制普拉蒂亚，普拉蒂亚内部的寡头派，也早就与底比斯人进行了勾结，希望借底比斯人之手，推翻自己城邦中占主导地位的民主派。

公元前431年，底比斯精心制订了入侵普拉蒂亚的计划。计划看起来完全是建立在知彼知己的基础上的：

普拉蒂亚只是个小城邦，公民不到1 000人，可以轻松得手；

普拉蒂亚城里有寡头派甘心做底比斯人的内应；

普拉蒂亚的靠山雅典此时正陷入和斯巴达的对峙，自顾不暇，没有余力派兵救援普拉蒂亚；

为了保险起见，底比斯决定采取晚上偷袭的方法。

该了解清楚的都了解清楚了，能想到的问题也都考虑到了，一切准备妥当。

于是公元前431年3月，一个乌云压城的夜晚，一支300多人组成的底比斯先头攻击部队，偷偷潜入了普拉蒂亚的领地。

最初，一切似乎都天衣无缝。这支先头部队在入夜时分到达帕拉提的城门。城内的内应制服了守卫，打开了城门，占领了措手不及的普拉蒂亚。底比斯主力部队也正在飞速向这里赶来进行增援。看来大局已定。

然而，一个意外发生了。暴雨突然降临，阿索波斯河水位暴涨，河岸都被淹没了。正在赶来的主力部队火炬被大雨浇灭了，在一片黑暗中，在山区的小路迷失了方向。

而这时，已经从惊慌中平息下来的普拉蒂亚人突然发现，其实进入城内的敌人并不太多。

勇气立即恢复了，他们凿穿房屋之间的墙壁，聚集在一起，并迅速开始了有组织的反击。

这下子轮到底比斯人陷入恐慌了,他们原来预期的是,至少在主力到来之前,他们都可以轻松控制局势,然而事实上普拉蒂亚人并不轻易认输。

普拉蒂亚重装步兵在街道上向底比斯人发起进攻,妇女和奴隶则爬上屋顶,一边喊叫一边向入侵者投掷石块和瓦片。

在黑暗而陌生的城市里,底比斯人如无头的苍蝇,只顾四散逃命。熟悉地形的普拉蒂亚人不断追击、砍杀。一些底比斯入侵者被俘虏然后处死,剩下的底比斯人也被迫投降。

当底比斯的援军终于赶到时,他们看到自己的先头部队已经全部被歼,而城门也已经牢牢地关闭了。

这就是我们前面讲过的战争中"知"的一个特点:你以为你知道,其实你并不知道。

毫无疑问,这确实增加了我们在战略认知上出错的可能性。

不过,这并不是问题的全部。复盘我们上面所说的各个案例,我们就会发现,在这些错误认知的背后,是决策者都过高地估计了自己,过低地估计了对手。

过度自信,从来都是人性的组成部分。

心理学有一个专业名词,叫"优于平均效应":每个人都会觉得自己的能力和表现要超出人类的平均水平。

有学者做过这样一个研究:研究者向 1 000 名工程师发了问卷调查,请他们就自己和同行的业务水平做一个评估。你猜结果是什么?超过 33% 的工程师认为,自己的水平处于行业的前 5%。

这显然不科学。

无独有偶,还有一个同样的研究项目,这次是面向一群大学教授的。94% 的教授认为自己的水平，在自己所在的专业领域，可以进入前 50%。

企业家也好不到哪儿去。多项研究表明，企业投资项目的成功概率只有 33%。然而调查结果显示，有 1/3 的企业家认为自己的成功概率将是 100%。再加上其他的数据，平均算下来，认为自己的成功概率会在 70% 以上的企业家，占到了 80%。

将军们呢？恕我孤陋寡闻，我还没有看到关于军人的研究数据。但是我可以告诉你这样一个史实：第一次世界大战爆发的时候，几乎所有的参战方都认为自己将是赢家，几乎所有的参战国都是兴高采烈地进入战争的。

或许我们每个人都是如此。你可能知道这样一个段子：如果你让组织里每个人都说一说自己对组织成功所做贡献的占比，加起来你会得到 300%。

其实这也算不上是段子。桥水的创始人达利欧说，在桥水，这一数字是 301%。

心理学中还有一个概念，叫"基本归因错误"。这一概念说的是，当我们评价自己时，我们通常会把成功归因于自己，而把失败归因于环境。

但当我们评价别人时，却恰恰相反。

对于战争或者竞争中的决策者来说，这种过高估计自己优势的心理倾向，会带来一个严重的问题，就是会让决策者的认知充满了错觉，甚至产生一种一切都在掌控之中的虚幻，因而无法对所处的态势形成真实的感知。

无知不可怕，可怕的是我们自以为知道。

不过，让你看不到真相的，可不仅仅是过于乐观。研究表明，人类的认知还有一个弱点，这就是我们总是以自己喜欢或者希望的样子来观察世界，而不是以其本来面目来看待它。

人对世界的认知是有选择的。人往往只看到自己相信的东西,或者希望看到、愿意看到的东西。这就会让我们对很多信号视而不见。

伦敦大学学院神经学家塔利·沙罗特等人发表在2019年英国《自然·神经学》的研究成果表明,人的大脑具有阻止我们看到反对意见的力量。当某个信息不符合我们的世界观时,大脑会视而不见,充耳不闻。

沙罗特举例说:当人们在互联网上搜索时,如果初步结果提供的是自己不想要的信息,他们就会停止搜索。参与实验的伦敦城市大学研究人员安德烈亚斯·卡珀也说,他们的研究发现,当人们意见不同时,大脑就不能记录反方意见。

这种认知的局限和上面我们所说的过于乐观结合一起,就会形成所谓的认知偏见,蒙蔽了决策者的眼睛。

尤其是那些过去曾经很成功的决策者,一帆风顺的经历会让他们越发自信,甚至志得意满。这样的决策者,认知上的偏见往往会更加严重,并最终形成致命的战略盲点。

在战争中,为什么会有那么多的人对真实的情报视而不见?原因就在于决策者过于相信自己原来的认知与判断。尤其是当这种自信发展到狂妄的地步的时候,决策者就不可能相信那些跟自己原来的判断不相符合的东西。

在孟良崮战役中,张灵甫其实有很多机会可以逃过覆亡的命运,大量的情报都在显示华东野战军已经准备对他下手。但是,张灵甫始终认为共产党军队根本不具备吃掉整编七十四师的能力,因而对于华东野战军已经准备围歼他的情报,一概斥为虚妄。

当一个指挥官因为偏见而失去基本的判断能力的时候,最好的情报也没有价值。

雪上加霜的是,不愿意相信与自己的认知不符合的情报的那些决策者，还往往会发展到这样的地步：不仅闭上了自己的眼睛，还会堵住别人的嘴巴。

因为不喜欢坏消息，所以连带不喜欢带来坏消息的人。

听过"花剌子模的信使"的故事吗？据说中亚古国花剌子模有个奇怪的风俗：凡是给君王带来好消息的信使，就会得到提升；而那些给君王带来坏消息的人，则会被送去喂老虎。

在这样的组织中，慢慢就会形成这样的机制与文化：那些看到真相的人不再会说出真相。决策者越来越听不到真实的声音，组织对真实世界的认知与反应能力也就会越来越迟钝。

曾经有历史学家评论说，如果说希特勒能够听取与他的判断不同的忠告，比如布劳希契在敦刻尔克问题上、加兰在不列颠之战期间、曼施坦因在斯大林格勒战役时、隆美尔在阿拉曼战役之前、古德里安在库尔斯克会战之前，以及许多将领在任何其他场合提出的积极建议，德国在战争中将处于更加有利的地位。

事实是，那些试图向他提出逆耳忠言的高级将领——哈尔德、蔡茨勒、古德里安、曼施坦因、克卢格——一个个都被他先后革了职。

一个不愿意听到真话的领导，必然会有无数个不愿意说出真相的下属。

越来越多看到真相的人开始保持沉默。德军的战争也越来越成为希特勒"一个人的战争"。而希特勒的自欺欺人，最终将德国引入无可挽回的败局。

所有那些屏蔽掉刺耳声音的组织，最终一定都会付出极为惨重的代价。

遗憾的是，这样的一幕，在任何时代、在任何类型的组织，也包括商业组织中，我们都能不断地看到。

曾经的手机巨头诺基亚却在手机业务上失败了，原因究竟是什么？表面上看来，是战略和技术上的失误，其深层的原因，却是源于组织的自欺。

欧洲工商管理学院（INSEAD）的研究者在对诺基亚公司76位原

高管人员、中层管理者、工程师和外部专家的访谈之后得出了结论：诺基亚是被"个性很强的领导人和胆小怕事、害怕说出真相的中层管理者"毁灭的。

一位诺基亚的中层经理讲，当他做一个图表时，他的上司告诉他，要把小数点向右移动，这样才不会被骂。然后，他的上司就拿着这个改动后图表，向高层做了汇报。

这位经理说，有些时候，每个人都知道出了问题，但是我们会想，"为什么要向高管们报告这些呢？它不会使事情变好"。

一层一层的隐瞒，一层一层的过滤，信息未能上达，坏消息都被屏蔽，真正的问题被掩盖。为了KPI（关键绩效指标）人们开始作假，中层向高层报喜不报忧。高层被蒙在鼓里，缚入信息的茧房。核心的决策层几乎丧失了基本的现实感，不清楚外面的世界正在发生什么，当然也就无法做出正确的决策。

一直到诺基亚把自己卖给微软时，CEO还很困惑而委屈地说："我们没有做错什么。"

你看，高估自己优势的人性导致的错觉，认知偏见导致的战略盲点，再加上听不到真实声音的组织文化——这三项之中有了一项，就可以让你无法看清真相。

三项加起来，恭喜你，再好的组织也足以被毁掉。

关于"知"的三条忠告

让你看不清这个世界的，更多的不是世界本身，而是人性。认识到人性的局限与人在认知上的非理性，反而会让你更好地看清你自己，以及你所在的世界。

要想真正做到"知"，你需要注意三条：一是要保持清醒的危机意识和风险意识；二是要保持对真实世界的感知能力；三是要把你的认知看成是一个学习的过程。

要想做到"知"，第一条就是要保持清醒的危机意识和风险意识。

利德尔·哈特曾经警告将军们："在战争中，最重要的一点是，不要把敌人估计得过低。"明茨伯格也警告企业家们说："实验证明，企业的实际优势比想象的要小得多，而实际劣势却比想象的要大得多。"

过于谨慎和胆小当然成不了事，但更多的领导沦为了狂妄与傲慢的牺牲品。

几乎所有的领导者都有一个共同的特质，就是他们向来不缺乏自信。所以决策的失败，大部分不是因为高估了对手，而是因为高估了自己。

战争最大的特点是，所有的决策都关系到生死。孙子在他的兵法开篇就发出了这样的警告："兵者，国之大事，死生之地，存亡之道，不可不察也。"

要么生，要么死；要么存，要么亡。非常残酷，也非常直接，没有什么中间地带。所以你对风险一定要高度清醒、高度冷静、高度理智，不能有半点儿马虎和大意。

在战争领域，一个错误的决策，就足以导致灾难性的后果。在关键的节点，做出不同的战略选择，会推动着战争向着不同的方向发展，甚至导致战争出现完全不同的结局。

很少有人会在商业世界中面临战争那样生与死的问题，但是在商业社会中，失败同样无所不在。商场与战场比起来，对于失败者来说，结果都同样残酷无情。

所以战争也好，商业也好，清醒地把握形势，都是组织生死存亡的关键。尤其是对于环境所潜存的危机与风险，一定要有足够的警惕，足够的估计。

志得意满从来是决策的大忌，危机意识才能使你保持清醒的头脑。孙子说："夫惟无虑而易敌者，必擒于人。"不深思熟虑却轻视对手的人，一定会被对手所擒杀。

　　所以他警告说："明君慎之，良将警之。此安国全军之道也。"明智的君主和优秀的将帅，一定会保持慎重警惧之心来对待战争，这样才是安国全军之道。

　　曾国藩曾经讲过自己打仗的亲身经验："每介疑胜疑败之际，战兢恐惧，上下怵惕者，其后常得大胜；或当志得意满之候，各路云集，狃于屡胜，将卒矜慢，其后常有意外之失。"

　　所以曾国藩一生用兵，时时刻刻用"敬戒恐惧"提醒自己，保持一种如临深渊、如履薄冰的紧张与清醒，不敢骄，不敢怠，不敢慢。这使他始终可以对形势有着超出常人的清醒认识，从而保证了他在决策上不出现的问题。

　　我们前面讲过吴起，吴起一生没有打过败仗，真正做到了孙子所说的"百战不殆"。有人问吴起为什么可以不打败仗？吴起讲了五个字："虽克如始战。"

　　虽然打了胜仗，但你永远要像在打第一仗一样。

　　你从来没有打过仗，会是什么样的心态？小心谨慎，战战兢兢，全力以赴，唯恐出现问题。结果打赢了。

　　赢了你就会自信，自信就会自负，自负就会狂妄，狂妄就会大意，大意就无法认清真相，因此导致失败。

　　失败往往会在将军自我感觉最好的时候突然降临。

　　"虽克如始战"，就是你的内心一定要始终保持小心谨慎的危机意识，这样你才能始终保持清醒的头脑，认清这个世界的真相，从而始终做出明智的选择。

　　孙子也讲过一句话："不尽知用兵之害者，则不能尽知用兵之利也。"

如果你不能清醒把握你的行动背后可能存在的问题与风险，你就没有办法真正把握你的行动可能给你带来的机会与利益。

贪婪是人性的组成部分，过于乐观也是人类的通病。二者叠加的结果，是人首先看到的往往是有利的、可行的方面，因而被貌似辉煌的前景所吸引，却忽略了那些不利的、不可行的因素。而最后让你一败涂地的，恰恰是那些为你所忽略的东西。

只有清楚哪些因素会让你做不成事，你才能真正享有你该享有的收益。

所以孙子强调，在认知的时候，一定要先知"害"，再知"利"。在有利的因素面前，更要提醒自己有足够的风险意识。保持清醒，安不忘危，对困难和不利的因素有足够的估计，在最乐观的气氛中也能保持适度的悲观，这是高手在战略思维上的共同特质。

所以，好的战略认知，一定是首先发现组织存在的关键问题，认清组织所面临的主要挑战，并在此基础上提出有效的应对预案。

国共合作抗日的短暂蜜月期，八路军一些高级将领曾经一度对与国民党军队配合作战非常乐观，毛泽东专门提醒将领们，打仗的时候，一定"要顾到友军不可靠时的处置"[①]。皖南事变期间，他还专门给周恩来发报说："我们应估计到最困难最危险最黑暗的可能性，并把这种情况当作一切布置的出发点，而不是把乐观情况作出发点。"[②]

林彪指挥作战，也强调一定要"先把最坏的情况想透"。他说："要把各方面的问题想够、想透。每次战役、战斗的组织，要让大家提出各种可能出现的问题，要让大家来找答案，而且要从最坏的、最严重的情况出发来找答案，把所有的问题都回答了，再没有问题没有回答的了，

---

① 毛泽东:《毛泽东军事文集》第二卷，北京：军事科学出版社、中央文献出版社，1993年版，第 80 页。

② 毛泽东:《毛泽东军事文集》第二卷，北京：军事科学出版社、中央文献出版社，1993年版，第 567 页。

这样打起仗来才不会犯大错误，万一犯了错误，也比较容易纠正。"[1]

投资界有一句名言：永远不要以安全的未来收益来评估现在的价值。当你分析环境的时候，对困难的估计宁可要充分一些。

只有做好最坏的准备，你才能争取到最好的可能。

所以，好的认知，一定要从最困难、最复杂的情况着想，要估计多种可能，并制订多个方案，做好多手准备，从而保证不管遇到什么情况，你都可以从容而积极地应对。

要想做到"知"，第二条是必须保持对真实世界的感知能力。

美军前参联会主席科林·鲍威尔有一条著名的原则："战地指挥官总是对的，后方指挥所总是错的，除非有证据证明情况相反。"

无论是在军队还是在企业，往往有这样的现象，领导的层次越高，离真实的世界就越远，就越难听到或看到真实的情况。

在这种情况下，管理者要想掌握真实信息，做出正确的判断，深入一线、与现实保持血脉相通的联系这一条，就尤其重要。

对于战争中的将军们来说，战场是最好的情报来源，优秀的将军必须深入一线，因为战场的现场感觉远远要比成堆的抽象数据更有价值。

你不能完全依赖别人提供的信息，什么都代替不了指挥员自己的现场感觉。

我们前面讲过斯罗夫和刘伯承的传奇性直觉。这种直觉能力的背后是什么？是他们久经沙场的战争经验，是他们在此基础上对现场事物的那种清晰体感，以及由此产生的对对手行动的深刻理解与洞察。因此他们只需要一点点信息就可以激活自己的思维，仅凭直觉就可做出正确的判断，做到了洞若观火。

---

[1] 李德、舒云：《林彪日记》，香港：明镜出版社，2009年版，第163页。

在竞争世界里，保持对市场的真实感觉，对于决策者同样至关重要。

汤普森说："要做到成功地预测竞争对手的下一步行动，你必须对竞争对手有一个良好的感觉，对其管理者的思维方式有一个良好的感觉，对其当前的战略选择有一个良好的感觉。"

这种感觉同样不可能单纯依靠下级的汇报就能形成。明茨伯格曾经很尖锐地说："信息可以在不失真的情况下，集中起来发送给上级。这其实是一个经常实现不了的假设"。

在层层的信息反馈中，领导总是最后一个知道真相的人。打破这种信息的牢笼，你就必须走到一线。所以，就像在战争中，一线的战场是最好的情报来源一样，在竞争中，最好的情报来源一定是一线的市场。

真正优秀的管理者，必须像优秀的将军一样，直接深入一线，与市场一起共同呼吸，把握住市场的脉搏与起伏。

明茨伯格说："有成效的战略家不是把自己从日常细节当中分离出来，而是将自己沉浸于日常细节当中，并能够从中得到战略启示。"

这样你才能不仅仅是用眼睛去观察、用耳朵去倾听，更重要的是还用心灵去感受，从而敏锐地感知和捕捉到那些即将发生变动的最细微、最模糊的信号。

所以，虽然有了最先进的信息技术，但沃尔玛公司的最高执行官还是会用相当多的时间到街上去走访他们的商店，审视竞争的情况。沃尔玛的高层管理者非常清楚，对真实情况的了解产生于直接地看、听、摸，这种真实的体感是无法通过任何其他途径取得的。

索尼的首席执行官出井伸之也喜欢在周末的时候徘徊于东京的各个电器商店，与售货员和顾客谈论自己的竞争对手的产品。

马云也有一个习惯，就是会不断地到各个办公室转来转去，用他的话说，就是"闻味儿"。

《追求卓越》的作者汤姆·彼得斯称这种管理方法为"走动式管理"。

通过这样的"走动式管理",管理者就可以像优秀的将军一样,敏锐地把握住市场的潜在变动和对手的深层意图,从而始终保持对真实情况的感知能力。

明茨伯格说,"仅仅坐在办公室里臆想战略,而不是在与实实在在的产品和顾客的接触中总结战略是非常危险的事情"。

对于所有的决策者来说,这都是极好的忠告。

一个决策者,一旦发现自己已经失去了对真实世界的体感,最好的办法,要么赶紧走出去,沉下去,要么赶紧辞职走人。否则,他注定会离真相越来越远,接下来带给组织的,一定会是灾难。

要想做到"知",第三条就是把你的认知变成一个持续、动态、开放的组织认知过程。

战争的特点是什么?相信你已经很熟悉克劳塞维茨的那句话了:充满了不确定性。

1986年,对克劳塞维茨思想情有独钟的美军,提出了一个描述当代战争环境的经典概念,这个概念今天也已经被商界普遍接受。这就是所谓的VUCA,中文有人翻译成"乌卡"。

第一个字母V,代表的是volatility,也就是易变性。事情变得非常快,变化又在催生新的变化,高度的动荡和不断的迭代成了我们这个时代的基本特征。

第二个字母U,代表的是uncertainty,也就是不确定性。越来越多的事件难以被预先发现和提前准备,没有意外才是真正的意外,你无法把握和掌控所有的可能性。

第三个字母C,代表的是complexity,也就是复杂性。各种力量在相互影响,充满了矛盾和错综复杂的缠结。

第四个字母A,代表的是ambiguity,也就是模糊性。相互影响的方式和关系还不明确。因果关系混杂在一起，边界越来越模糊不清，泾渭分明、非黑即白越来越成为奢望。

环境是动态的、不确定的、复杂的，而人的理性与认知能力总是有限的。在充满变数的不确定环境之中，人们对于大势的理解不可能一步到位。正如我们前面所说，没有人从一开始就能看到结果，更没有人会一次性看清所有的过程和细节。

但是我们可以在行动中不断地获取新的信息，从而调整自己的认知与策略。这才是我们在不确定环境下的认知常态。

在这种情况下，人的认知和行动就不可能是完全割裂的。相反，很大程度上是一体的。认知的同时行动，行动的过程中产生新的认知。人的认知过程因此注定会成为一个反复和持续的过程。

你必须持续不断地调整你的认知，你的认知需要不断地修正。当我们这样做的时候，我们对认知就会有了一个更动态的看法。

在这种动态的认知过程中，你当然需要一个大势方面的初步判断，但是你自己要清楚，你这个判断只能是模糊的，也有可能是错误的，你可能要预计几种不同的发展方向。

但是没关系，你总需要一个认知的起点和框架，把你的认知看成是一个反馈与迭代的过程。你根据这个起点和框架去试探，去修正，根据环境的反馈不断调整你的预期方向，始终对多种可能性保持开放的心态，直到真正的方向开始逐渐显现，你就可以一步步地收敛你的方向，然后在你所收敛的大方向去搜集更多的信息，去细化你认知的颗粒度，从而做出真正准确的判断，形成真正可行的方案。

要把认知看成是一个持续进行的过程，而不是一次性完成包打天下。这个观点其实并不新鲜，毛泽东很早以前就讲得非常清楚了。他说，在战争中，为了获得正确的认识，往往要经过由"实践到认识"，由"认识到实践"，再由"实践到认识"这样的反复循环。

所以他说，认识战争情况的过程，不但存在在军事计划建立之前，而且存在于军事计划建立之后。计划作战是战争认识的第一个过程，实施作战是战争认识的第二个过程。第二个过程与第一个过程同样重要。

计划作战是认识的第一个过程，就是作战计划建立之前对战争情况的认识过程。在制订军事计划时，首先要使用一切可能的和必要的侦察手段，对敌我双方各方面的情况进行必要而周密的侦察和了解。

你要对所得到的材料要进行"去粗取精、去伪存真、由表及里、由此及彼"的思考分析，从中得出判断，定下决心，做出部署。

计划确立并付诸实行之后，你的认识开始转入第二个过程。毛泽东强调，"从开始执行起，到战局终结止，这是又一个认识情况的过程"。在第二个过程中，第一个过程的认识是否符合实际情况，需要重新加以检查："如果计划和情况不符合，或者不完全符合，就必须依照新的认识，构成新的判断，定下新的决心，把已定计划加以改变，使之适合新的情况。"[①]

在毛泽东看来，战争中的各种矛盾有一个展开和暴露的过程，而且是不断变化的。因而对战争中各种矛盾的认知，就不可能一次完成，而是必须通过战争的实践，使你的认知不断深化，并使你的认知过程贯穿于战争的始终，这样才能使你的主观认知与判断最大限度地逼近客观实际。

在这个过程中，每个人都可能会犯错，每个人都可能会出现认知与判断的失误。即使是毛泽东这样的高手也不例外。1941年下半年，毛泽东曾一度判断苏联1942年可以打败德国、中国1943年可以打败日本。1946年，毛泽东也一度乐观地认为，国共之间有可能会避免内战。[②]

错误和失败本身就是动态环境中人的认知的组成部分。你所能做的，是尽量少犯错误，尤其是少犯根本性的错误。更重要的是，万一犯

[①] 毛泽东:《毛泽东军事文集》第一卷，北京：军事科学出版社、中央文献出版社，1993年版，第699–700页。
[②] 陈继安等:《毛泽东军事思想新论》，北京：军事科学出版社，1995年版，第190、199页。

了错，你可以马上改正，并从错误中吸取教训。

就像四渡赤水一样，正是在鲁班场之战失败的基础上，毛泽东才形成了通过三渡和四渡相结合，来调动敌人、摆脱追敌这样一个一气呵成的方案。

打得赢就打，打不赢就走。错了，就放弃过去的设想，调整新的方向。

任正非曾经讲过一句话："什么叫失败？你走了此路发觉不通，你告诉你的同志这条路走不通，咱们换条路走，那也是成功。在人类长河中，对未知的探索没有失败这个词。"

而要做到这一条的前提是，你的认知必须要始终保持开放和无我的心态。

苏格拉底说："我唯一知道的，就是我一无所知。"孔子说："知之为知之，不知为不知，是知也。"老子说："致虚极，守静笃。万物并作，吾以观其复。"桥水的创始人瑞·达利欧也说："相对于你需要知道的东西而言，你真正知道的东西或许是有限的，承认这一点是明智的。"

放下认知上的"我执"。不要把自己的判断变成不可冒犯的神圣的东西，你要清醒地认识到你肯定会受制于人类固有的认知偏见的事实。把你的权力和角色意识以及由此带来的自尊心放到一边，否则它们会封闭你的心智。

你要把自己的认知与判断看成是开放性的过程，并根据不断变动的环境，经常对自己的认知结论加以自我审视，同时也要允许别人挑战和质疑你的认知。所有的挑战和质疑，都是帮你修正自己认知的好机会。

能证明你的判断是对的，固然可喜；证明其实你是错的，可能更加可贵。明智地承认自己的错误，坦然地接受自己的局限，恰恰是你突破认知偏见、打开认知边界的开始。

带领诺基亚"咸鱼翻身"的新任董事长李思拓，在他的新著《偏执乐观》中说："永远不要迁怒于事实，尤其不要对那些指出事实的人勃然大怒。人们带来的消息越糟糕，你就越应该表示感激，这样才会鼓励他们今后也及时跟你分享'坏消息'。"

当然，这并不是说每一个质疑都一定正确，每一条意见你都非得认可，这正是你需要判断和决策的。一定有人看得比其他人更清楚、更正确。如果你是决策者，你必须对认知的结论做出决策并承担责任。

但是，每个人的观点都值得你去尊重和倾听，并不是只有你自己才有认知这个世界的权利。兼听则明。封闭才是认知的最大敌人。

通用电气前董事长杰克·韦尔奇以拥有一颗"超强大脑"而著称，但是韦尔奇讲，一定要"让每个人、每个头脑都参与到公司事务中来"，他甚至说："讨论和研究可以连续几个小时地进行，但是一定要争吵，以贴近真实答案。"

曾国藩也说："凡天下事，虑之贵详，行之贵力，谋之贵众，断之贵独。"决断的时候你一定要自己来拿主意，但前提是，谋划的时候你一定要多听听他人的意见。

所以，在认知的过程中，你应该关心什么是对的，而不是谁是对的，更不应该认定只有你才是对的。形成人人都可以参与认知的组织机制和文化，你就可以把你一个人的认知，变成组织的共同认知的过程，进而变成组织学习和成长的过程。

在这样一个持续、动态、开放的组织认知过程中，你和组织的认知，就会越来越接近真相。

第十二讲
将道：动态环境的领导

再好的取胜原则也需要优秀的领导去实施。在复杂、残酷、危险、紧张的战争环境中，将军必须展现出卓越的领导力，才能率领士兵去取得胜利。

同样，在复杂、动荡而充满压力的商业环境中，优秀的领导者也需要强大的领导力，才能赢得下属的信任，打造出有凝聚力的团队，释放出组织的能量，全力以赴，赢得竞争。

孙子提出将军应该具备"五德"，避免"五危"，此外还提出了"进不求名，退不避罪""上下同欲""与众相得""静以幽、正以治"等具体要求。

将道

进不求名，退不避罪

读《孙子兵法》，你会发现一个非常有意思的现象。孙子写作不像我们今天，写东西一定会有一个主题，一路围绕主题写下来。孙子的十三篇，往往每一篇的前面，讲的是作战原则，也就是仗应该怎么打；后面紧跟着往往就会讲领导力，讲为了这样打，将军应该注意什么样的原则，应该具备什么样的素养。

这也是孙子高明的地方。不管是战争还是商业竞争，再好的战略理念都需要领导者来实施，而需要什么样的领导力，一定与特定的作战情境密切相关。

战争是最好的领导力课堂。所有的将军都明白，他们的首要职责，就是在复杂、残酷、危险、紧张的环境中，率领他的士兵取得胜利。用孙子的话来说，"聚三军之众，投之于险，此将军之事也"。

这就必须要展现出卓越的领导力。

战争中，好的将军从来是打出来的，而不是你选出来的。什么是战争中的领导力，你到底有没有领导力、你的领导力水平高还是低，一上战场，就会看得一清二楚。

商场如战场，在复杂、动荡而充满压力的商业环境中，优秀的领导者也要像优秀的将军一样，赢得下属的信任，打造出有凝聚力的团队，并带领团队全力以赴地去争取竞争的胜利。这同样需要强大的领导力。

所以孙子特别重视领导和领导力的作用。在决定战争胜负的五大要素"五事"中，第四条就是"将"。

他说："知兵之将，生民之司命，国家安危之主也。"懂得用兵之道的将军，是民众生死的掌握者，是国家安危的主宰者。

关于孙子的"为将之道"，我们在前面已经讲了不少，包括讲过将之"五德"，领导者应该具备的优秀品德；将之"五危"，领导者应该警惕的致命性格缺陷；等等。

孙子还有很多深刻的理念。除了上面的内容之外，还有三条"将道"的原则值得花些时间去体会，这就是"进不求名，退不避罪""上下同欲""与众相得""静以幽，正以治"。

能不能做到这三条，也是识别好的将军最核心的三个特征。

本节先看第一条："进不求名，退不避罪"。

这八个字是什么意思呢？我还是先从故事讲起吧。

第七讲"击虚"中，我们讲过远征军第一次入缅作战时，日军五十六师团利用远征军的大意，占领腊戍、切断滇缅路，导致战局逆转的故事。

其实这个故事还没有完。

1941年4月29日，五十六师团占领腊戍之后，接到了它所隶属的日军第十五军军部的最新命令：以师团主力沿滇缅公路向东面的怒江方向，追击正在向云南撤退的远征军新二十八师、新二十九师。

接到命令后，五十六师团的师团长渡边正夫分析了师团面临的形势。他认为，新二十八师、新二十九师这两支中国部队战斗力差，又缺乏战斗意志，并不值得以整个师团全力追击。

相反，中国远征军在曼德勒地区仍有杜聿明三个师的主力，这才是远征军的精锐。腊戌被占后，他们要想回国，只剩下了一个选择，就是向密支那和八莫方向突围。五十六师团是所有日军中离八莫和密支那最近的一支。如果师团能向八莫、密支那方向突击，切断远征军主力归国之路，对于战局发展显然将有更大的价值。

于是渡边正夫决定，一边向军部报告，一边开始按自己的意图行动。他下令师团兵分两路，向两个方向同时出击。他用差不多一个联队的兵力组织了一支快速部队，向怒江方向追击新二十八、二十九师，以完成军部所交的任务；同时组织师团的主力，全力以赴，向西北方向的八莫和密支那两地突进。5月3日，五十六师团占领八莫，5月8日又占领密支那。

密支那是缅北战略要点，也是腊戌失守后，中国军队回国的最后的道路。至此，缅北地区中国远征军回国的道路均被切断。

日军十五军军部马上意识到了五十六师团行动的价值，不但认可了五十六师团的机断专行，而且利用五十六师团的突破所造成的机会，下令五十五师团和三十三师团也向这个地方集中，与五十六师团会合。日军由此就在密支那地区形成3个师团的优势兵力。

得知五十六师团占领密支那的消息，杜聿明一开始并没有绝望。日军虽占密支那，但兵力不会太多。杜聿明手中有3个成建制的师，仍可与日军一搏，强行打开密支那，重新打通回国的通道。

然而，当杜聿明率领远征军主力即将赶到密支那时，却得到了消息：五十六师团已经得到了增援，日军已经在密支那地区形成了兵力上的优势。

杜聿明只好放弃进攻密支那的计划，被迫一步步转向西北，最终走进了野人山。

回顾这场战役的过程你会发现，渡边正夫的独断专行，看似违背了军部的命令，但恰恰更好地实现了日本军部的战略意图。由此，一个本来是战术层面的行动，却最终发挥出了战略层面上的作用，从而最终决定了远征军的命运。

从全局的高度去思考自己的任务，而不仅仅局限于上级给我的命令。一切都是为了组织的利益，而不是个人的得失。

这就是"进不求名，退不避罪"。

再讲一个相反的例子：滑铁卢之战中的格鲁希元帅。

滑铁卢之战的前一天，也就是1815年6月17日，拿破仑交给格鲁希元帅一个命令：追击去向不明的普鲁士军队，以防止普军回头与威灵顿公爵率领的英军会合，保证拿破仑歼灭英军。拿破仑给了格鲁希3.3万人，占法军主力的1/3。

格鲁希按照命令，开始向预计方向发起了追击，但始终没有发现普军的踪影。

6月18日上午，正在用早餐的格鲁希听到远处的炮声。所有的人都意识到，皇帝那边发起了进攻，一场重大的战役打响了。他的副司令热拉尔急切地要求："立即向开炮的方向前进！"第二个军官也赞同说："赶紧向开炮的方向转移，只是要快！"

格鲁希很不开心。他说，在皇帝撤回成命前，他绝对不能偏离自己的职责。

热拉尔只好请求说，至少让他率领自己的部队和若干骑兵，赶到那边的战场去。

格鲁希考虑了一下，他只考虑了一秒钟。用斯蒂芬·茨威格在他的《人类群星闪耀时》中的话说，那是决定他的命运、拿破仑的命运和世界命运的一瞬。

格鲁希说，再分散兵力是不负责任的，我们的任务是追击普军，而不是其他。

军官们沉默了。部队继续往前走。普军始终没有出现。远处传来的低沉的隆隆炮声震颤着大地,好像在呼救一样,每一炮都像打进人们的心里。人人都已明白这绝不是什么小小的遭遇战,而是一场大的战役,一场决定性的战役。

格鲁希心里也越来越不安。他骑着马,在自己的军官们中间惶惶惑惑地行走。军官们都避免同他商谈,因为他们先前的建议完全被他置之不理。

可他还是抱着原来的命令不放。他继续等待消息,等待皇帝要他返回的命令。可是没有消息来。

这个时候,他离滑铁卢战场只有4小时的路程。

接下来发生的事情是:普军赶到了滑铁卢,得到增援的威灵顿取得了胜利。

6月19日上午,也就是滑铁卢战后的第二天,格鲁希得到了法军大败的消息。不再拘泥于皇帝命令的格鲁希,突然焕发了全部勇气,他率领他的军队不顾一切冲到了滑铁卢战场,要去拯救法兰西帝国。

但是一切都已经太晚了。战场上早已没有了皇帝和法军的影子。

历史学者感慨道,如果拿破仑赢了这场战役,他很有可能会重新控制欧洲。

故事讲到这里,问题来了:

如果你是领导,你希望有什么样的下属呢?格鲁夫这样的,还是渡边正夫类型的?

孙子的回答是:"进不求名,退不避罪,唯人是保,而利合于主,国之宝也。"

需要进攻就果断进攻,不是为了追求个人的名利;需要撤退就坚决撤退，哪怕要因此承担撤退的罪责。一切都是从整个组织的角度出发，从组织的根本利益、同时也是领导的长远利益的角度来考虑问题。

这样的人，才是组织中最宝贵的财富。

上级都喜欢忠诚的下属，战争环境中忠诚尤其重要。但这个世界上存在着两种忠诚。

一种忠诚是对上级的话言听计从，上级叫干啥就干啥，丝毫不敢违背上级的决定。这是僵硬的忠诚，是低级的忠诚，是平庸的忠诚，是缺乏担当的忠诚。本质上，这种只对上级的命令负责的忠诚，是一种最自私的忠诚，是一种伪忠诚。

还有一种忠诚，不是简单地忠诚于上级的决定，而是从整个组织的角度考虑问题。他可能未必事事顺着上级，可能他的行为会有违上级的指示，但是他的所作所为，是从组织长远的角度考虑问题的。

这样的忠诚，才更符合组织的利益，才更有利于达成上级期待的目标。

就像渡边正夫一样，他确实违背了上级的命令，但是他不是为了个人求名，不怕承担违令的责任，他所做的一切是为了实现日军整体作战意图。

这种忠诚才是最可贵的。这种人真正把自己的命运与组织的命运联系在了一起，休戚相关、荣辱与共，因而把组织的利益看得高于个人的得失。

这种忠诚，才是真忠诚。

太听话的下属，从来就不是最好的下属。

事实上，在战争的环境中，哪怕是最高决策层，也不可能拿出完美的行动方案和绝对正确的作战命令出来。因为一切都是动态的，一切都是不确定的。

在这种情况下，重要的就不再是上级具体的方案与命令，而是如何实现上级的整体意图。方案与命令只是实现整体意图的手段，方案和命令本身就是需要随机应变的。

下级所要理解的，就不应该仅仅是方案和命令本身，而要透过方案和命令，真正把握上级的意图。

据说阿里的彭蕾曾经说过一段话：当老板的命令是正确的，我们要不打折扣地执行。当这个命令是错误的，我们要把它正确地执行。

正确地执行，就是要理解你所受领的任务背后的上级意图，并根据这个意图来思考最佳的行动。

即使没有上级的命令，即使超出了自己的职责范围，也主动采取行动，帮助领导和组织实现战略意图。这是好的下属最有识别性的一个特征。用孙子的话说，这样的人，才是组织的财富。

用张预的话说，是"见义而行，不待命也"。

所以好的上级，看重的一定是能够达成自己意图的下属，而不是全无原则、只知顺从自己的下属。好的下属，追求的首先是全力达成上级的整体意图，而不是一味拘泥于上级具体的方案与命令。

对于上级来说，这需要格局，需要胸怀，需要境界，需要坦然承认自己也会犯错，坦然接受有时候下属比自己更了解情况，因而下属的意见有可能会比自己更正确、更英明。

而作为下属来说，则需要站在全局的高度，去全力理解上级的真正意图并融会贯通，从上级的角度，来理解自己所受领的任务在战役或战斗中的地位与作用。

所以美军对下级的要求是，所有的指挥官，都必须对高出自己两级的指挥官的意图有充分的了解。也就是说，你不但要了解你的指挥官的意图，还要了解你指挥官的指挥官的意图。

这样才能更好地从组织意图的角度理解你所受领的任务的真正含义，你也就不仅仅拘泥于任务本身，而是会更富有创造性地去帮助实现指挥官的意图。你也就不会像格鲁希那样，坚决执行了命令，却最终伤害了领导与组织。

对于上级来说,只要你的下属行为是为了更好地达成组织的整体意图,哪怕没有遵守你的命令,你也要学会容忍,甚至肯定、鼓励和支持。就像日军十五军军部那样。

而对于下级来说,你就一定要保证,你所做的一切,都是为了更有利于实现上级的意图。

当你决心不按上级命令行事的时候,你必须做好一个准备,这就是如果因此产生了问题,你必须要承担全部责任,接受相关的处分。

所以,好的上级需要格局,用孙子的话说:"将能而不御者胜";好的下级需要担当,用孙子的话说:"君命有所不受。"

格局和担当,反映的都是领导者的品格。战争是最考验领导力的场所,而高贵的品格是战争中所有其他领导原则的前提。

只有具备这样的前提,你的组织才能真正形成"进不求名,退不避罪"的文化。也只有这样的组织,才能在动态和充满不确定性的环境下,始终去做最明智的战略选择。

上下同欲,与众相得

谈到领导力,孙子说过一句人人熟知的话:"上下同欲者胜。"

军队靠什么打胜仗?上下之间,有共同的欲望和追求。

关于领导力,其实孙子还说过一句更重要、至少也是同样重要的话:"令素行者,与众相得也。"为什么你的命令马上就可以得到有效的执行?很简单,因为你跟大家打成了一片。

也就是同甘共苦,同生共死。

军队面临的是最险恶的环境,战场的军人每天都在直面生死。用吴子的话说:"凡兵战之场,立尸之地。"凡是两军相接的战场,都是尸横遍野的地方。

在这样的环境中，生死与共、至死不渝的感觉，对于战争中的团队来说，从来都是至关重要的。

不能期望下属去做你不愿意做的事情。分享下属的苦难，和下属一起战斗，与下属同甘共苦这样的行动，在战争的环境中比任何言语都重要。所以几乎所有的兵书都强调同甘共苦、同生共死在将军领导力中的重要性。

《三略》是秦汉时期的一部兵书，在谈到带兵时，有一段话："夫将帅者，必与士卒同滋味而共安危，敌乃可加。"

同滋味，就是同甘共苦；共安危，就是同生共死。作为将军，一定要跟下属同甘共苦，同生共死，这样你才可以打败对手。

《将苑》也讲："夫为将之道，军井未汲，将不言渴；军食未熟，将不言饥；军火未燃，将不言寒；军幕未施，将不言困；夏不操扇，雨不张盖，与众同也。""士未坐勿坐，士未食勿食，同寒暑，等劳逸，齐甘苦，均危患，如此，则士必尽死，敌必可亡。"

带兵人的规矩，军中的水井还没有打上水来，将军不能说自己渴了，因为士兵还没有水喝；军中的伙食还没有做熟，将军不能说自己饿了，因为士兵还没有饭吃；军中的营火没有点起来，将军不能说自己冷了，因为士兵还没有火烤；军中的帐篷没有搭起来，将军不能说自己困了，因为士兵还没有地方休息；夏天不打扇子，因为士兵没有扇子；下雨不打雨伞，因为士兵没有雨伞。将军跟所有的人都一样。士兵还没有坐下，不要自己先坐下；士兵还没有吃饭，不要自己先吃饭。将军要跟士兵"同寒暑，等劳逸，齐甘苦，均危患"，这样你的手下才会拼了命为你作战，再强的对手也不在话下。

历史上那些优秀的带兵者，确实都是这样做的。

先看一个楚庄王的故事。"楚人有馈一箪醪者，楚庄王投之于河，令将士迎流而饮之，三军皆醉。"

楚庄王身为国君，也是一位非常优秀的统帅。当年楚庄王带兵打仗，有楚国人送了他一坛美酒。楚庄王特别希望把这坛美酒跟三军一起分享。可是那么多人就一坛酒，这怎么分呢？

楚庄王下令把酒从河的上游倒下去，让大家迎着河流，去喝河里的水，结果"三军皆醉"，三军都像喝醉了一样。

一坛酒倒到河里面，河水哪里还有什么酒味呢？

三军醉的是什么？是你的心。你把最好的东西跟我分享。

再看一个李广的故事："李广历七郡太守，前后四十余年，得赏赐辄分其麾下，饮食与士卒共之。家无余财，终不言生产事。将兵乏绝处见水，士卒不尽饮不近水，士卒不尽食不尝食。士以此爱乐为用也。"

李广当过七郡的太守，前后40多年，得到了赏赐就分给自己的手下。吃的东西都是跟普通士兵一样的，家中没有什么多余的财产，从来没有谈起过积累家产这样的事情。跟匈奴作战，经常要穿越沙漠和戈壁地区，作战环境极其缺水。他带兵作战，看到有水的地方，哪怕有一个士兵还没喝水，他就不靠近水源。哪怕有一个士兵还没吃饭，他就连一口食物都不尝。所以士兵都愿意为他所用。还有吴起。吴起带兵，跟最下层的士兵穿的、吃的都是一样。晚上睡觉时没有席子，因为士兵没有席子。行军的时候不骑马，因为士兵没有马骑。亲自背自己的粮食，与他的士兵们分担劳苦。

滑铁卢战役之后，拿破仑曾经反思过他失败的原因，他说："因为我好长时间没有跟我的士兵一起喝汤了。"

历史学家们肯定不会认为这是拿破仑失败的根本原因，但这是拿破仑发自内心的自责。拿破仑带兵，非常重视与士兵同甘共苦。几次历尽艰辛的远征，他都走在风尘仆仆的行列里，置身于枪林弹雨的前线。在埃及作战时，部队穿越气温高达50多摄氏度的沙漠，他下令把所有马匹和车辆全部拨给伤病员乘用，其余的人一律步行，包括他这位总司令。

当可怕的"黑死病"在军中蔓延的时候，他不顾被传染的危险，去视察设在教堂中的医院，看望那些生病的士兵，还亲自帮着抬尸体。当食物供应不足的时候，他就和士兵一起用餐——用他的话说，就是"一起喝汤"。

法军士兵为什么作战那么勇敢，即使是在以少敌众的情况下也不后退？原因之一就在于他们对自己的统帅有近乎崇拜的热爱与信赖。有人说，拿破仑到一个地方，就相当于增加了4个师的战斗力。

而这种热爱和信赖，一是靠拿破仑的指挥艺术，二是靠拿破仑亲近士兵的行动。拿破仑很清楚：你一旦疏远了自己的士兵，也就失去了最主要的制胜力量。

从这个意义上讲，拿破仑的自责，是很值得后人深思的。

毛泽东对成吉思汗铁木真有个评价："只识弯弓射大雕。"其实这是诗人夸张的说法。铁木真如果只是一介武夫，绝对不可能建立起一个横跨欧亚大陆的世界性帝国。他能成就这样的伟业，靠的是强大的团队。而他的团队的形成，很重要的一条就是同甘共苦。

1203年，铁木真突然遇到了他的盟友克烈部的袭击。来自盟友的袭击往往是最具有毁灭性的。铁木真的部队一下子被打散，最后他手下只剩下了不到3 000人。为了躲避攻击，铁木真率领他的残部往东退。当他们退到班朱尼河的时候，已经完全没有东西吃了。

这个时候，一个下属射死了一匹野马，大家就在那里烤野马吃。河流已经基本干了，只剩下一些浑浊的泥水。

铁木真为自己的这些部属历尽苦难但依然愿意跟他走而感动，一下子跳到河里面，捧起一把泥水一饮而尽，并对天发誓说："使我克定大业，当与诸人同甘苦。苟渝此言，有如河水！"

每个人都非常感动，大家都纷纷跳下去喝浑浊的泥水，一边喝一边流泪，纷纷发誓一定要对铁木真忠心耿耿。班朱尼河上空顿时欢声雷动，战败的压抑气氛一扫而光。

这就是历史上著名的班朱尼河之盟。

班朱尼河之盟的重要性，当然并不在那几口泥水，也不在于盟誓本身，而是在最困难的时候共饮班朱尼河水的经历，让铁木真和他的手下之间的感情，真正达到了至死不渝的地步，真正建立了同生死、共命运、超越血缘关系的手足情谊。

对于一个成长中的团队来说，这种体验是至关重要的。这也是班朱尼河之盟为什么在历史上具有那么神圣的意义。

再看红军，为什么红军那么苦的情况下还不溃散？

毛泽东在井冈山的时候，曾经给中央写过一个报告，他说："好在苦惯了，而且什么人都一样苦，从军长到伙夫，除粮食外一律吃五分钱的伙食。发零用，两角即一律两角，四角即一律四角。因此士兵也不怨恨什么人。"[①]

我们小时候学过一篇课文——《朱德的扁担》。朱德作为军长，要亲自挑自己的粮食。军长这样的举动，对于士兵来说，本身就具有强大的感召力。

抗日战争时期，国民党也想到敌后打游击。为了培训打游击的军官，还专门组织了游击干部训练团。共产党是打游击起家的，所以国民党专门请共产党的教官，给这些准备打游击的军官讲课。像叶剑英等人都给他们上过课。

当时是国共合作抗日，民族大义当前，所以共产党的教官都是倾囊

---

① 毛泽东：《毛泽东军事文集》第一卷，北京：军事科学出版社、中央文献出版社，1993年版，第29页。

而授，把我们多年打游击的经验全部讲了出来，国民党的军官一个个听得津津有味，大开眼界。

但是每当共产党的教官讲过最后一个环节的时候，国民党的军官就傻眼了。所有的共产党教官最后都会讲：要想打游击，第一要跟老百姓形成鱼和水的关系，第二军队内部要同甘共苦。

国民党的军队中，军官四菜一汤、四皮五金，都是标配。打骂、呵斥士兵是家常便饭。不用说军长与士兵，就是连长与士兵，都无法做到同甘共苦。

所以国民党派出了几十万人打游击，结果一部分被消灭，一部分跑了回来，一部分投降做了伪军。

历史不是没有给国民党机会，国民党没有办法把握住。

《美国陆军领导力手册》中有一段话："好的陆军领导者，即便在最高战略领导层，也不会把战士推出去战斗而自己安坐在后方。他们会和战士一起深入实地，在第一线进行领导。"

一起哭过，一起笑过；一起流过血，一起流过汗；一起摸爬滚打，一起经受战火；一起分担失败的压力，一起分享胜利的喜悦。这样的体验，以及由此而形成的命运共同体的感觉，对于军队来说，比什么都重要。

静以幽，正以治

战争环境最大的特点是复杂而危险。在极大的心理压力下，人性的弱点会淋漓尽致地表现出来。这个时候，领导者身上强大的领导力，就比什么都要重要。

不能允许情绪和心理压力主导你的决策以及你的队伍。

从战争史上可以看出，战场上指挥官坚定而沉着的领导力，本身就具有强大的感染力，它可以迅速渗透到整个组织之中，尤其是在极端的环境中。这样的领导力可以帮助下属克服怀疑犹豫，同时减少下属的焦虑。

强大的自信，加上坚强的意志和自律，往往可以使指挥官在很容易导致无所作为的情况下，去采取必要的行动。

二战时期英国著名的元帅蒙哥马利在他的回忆录中曾经说："一个指挥官最宝贵的品质之一，也许就在于他在计划与作战行动中传播信心的能力，尽管在他内心对结局并没有太大的把握。"而这就需要指挥官必须具备坚强的意志和坚定的信念。

克劳塞维茨也说："如果综观一下形成战争气氛的四个要素，即危险、劳累、不确实性和偶然性，那么就很容易理解，要想在这种困难重重的气氛中确有把握地顺利前进，就需要在感情方面和智力方面有巨大的力量。我们发现，战争事件的讲述者和报道者根据这些力量在不同情况下的不同表现形式，把它们称为干劲、坚强、顽强、刚强和坚定。"

克劳塞维茨解释说，所谓的干劲，就是强大的动力，包括强烈的荣誉感；所谓的坚强，就是指意志对猛烈打击的抵抗力；所谓的顽强，则是指意志对持续打击的抵抗力。

克劳塞维茨重点分析了刚强和坚定：所谓的刚强，是指在最激动或热情奔放的时候也能听从智力支配、保持镇静的能力；所谓的坚定，指的是有坚定的信念。

提到军人应该有的坚强与镇定，几乎所有的军事领导力文献，都会讲到一场经典的战役中的一个著名人物，这就是葛底斯堡战役中的张伯伦上校。

人们经常用这个故事来告诉后来的领导者，在关键的时刻，一位称职而又自信的领导者，是如何在看来已经毫无希望的情况下率领军队转败为胜的。

葛底斯堡战役是美国内战中的关键一战。李将军率领的南方军队向葛底斯堡的北方军队发起猛烈的进攻。北方军队形势危机，指挥官紧急调集所有可以调用的军队赶赴葛底斯堡战场进行增援。

1863年7月1日，约书亚·张伯伦上校所率领的缅因第二十志愿步兵团接到了命令，要他们立即赶到葛底斯堡。

张伯伦率领部队以急行军的速度奔赴葛底斯堡。当他们到达战场时，已经是7月2日的中午。他们到达后，立即加入了斯特朗·文森特上校所指挥的旅。

对于文森特上校来说，张伯伦来得正是时候，因为北军的阵地刚刚出现了一个大漏洞。

北方军队战线的最南端，有一座小山，名字叫小圆顶。这座小山对北军的阵地形成俯瞰之势。如果南方军队在这个地方部署火炮，所有的北方军队将全部处于南军炮火的轰击范围之内。这也就意味着战役只会有一个结果，就是北方军队被迫全部撤出战场，接受战败的现实。

要命的是，由于指挥上一系列的失误，北方军队事先竟然没有想到要在这座山上设防。

形势十分危急。意识到危险后，文森特命令所在旅占领小圆顶。他把由张伯伦的缅因第二十志愿步兵团部署在他的旅的左翼，同时这也是北方军队整个防线的最左翼。文森特要求张伯伦"不惜一切守住阵地"。

张伯伦显示出了一名优秀的领导者所拥有的卓越素质。他在脑海中就可能发生的所有情况以及相关的对策进行了反复的演练，然后迅速做出了部署。

他将部队分成左右两翼。他命令右翼的连队与文森特上校手下的宾夕法尼亚第八十三团连在一起，左翼的连队则以一块巨大的圆形岩石作为依托。

他最担心的是他部队的左翼。军队作战，暴露的翼侧从来是最容易受到攻击的。而他的左翼既是他自己的左翼，也是文森特旅的左翼，进而也构成了北军整个防线的左翼,因而注定会成为南方军队攻击的目标。

他派出莫瑞尔上尉的B连担任左翼的警戒,并要莫瑞尔上尉"根据作战的需要采取行动"。莫瑞尔上尉根据张伯伦的指示,将其连队部署在一堵石墙后面,面向南方军队可能发起攻击的翼侧。

张伯伦的部队刚刚就位几分钟,南方军队就发起了猛烈的进攻。一场激战开始了。

就在双方打得最激烈的时候,张伯伦的一名军官跑来向他报告:发现大批南方军队的士兵,在南军正面进攻队形的后面,进行侧向运动。张伯伦立即爬上了一块岩石进行观察。果然,一支南军的部队,正在向他暴露的左翼运动。

张伯伦明白,一旦敌人对自己形成侧翼包围,他的部队就会丢掉阵地。而他的部队一旦丢掉阵地,整个北军的防线就会崩溃。

他必须立即拿出办法。他以前所学过的所有的战术条令,都只适用于机动作战,并不适用于阵地战。他必须找出新的对策——一个他的士兵们在巨大的压力之下还可以立即执行的方案。

张伯伦做出了一个大胆的决定。他的防线原来由两列纵深构成,这也是当时常规的防御部署。他决定把防线从两列纵深改为一列纵深,这样就能最大程度延展他的防线,覆盖无人防守的那部分阵地。

但这样一来,他的部队就必须边作战边调整:一边要保持着正面稳定的射击,挡住南方军队正面的攻势,一边还要完成向左延伸的机动。

这是战场上最忌讳的火线侧向机动,很容易导致军队陷入混乱。这样的战术非常复杂,他的士兵们也从来没有演练过。但它也不是全新的,它是张伯伦以前让士兵们反复进行的其他战术操练的综合性运用,所以士兵们对此也并不完全陌生。

炮声、枪声、鼓声、厮杀声,混杂着双方的指挥口令。受伤的士兵在痛苦地喊叫,双方都不断有士兵倒下。硝烟弥漫之中,南方军队在不断地发起新的攻势。

张伯伦沉着地指挥他的部队有条不紊地行动。他成功了，一条新的防线由此形成。

迂回进攻不成的南方军队发动了更猛烈的进攻，试图突破张伯伦因为拉长而变得更加薄弱的防线。张伯伦的阵地一次又一次被南军突入，但他的士兵们一次又一次地打退南军的进攻，并顽强地重新组织起队形。

经过五次激烈的交火，他的士兵们每人都只剩下了一两发子弹了。而这时候，打红了眼的南方军队正在重新集结，准备发起又一波进攻。

张伯伦意识到，他的部队再也没有力量挡住这波攻势了。

他不能消极等待，更不能下令撤退。他决定发起进攻。在他看来，他的部队在山顶上，因而有沿着陡峭的山坡往下进攻的优势，而这一举动，南方军队根本就不会预料到。

但是张伯伦遇到了又一个难题：所有的战术教科书从来就没有讲过如何能使军队从当前的防御部署转换成进攻阵形。

张伯伦的大脑飞转，又一个大胆的方案形成了。

他冒着猛烈的炮火，集合了他的指挥官们。他解释说，全团的左翼，将"如同安装着铰链的谷仓大门一样"大幅度旋转，直到与右翼处于平行的位置。然后，整个团上好刺刀，向山下发起冲锋，并保持与右翼宾夕法尼亚第八十三团的策应。

形势十分危急，但解释却非常简单清晰。所有的指挥官立即明白了他的意图。张伯伦的命令一下，左翼的F连就一跃而出，冲下山坡，冲向猝不及防的南方军队。

张伯伦稳稳地坐镇于位于展开进攻中心的大圆石上。当其部队左翼与右翼形成并行之势时，他跳下岩石，大喊着率领右翼冲下山坡。

正如他设想的那样，现在他的团形成一条线发起冲锋，如同一扇打开的谷仓大门。

面对突然发起进攻的北方军队，南方军队目瞪口呆，在一片混乱中撤了下来，撤到他们后面的阵地。到了那里，张伯伦的进攻部队就无法再往前突破了。

然而就在这时，也正如张伯伦预料的那样，莫瑞尔上尉的B连向南方军队的侧翼与后翼开火了。南方军队以为他们陷入了北军的包围，一下子溃不成军，纷纷四散而逃。

他们完全没有意识到，其实他们只需要再发动一次进攻，就可以夺下这个山头，并决定这场战役的命运。

张伯伦守住了关键的阵地。他的部队损失了1/3的人，但他们挽救了整个北方军队的命运。原因就在于，他们有一位沉着、冷静、果断而富有创造力的指挥官。

在谈到战争中的领导力时，孙子有一句名言："将军之事，静以幽，正以治。"静，就是沉着冷静；幽，就是思虑深远；正，就是公正严明；治，就是有条不紊。

王晳解释说："静则不挠，幽则不测，正则不渝，治则不乱。"沉着冷静，心理就不会被对手扰乱；思虑深远，意图就不会被对手识破；公正严明，下属就不会违背命令；有条不紊，调度就不会出现混乱。

静、幽、正、治，就是中国人通常讲的大将风度。

四者之中，"静"尤其重要，它是"幽""正""治"的前提。

所有的决策都是人做出来的。兵凶战危，人的心理很容易在瞬息万变的战争中失去平衡，从而导致决策出现混乱。所以王阳明说："凡人智能，相去不甚远。胜负之决，不待卜诸临阵，只在此心动与不动之间。"人的智能差距并不太大。决定胜负的要素，是你内心镇定自若还是慌张混乱。

湘军名将罗泽南也说："乱极时站得定，才是有用之学。"

真正的高手，可以在任何复杂的环境中，都能保持冷静的头脑，从而在极其混乱甚至极其不利的环境中，能以沉着镇定的心理，进行清晰而合理的计算，从容不迫，谋定后动，从而传递出强大的自信和对混乱局面的控制能力，进而一举奠定胜局，或者扭转乾坤。就像张伯伦所做的那样。

军队行动的背后，是双方决策的对抗；决策对抗的背后，是决策者心理素质的较量。

只有体现出"静幽正治"这样品格的领导者，才能在混乱和危险的环境中体现出强大的领导力，从而赢得下属的信任与忠诚，并制定出正确的决策，最终带领组织去赢得胜利。

从这个意义上说，再好的战略理念，也需要强大的领导力，才能真正落地。

附录

《孙子兵法》题解

上面十二讲,其实是我自己对《孙子兵法》理念的一个理解,并不涵盖《孙子兵法》全部的内容。所以读完了上面的十二讲,你可能感觉还不过瘾,还想读一下《孙子兵法》的原文。

为了帮助你更好地读下去,我先简单地帮你过一下《孙子兵法》每一篇的主要内容。

《孙子兵法》由计篇、作战篇、谋攻篇、形篇、势篇、虚实篇、军争篇、九变篇、行军篇、地形篇、九地篇、火攻篇、用间篇共计十三篇组成。

这十三篇的篇题,有些含义跟我们今天已经不太一样了。不过没有关系,我一篇一篇地来介绍。

第一篇是计篇。什么叫"计"?

看到"计",你大概会想到计划、计谋、计策这样一些概念。

孙子十一家注中杜牧的注释是:"计,算也。""计"就是计算,就是分析。

打仗之前,你先要做什么?对你所处的环境进行分析、计算。分析和计算你的优势和劣势,分析和计算你的威胁和机会,管理学叫SWOT分析。用杜牧的话,就是"计算优劣"。经过实力评估、态势分析后,你才能知道胜算几何,然后制订计划,确定计谋。

孙子非常重视这个"算"。他在《计篇》中讲:"多算胜,少算不胜,而况于无算乎?"

分析得透彻、细致、深入、准确,打胜仗的概率就大;分析得粗糙、肤浅、片面,打胜仗的概率就低,何况一点儿分析、计算都没有呢?

战争中没有那么多的侥幸和偶然的成功。战争史的一个法则是:开战之前你犯下的错误,不可能在开战之后得到改正。"算"才是"胜"的前提。想取胜,就一定要事先进行精心的分析与计算。

孙子把这个"算"叫作"庙算",一定要在国家的宗庙之中、在祖宗面前进行。因为战争的分析与计算,关系到国家和军队的生死存亡,是极其严肃、非常慎重的事情,所以要高度重视,来不得半点儿大意和马虎。

但是这个"算",不是什么都计算、都分析,而是要抓住关键,抓住重点。所以在《计篇》中,孙子提出了一个非常重要的概念,就是"五事"。他认为,"庙算"就是要围绕"五事"、也就是决定战争胜负的五大要素来展开,具体来说就是"道""天""地""将""法"。这是战争胜利的基础。

第二篇是《作战篇》。"作战",不是我们今天所说的打仗的意思。"作"是"始"的意思,"作战"就是开始准备战争的资源。

张预注解说:"计算已定,然后完车马、利器械、运粮草、约费用,以作战备,故次《计》。"

第一篇《计篇》讲力量对比,讲态势评估,胜算几何,这些东西计算清楚了以后,就要讲后勤供应、费用预算、资源保障了。

有句话叫作"兵马未动,粮草先行"。打仗表面看来是双方的军队在厮杀,其实拼的是后勤供应,拼的是粮草补给,拼的是资源消耗。

战争中很多仗不是在战场上被对手打败了,而是箭放完了,粮食吃完了,水喝完了,不得不投降。

同样,很多企业不是在市场上被对手打败了,而是现金流出现了问题,供应链出现了断裂。这样的问题一旦出现,往往就是战略性的问题,无可挽回。

所以，孙子非常强调的一条原则是：资源限定了你的战略目标和战略扩张的边界。

战争是消耗资源的行为。资源总是有限的。算清你要打的仗会消耗多少资源，你有多少资源可以支撑你的战略，这是理性的战略决策的前提。

战争对于资源的消耗，以及由此给国家带来的压力，有时候会远远超出我们的想象和事先计算，尤其在孙子那个时代。孙子曾经举了个运粮的例子。

在当时的交通条件下，要千里迢迢往前线运粮，全靠人力畜力转运。运粮的过程中，骡马要吃，民夫要吃，押送粮草的士兵要吃，一路上还会有其他损失。这样算下来，要消耗掉 20 石粮食，才能运到前线 1 石粮食。这对国家财政的压力是非常大的。

尤其是仗一旦打起来以后，就没有哪一方会愿意首先承认失败。相反，为了压过对方，双方都会不断投入新的资源，战争因此就会不断升级，时间也就会拖得越来越久。对资源的消耗，由此也就会远远超出你最早的设想，甚至把整个国家拖垮。

所以孙子说，战争的决策者，对于资源消耗及其所带来的巨大风险，一定要事先有清醒的认识。他说了那句我们前面引用过的话："不尽知用兵之害者，则不能尽知用兵之利也。"

如果你对战争消耗可能带来的巨大风险没有清醒的把握，那你就没有办法获得战争胜利可能带来的预期利益。

先算清资源消耗的巨大风险，再计算战争取胜的可能利益。

资源总是有限的。对资源的消耗及其带来的风险要保持警惕，要保证你的资源能够支撑起你的战略雄心，要保证你的战略扩张不要超出你资源的边界。无论是战场还是商场，都要如此。

说到商场，贾跃亭最大的问题可能就在这里。他有极为动人的战略雄心，但是他的战略布局远远超出了他的资源边界，因而他最终由于无法驾驭他所布的那些局而崩盘。

你可能会问：既然战争的消耗巨大，那是不是就意味着干脆就不要打仗了呢？显然不是这样的。

孙子是一个战略家，他一方面指出了资源消耗可能带来的巨大风险，要求决策者一定要对此有敬畏之心；另一方面他还要解决这个问题，提出了一个理念，叫作"因粮于敌"，就是吃对手的粮食。

你吃了对手前线1石粮食，相当于消耗了对手后方多少石粮食？20石！这是最有效的消耗对手实力、增加你的资源的办法。

因粮于敌，就是要学会整合资源，甚至整合对手的资源。

这方面做得最好的，还是毛泽东。共产党的部队长期以来装备极差。怎么办？没有枪，没有炮，敌人给我们造，蒋介石变成了共产党的运输大队长。

蒋介石不光是共产党的运输大队长，还是共产党的培训大队长。共产党军队的人员，也靠对方补充。毛泽东十大军事原则第九条，就是兵员的补充主要靠前线的俘虏兵，当时叫"解放战士"，解放过来的战士。

一方面要承认资源限定了战略扩张的边界，另一方面又要积极地去整合资源，弥补自己资源的不足。《作战篇》就是围绕战略资源这一主题而展开的。

计算清楚了，资源也具备了，接下来要干什么呢？谋划攻敌之道。这是第三篇《谋攻篇》要解决的问题。张预说："计议已定，战具已集，然后可以智谋攻，故次《作战》。"

马上要打仗了，你一定要考虑清楚：我为什么要打这一仗？就是简单地为了打败对手吗？

不是的。战争的特点是杀敌一千，自损八百。如果你打败了你的对手，但你自己也伤亡惨重，这样的胜利有什么意义呢？

如果你打败了所有的对手，取得了天下，但是这个天下已经残破不全，又有什么价值呢？

那么，究竟什么才是最好的胜利？

孙子的回答是"全胜"。"全胜"是《谋攻篇》的灵魂，也是整个《孙子兵法》的核心理念。

什么叫"全"？全就是十全十美。什么叫"全胜"？就是最完美的胜利。什么是最完美的胜利？显然就是不战而屈人之兵，不用打就能赢。

也就在这一篇中，孙子提出了竞争的四个层面：上兵伐谋，其次伐交，其次伐兵，其下攻城。

最好是不用打就能赢。要打的话，就要巧妙地去打，用智慧去打，根据不同的情况采取不同的打法。这个思想，在《谋攻篇》中体现得淋漓尽致。所以《谋攻篇》是《孙子兵法》中最核心的一篇。

你也计算清楚了，你的资源也具备了，为什么要打、怎么打你也想明白了，接下来要干什么呢？要开始布局攻守了。这就是第四篇《形篇》。张预说："《形篇》言攻守。"《形篇》着眼的是以强弱之形，见攻守之机，也就是如何根据强弱的形迹，来把握攻守的机会。

如果说《谋攻篇》的核心理念是"全胜"，那么《形篇》的核心理念就是"先胜"。

所谓"先胜"，就是先胜而后求战。先立于不败之地，不打无把握之战。先不要想着赢，先要保证自己不输，然后再寻找和利用对手犯错的机会。没有机会的话，绝对不出手。一旦出手，就要有绝对的把握，不战则已，战则必胜。这是你着手战略布局和把握攻守时机的前提。

《形篇》讲的是如何找到最佳的出手机会，第五篇《势篇》讲的是如何形成致命的一击。简单地说，《形篇》讲何时攻，《势篇》讲如何攻，机会一旦出现，如何最大程度地发挥出你的战斗力，形成雷动风举、后发先至之势。

孙子认为，要形成这样的势，就要学会运用奇正，通过以正掩奇，来隐藏意图，积蓄力量，从而造成险恶的战役布势，造成对我有利的必胜态势，并通过"势险节短"的把握，来形成强大的爆发力和冲击力，形成锐利的攻击之势，就像从万丈高山上滚下巨大的圆石一样，势不可当。

张预说："《势篇》说奇正。""兵势已成，然后任势以取胜，故次《形》。"

计算清楚了，资源也具备了，为什么打、怎么打想明白了，攻守的时机把握了，凌厉的攻击态势已经形成了，接下来的关键，是你要选择什么地方作为破局点和主攻方向，才能在雷动风举之势的基础上，造成摧枯拉朽的结果。

所以接下来第六篇是《虚实篇》。"虚实篇"，顾名思义，讲的就是避实击虚，从对手的薄弱环节下手，以此作为你的主攻方向，一举突破对手的防御体系。

《虚实篇》是《孙子兵法》非常重要的一篇。唐太宗李世民最喜欢的就是这一篇。他曾经讲："观诸兵书，无出孙武。孙武十三篇，无出《虚实》。"

接下来第七篇是《军争篇》。到这个阶段，双方的军队已经开始军事行动了，也就是开始进入"军争"的阶段了。

"争"什么呢？争夺的是先机之利，争夺的是有利的战地，争夺的是关键的战略资源，以及背后的主动权。争的过程中，你要学会以迂为直，以患为利。

毛泽东曾经讲，战略主要解决两个问题：一是主攻方向的问题，一是主动权的问题。主攻方向是《虚实篇》解决的，主动权是《军争篇》解决的。

主动靠什么呢？靠灵活。所以再接下来是第八篇《九变篇》。"九"，就是"多"的意思。九变就是多变，就是灵活应变。《九变篇》主要讲的是在作战过程中，如何根据各种具体的情况，灵活变换你的打法，来取得作战的胜利。就在这一篇中，孙子提出了"涂有所不由，军有所不击，城有所不攻，地有所不争，君命有所不受"，并且强调"将不通于九变之利者，虽知地形，不能得地之利矣。治兵不知九变之术，虽知五利，不能得人之用矣"。也在这一篇，孙子提出了"将有五危"的理念，防止性格上的"必死""必生""忿速""廉洁""爱民"等五种

"守一而不知变"的缺陷,并且警告说:"覆军杀将,必以五危,不可不察也。"

再接下来是第九篇《行军篇》。行军的"行",一般人习惯于读 xíng,其实应该读 háng,行列的行。这一篇讲的是如何驻扎、宿营和部署,如何去判断敌情,等等。

这些内容都是当时非常实用的军事技能,今天因为时代变迁,反而价值不大。但是这一章中的一个"相敌"三十二法很有意思,讲的是在战场上如何根据对手释放出来的信号,来判断对方真实的意图,决定己方下一步的行动。

战争是充满了不确定性的领域。战争的双方都在掩盖自己的真实意图,同时努力去了解对手的真实意图。在这种情况下,双方都会放出各种各样虚虚实实、真真假假的信号来误导对手。企业竞争也一样,行业中的竞争者也会放出各种各样的信号。

如何从各种各样的信号中迅速判断对手的真实情况,判断出对手下一步的行动方向,对于竞争者来说至关重要。用电影《教父》中那句著名的话来说是:"花半秒钟就看透事物本质的人,和花一辈子都看不清本质的人,注定有截然不同的命运。"

在这一篇,孙子提出了一个著名的论断:"兵非益多也,惟无武进,足以并力、料敌、取人而已。"打仗并不是兵力越多越好,关键是不要轻举妄动,不要轻敌冒进,只要你能够集中兵力、判明敌情,并且得到手下的拥戴,也就足以取胜了。

接下来的两篇,分别是《地形篇》和《九地篇》。《地形篇》和《九地篇》是关于"地"的两个专篇,但是重心不一样。《地形篇》讲的是军事地形,讲在不同的地形应该如何作战。《九地篇》讲的则是战略地理。九地,就是力量分布不同所形成的九种不同的战略地理环境。

这都是决策者在进行战略决策和制订作战计划时必须考虑的因素。用孙子的话说:"夫地形者,兵之助也。"所以孙子的"五事"中第四大要素就是"地"。在《地形篇》中,孙子除了分析了作战中可能遇到的六种地形之外，还提出了军队由于将军指挥失当而导致失败的六种情况，孙子叫"六败"："走""弛""陷""崩""乱""北"。而且孙子还特意强调，导致这六败的，"非天之灾，将之过也"，这些失败的责任，应该全部由将军来承担，而不能归因于外在的运气。也就在这篇，孙子对将军提出了著名的"进不求名，退不避罪，唯人是保，而利合于主"的要求。

《九地篇》是《孙子兵法》中篇幅最长的一篇，九地指的是"散地""轻地""争地""交地""衢地""重地""圮地""围地""死地"。孙子的过人之处在于，他不仅分析了这九种不同的战略地理环境，更重要的是分析了在不同的战略地理环境下士兵的心理会出现什么样的变化，以及将军应该如何采取不同的措施。用孙子的话来说，是"九地之变，屈伸之利，人情之理，不可不察"。

军队管理也好，企业管理也好，其实根本上来说都是对人性的把握，而人性总是存在弱点的。对战争中人性的思考，没人比孙子更深入。

在这一篇中，孙子还提出了一些著名的用兵原则，如"合于利而动，不合于利而止""先夺其所爱，则听矣""兵之情主速，乘人之不及，由不虞之道，攻其所不戒也""将军之事，静以幽，正以治""投之亡地然后存，陷之死地然后生""并敌一向，千里杀将""始如处女，敌人开户；后如脱兔，敌不及拒"等等。所以，这一篇也是《孙子兵法》中内涵极为丰富的一篇。

第十二篇是《火攻篇》。火攻，就是以火攻敌。

我经常开玩笑说，你看《三国演义》，诸葛亮好像没有别的本事，就会放火：火烧新野、火烧博望坡、火烧赤壁……火烧赤壁，一把火，把曹操统一中国的进程给推后了几十年。

他为什么放火？因为他弱，只能借助外在的手段，来加强自己的攻势。

所以，《火攻篇》告诉我们一个道理：不要光着眼于自己的资源，还要学会借助各种各样的外在资源，学会整合资源。

但是火攻有个什么问题呢？放火很容易，控制火很难。风向一转，弄不好连自己一起烧了。

中国人认为战争也是这个道理：兵犹火也。战争的特点是，你挑起战争很容易，但是想控制战争极为困难。

我们前面讲过，战争一旦打起来，不会有哪一方轻易服输，双方都会不断地增加投入，因此战争就会升级，失去控制。这就像一个黑洞，你有多少资源，它都会给你吸光。

孙子强调，在这样的环境中，作为决策者，一定不要轻易挑起战争，"主不可以怒而兴师，将不可以愠而致战"。作为君主不能因为一时的愤怒而挑起战争，作为将军不能因为一时的怨恨而走上战场。"怒可以复喜，愠可以复悦"，今天愤怒明天可能会高兴，今天怨恨明天可能会喜欢。但"亡国不可以复存，死者不可以复生"，灭亡了的国家不可能复存，战死的士兵不可能再生。

在对抗的环境中，所有的战略决策都有不可逆性。在这种情况下，决策者就必须保持高度的清醒、高度的冷静、高度的理智，"非利不动，非得不用，非危不战"，没有利益不要轻易动武，没有收益不要轻易用兵，不是危急关头不要轻易开战。"合于利而动，不合于利而止"，一切取决于是否符合国家的利益。

在《火攻篇》中，孙子强调决策者一定不能上火，一定要控制好自己的情绪，绝对不能允许被情绪控制。

最后一篇是《用间篇》。《用间篇》是关于间谍使用的一个专篇。

你可能看过电视剧《潜伏》。看了《潜伏》，你就知道在战争年代间谍的作用有多大了。一般认为，余则成的原型是解放战争时期著名的红色间谍吴石中将。

吴石是一位非常优秀的将军，而且还是《孙子兵法》研究专家。他曾经写过一部书，书名为《孙子兵法简释》。他用现代战争的理论解读《孙子兵法》，他的著作今天也还有价值。

吴石毕业于保定陆军军官学校、日本炮兵学校和日本陆军大学。回国后他做过陆军大学的教官，也做过国民党军队的战区参谋长兼集团军副司令。解放战争时期因为痛恨国民党的腐败,他秘密加入中国共产党,并提供了很多极有价值的情报,为淮海战役、渡江战役的胜利立下了很大功劳。

国民党败退台湾之后,吴石也跟着到了台湾潜伏,并任"国防部"参谋次长。但非常可惜,1950年,潜伏在台湾的中共地下组织遭到破坏,吴石也因此暴露而被杀害。20世纪70年代,周恩来总理公开承认吴石是共产党员,并追认他为革命烈士。

"用间"的作用是什么呢?就是采用间谍的手段,硬生生地插入对方的信息流之中,让对方的信息源源不断地流到我方来,从而形成信息的单向透明。

孙子在这一篇中提出了"先知"的理念,他说:"明君贤将,所以动而胜人、成功出于众者,先知也。"并强调"此兵之要,三军之所恃而动也"。

间谍获取的情报和信息是用来干什么呢?

用来分析,用来计算。

所以,《用间篇》虽然是最后一篇,但它是《计篇》的前提。

《孙子兵法》的基本结构和逻辑,我们到此就很清楚了:这是一个首尾相接、不断循环的战争的流程,战争就是这样一步一步展开的。

了解了这个逻辑之后,你再读《孙子兵法》,就不会糊涂了。因为你会发现,孙子在不同的地方,讲的道理好像不一样。

比如《计篇》,他强调"多算胜,少算不胜,而况于无算乎",对方的情况了解得越全面越好,越细致越好,越透彻越好。但是到了《九地篇》,他又强调"置之死地而后生",强调冒险的精神。为什么这样?

我们看,《计篇》中,仗还没有打起来,还在坐而论道。这个时候对于对手的情况,当然是了解得越全面越好,越细致越好。但是到了《九地篇》,仗早就打起来了。这个时候你不可能把对方的情况百分之百地了解清楚。战争充满了不确定性,你所有的决策,都必须在信息不完整的情况下做出来。

有句话叫"狭路相逢勇者胜"。狭路相逢,谁都搞不清楚对手的情况。谁敢果断地打出去，谁就会掌握主动，控制局面。这个时候你还犹犹豫豫、瞻前顾后、婆婆妈妈，一定要搞清对手的情况再行动，注定只能陷入被动之中。

所以，孙子所有的理念，都是在特定的背景下提出来的，因而在应用的过程中，也必须根据不同的情况，因时、因地、因人而采取不同的对策。兵法的灵魂在于灵活运用，而不是把兵法的原则变成教条，去纸上谈兵。

附录

《孙子兵法》原文及译文

计篇

原文

孙子曰：兵者，国之大事，死生之地，存亡之道，不可不察也。

故经之以五事，校之以计，而索其情：一曰道，二曰天，三曰地，四曰将，五曰法。道者，令民与上同意也，故可以与之死，可以与之生，而不畏危也。天者，阴阳、寒暑、时制也。地者，远近、险易、广狭、死生也。将者，智、信、仁、勇、严也。法者，曲制、官道、主用也。凡此五者，将莫不闻，知之者胜，不知者不胜。故校之以计，而索其情，曰：主孰有道？将孰有能？天地孰得？法令孰行？兵众孰强？士卒孰练？赏罚孰明？吾以此知胜负矣。

将听吾计，用之必胜，留之；将不听吾计，用之必败，去之。

计利以听，乃为之势，以佐其外。势者，因利而制权也。

兵者，诡道也。故能而示之不能，用而示之不用，近而示之远，远而示之近。利而诱之，乱而取之，实而备之，强而避之，怒而挠之，卑而骄之，佚而劳之，亲而离之，攻其无备，出其不意。此兵家之胜，不可先传也。

夫未战而庙算胜者，得算多也；未战而庙算不胜者，得算少也。多算胜，少算不胜，而况于无算乎？吾以此观之，胜负见矣。

译文

孙子说：战争，是国家的大事，关系到民众的生死、国家的存亡，是不能不认真对待的。

因此，要通过以下五个方面来进行分析，通过敌我双方七种情况的比较，来探索战争胜负的情势。一是道，二是天，三是地，四是将，五是法。道，就是要让民众和君主的意愿一致，这样，他们就可以为君主死，为君主生，而不畏惧危难。天，就是指昼夜晴雨、寒冷炎热、四时节候的变化；地，就是指路途远近、地势的险要平坦、地域宽狭、死地生地等地形条件；将，就是指将帅的智谋、诚信、仁慈、果断、严明；法，就是指军队的组织编制、将吏的管理、军需的掌管。凡属这五个方面的情况，将帅都不能不知道。充分了解这些情况的就能打胜仗，不了解这些情况的就不能打胜仗。要通过对敌我双方七种情况的比较，来预测战争胜负的情势。这七种情况是：哪一方君主更为开明？哪一方将帅更有才能？哪一方拥有更好的天时地利？哪一方法令能够贯彻执行？哪一方武器装备精良？哪一方士兵训练有素？哪一方赏罚公正严明？我依据这些，就能够判断出谁胜谁负了。

将领如果同意并执行我的战争计划，就会获胜，我就留用他；如果不同意、不执行我的战争计划，用他打仗一定会失败，我就应该让他离去。

分析利害得失的意见已经被采纳，然后就要造成有利的态势，以便充分利用外部的条件。所谓的"势"，就是根据对自己有利的条件，灵活地采取权变之策。

战争本质上是一种诡道。所以，能打要假装不能打；要打而假装不准备打；明明要在近处打，却假装在远处打；明明要在远处打，却假装在近处打；对方贪利，就用小利引诱他；对方混乱，就乘机攻击他；对方力量充实，就注意防备他；对方兵力强大，就暂时避开他；对手暴躁易怒，就设法挑逗他；对方谦卑沉静，就设法使他骄纵；对方休整良好，就设法使之疲劳；对方内部团结，就设法离间他；在对方毫无防备之处发动进攻，在对方意想不到的时间采取行动。这是兵家取胜的奥秘，是不能提前规定的。

开战之前就预计能够获胜，是因为胜利的条件充分；开战之前就预计不能取得胜利，是因为胜利的条件不充分。筹划周密就能胜利，筹划不周就不能胜利，何况根本就不做筹划呢？我根据这些来进行观察，谁胜谁负也就显而易见了。

作战篇

原文

孙子曰：凡用兵之法，驰车千驷，革车千乘，带甲十万，千里馈粮，则内外之费，宾客之用，胶漆之材，车甲之奉，日费千金，然后十万之师举矣。

其用战也胜，久则钝兵挫锐，攻城则力屈，久暴师则国用不足。夫钝兵挫锐，屈力殚货，则诸侯乘其弊而起，虽有智者，不能善其后矣。故兵闻拙速，未睹巧之久也。夫兵久而国利者，未之有也。故不尽知用兵之害者，则不能尽知用兵之利也。

善用兵者，役不再籍，粮不三载，取用于国，因粮于敌，故军食可足也。

国之贫于师者远输，远输则百姓贫；近于师者贵卖，贵卖则百姓财竭，财竭则急于丘役。力屈、财殚，中原内虚于家。百姓之费，十去其七；公家之费，破军罢马，甲胄矢弩，戟楯蔽橹，丘牛大车，十去其六。

故智将务食于敌，食敌一钟，当吾二十钟；䓠秆一石，当吾二十石。

故杀敌者，怒也；取敌之利者，货也。故车战，得车十乘已上，赏其先得者，而更其旌旗，车杂而乘之，卒善而养之，是谓胜敌而益强。

故兵贵胜，不贵久。

故知兵之将，生民之司命，国家安危之主也。

译文

孙子说，用兵作战的一般规律是，出动轻型战车千辆，重型战车千辆，军队十万，还要越境千里运送军粮，那么前方、后方的费用，招待使节的用度，作战器材的供应，车辆盔甲的保养，每天都要耗费千金，然后十万大军才能出动。

用兵作战就要求速胜，旷日持久就会耗损武器装备、挫伤军队的士气，攻城就会使军力耗尽，军队长期在外作战就会使国家财政发生困难。武器装备耗损，军队士气挫伤，军力耗尽，国家经济枯竭，那么其他的诸侯就会乘机发起进攻，到那时候即使有再明智的战略家，也没有办法挽回这样的局面了。所以，用兵作战，只听说作战行动哪怕不完善，但求速胜，而没有见过因为想用完善的方案来取胜而将战争拖向持久的。战争久拖不决而对国家有利的情形，从来不曾有过。所以，不完全了解用兵所带来的风险的人，就不能完全了解用兵可能产生的收益。

善于用兵打仗的人，兵员不再次征集，粮秣不多次运送，武器装备从国内取用，粮食饲料在敌国补充，这样，军队的粮草供给就充足了。

国家之所以会因为用兵而经济陷入困境，是由于远程运输。远程运输会使老百姓陷入贫困。邻近军队集结的地方，物价必然上涨，物价上涨就会使百姓的财富枯竭。政府财政枯竭，就要急于加重赋役。军力耗尽，财富枯竭，国内十室九空。百姓的财产要耗去十分之七；政府的财力，也会由于车辆破损、马匹疲病、盔甲、箭弩、戟盾、蔽橹以及运输用的壮牛、大车的征集补充，而损失掉十分之六。

所以，明智的将领务求在敌国解决粮草供应问题。消耗敌国一钟粮食，相当于从本国运输了二十钟；动用敌国的一石草料，相当于从本国运送了二十石。

要使军队英勇杀敌，就应激励部队的士气；要使军队夺取敌人的物资，就必须用财物作奖励。在车战中，凡是缴获战车十辆以上者，就奖赏最先夺得战车的人，并且将缴获的战车换上我军的旗帜，混合编入我的战车行列。对于战俘，要善待他们，为我所用。这就是所谓越战胜敌人，我的力量也就越强大。

因此，用兵贵在速胜，而不应旷日持久。

所以，懂得用兵作战的将帅，是民众生死的掌握者，是国家安危的主宰者。

谋攻篇

原文

孙子曰：凡用兵之法：全国为上，破国次之；全军为上，破军次之；全旅为上，破旅次之；全卒为上，破卒次之；全伍为上，破伍次之。是故百战百胜，非善之善者也；不战而屈人之兵，善之善者也。

故上兵伐谋，其次伐交，其次伐兵，其下攻城。攻城之法，为不得已。修橹轒辒，具器械，三月而后成；距闉，又三月而后已。将不胜其忿而蚁附之，杀士三分之一而城不拔者，此攻之灾也。

故善用兵者，屈人之兵而非战也，拔人之城而非攻也，毁人之国而非久也，必以全争于天下，故兵不顿而利可全，此谋攻之法也。

故用兵之法，十则围之，五则攻之，倍则分之，敌则能战之，少则能逃之，不若则能避之。故小敌之坚，大敌之擒也。

夫将者，国之辅也。辅周则国必强，辅隙则国必弱。

故君之所以患于军者三：不知军之不可以进而谓之进，不知军之不可以退而谓之退，是谓縻军；不知三军之事而同三军之政者，则军士惑矣；不知三军之权而同三军之任，则军士疑矣。三军既惑且疑，则诸侯之难至矣，是谓乱军引胜。

故知胜有五：知可以战与不可以战者胜，识众寡之用者胜，上下同欲者胜，以虞待不虞者胜，将能而君不御者胜。此五者，知胜之道也。

故曰：知彼知己者，百战不殆；不知彼而知己，一胜一负；不知彼不知己，每战必殆。

译文

　　孙子说，战争的指导法则，能够使敌国完整地降服是一等的战略，击破敌国而取胜则是次一等的战略；能够使敌军完整地降服是一等的战略，击破敌军而取胜则是次一等的战略；能够使敌旅完整地降服是一等的战略，击破敌旅而取胜则是次一等的战略；能够使敌卒完整地降服是一等的战略，击破敌卒而取胜则是次一等的战略；能够使敌伍完整地降服是一等的战略，击破敌伍而取胜则是次一等的战略。因此，百战百胜，不能算是高明中最高明的；不经交战就能使敌人屈服，才算是高明中最高明的。

　　所以，上策是挫败敌人的战略，其次是挫败敌人的外交，再次是打败敌人的军队，下策是攻占敌人的城池。攻城的办法是不得已的。修造攻城的大盾和四轮大车，准备攻城的器械，需要三个月才能完成；构筑攻城的土山，又要三个月才能完工。将帅控制不住自己焦躁愤怒的情绪，驱使士卒像蚂蚁一样去爬梯攻城，士卒伤亡三分之一，而城池还是攻不下来，这就是攻城带来的灾难。

　　所以，善于用兵的人，使敌人屈服而不靠直接交战，夺取敌人的城堡而不靠强攻，毁灭敌人的国家而不靠旷日持久的战争。一定要用全胜的战略争胜天下，这样，军队实力不会受到太大的耗损，胜利却可以完满地获得，这就是以谋略制敌的原则。

　　所以，用兵的原则是，有十倍于敌的兵力就包围它，有五倍于敌的兵力就进攻它，有两倍于敌的兵力就分散它，有与敌相等的兵力就抗击它，兵力少于敌人的时候就要退却，实力比敌人弱就要设法避免决战。所以，弱小的军队如果只知死打硬拼，就会沦为强大敌人的俘虏。

　　将帅就是国家的辅佐，辅佐周密，国家就强盛；辅佐不周，国家就会衰弱。

　　国君危害军队的情况有三种：不知道军队不可以前进却命令军队前进，不知道军队不可以后退却命令军队后退,这叫束缚军队;不了解军队的内部事务而去干预军队的行政管理,就会使将士迷惑;不懂得军事上的权宜机变而去干预军队的指挥,就会使将士疑虑。军队既迷惑又疑虑,那么其他诸侯乘机进犯的灾难也就来到了。这就扰乱了自己的军队而致使敌人获得胜利。

预知胜利有五个方面:知道可以打或不可以打的,能胜利;懂得多兵与少兵的不同用法的,能胜利;军队上下意愿一致的,能胜利;以己有备对敌无备的,能胜利;将帅有指挥才能而君主不加掣肘的,能胜利。这五条,是预知胜利的方法。

所以说,了解敌人又了解自己,打多少次仗都不会有危险;不了解敌人但了解自己,可能胜利,也可能失败;既不了解敌人,也不了解自己,那么每战都会有危险。

形篇

原文

孙子曰:昔之善战者,先为不可胜,以待敌之可胜。不可胜在己,可胜在敌。故善战者,能为不可胜,不能使敌之可胜。故曰:胜可知而不可为。

不可胜者,守也;可胜者,攻也。守则不足,攻则有余。善守者,藏于九地之下;善攻者,动于九天之上。故能自保而全胜也。

见胜不过众人之所知,非善之善者也;战胜而天下曰善,非善之善者也。故举秋毫不为多力,见日月不为明目,闻雷霆不为聪耳。古之所谓善战者,胜于易胜者也。故善战者之胜也,无智名,无勇功。故其战胜不忒,不忒者,其所措必胜,胜已败者也。故善战者,立于不败之地,而不失敌之败也。是故胜兵先胜而后求战,败兵先战而后求胜。善用兵者,修道而保法,故能为胜败之政。

兵法:一曰度,二曰量,三曰数,四曰称,五曰胜。地生度,度生量,量生数，数生称，称生胜。故胜兵若以镒称铢，败兵若以铢称镒。胜者之战民也，若决积水于千仞之溪者，形也。

译文

孙子说，从前善于指挥作战的人，先要做到不会被敌战胜，然后再等待机会战胜敌人。不被敌人战胜的主动权在自己手中，能否战胜敌人则在于敌人是否有隙可乘。所以，善于指挥作战的人，能够做到自己不被敌人战胜，而不能保证一定能战胜敌人。所以说，胜利可以预见，但不能强求。

不可能战胜对手时，就应实行防御；有可能战胜对手时，就应实施进攻。实行防御，是因为兵力不足；实施进攻，是因为兵力有余。善于防御的人，隐蔽自己的兵力如同藏于九地之下；善于进攻的人，展开自己的兵力动于九天之上。这样，既能够保全自己，又能取得完全的胜利。

预见胜利不超过一般人的见识，不算是高明中最高明的。经过激战而取得胜利，即便是普天下之人都说好，也不能算是高明中最高明的。这就像能举起秋毫算不上力大，能看见日月算不上眼明，能听到雷声算不上耳聪。古时候所说的善于指挥作战的人，都是战胜那些容易战胜的敌人。因此，善于指挥作战的人所打的胜仗，没有智慧的名声，没有勇武的战功。所以，他的战胜是不会有差错。之所以不会有差错，是由于他的作战措施建立在必胜的基础之上，战胜的是那些已经处于失败地位的敌人。善于指挥作战的人，总是使自己立于不败之地，而又不放过击败敌人的机会。所以，胜利的军队先有胜利的把握，而后才寻求与敌人交战；失败的军队往往是先与敌人交战，而后企求侥幸取胜。善于指导战争的人，修明政治，确保法制，所以能够掌握胜败的主动权。

兵法的基本原则有五条：一是"度"，二是"量"，三是"数"，四是"称"，五是"胜"。敌我所处地域的不同，产生双方土地面积大小不同的"度"；敌我土地面积大小的"度"不同，产生双方物产资源多少不同的"量"；敌我物产资源多少的"量"不同,产生双方兵员多寡不同的"数";敌我兵员多寡的"数"不同,产生双方兵力对比不同的"称";敌我兵力对比的"称"不同,最终决定战争的胜负成败。胜利的军队较之于失败的军队,就像以"镒"称"铢"那样占有绝对的优势;失败的军队较之于胜利的军队,就像以"铢"称"镒"那样处于绝对的劣势。胜利者指挥作战,就像在万丈悬崖决开山涧的积水一样,这就是军事实力的"形"。

势篇

原文

孙子曰:凡治众如治寡,分数是也;斗众如斗寡,形名是也;三军之众,可使必受敌而无败者,奇正是也;兵之所加,如以碫投卵者,虚实是也。

凡战者,以正合,以奇胜。故善出奇者,无穷如天地,不竭如江河。终而复始,日月是也。死而复生,四时是也。声不过五,五声之变,不可胜听也;色不过五,五色之变,不可胜观也;味不过五,五味之变,不可胜尝也。战势不过奇正,奇正之变,不可胜穷也。奇正相生,如循环之无端,孰能穷之?

激水之疾,至于漂石者,势也;鸷鸟之疾,至于毁折者,节也。是故善战者,其势险,其节短。势如彍弩,节如发机。

纷纷纭纭,斗乱而不可乱也;浑浑沌沌,形圆而不可败也。乱生于治,怯生于勇,弱生于强。治乱,数也;勇怯,势也;强弱,形也。故善动敌者,形之,敌必从之;予之,敌必取之。以利动之,以卒待之。

故善战者,求之于势,不责于人,故能择人而任势。任势者,其战人也,如转木石;木石之性,安则静,危则动,方则止,圆则行。故善战人之势,如转圆石于千仞之山者,势也。

译文

孙子说，管理大部队如同管理小部队一样，这属于组织编制问题；指挥大部队如同指挥小部队一样，这属于指挥号令的问题；统领全军，可以使一旦遭受敌人进攻而不失败，这属于"奇正"的战术变化问题；军队进攻敌人，能做到如同用石头碰鸡蛋一样，这是"避实击虚"的正确运用问题。

凡是作战，都是以"正"兵迎敌，以"奇"兵取胜。所以善于出奇制胜的将帅，其战法变化就像天地那样不可穷尽，像江河那样不会枯竭。终而复始，如同日月的运行；去而又来，就像四季的更替。声音不过五种，可这五音的变化却听不胜听；颜色不过五种，可这五色的变化却看不胜看；味道不过有五种，可这五味的变化却尝不胜尝；作战的战术不过"奇""正"，但"奇""正"的变化却无穷无尽。"奇""正"相互转化，就像顺着圆环旋绕那样，无始无终，谁能够穷尽它呢？

湍急的流水飞快地奔泻，以至能够漂起石头，这是"势"的作用；天上的猛禽飞快地搏击，以至能够捕杀雀鸟，这是"节"的作用。所以善于指挥作战的人，他创造的"势"是险峻的，他掌握的"节"是急促的。险峻的"势"就像张满的强弩，急促的"节"就像击发弩机。

旌旗纷纷，人马纭纭，在混乱状态中作战而指挥不乱；混混沌沌，迷迷蒙蒙，在复杂形势下周密部署而不会失败。示敌混乱，是由于有严整的组织；示敌怯懦，是由于有勇敢的素质；示敌弱小，是由于有强大的兵力。严整与混乱，是由组织编制的好坏决定的；勇敢与怯懦，是由作战态势的优劣造成的；强大与弱小，是由实力大小的对比显现的。所以善于调动敌人的将帅，用假象迷惑敌人，敌人就会听从调动；用小利引诱敌人，敌人就会前来夺取。用小利调动敌人，然后用主力伺机伏击敌人。

所以善于作战的人，总是去造成有利的态势，而不苛求自己的部属，能够将使用自身的力量与利用巧妙的态势结合起来。善于利用有利态势的将帅指挥部队作战,就像滚动木头和石头一样。木头、石头,放在平坦安稳的地方就静止,放在陡峭险峻的地方就滚动;方的容易静止,圆的容易转动。所以,善于指挥作战的人所造成的有利态势,就像转动圆石从万丈高山上滚下来那样,这就是所谓的"势"。

虚实篇

原文

孙子曰:凡先处战地而待敌者佚,后处战地而趋战者劳。故善战者,致人而不致于人。能使敌人自至者,利之也;能使敌人不得至者,害之也。故敌佚能劳之,饱能饥之,安能动之。

出其所不趋,趋其所不意。行千里而不劳者,行于无人之地也。攻而必取者,攻其所不守也。守而必固者,守其所不攻也。故善攻者,敌不知其所守;善守者,敌不知其所攻。微乎微乎,至于无形;神乎神乎,至于无声,故能为敌之司命。

进而不可御者,冲其虚也;退而不可追者,速而不可及也。故我欲战,敌虽高垒深沟,不得不与我战者,攻其所必救也;我不欲战,画地而守之,敌不得与我战者,乖其所之也。

故形人而我无形,则我专而敌分。我专为一,敌分为十,是以十攻其一也,则我众敌寡;能以众击寡者,则吾之所与战者,约矣。吾所与战之地不可知,不可知,则敌所备者多;敌所备者多,则吾所与战者寡矣。故备前则后寡,备后则前寡;备左则右寡,备右则左寡。无所不备,则无所不寡。寡者,备人者也;众者,使人备己者也。

故知战之地,知战之日,则可千里而会战;不知战地,不知战日,则左不能救右,右不能救左,前不能救后,后不能救前,而况远者数十里、近者数里乎?以吾度之，越人之兵虽多，亦奚益于胜哉？故曰：胜可为也。敌虽众，可使无斗。

故策之而知得失之计，作之而知动静之理，形之而知死生之地，角之而知有余不足之处。故形兵之极，至于无形；无形，则深间不能窥，智者不能谋。因形而措胜于众，众不能知。人皆知我所以胜之形，而莫知吾所以制胜之形。故其战胜不复，而应形于无穷。

夫兵形象水，水之形，避高而趋下；兵之形，避实而击虚。水因地而制流，兵因敌而制胜。故兵无常势，水无常形，能因敌变化而取胜者，谓之神。

故五行无常胜，四时无常位；日有短长，月有死生。

译文

孙子说，凡先占据战场迎击敌人的就从容主动，后到达战场仓促应战的就疲劳被动。所以善于指挥作战的人，能调动敌人而不被敌人调动。能使敌人自动进入我预定地域的，是用小利引诱它的结果；能使敌人不能到达其预定地域的，是设置困难阻止它的结果。敌人休整得好，就要设法使它疲劳；敌人粮食充足，就要设法使它饥饿，敌人驻扎安稳，就要设法使它移动。

出兵指向敌人无法援救的地方，奔袭敌人预料不到的方向。行军千里而不疲劳，因为走的是敌人没有部署的地方；进攻而必然会得手，因为攻的是敌人没有设防的地方；防御而必然能稳固，因为守的是敌人无法攻克的地方。所以善于进攻的，使敌人不知道怎么防守；善于防守的，使敌人不知道怎么进攻。微妙呀微妙，竟然到看不出形迹的地步；神奇啊神奇，竟然到听不到声息的地步；所以能成为敌人命运的主宰。

前进而使敌人不能抵御，是因为冲向了它空虚的地方；后退而使敌人无法追击，是因为行动迅速使敌人追赶不上。所以，我想打，敌人即使高垒深沟也不得不脱离阵地与我作战，是因为我进攻了敌人必救的要害之处；我不想打，虽然只是画地而守，敌人也无法前来同我作战，是因为我已经诱使敌人改变了其进攻的方向。

所以，使敌情暴露而我情不露痕迹，我军的兵力就可以集中，而敌人的兵力就不得不分散。我军的兵力集中在一处，敌人的兵力分散在十处，我就能用十倍于敌人的兵力去攻击敌人，这就造成了我众敌寡的有利态势。能以众击寡，那么同我军作战的敌人就有限了。我军所要进攻的地方敌人不得而知，那么敌军所要防备的地方就多了；敌军防备的地方越多，那么我军所要进攻的敌人就越少。所以防备了前面，后面的兵力就薄弱；防备了后面，前面的兵力就薄弱；防备了左边，右边的兵力就薄弱；防备了右边，左边的兵力就薄弱。处处都防备，就处处兵力薄弱。之所以兵力薄弱，就是因为处处去防备别人的进攻；之所以兵力充足，就是因为迫使敌人处处防备自己。

所以，能预知交战的地点，预知交战的时间，那么即使跋涉千里也可以同敌人交战。不能预知交战的地点，不能预知交战的时间，就会左翼救不了右翼，右翼救不了左翼，前队救不了后队，后队救不了前队，何况远的数十里，近的数里呢？依我看，超越敌国的军队虽多，对争取战争的胜利又有什么补益呢？所以说，胜利是可以争取的。敌军虽多，也可以使它无法同我较量。

所以，分析敌情以了解敌人作战计划的优劣，挑动敌军以了解敌人的活动规律，佯动示形以了解敌人地形的有利不利，战斗侦察以了解敌人兵力部署的虚实强弱。伪装到最好的地步，就显示不出任何的形迹。显示不出任何的形迹，即便是隐藏再深的间谍也窥察不到我军底细，最聪明的敌人也想不出对付我军的办法。根据敌情的变化而取胜，即使把胜利摆在众人面前，众人还是看不出其中的奥妙。人们只知道我用来战胜敌人的战术，但是却不知道我是怎样运用这些战术来取胜的。所以每次战胜都不是重复老一套的方法，而是适应不同的情况，变化无穷。

用兵的规律好像水的流动，水流的规律是避开高处流向低处；作战的规律，是避开敌人的实处而攻击敌人的虚处。水流方向受地势高低的制约，作战则根据敌情的不同而采取不同的取胜方略。所以，用兵作战没有固定的态势，水流没有不变的形态。能根据敌情变化而取胜的，就叫作用兵如神。

五行相生相克，没有固定的常胜。四季推移更替，没有固定的位置。白昼有短有长，月亮有缺有圆。

军争篇

原文

孙子曰：凡用兵之法，将受命于君，合军聚众，交和而舍，莫难于军争。军争之难者，以迂为直，以患为利。故迂其途，而诱之以利，后人发，先人至，此知迂直之计者也。

故军争为利，军争为危。举军而争利，则不及；委军而争利，则辎重捐。是故卷甲而趋，日夜不处，倍道兼行，百里而争利，则擒三将军，劲者先，疲者后，其法十一而至；五十里而争利，则蹶上将军，其法半至。三十里而争利，则三分之二至。是故军无辎重则亡，无粮食则亡，无委积则亡。

故不知诸侯之谋者，不能豫交；不知山林、险阻、沮泽之形者，不能行军；不用乡导者，不能得地利。故兵以诈立，以利动，以分合为变者也。故其疾如风，其徐如林，侵掠如火，不动如山，难知如阴，动如雷震。掠乡分众，廓地分利，悬权而动。先知迂直之计者胜，此军争之法也。

《军政》曰："言不相闻，故为金鼓；视不相见，故为旌旗。"夫金鼓旌旗者，所以一人之耳目也；人既专一，则勇者不得独进，怯者不得独退，此用众之法也。故夜战多火鼓，昼战多旌旗，所以变人之耳目也。

故三军可夺气，将军可夺心。是故朝气锐，昼气惰，暮气归。善用兵者，避其锐气，击其惰归，此治气者也。以治待乱，以静待哗，此治心者也。以近待远，以佚待劳，以饱待饥，此治力者也。无邀正正之旗，无击堂堂之陈，此治变者也。

故用兵之法，高陵勿向，背丘勿逆，佯北勿从，锐卒勿攻，饵兵勿食，归师勿遏，围师必阙，穷寇勿迫。此用兵之法也。

译文

孙子说，大凡用兵的法则，将帅接受国君的命令，从征集民众、组织军队到同敌人对阵，没有比争取先机之利更困难的。争取先机之利最困难的地方，是要把迂回的弯路变为直路，要把不利的因素变成有利的因素。所以用迂回绕道的佯动，并用小利引诱敌人转移方向，这样就能比敌人后出动而先于敌人到达所要争夺的要地，这就是懂得以迂为直的方法了。

所以争夺先机之利有有利的一面，同时也有危险的一面。携带所有装备辎重去争利，就不能按时到达预定地域；放下装备辎重去争利，装备辎重就会损失。因此，卷甲急进，昼夜不停，加倍行程连续行军，走上百里路去争利，三军的将领都可能被敌人俘虏，强壮的士兵先到，疲弱的士兵掉队，只会有十分之一的兵力赶到；走五十里去争利，先头部队的将领会受挫，只有半数的兵力赶到；走三十里去争利，就只有三分之二的兵力赶到。因此，军队没有辎重就不能生存，没有粮食就不能生存，没有物资储备就不能生存。

不了解列国诸侯的战略企图，就无法预先与之结交；不熟悉山林、险阻、水网、沼泽等地形，就无法行军；不使用向导，就无法得地利。所以，用兵作战必须运用诡诈权变才能成功，依据是否有利来决定自己的行动，通过分散或集中来变化兵力。所以，军队行动迅速时就像疾风，行动舒缓时就像森林，攻击时就像烈火，防御时就像山岳，隐蔽时就像阴天，冲锋时如同雷霆。要分兵掠取敌人境内的作战物资，要派兵扼守敌人境内的有利地形，要衡量利害得失，然后相机而动。事先懂得以迂为直方法的，就能取得胜利，这就是军争的原则。

《军政》说："作战中用人的言语指挥听不到，所以设置金鼓；用人的动作指挥看不清，所以设置旌旗。"金鼓和旌旗，是用视听来统一全军行动的。全军行动既然一致，那么，再勇敢的士兵也不能单独冒进，再怯懦的士兵也不能单独后退。这就是指挥大部队作战的方法。因此，夜间作战多用火光和金鼓，白天作战多用旌旗。之所以变换这些信号，是为了适应士卒的视听。

对于敌人的军队，可以打击它的士气；对于敌人的将领，可以扰乱他的心理。军队初战时士气锐不可当，过一段时间就逐渐懈怠，最后就疲乏衰竭了。所以，善于用兵的人，要避开敌人初来时的锐气，等待敌人士气懈怠衰竭时再去打击它，这是掌握敌人士气而获胜的办法。用自己的严整对付敌人的混乱，用自己的镇静对付敌人的喧嚣，这是掌握敌人心理而获胜的办法。在离自己较近的战场上等待远道而来的敌人，在自己部队得到充分休息的状态下等待疲惫不堪的敌人，在自己部队士饱马腾的情况下等待饥肠辘辘的敌人，这是掌握敌人体力而获胜的办法。不要拦击旗帜整齐、部署周密的敌人；不要攻击阵容严整、实力强大的敌人。这是掌握敌情变化而获胜的办法。

用兵的法则是：敌军占领山地时不要去仰攻，敌军背靠高地时不要正面去迎击，敌军假装败退时不要去追击，敌军的精锐不要去攻击，敌人的诱兵不要去理睬，不要去正面拦截撤退的敌军，包围敌人要虚留缺口，敌军已陷入绝境时不要过分逼迫。这是用兵的法则。

九变篇

原文

孙子曰：凡用兵之法，将受命于君，合军聚众，圮地无舍，衢地合交，绝地无留，围地则谋，死地则战。涂有所不由，军有所不击，城有所不攻，地有所不争，君命有所不受。

故将通于九变之利者，知用兵矣；将不通于九变之利者，虽知地形，不能得地之利矣。治兵不知九变之术，虽知五利，不能得人之用矣。

是故智者之虑，必杂于利害。杂于利而务可信也，杂于害而患可解也。

是故屈诸侯者以害，役诸侯者以业，趋诸侯者以利。

故用兵之法，无恃其不来，恃吾有以待也；无恃其不攻，恃吾有所不可攻也。

故将有五危：必死，可杀也；必生，可虏也；忿速，可侮也；廉洁，可辱也；爱民，可烦也。凡此五者，将之过也，用兵之灾也。覆军杀将，必以五危，不可不察也。

译文

孙子说，大凡用兵的法则，主将接受国君的命令，组织军队，聚集军需，出征时在难以通行的"圮地"不可宿营，在四通八达的"衢地"要结交诸侯，在无法生存的"绝地"不可停留，在四面险阻、难以出入的"围地"要巧设计谋，陷入走投无路的"死地"就要坚决奋战。有些道路不必走，有些敌军不必打，有些城池不必攻，有些地方不必争，国君的有些命令不必执行。

将帅能够精通各种机变的运用的，就是懂得用兵了。将帅不精通各种机变的运用的，虽然了解地形，也不能得到地利。指挥军队而不懂得机变，虽然知道"五利"，也不能充分发挥军队的作用。

聪明的将帅思考问题，必须兼顾到利害两个方面。在不利的条件下要看到有利的因素，任务才可以顺利完成；在顺利的条件下要看到不利的因素，祸患才能事先解除。

所以，要通过威胁造成的伤害来迫使诸侯屈服，要通过不断制造事端使诸侯疲于应对，要通过利益的引诱使诸侯主动追随自己。

用兵的法则是，不要寄希望于敌人不来，而要依靠自己做好了充分准备；不要寄希望于敌人不进攻，而要依靠自己拥有使敌人无法进攻的力量。

将帅有五种致命的弱点：只知死拼会被诱杀，贪生怕死会被俘虏，急躁易怒会遭轻侮，过于自尊会遭污辱，一味爱民会陷入烦扰。这五种情况是将帅的过错，也是用兵的灾难。军队的覆灭，将帅的被杀，必定是由于这五种弱点引起的，是不可不充分注意的。

行军篇

原文

孙子曰：凡处军、相敌，绝山依谷，视生处高，战隆无登，此处山之军也。绝水必远水；客绝水而来，勿迎之于水内，令半济而击之，利；欲战者，无附于水而迎客；视生处高，无迎水流，此处水上之军也。绝斥泽，惟亟去无留；若交军于斥泽之中，必依水草而背众树，此处斥泽之军也。平陆处易而右背高，前死后生，此处平陆之军也。凡此四军之利，黄帝之所以胜四帝也。

凡军好高而恶下，贵阳而贱阴，养生而处实。军无百疾，是谓必胜。丘陵堤防，必处其阳，而右背之。此兵之利、地之助也。上雨，水沫至，欲涉者，待其定也。凡地，有绝涧、天井、天牢、天罗、天陷、天隙，必亟去之，勿近也。吾远之，敌近之；吾迎之，敌背之。军行有险阻、潢井、葭苇、山林、蘙荟者，必谨覆索，此伏奸之所处也。

敌近而静者，恃其险也；远而挑战者，欲人之进也。其所居易者，利也。众树动者，来也；众草多障者，疑也；鸟起者，伏也；兽骇者，覆也。尘高而锐者，车来也；卑而广者，徒来也；散而条达者，樵采也；少而往来者，营军也。辞卑而益备者，进也；辞强而进驱者，退也。轻车先出居其侧者，陈也；无约而请和者，谋也。奔走而陈兵者，期也；半进半退者，诱也。杖而立者，饥也；汲而先饮者，渴也；见利而不进者，劳也。鸟集者，虚也；夜呼者，恐也。军扰者，将不重也；旌旗动者，乱也；吏怒者，倦也。粟马肉食，军无悬缻，不返其舍者，穷寇也。谆谆翕翕，徐与人言者，失众也。数赏者，窘也；数罚者，困也；先暴而后畏其众者，不精之至也。来委谢者，欲休息也。兵怒而相迎，久而不合，又不相去，必谨察之。

兵非益多也，惟无武进，足以并力、料敌、取人而已。夫惟无虑而易敌者，必擒于人。

卒未亲附而罚之，则不服；不服，则难用也；卒已亲附而罚不行，则不可用也。故令之以文，齐之以武，是谓必取。令素行以教其民，则民服；令素不行以教其民，则民不服。令素行者，与众相得也。

译文

孙子说，部署军队、观察判断敌情都应该注意：通过山地时，必须选择有水草的山谷穿行，在居高向阳的地方驻扎。敌人占领高地，不要正面仰攻。这是在山地部署机动军队的原则。横渡江河，必须远离水流驻扎。敌人渡水来战，不要在水中迎击，要等它渡过一半时再攻击，这样才有利。如果要同敌人决战，不要紧靠水边列阵；在江河地带驻扎，也要居高向阳，不要面迎水流。这就是在江河地带部署机动军队的原则。通过盐碱沼泽地带，要迅速离开，不要停留；如果同敌军在盐碱沼泽地带遭遇，必须傍依水草而背靠树林。这就是在盐碱沼泽地带部署机动军队的原则。在平原地带应占领开阔地域，主要翼侧要依托高地，前低后高。这就是在平原地带部署机动军队的原则。以上四种部署军队原则所带来的好处，就是黄帝之所以能战胜其他四帝的原因。

大凡驻军总是选择干燥的高地，避开潮湿的洼地；重视向阳之处，避开阴暗之地，人马得以休养生息，军需供应充足，将士百病不生，这样就有了胜利的保证。在丘陵堤防地带，必须占领向阳的一面，并把主力背靠高地部署。这对用兵是有利的，能得到地形的辅助。上游下雨，洪水突至，要涉水，必须等水流稍定之后。凡是遇上天涧、天井、天牢、天罗、天陷、天隙这六种地形，必须迅速离开，不要靠近。我们应远离这种地形，让敌人去靠近它；我们应面向这种地形，而让敌人去背靠它。军队行动时两旁遇到有险峻的隘路、湖沼、水网、芦苇、山林和草木茂盛的地方，必须谨慎地反复搜索，因为这些都是奸细可能隐伏的地方。

敌人逼近我方却很安静的，是依仗它占领险要地形；敌人离我很远而来挑战的，是想诱我前进。敌人之所以驻扎在平坦的地方，是因为对它有利可图。许多树木摇动，是敌人隐蔽前来；草丛中有许多遮障物，是敌人布下的疑阵；群鸟惊飞，是下面有伏兵；野兽骇奔，是敌人大举突袭。尘土高而尖，是敌人的战车驰来；尘土低而宽广，是敌人的步兵开进；尘土疏散飞扬，是敌人正在曳柴而走；尘土少而时起时落，是敌人正在扎营。敌人使者措辞谦卑却又在加紧战备的，是准备进攻；措辞强硬而军队又做出前进姿态的，是准备撤退。轻车先出动，部署在两翼的，是在布列阵势；尚未受挫而来讲和的，是另有阴谋。士卒奔走而摆开兵车列阵的，是期待同我决战；半进半退的，是企图引诱我军。敌兵倚着兵器站立的，是饥饿的表现；供水的士兵打水自己先喝，是干渴的表现；见利而不进兵争夺的，是疲劳的表现。营寨上集聚鸟雀的，是因为下面是空营；夜间惊叫的，是恐慌的表现。敌营惊扰纷乱的，是因为将领没有威严；旗帜摇动不整齐的，是因为队伍已经混乱；军官易怒烦躁的，是因为军队已经疲倦困乏。用粮食喂马，杀牲口吃肉，收拾起炊具，不返回营舍的，是准备拼命突围的穷寇。低声下气同部下讲话，是因为敌将已经失去了人心。频繁犒赏士卒的，表明敌军已经无计可施；不断处罚部属的，表明敌军处于困境；先强暴然后又害怕部下的，是因为将领太不精明；派来使者送礼言好的，是敌人想休兵息战。敌人发怒同我对阵，但久不交锋又不撤退的，必须谨慎地观察它的企图。

兵力并不是越多越好，只要不轻敌冒进，并集中兵力，判明敌情，取得部下的拥戴，也就足够了。那种既不深思熟虑而又轻敌的人，必定会被敌人俘虏。

士卒还没有亲附就实行惩罚，他们就不会心服，心不服就很难使用。士卒已经亲附，军法仍得不到执行，也不能用来作战。所以要用柔的手段去笼络他们，用刚的手段去管束他们，这样就必能取胜。平时严格贯彻条令，管教士卒，士卒就能养成服从的习惯；平时不严格贯彻条令，不管教士卒，士卒就会养成不服从的习惯。平时命令能够贯彻执行的，表明将帅同部属之间相处融洽。

地形篇

原文

孙子曰：地形有通者，有挂者，有支者，有隘者，有险者，有远者。我可以往，彼可以来，曰通；通形者，先居高阳，利粮道，以战则利。可以往，难以返，曰挂；挂形者，敌无备，出而胜之；敌若有备，出而不胜，难以返，不利。我出而不利，彼出而不利，曰支；支形者，敌虽利我，我无出也；引而去之，令敌半出而击之，利。隘形者，我先居之，必盈之以待敌；若敌先居之，盈而勿从，不盈而从之。险形者，我先居之，必居高阳以待敌；若敌先居之，引而去之，勿从也。远形者，势均难以挑战，战而不利。凡此六者，地之道也。将之至任，不可不察也。

故兵有走者，有弛者，有陷者，有崩者，有乱者，有北者。凡此六者，非天之灾，将之过也。夫势均，以一击十，曰走；卒强吏弱，曰弛；吏强卒弱，曰陷；大吏怒而不服，遇敌怼而自战，将不知其能，曰崩；将弱不严，教道不明，吏卒无常，陈兵纵横，曰乱；将不能料敌，以少合众，以弱击强，兵无选锋，曰北。凡此六者，败之道也，将之至任，不可不察也。

夫地形者，兵之助也。料敌制胜，计险厄远近，上将之道也。知此而用战者必胜，不知此而用战者必败。

故战道必胜，主曰无战，必战可也；战道不胜，主曰必战，无战可也。故进不求名，退不避罪，唯人是保，而利合于主，国之宝也。

视卒如婴儿，故可以与之赴深溪；视卒如爱子，故可与之俱死。厚而不能使，爱而不能令，乱而不能治，譬若骄子，不可用也。

知吾卒之可以击，而不知敌之不可击，胜之半也；知敌之可击，而不知吾卒之不可以击，胜之半也；知敌之可击，知吾卒之可以击，而不知地形之不可以战，胜之半也。故知兵者，动而不迷，举而不穷。故曰：知彼知己，胜乃不殆；知天知地，胜乃不穷。

译文

孙子说，地形有"通形""挂形""支形""隘形""险形""远形"六种。我们可以去、敌人可以来的地域叫作"通形"。在"通形"地域上，应先占领视野开阔的高地，保持粮道的畅通，这样作战就有利。可以前出、难以返回的地域叫作"挂形"。在"挂形"地域上，如果敌人没有防备，就可以突然出击而战胜它；如果敌人有防备，出击又不能取胜，难以返回，就不利了。我军前出不利，敌军前出也不利的地域叫作"支形"。在"支形"地域上，敌人虽然以利诱我，也不要出击，而应率军假装败走，诱使敌人出来一半时再回兵攻击，这样就有利。在"隘形"地域上，我们应先敌占领隘口，并用重兵封锁，以等待敌人的到来。如果敌人先占领隘口，并用重兵封锁，就不要去打；如果敌人没有用重兵封锁隘口，则可以去打。在"险形"地域上，如果我军先敌占领，必须控制视野开阔的高地，以等待敌人来犯；如果敌人先占领，就应引兵撤退，不要去打它。在"远形"地域上，双方地势均同，不宜挑战，勉强求战，就不利。以上六条，是利用地形的原则。这是将帅的重大责任所在，不可不认真考察研究。

军事上有"走""弛""陷""崩""乱""北"六种必败的情况。这六种情况，不是天然的灾害，而是将帅的过错造成的。凡是势均力敌的情况下而以一击十的，叫作"走"。士卒强悍，军官懦弱的，叫作"弛"。军官强悍，士卒懦弱的，叫作"陷"。偏将怨怒而不服从指挥，遇到敌人擅自率军出战，主将又不了解他们的能力，叫作"崩"。将帅懦弱又无威严，治军没有章法，官兵关系混乱紧张，布阵杂乱无章，叫作"乱"。将帅不能正确判断敌情，以少击众，以弱击强，手中又没有掌握精锐部队，叫作"北"。以上六种情况，是造成失败的原因，是将帅重大责任之所在，不可不认真考察研究。

地形是用兵的辅助条件。判断敌情，夺取胜利，考察地形的险易，计算道路的远近，这是高明的将领必须掌握的方法。懂得这些道理去指挥作战的，必然会胜利；不懂得这些道理去指挥作战的，必然会失败。

从战争规律上分析，有必胜的把握的，即使国君说不打，也可以坚持打。从战争规律上分析，没有必胜把握的，即使国君说一定要打，也可以不去打。进不企求战胜的美名，退不回避违命的罪责，只求保全民众，而符合国君的利益，这样的将帅，才是国家的宝贵财富。

对待士兵像对婴儿，士兵就可以跟他共赴危难；对待士兵像对爱子，士兵就可以跟他同生共死。对士兵厚待而不使用，溺爱而不教育，违法而不惩治，那就好像娇惯坏的孩子一样，是不能用来作战的。

只了解自己的部队能打，而不了解敌人不可以打，胜利的可能只有一半；了解敌人可以打，而不了解自己的部队不能打，胜利的可能也只有一半；了解敌人可打，也了解自己的部队能打，而不了解地形不利于打，胜利的可能也只有一半。所以懂得用兵的人，他行动起来决不会迷惑，他的对策变化无穷。所以说，了解对手，了解自己，争取胜利就不会有危险；懂得天时，懂得地利，胜利就没有穷尽。

九地篇

原文

孙子曰：用兵之法，有散地，有轻地，有争地，有交地，有衢地，有重地，有圮地，有围地，有死地。诸侯自战其地，为散地。入人之地而不深者，为轻地。我得则利，彼得亦利者，为争地。我可以往，彼可以来者，为交地。诸侯之地三属，先至而得天下众者，为衢地。入人之地深，背城邑多者，为重地。行山林、险阻、沮泽，凡难行之道者，为圮地。所由入者隘，所从归者迂，彼寡可以击吾之众者，为围地。疾战则存，不疾战则亡者，为死地。是故散地则无战，轻地则无止，争地则无攻，交地则无绝，衢地则合交，重地则掠，圮地则行，围地则谋，死地则战。

所谓古之善用兵者，能使敌人前后不相及，众寡不相恃，贵贱不相救，上下不相收，卒离而不集，兵合而不齐。合于利而动，不合于利而止。敢问：敌众整而将来，待之若何？曰：先夺其所爱，则听矣。兵之情主速，乘人之不及，由不虞之道，攻其所不戒也。

凡为客之道，深入则专，主人不克，掠于饶野，三军足食；谨养而勿劳，并气积力，运兵计谋，为不可测。投之无所往，死且不北；死焉不得，士人尽力。兵士甚陷则不惧，无所往则固，深入则拘，不得已则斗。是故其兵不修而戒，不求而得，不约而亲，不令而信。禁祥去疑，至死无所之。吾士无余财，非恶货也；无余命，非恶寿也。令发之日，士卒坐者涕沾襟，偃卧者涕交颐。投之无所往，诸、刿之勇也。

故善用兵者，譬如率然。率然者，常山之蛇也。击其首则尾至，击其尾则首至，击其中则首尾俱至。敢问：兵可使如率然乎？曰：可。夫吴人与越人相恶也，当其同舟而济，遇风，其相救也如左右手。是故方马埋轮，未足恃也；齐勇如一，政之道也；刚柔皆得，地之理也。故善用兵者，携手若使一人，不得已也。

将军之事，静以幽，正以治。能愚士卒之耳目，使之无知。易其事，革其谋，使人无识；易其居，迂其途，使人不得虑。帅与之期，如登高而去其梯；帅与之深入诸侯之地，而发其机，焚舟破釜；若驱群羊，驱而往，驱而来，莫知所之。聚三军之众，投之于险，此谓将军之事也。九地之变，屈伸之利，人情之理，不可不察。

凡为客之道：深则专，浅则散。去国越境而师者，绝地也。四达者，衢地也。入深者，重地也。入浅者，轻地也。背固前隘者，围地也。无所往者，死地也。是故散地，吾将一其志；轻地，吾将使之属；争地，吾将趋其后；交地，吾将谨其守；衢地，吾将固其结；重地，吾将继其食；圮地，吾将进其涂；围地，吾将塞其阙；死地，吾将示之以不活。故兵之情：围则御，不得已则斗，过则从。

是故不知诸侯之谋者，不能预交；不知山林、险阻、沮泽之形者，不能行军；不用乡导者，不能得地利。四五者，不知一，非霸王之兵也。夫霸王之兵，伐大国，则其众不得聚；威加于敌，则其交不得合。是故不争天下之交，不养天下之权，信己之私，威加于敌，则其城可拔，其国可隳。施无法之赏，悬无政之令，犯三军之众，若使一人。犯之以事，勿告以言；犯之以利，勿告以害。投之亡地然后存，陷之死地然后生。夫众陷于害，然后能为胜败。故为兵之事，在顺详敌之意，并敌一向，千里杀将，此谓巧能成事者也。

是故政举之日，夷关折符，无通其使；厉于廊庙之上，以诛其事。敌人开阖，必亟入之，先其所爱，微与之期。践墨随敌，以决战事。是故始如处女，敌人开户；后如脱兔，敌不及拒。

译文

孙子说，按照用兵的原则，战地可以区分为"散地""轻地""争地""交地""衢地""重地""圮地""围地""死地"。在本国境内作战的地区，叫作"散地"。进入敌国不深的地区，叫作"轻地"。我军得到有利、敌军得到也有利的地区，叫作"争地"。我军可以去、敌军也可以去的地区，叫作"交地"。同数个诸侯国毗邻，先到达就可以得到诸侯援助的地区，叫作"衢地"。深入敌境，背后有众多敌人城邑的地区，叫作"重地"。山林、险阻之地、沼泽等难以通行的地区，叫作"圮地"。进军的道路狭隘，退归的道路迂远，敌军能够以劣势兵力打击我方优势兵力的地区，叫作"围地"。迅速奋勇作战就能生存，不迅速奋勇作战就会全军覆灭的地区，叫作"死地"。因此，"散地"不宜作战；"轻地"不宜停留；"争地"不要贸然进攻；"交地"部队的联系不可断绝；"衢地"应结交诸侯；"重地"就要掠取敌国物资；"圮地"就要迅速通过；陷入"围地"，就要巧设计谋；陷入"死地"，就要奋勇作战。

古时善于指挥作战的人，能使敌人的部队前后不能相互策应，主力和小部队不能相互依靠，官兵之间不能相互救援，上下之间不能相互协调，士卒溃散难以集中，交战阵形混乱不齐。对我有利就行动，对我不利就停止。请问："假如敌军人数众多且又阵势严整地向我开来，该用什么办法来对付呢？"回答是："先夺取对于敌人的关键要害，就能使它不得不听从我的摆布了。"用兵之道，贵在神速，乘敌人措手不及的时机，走敌人意料不到的道路，攻击敌人没有戒备的地方。

大凡对敌国进攻作战，一般规律是，越是深入敌境，军心士气就越牢固，敌人越不能战胜我军。在丰饶的田野上掠取粮草，全军就会有足够的给养；休整部队不使疲劳，鼓舞士气积蓄力量，部署兵力巧设计谋，使敌人无法判断我军的企图。把部队置于无路可走的绝境，士兵就会虽死也不后退。既然死都不怕，怎么会不尽全力而战呢？士兵深陷危险的境地反而不会恐惧，无路可走时军心反而会稳固，深入敌国军队反而不会涣散，到了迫不得已的时候士兵反而会殊死搏斗。所以，处在这种情况下的军队，不用整治就会加强戒备，不用要求就会完成好任务，不用约束就会彼此团结，不需申令就会遵守纪律。禁止迷信，消除疑虑，至死也不会逃避。没有人有多余的财物，并不是他们厌恶财物；没有人贪生怕死，并不是他们厌恶长寿。当作战命令下达的时候，坐着的士兵泪湿衣襟，躺着的泪流满面。把他们投入无路可走的绝境，就会像专诸和曹刿一样勇敢。

善于统率军队的人，能使部队像"率然"一样。"率然"是恒山上的一种蛇。打它的头，尾就来救；打它的尾，头就来救；打它的身子，头尾都会来救。请问："能够使部队像'率然'那样吗？"回答是"可以"。吴国人与越国人虽然互相仇视，但当同船过河遇到大风的时候，也会相互救助，就像一个人的左右手那样。所以，缚住马匹、深埋车轮，用这种办法使军队不动摇是不可靠的。要使部队齐心协力奋勇作战就像一个人一样，在于管理教育有方。要使强者弱者都能发挥作用，在于恰当利用地形。所以善于用兵的人，能使全军将士携手如一人，这是因为严峻的形势迫使部队不得不这样。

统率军队，要冷静而深邃，公正而严明。要能蒙蔽士兵的视听，不让他们知道他们不该知道的事情；变更作战部署，改变原定计划，使人们无法识破作战计划；经常改换驻地，故意迂回行进，使人们无法推测作战意图。主帅给部属下达任务，并断其退路，就像登高后抽去梯子一样；主帅令士兵深入诸侯国内，就像击发弩机射出的箭矢一样，一往无前。烧掉舟船，砸碎军锅，对士兵要像驱赶羊群一样，驱过来，赶过去，而他们却不知究竟要到哪里去。聚集全军，置于险境，这就是统率军队要做的事情。各种地形的不同处置，攻防进退的利害得失，官兵上下的不同心理，这些都是不能不认真研究和考察的问题。

进攻敌国作战规律是：进入敌国境内越深，军心就越容易专一；进入敌国境内越浅，军心就越容易涣散。离开本国进入敌境作战的地区为"绝地"，四通八达的地区为"衢地"，深入敌国纵深的地区为"重地"，进入敌国浅近纵深的地区为"轻地"，背后有险地前面有隘路的地区为"围地"，无路可走的地区为"死地"。因此，"散地"，我要统一军队的意志；"轻地"，我要使营阵紧密相连；"争地"，我要使后续部队尽快跟上；"交地"，我要谨慎防守；"衢地"，我要巩固与邻国的结盟；"重地"，我要补充粮食给养；"圮地"，我要迅速通过；"围地"，我要堵塞受敌威胁的缺口；"死地"，我要显示决一死战的信念。所以，士兵们通常的心理反应是：被包围时就会坚决抵抗，迫不得已时就会拼死战斗，深陷危境时就会听从指挥。

不了解诸侯各国的战略动向，就不能与之结交；不熟悉山林、险阻之地、沮泽等地形，就不能行军；不使用向导，就不能得到地利。这几方面，有一方面不了解，就不能成为称王争霸的军队。凡是王霸之兵，进攻大国，就能使其军民来不及动员集中；兵威加在敌人头上，就能使它的盟国无法策应。因此，不必争着同天下诸侯结交，也不必在各诸侯国培植自己的势力，只要伸展自己的战略意图，把威力加在敌人的头上，就可以拔取敌人的城池，毁灭敌人的国家。施行超越惯例的奖赏，颁布打破常规的号令，指挥全军就如同指挥一个人一样。下达作战任务，但不告诉真实的意图。驱使士兵作战，只告诉有利的条件，不指明危险的因素。把部队投入危地，才能转危为存；使士卒陷于死地，才能转死为生。军队陷于险境，然后才能转败为胜。所以，从事战争，在于假装顺从敌人的意图，集中兵力于主攻方向，千里奔袭，斩杀其将，这就是所谓用巧妙的方法取得成功。

因此，决定战争行动之日，就要封锁关口，销毁通关文凭，禁止敌国使者来往；在庙堂反复谋划，做出战略决策。敌方一旦出现疏漏，就要迅速乘虚而入。首先夺取敌人的战略要地，但不要轻易约期决战。破除成规，因敌变化，灵活决定自己的作战行动。因此，战争开始之前要像处女那样沉静，诱使敌人戒备松懈，暴露弱点；战争展开之后要像脱逃的野兔一样迅速行动，使敌人来不及抵抗。

火攻篇

原文

孙子曰：凡火攻有五：一曰火人，二曰火积，三曰火辎，四曰火库，五曰火队。行火必有因，烟火必素具。发火有时，起火有日。时者，天之燥也。日者，月在箕、壁、翼、轸也。凡此四宿者，风起之日也。

凡火攻，必因五火之变而应之。火发于内，则早应之于外。火发兵静者，待而勿攻，极其火力，可从而从之，不可从而止。火可发于外，无待于内，以时发之。火发上风，无攻下风。昼风久，夜风止。凡军必知五火之变，以数守之。

故以火佐攻者明，以水佐攻者强。水可以绝，不可以夺。

夫战胜攻取，而不修其功者，凶，命曰"费留"。故曰：明主虑之，良将修之，非利不动，非得不用，非危不战。主不可以怒而兴师，将不可以愠而致战。合于利而动，不合于利而止。怒可以复喜，愠可以复悦；亡国不可以复存，死者不可以复生。故明君慎之，良将警之。此安国全军之道也。

译文

孙子说，火攻的形式有五种：一是火烧敌军的人马，二是火烧敌军的粮草，三是火烧敌军的辎重，四是火烧敌军的仓库，五是火烧敌军的粮道。实施火攻必须有一定的条件，烟火器材必须平时就有所准备。放火要看准天时，起火要看准日期。天时是指气候干燥的时节。日期是指月亮运行经过箕、壁、翼、轸四个星宿的时候。月亮经过这四个星宿的时候，便是起风之日。

凡是火攻，必须根据五种火攻方式的不同，灵活地派兵配合。火从敌营内部放，就要及时派兵从外部策应。火已经烧起来但敌营仍然保持镇静，则应冷静等待，不可贸然发起进攻，待火势旺盛，可攻则攻，不可攻则止。火也可以从外面放，就不必等待内应，只要适时放火就行。从上风放火时，不可从下风进攻。白天风刮久了，夜晚风就容易停止。军队必须懂得灵活运用这五种火攻形式，并等待放火的条件具备时实施火攻。

用火配合军队进攻，效果显著；用水配合军队进攻，可以增强攻势。水可以分割隔绝敌军，但不能毁掉敌军的物资。

凡是打了胜仗，夺取了土地城池，而不能巩固战果的，则有凶险，这就叫作浪费钱财的"费留"。所以说，明智的国君要慎重地考虑这个问题，贤良的将帅要认真地处理这个问题。没有好处的时候不可行动，没有把握的时候不能用兵，不到十分危险的时候不能开战。国君不可因一时之怒而发起战争，将帅不可因一时之愤而出阵求战。符合国家利益时才行动，不符合国家利益时就停止。愤怒可以重新变为欢喜，气愤可以重新变为高兴；国亡则不能复存，人死不能复生。所以，明智的国君要慎重，贤良的将帅要警惕，这是安定国家和保全军队的基本原则。

用间篇

原文

孙子曰：凡兴师十万，出征千里，百姓之费，公家之奉，日费千金；内外骚动，怠于道路，不得操事者，七十万家。相守数年，以争一日之胜，而爱爵禄百金，不知敌之情者，不仁之至也，非人之将也，非主之佐也，非胜之主也。故明君贤将，所以动而胜人、成功出于众者，先知也。先知者，不可取于鬼神，不可象于事，不可验于度，必取于人，知敌之情者也。

故用间有五：有因间，有内间，有反间，有死间，有生间。五间俱起，莫知其道，是谓神纪，人君之宝也。因间者，因其乡人而用之。内间者，因其官人而用之。反间者，因其敌间而用之。死间者，为诳事于外，令吾闻知之，而传于敌间也。生间者，反报也。

故三军之事，莫亲于间，赏莫厚于间，事莫密于间。非圣智不能用间，非仁义不能使间，非微妙不能得间之实。微哉微哉，无所不用间也！间事未发而先闻者，间与所告者皆死。

凡军之所欲击，城之所欲攻，人之所欲杀，必先知其守将、左右、谒者、门者、舍人之姓名，令吾间必索知之。

必索敌人之间来间我者，因而利之，导而舍之，故反间可得而用也。因是而知之，故乡间、内间可得而使也。因是而知之，故死间为诳事，可使告敌。因是而知之，故生间可使如期。五间之事，主必知之，知之必在于反间，故反间不可不厚也。

昔殷之兴也，伊挚在夏；周之兴也，吕牙在殷。故惟明君贤将，能以上智为间者，必成大功。此兵之要，三军之所恃而动也。

译文

孙子说，凡是兴兵十万，出征千里，百姓的耗费，公家的开支，每天要花费千金；国内外一片骚动，为运输物资疲于道路而不能正常耕作的有七十万家。相持数年，就是为了决胜于一旦。吝惜爵禄和金钱，不重用间谍，以至因为不能了解敌情而遭到失败，那就是不仁到了极点。这种人不配做军队的统帅，算不上是国君的辅佐，也不可能是胜利的主宰。所以英明的君主、贤能的将领，一出兵就能战胜敌人，成功超出众人之上，就在于事先了解了敌情。事先了解敌情，不可祈求于鬼神，不可依靠象数占卜，不可用日月星辰运行的度数去验证，必须依靠人，依靠那些了解敌人情况的人。

使用间谍的方式有五种：因间、内间、反间、死间、生间。五种间谍同时都使用起来，使敌人无从了解我用间的规律，这才是使用间谍神妙莫测的方法，是国君战胜敌人的法宝。所谓"因间"，就是利用敌国的乡野之民做间谍。所谓"内间"，就是利用敌方的官吏做间谍。所谓"反间"，就是利用敌方间谍充当我方间谍。所谓"死间"，就是制造假情报传播于外，并通过潜入敌营的我方间谍传给敌间。所谓"生间"，就是能够活着回来报告情况的间谍。

所以在三军中，关系没有比间谍更亲近的，奖赏没有比间谍更优厚的，事情没有比间谍更隐秘的。不是圣贤睿智之人不能使用间谍，不是仁慈慷慨之人不能指使间谍，不是谋虑精细之人不能辨别间谍提供情报的真伪。微妙呀，微妙呀，无处不使用间谍！用间的事情尚未进行，事先走漏了消息，那么间谍和听到秘密的人都要被处死。

凡是要攻打的敌方军队，要攻占的敌方城堡，要暗杀的敌方官员，一定要知道其守城的将领、左右的亲信、传事的官员、守门的官吏和门客幕僚的姓名，命令我方间谍必须侦察清楚。

必须搜查出前来侦察我军的敌方间谍，加以收买，再行劝导，然后放回去，这样我可将其作为"反间"而使用了。由于使用了"反间"，"乡间""内间"就可以为我所用了；由于使用了"反间"，就能使"死间"传假情报给敌人；由于使用了"反间"，就可以使"生间"按预定时间回报敌情。五种间谍的使用，君主都必须了解掌握。了解情况的关键在于使用"反间"，所以对"反间"不可不厚待。

从前商朝的兴起，在于伊挚曾经在夏朝为间；周朝的兴起，在于吕牙曾经在商朝为间。所以明智的国君、贤能的将帅，能用智慧高超的人充当间谍，就一定能建立大的功业。这是用兵最关键的地方，整个军队都要依靠间谍提供的情报来决定军事行动。

参考文献

1. [美]杰恩·巴尼:《获得与保持竞争优势》(第2版),北京:清华大学出版社,2003。
2. [英]理查德·布兰森:《致所有疯狂的家伙:维珍创始人理查德·布兰森自传》,上海:文汇出版社,2017。
3. [美]汤姆·彼得斯:《追求卓越》,北京:中信出版社,2007。
4. [美]迈克尔·波特:《竞争战略:分析产业和竞争者的技巧》,北京:华夏出版社,1997。
5. [美]迈克尔·波特:《竞争优势》,北京:华夏出版社,1997。
6. [美]迈克尔·波特:《竞争论》,北京:中信出版社,2003。
7. [美]迈克尔·波特:《国家竞争优势》,北京:中信出版社,2007。
8. [美]迈克尔·波特等:《战略:45位战略家谈如何建立核心竞争力》,北京:中国发展出版社,2002。
9. [英]克里斯·布雷克:《决策学的诡计:解密扑克牌游戏与商业决策》,北京:中国青年出版社,2009。
10. 陈春花:《激活个体:互联时代的组织管理新范式》,北京:机械工业出版社,2016。
11. 陈春花、朱丽:《协同:数字化时代组织效率的本质》,北京:机械工业出版社,2019。

12. 陈继安等：《毛泽东军事思想新论》，北京：军事科学出版社，1995。

13. [美] 陈明哲：《动态竞争策略探微：理论、实证与应用》，台北：智胜文化事业有限公司，2008。

14. [美] 瑞·达利欧：《原则》，北京：中信出版社，2018。

15. [美] 理查德·A. 达韦尼：《超优势竞争：新时代的动态竞争理论与应用》，台北：远流出版事业有限公司，1998。

16. [日] 大前研一：《巨人的观点：像战略家一样思考》，北京：机械工业出版社，2004。

17. [美] 乔治·S. 戴伊：《动态竞争战略》，上海：上海交通大学出版社，2003。

18. 戴耀先：《德意志军事思想研究》，北京：军事科学出版社，1999。

19. [美] 德兰诺夫·戴维、玛茜娅诺·索尼亚：《凯洛格战略论》，人民邮电出版社，2006。

20. [美] 费伊·利亚姆：《竞争者：以才智、谋略与绩效取胜》，北京：中国人民大学出版社，2005。

21. [美] 福斯特·理查德：《创新：进攻者的优势》，北京：北京联合出版公司，2017。

22. [英] J.F.C. 富勒：《战争指导》，北京：解放军出版社，1985。

23. [英] J.F.C. 富勒：《西洋世界军事史》（三卷本），北京：军事科学出版社，1981。

24. [美] 格兰特·M. 罗伯特：《现代战略分析：概念、技术、应用》（第4版），北京：中国人民大学出版社，2005。

25. [美] 罗伯特·格林：《战争的33条战略》，上海：东方出版中心，2007。

26. [美] 布鲁斯·格林沃德、[美] 贾德·卡恩：《企业战略博弈：揭开竞争优势的面纱》，北京：机械工业出版社，2007。

27. [德] 海因茨·威廉·古德里安：《闪击英雄：古德里安将军战争回忆录》，北京：民主与建设出版社，2015。

28. [美] 约瑟夫·古尔登：《朝鲜战争：未曾透露的真相》，北京：北京联合出版公司，2017。

29. [美]加里·哈梅尔、[美]普拉哈拉德:《竞争大未来》,北京:昆仑出版社,1998。

30. [英]利德尔·哈特:《战略论》,北京:战士出版社,1981。

31. [英]李德·哈特:《山的那一边:被俘德国将领谈二战》,上海:上海人民出版社,2011。

32. 洪兵:《孙子兵法与经理人统帅之道》,北京:中国社会科学出版社,2005。

33. 黄朴民:《白话孙子兵法》,长沙:岳麓书社,2001。

34. [美]沃尔特·基希勒三世:《战略简史》,北京:社会科学文献出版社,2018。

35. 金冲及主编:《毛泽东传(1893—1949)》,北京:中央文献出版社,1996。

36. 军事科学院世界军事研究部译编:《战略瘫痪论》,北京:军事科学出版社,2005。

37. [英]朱利安·S.科贝特:《特拉法尔加战役》,北京:社会科学文献出版社,2016。

38. [美]吉姆·柯林斯:《基业长青》,北京:中信出版社,2006。

39. [美国]唐纳德·卡根:《伯罗奔尼撒战争》,北京:社会科学文献出版社,2016。

40. [英]伯纳德·康沃尔:《滑铁卢:四天、三支大军和三场战役的历史》,北京:社会科学文献出版社,2016。

41. [德]克劳塞维茨:《战争论》,北京:解放军出版社,1964。

42. [美]克莱顿·克里斯坦森:《创新者的窘境》,南京:江苏人民出版社,2001。

43. [美]克莱顿·克里斯坦森:《与运气竞争:关于创新与用户选择》,北京:中信出版社,2018。

44. [美]詹姆斯·奎因:《企业应付变化的战略——逻辑渐进法》,长春:世界图书出版公司,1987。

45. [美]丹尼斯·劳瑞:《从战场到董事会:商业战场中的制胜战略》,北京:中华工商联合出版社,2005。

46. 李德、舒云主编:《林彪日记》,香港:明镜出版社,2009。

47. 廖国良等:《毛泽东军事思想发展史》,北京:解放军出版社,2001。

48. [美]理查德·鲁梅尔特:《好战略,坏战略》,北京:中信出版社,2017。

49. 马浩:《竞争优势:解剖与集合》,北京:中信出版社,2004。

50. 马浩:《战略管理学精要》,北京:北京大学出版社,2008。

51. 马浩:《战略管理学说史:英雄榜与里程碑》,北京:北京大学出版社,2018。

52. [美]杰拉德·A.迈克尔森、[美]斯蒂芬·W.迈克尔森:《孙子兵法的营销智慧》,北京:高等教育出版社,2005。

53. [美]杰拉德·A.迈克尔森、[美]斯蒂芬·W.迈克尔森:《孙子兵法的销售智慧》,北京:高等教育出版社,2005。

54. [美]吉尔斯·麦克多诺:《世界战役史》,北京:金城出版社,2015。

55. [美]斯坦利·麦克里斯特尔:《赋能:打造应对不确定性的敏捷团队》,北京:中信出版社,2017。

56. [美]马克·麦克内利:《经理人的六项战略修炼:孙子兵法与竞争的学问》,北京:学苑出版社,2003。

57. [美]罗杰·A.麦凯恩:《博弈论:战略分析入门》,北京:机械工业出版社,2006。

58. [德]冯·埃里希·曼施泰因:《失去的胜利》,北京:民主与建设出版社,2015。

59. [美]美国陆军部:《美国陆军领导力手册:在任何情况下实施领导的技能、策略与方法》,北京:北京大学出版社,2015。

60. [美]美国陆军军事学院:《军事战略》,北京:军事科学出版社,1986。

61. [美]詹姆斯·D.墨菲:《向美军学执行:美军精英部队教给商界的领导力和团队执行经验》,北京:北京大学出版社,2018。

62. [美]威廉森·穆瑞:《战争、战略与军事效能》,台北:"国防部"政务办公室,2014。

63. 毛泽东:《毛泽东选集》,北京:人民出版社,1991。

64. 毛泽东:《毛泽东军事文集》(六卷本),北京:军事科学出版社、中央文献出版社,1993。

65. [美]亨利·明茨伯格:《战略历程:纵览战略管理学派》,北京:机械工业出版社,2002。

66. 钮先钟:《西方战略思想史》, 南宁: 广西师范大学出版社, 2003。

67. [美] 杰弗里·帕克:《剑桥战争史》, 长春: 吉林人民出版社, 1999。

68. [美] 杰弗里·L. 桑普勒:《战略的回归: 在不断变化的世界里如何生存》, 北京: 机械工业出版社, 2016。

69. [美] 斯蒂芬·沙克尔、马克·吉姆比克依:《企业竞争情报作战室》, 北京: 人民邮电出版社, 2005。

70. 史越东:《指挥决策学》, 北京: 解放军出版社, 2005。

71. [美] 乔治·斯托克、罗伯特·拉舍诺:《硬球战略: 强势竞争, 王者之道》, 北京: 商务印书馆, 2006。

72. [美] 保罗·舒梅科:《从不确定性中盈利: 企业家应对不确定性的全面解决方案》, 昆明: 云南人民出版社, 2005。

73. 孙武撰、曹操等注、杨丙安校理:《十一家注孙子》, 北京: 中华书局, 2012。

74. [美] 汤普森等:《战略管理: 概念与案例》(第十版), 北京: 北京大学出版社, 2000年版。

75. 田涛、吴春波:《下一个倒下的会不会是华为》, 北京: 中信出版社, 2017。

76. [澳] 马克·泰尔:《巴菲特与索罗斯的投资习惯》, 北京: 中信出版社, 2009。

77. 王勇:"联想并购坎坷路",《中国企业家》, 2009 年 3、4 期合刊。

78. [美] 约翰·韦尔斯:《战略的智慧: 哈佛最受欢迎的战略课》, 北京: 机械工业出版社, 2013。

79. 吴如嵩:《孙子兵法新论》, 北京: 解放军出版社, 1989。

80. 吴如嵩:《孙子兵法新说》, 北京: 解放军出版社, 2008。

81. 吴如嵩:《制胜智慧》, 北京: 中国青年出版社, 1995。

82. [美] 迈克尔·希特等:《布莱克威尔战略管理手册》, 北京: 东方出版社, 2008。

83. [美] 迈克尔·夏拉:《决战葛底斯堡》, 南京: 译林出版社, 2013。

84. [德] 汉斯·阿道夫·雅各布森编著:《二战的决定性战役 (德国观点)》, 南京: 江苏人民出版社, 2015。

85. 曾鸣:《略胜一筹:中国企业持续发展的出路》,北京:机械工业出版社,2005。
86. 曾鸣:《智能商业》,北京:中信出版社,2018。
87. 曾鸣:《智能战略》,北京:中信出版社,2019。
88. 朱恒源、杨斌:《战略节奏:在动荡的商业世界超越竞争》,北京:机械工业出版社,2018。
89. [美]小戴维·佐克、[美]罗宾·海厄姆:《简明战争史》,北京:商务印书馆,1982。
90. Bryce, David J. and Dyer, Jeffery H. Strategies to Crack Well-guarded Markets, *Harvard Business Review*, May 2007.
91. Chen, Min. Sun Tzu's Strategic Thinking and Contemporary Business, *Business Horizons*, March-April, 1994.
92. Clark, Lloyd. *Blitakrieg: Myth, Reality, and Hitler's Lightning War: France 1940*, New York: Atlantic Monthly Press, 2016.
93. Cohen, William A. War in the Marketplace, *Business Horizons,* March-April, 1986.
94. Cummings, Stephen. Shifting Foundations: Redrawing Strategic Management's Military Heritage, *Critical Perspectives on International Business*, Vol. 3 No. 1, 2007.
95. Freedman, Laurence. *Strategy, A History*, Oxford University Press, 2013.
96. Grimm,Curtis M. and Lee, Hun and Smith, Ken G.. *Strategy as Action: Competitive Dynamics and Competitive Advantage*, Oxford University Press, New York, 2006.
97. Ho, Samuel K. and Choi, Amy S. F. Achieving Marketing Success through Sun Tze's Art of Warfare, *Marketing Intelligence & Planning*, 15/1, 1997.
98. James, Barrie G. *Business Wargames*, Penguin Books, 1984.
99. Kotler, Philip and Singh, Ravi. Marketing Warfare in the 1980s, *Journal of Business Strategy*, Winter 1981.
100. Krippendorff, Kaihan. *The Art of Advantage*, Penguin Group, 2003.
101. Levinson, William A. *The Way of Strategy*, ASQC Quality Press, 1994.

102. Lee, Khai Sheang and Ching, Pheng Lui and Wee, Chow Hou. The Art and the Science of Strategic Marketing: Synergizing Sun Tzu's Art of War with Game Theory, *Journal of Strategic Marketing*, 2, 1994.
103. Ma, Hao. To Win Without Fighting: An Integrative Framework, *Management Decision*, 41/1, 2003.
104. MacMillan, Ian. Seizing Competitive Initiative, *Journal of business strategy*, spring, 1982.
105. Macmillan, Ian and Putten, Alexander B. van and McGrath, Rita Gunther. Global Gamesmanship, *Harvard Business Review*, May 2003.
106. Pech, Richard J. and Durden, Geoffrey. Manoeuvre Warfare: A New Military Paradigm for Business Decision Making, *Management Decision*, 41/2, 2003.
107. Rogers, David J. *Waging Business Warfare*, Charles Scribner's Sons, 1987.
108. Santamaria, Jason A. etc. *The Marine Corps Way*, McGraw-Hill Companies, Inc, 2004.
109. Stalk, Jr.,George. Curveball Strategies to Fool the Competition, *Harvard Business Review*, September, 2006.
110. Foo, Check Teck and Grinyer, Peter Hugh. *Organising Strategy, Sun Tzu Business Warcraft*, Butterworth-Heinemann Asia, 1994.
111. Wee, Chou-Hou etc. *Sun Tzu: War and Management*, Addison-Wesley Publishing Company, 1996.

后记

我是学历史和军事出身的，本科和研究生读了7年的历史。毕业之后我进了军事科学院战略部，从事了10年的军事战略研究。2004年加入 BiMBA 商学院以后，又从事了16年的 MBA 和 EMBA 教学。

所以这些年来，我其实就在做一件事情，就是从历史和军事的角度，去观察和思考管理领域中那些最基本的问题，如组织、竞争战略、领导力等等，并考察这些因素如何影响了军队和企业的兴衰成败。

呈现在各位面前的这本《善战者说：孙子兵法与取胜法则十二讲》，就是我从竞争的角度，借助《孙子兵法》这样一个载体，对竞争环境中组织与个人如何去取胜这一问题所做的一些思考。书中的心得，如果能够给处于竞争环境的朋友提供一点启发，我也就非常开心了。

付梓之际，我首先要感谢吴如嵩先生、陈春花教授、宋志平董事长。吴老曾任中国孙子兵法研究会副会长兼首席专家，是当今《孙子兵法》研究界公认的泰山北斗，我进入军科院后即开始追随吴老，并忝列吴老门墙，从此也就与《孙子兵法》结下不解之缘。对我来说，吴老既为经师，也为人师。吴老的教诲，足以让我受益终身。陈春花教授对中国当代企业管理有着举足轻重的影响，并具有丰富的管理实践经验，是少有的企业家型管理学家。在 BiMBA 商学院，我们都称春花院长为"花老师""花姐"。从花老师的言谈举止中，我见识到的是一位管理学大家的风采。宋志平董事长曾经将中国建材集团和中国医药集团两家央企带进世界五百强，是著名的学者型企业家，被誉为"中国的稻盛和夫"，他为 BiMBA 商学院 EMBA 学员开设的企业管理课程深受欢迎。感谢他们三位俯允我的恭请赐写序言，他们的序言让本书大为增色。

我还要感谢冯仑先生、黄怒波先生、柳青女士、秦朔先生以及胡大源教授。他们都是我尊敬的企业家领袖和有影响力的经济学、管理学学者，感谢他们慨然答应向读者推荐此书。我尤其要感谢胡大源教授。胡老师是 BiMBA 现地战略体验教学课程的开创者，我在配合胡老师开发和从事现地教学的过程中，从胡老师身上学到了很多做人做事的道理。几年前胡老师就开始替我宣传，说我正在写一部关于《孙子兵法》的新书。我却总以忙碌为理由一直拖着没有动笔。一直到现在稿子才拿出来，真是愧对胡老师。这本《善战者说》，算是对胡老师的一个交代吧。

我还要感谢北大国发院的所有教授和同事，恕我无法一一列出老师们的名字。其中我要特别感谢杨壮老师、马浩老师、张黎老师三位教授多年的提携与支持，他们在领导力、战略管理和市场营销领域的深厚学养让我受益匪浅。我还要感谢我的同事张宇伟老师给予的帮助。宇伟老师是国发院 EMBA 校友，也是 DPS 项目负责人。这部书稿还未出版，他就已经读了两遍，这令我十分感动。我还要特别感谢我在军科院战略部时的老主任、中国孙子兵法研究会原副会长洪兵大校。当我完成这本书稿时，已经是我走进朗润园的第 17 个年头。我还非常清楚地记得我在洪兵主任的推荐下第一次走进这个园子的场景。从那时起，我就发自内心地喜欢上了这个园子，以及这个园子里的人。

我还要感谢中信出版社的黄维益女士、沈家乐女士。这本书本来去年 8 月就应该交稿，对于我的一再延期，维益总是非常大度和耐心。如今稿件终于完成，希望没有辜负维益的一片苦心。聊天时才知道，家乐竟然跟我是同一天生日，真是难得的缘分。安玉霞女士、韩芳女士是本书的文字编辑，为书稿付出了大量的心血。好的著作从来都是作者和编辑一起完成的。在此向她们一并表示衷心的谢意。

当然，我最应该感谢的，是听过我课程的 MBA、EMBA 以及企业家、职业经理人学员们。教学相长，是你们的反馈、分享与交流，给我打开了商业世界的大门，让我对商业世界有了感觉，从而从商业的视角对《孙子兵法》有了一些自己的理解。我从你们身上学到的，远远超出我能教给你们的。没有你们，也就不会有这本书。

宫玉振

2020 年 6 月 9 日